全国重点文物保护单位

# 之江大学旧址历史变迁

主　编　胡　炜

副主编　李乐鹏　胡　奎　李志明

ZHEJIANG UNIVERSITY PRESS

浙江大学出版社

**图书在版编目(CIP)数据**

全国重点文物保护单位之江大学旧址历史变迁 / 胡
炜主编. —杭州:浙江大学出版社,2017.9
ISBN 978-7-308-16967-7

Ⅰ.①全… Ⅱ.①胡… Ⅲ.①之江大学—校史 Ⅳ.
①G649.285.51

中国版本图书馆 CIP 数据核字(2017)第 122423 号

**全国重点文物保护单位之江大学旧址历史变迁**
胡　炜　主编

| | | |
|---|---|---|
| **责任编辑** | 田　华 | |
| **责任校对** | 杨利军　王建英 | |
| **封面设计** | 项梦怡 | |
| **出版发行** | 浙江大学出版社 | |
| | (杭州市天目山路 148 号　邮政编码 310007) | |
| | (网址:http://www.zjupress.com) | |
| **排　　版** | 杭州星云光电图文制作有限公司 | |
| **印　　刷** | 绍兴市越生彩印有限公司 | |
| **开　　本** | 710mm×1000mm　1/16 | |
| **印　　张** | 20 | |
| **字　　数** | 380 千 | |
| **版 印 次** | 2017 年 9 月第 1 版　2017 年 9 月第 1 次印刷 | |
| **书　　号** | ISBN 978-7-308-16967-7 | |
| **定　　价** | 60.00 元 | |

# 前　言

　　历史，有的让人刻骨铭心，挥之不去，永远不会忘记；但有的却会随着时间的流逝而渐渐地在人们的记忆里消失。之江大学旧址所承载的那段历史也许只能属于后者。

　　之江大学旧址，也就是今天的浙江大学之江校区所在地。旧址的原主人——之江大学是美国基督教南北长老会总差会曾经在中国杭州开办的一所教会大学。这是一座古老而优美的校园，至今已有 100 多年的历史。2006 年，被国务院认定并以"之江大学旧址"的名义公布为全国重点文物保护单位。

　　西方教会曾在中国开办过 17 所教会大学，1952 年，随着我国政府对全国高等学校的院系调整，这些学校同时被撤销，其校址，有的划归其他学校，有的在原址上建立了新的学校。60 多年过去了，原教会大学旧址大多已不复存在，有的也只留下个别建筑，唯独之江大学旧址至今仍完整保存。所以，从国家公布的重点文物保护单位名录来看，作为原教会大学旧址整体列为全国重点保护单位的目前仅此一家，这既是浙江大学的荣幸，也赋予了浙江大学更人的责任。

　　我们知道，之江大学作为一所有着悠久办学历史和西方宗教文化特色的学校，它的前身是 1845 年由美国传教士麦卡第在宁波创办的一所男童寄宿学校，名为崇信义塾，具有小学程度。开办这所学校的最初目的是为了培养本土的基督教徒。为了扩大教会的影响，拓宽传教范围，1867 年，在不平等条约的保护下，崇信义塾举校迁到杭州，先迁入皮市巷，两年后又迁到大塔儿巷，办学层次也逐步提升到中等、大专程度。为了适应学校发展的要求,20世纪初,学校决定另觅新校址,并勘得钱塘江北岸六和塔西侧的二龙头(含头龙头、三龙头)地块为校址,经几年建设,于1911年2月从城区迁入现址。

学校迁到杭州后,随着办学层次的提升,先后更名为育英义塾、育英书院、育英学堂、之江学堂等,并逐步发展成为一所具有近现代高等教育性质的学校,1914年正式定名为之江大学。1931年,又以"私立之江文理学院"的校名在国民政府教育部注册登记。1949年新中国成立后,收归国有。1952年,全国高校院系调整,之江大学最终被撤销。从创办到撤销,之江大学有着107年的办学历史。

100多年中,之江大学既为教会培养了一批本土传教士,也为中国培养了一批社会各行各业的建设人才,有的成为著名学者教授,有的成为工程专家,有的则成为中央或地方政府官员,在国家建设中发挥了重要作用。之江大学在我国的教育史上也占有一定的地位。

之江大学所处之地为西湖国家风景名胜区,地理位置得天独厚。它三面环山,一面临水,东傍六和塔,南临钱塘江,西邻九溪风景区,北依秦望山麓,可谓是山山相连,山水相依。山涧溪流潺潺不息,池塘碧水湛蓝剔透。山林树木繁茂,风景秀丽,整个校园掩隐在绿树环抱之中,被人们称为"森林中的校园"。这里樟树、枫树等遍布校园,大都有上百年的树龄,有的已超过200年,其中,有3棵樟树被杭州市园文局认定为"古树名木"。这里的建筑都是依山而建,错落有致。虽然没有现代化的高楼大厦,却风格高雅,结构独特,气势不凡。其中,现存有大大小小、风格各异的22幢历史保护建筑,都是在之江大学时期建造的。这些建筑很多已经有上百年的历史,且都是西式建筑,这在全国也是少有的。

之江大学撤销后,曾在其校址成立了浙江师范学院,1958年浙江师范学院并入杭州大学后,又改作浙江省委党校驻地,直至1961年正式划归浙江大学。目前,浙江大学光华法学院在这里办学。

之江大学虽已撤销,但其悠久的办学历史、独特的地理环境,以及它所遗留下来的一批校园西式建筑,却有着重要的研究和保护价值,因此也受到政府的高度重视和保护。2000年,之江大学旧址被杭州市人民政府公布为市级文物保护单位;2006年,又被国务院审定并公布为全国重点文物保护单位。

2007年,根据国家文物部门的规定,之江大学旧址作为国家重点文物保护单位,必须为其建立一套合乎规范的"四有"档案。其中最主要的部分是建立一套文字档案,包括:之江大学的历史沿革、历史保护建筑的描述、旧址的地理环境,以及保护规划和措施等内容。浙江大学之江校区管委会和房产处文保办等单位承担了旧址建档任务,经过几年的努力,已基本按要求完成了任务。在此基础上,我们将所收集的档案资料进行了加工整理,编写成了《全国重点文物保护单位之江大学旧址历史变迁》一书,该书追溯了之江大学的历史沿革,描述了之江大学旧址的地理环境、文物保护建筑及其基本概貌,比较系统地反映了之江大学旧址的历史和现状。

将之江大学旧址档案整理成书予以出版,可以说是一件很有意义的事。一是该书对于广大读者了解之江大学的历史及其旧址人文环境是一本为数不多的参考书籍。之江大学历史悠久,作为西方教会传播宗教及科学文化知识的工具,它经历了中国近代以来,从一个闭关锁国的封建社会,到任由西方列强欺侮宰割的半封建半殖民地社会,再到1949年新中国成立的整个历史的演变过程,也见证了中华民族从积贫积弱到救亡图存,再到独立解放的波澜壮阔的历史,同时也参与了中国近现代教育,从落后到进步的演进过程。可以说,它既是中国近现代历史的一个缩影,也是中国近现代教育历史的一个缩影。本书将之江大学的历史置于整个中国近现代历史的大背景下来追述,可以帮助广大读者在了解之江大学历史的同时,也从一个侧面了解中国近代历史和近代教育史,从而也是开展爱国主义教育的一份很好的佐证材料。二是为了让社会和更多的人认识它、了解它。为之江大学旧址建档,是文物保护工作的需要。但档案如果仅是档案馆里的藏品,就不可能让更多的人知道和了解。我们现在将"之江大学旧址文字档案"在整理的基础上编辑成书出版,使之走出档案馆,无疑对人们了解这一全国重点文物保护单位的真面目将起到有效的参考作用。同时,作为全国重点文物保护单位,我们既要采取措施保护它,也要科学合理地使用它,通过该书也可以起到增强人们历史文物保护意识的辅助作用。

# 目　　录

## 第一编　之江大学旧址概况

引　言 ……………………………………………………………………（3）

第1章　地理位置 ………………………………………………………（7）

第2章　自然环境和人文环境 …………………………………………（13）

第3章　之江大学旧址巡礼 ……………………………………………（28）

## 第二编　之江大学旧址建筑概述

第4章　历史保护建筑基本状况 ………………………………………（41）

第5章　22座历史文物建筑基本描述 …………………………………（68）

## 第三编　美国在华基督教大学——之江大学

第6章　从崇信义塾到育英书院 ………………………………………（137）

第7章　从之江学堂到之江大学 ………………………………………（150）

第8章　抗战烽火中的之江大学 ………………………………………（183）

第9章　战火重生后的之江大学 ………………………………………（193）

第10章　新中国成立后的之江大学 …………………………………（200）

第11章　之江大学的管理体制 ………………………………………（208）

第12章　之江大学的办学理念与办学特色 …………………………（211）

第 13 章 之江大学在教会大学中的地位 …………………………………… (226)

附录1:之江大学大事记 …………………………………………………… (232)

附录2:之江大学历任校长简介 …………………………………………… (239)

附录3:之江大学校名沿革 ………………………………………………… (245)

附录4:之江大学名人简介 ………………………………………………… (246)

# 第四编　之江大学往事追忆

之江大学解放之日见闻 …………………………………………… 肖宜雍(273)

接管之江大学始末 ………………………………………………… 曾钜生(276)

追忆徐篆老师 ……………………………………………………… 蒋式谷(278)

民主斗士　一代师表　文改先锋

　　——缅怀之江大学著名校友林汉达先生 ………………… 郑芳龙(281)

捐资兴学　情独之江大学

　　——史量才与之江大学的情缘 …………………………… 博　文(285)

难以忘却的邵武办学 ……………………………………………… 廖增瑞(288)

解放战争时期的之江大学学生运动 ………………… 蒋宏成　摘编(290)

之江大学"姐妹团" ……………………………………………… 田复春(295)

何时归看浙江潮 …………………………………………………… 琦　君(298)

抗战初期之江大学内迁屯溪纪事 ………………………………… 轶　名(300)

"九一八"风暴在之大 …………………………………………… 包怡寿(304)

"孤岛"上的"民众夜校" ………………………………………… 王永源(306)

之江大学校歌 ……………………………………………………… (308)

参考文献 …………………………………………………………… (310)

后　记 ……………………………………………………………… (314)

# 第一编

# 之江大学旧址概况

# 引　言

太乙初分何处寻,空留历数变人心。

九天日月移朝暮,万里山川换古今。

风动水光吞远峤,雨添岚气没高林。

秦皇谩作驱山计,沧海茫茫转更深。

　　这是一千多年前,一位名叫马湘(字自然,浙江海宁盐官人)的唐朝著名诗人,曾云游四海,在慕名登游秦望山时,因感其美景而诗兴大发,留下了这首脍炙人口的题为《登杭州秦望山》的千古绝句。由此,引起了历代文人对这座名不见经传的山丘的关注和赞赏,也使这座山平添了几分传奇和神秘的色彩。

　　马自然在诗中所描绘的这座秦望山,位于杭州市城郊西南部丘陵地带的钱塘江北岸、六和塔西侧。它属于天目山脉余脉的东南段,又是世界闻名的杭州西湖风景名胜区的重要组成部分。这一带山头林立,连绵起伏;林木茂密,满目葱茏;沟壑纵横,山涧交错;山泉遍布,溪水淙淙。山间植被茵茵,环境优美。这里主要为森林和经济林,是西湖龙井茶的主要产区之一。

　　秦望山顶峰海拔 257 米,在周围众多的山峰中算是比较高的一座。其东边与月轮山、虎跑山等接壤,延至玉皇山等山岭;西边有八觉山、马鞍山、大华山、老虎山、秤砣山、五云山、云栖山等山峦;北面与螺峰山、白鹤峰、象鼻山、虎跑后山等相接。可以说,这一带是群山比肩,重峦叠嶂,自然风光旖旎,景点星罗棋布。正是这些自然风光,形成了以西湖为核心的世界著名风景名胜区域。大自然既赐予了杭州闻名于世的西湖风景名胜区,同时也为杭州城区筑起了一道绿色的天然屏障。①

　　秦望山南面紧傍浙江的母亲河——钱塘江。钱塘江古时称为"之江",其

---

　　①　马时雍:《杭州的山》,杭州出版社 2003 年版。

"之"字形江湾就在秦望山下经过。可见,这座山有着三面环山、一面傍江的优越地理位置和天然景色,难怪古今诗人们会对这里的山山水水感慨万千,赋诗抒怀。

"秦皇谩作驱山计,沧海茫茫转更深。"据说,诗中所描写的这座山色旖旎的秦望山,原来并不叫秦望山,而叫二龙头山。杭州有名称的山陵、山丘有近百座,它只是众多山头中极其普通的一座,而且山上杂草丛生,坟茔遍布,树木稀少,满目荒芜,并未有什么特别之处。只是因为秦始皇曾登临过此山而得该名。据《事类统编》记载:"秦始皇东游登此山瞻望,欲渡会稽,故名。"《史记》载,秦始皇"至钱塘,临浙江,水波恶,乃西百二十里,从狭中渡"。大约公元前210年,巡视江南的秦始皇到达钱塘江北岸的一座山上(即现在之江大学旧址所在山头),并准备在此过江。他站在山头,临江极目瞭望会稽山,但见江面宽阔,水流湍急,波涛汹涌而却步(据记载,那时钱塘江远比现在宽阔得多,水流也湍急得多,江水直没到山腰),只得派人溯江而上,另觅渡口,最后西行一百二十里,在钱塘江上游的某处(富阳一带)觅得一渡口而过江。后来,也许人们为了纪念秦始皇登临过这座山,故取名"秦望山"。

其实,冠名秦望山的山不仅杭州有,其他地方也有。据查,上海金山、江苏昆山和浙江绍兴、宁波等地也有叫秦望山的山,且都有一些与秦始皇有关的故事传说或趣闻逸事,或者后来人们为了增添一些神秘色彩,而编织的一些传奇故事。这也可能正是众多地方争相把本地的某座山取名为秦望山之故吧?

但杭州的秦望山是否是本文所说的这座山?至今众说纷纭,说法各异,并没有明确的定论。现学术界对何处是秦望山的争论,概括起来主要有以下两种说法。

一种说法认为,南宋前,秦望山是指位于杭州江干区的将台山,只是从南宋起,秦望山的位置才开始变得含糊起来。如《杭州名胜大观》(浙江人民出版社,1985年出版)一书就持此观点。其理由是:《淳祐临安志》说秦望山"在钱塘县旧治之南一十里",又说"凤凰山在城中钱塘县旧治之南一十里",二者的方位完全一致,这也可以证明秦望山就是将台山,而不是远在六和塔西的二龙头。《杭州秦望山在何处》的作者江南桓进也持这一种观点。其依据是:据《吴越备史》卷一记载,钱镠于唐昭宗景福二年(893)"新筑罗城,自秦望山由夹城东亘江干"。可见秦望山为罗城起点是因其紧靠夹城,同时很明白的是秦望山之东为江干。再看夹城的历史记载,唐昭宗大顺二年(890)"王命筑新夹城环包家山,泊秦望山而迴"。夹城的南端是凤凰山近东南的包家山,夹城环包家山而筑,至秦望山而折回向北。正因为如此,夹城筑后三年再筑罗城,便从紧靠包家山的秦望山筑起,由夹城东亘江干,直至六和塔西龙山门才折回。六和塔西是罗城的最南端,而不可能是其起始点。作者还称,前不久他曾到包家山进行过实地考察,发现钱王所筑夹城残垣至今依稀可辨,存在于包家山南坡一线,延绵至将台山而止,可见《吴越备史》记载之可靠。因而他认为,该书所谓秦望山,正是今之将台山。因为《吴越备史》成书于北宋初期,由此可知唐五代及北宋,人们一贯是以今将台山为秦望山的。①

另一种说法认为,秦望山是指位于六和塔西侧的二龙头(也就是之江大学旧址所在的山),并断言这才是真正的秦望山。如钟毓龙先生《说杭州》一书就持此观点,其依据是:据《吴越备史》卷一记载,钱镠于唐昭宗景福二年(893)"筑罗城,自此山始。故其龙山门在六和塔西"。该书因此而断言,"此山(指二龙头)当确为秦望无疑"。另有人认为,夏承焘先生曾在他的《月轮山词论集》的前言中说道:"我两次住在钱塘江边的秦望山上,小楼一角,俯临六和塔的月轮山",以此为依据来支持这一观点。②

除此之外,还有一种说法,把位于老和山、将军山西面的秦亭山说是秦望山。据马时雍主编的《杭州的山》一书介绍,民国《杭州市新志稿》卷二载:"相传秦始皇曾驻跸于此,或云秦少游筑亭其上,因名。又,钟毓龙《说杭州》第三章载:相传秦始皇尝登此望海,故一名秦望山。"③不过该书在叙述"月轮山"时又说育英书院"1911年迁入杭州现在的秦望山麓的二龙头,改称之江学堂"。可见,同一本书对秦望山都有不同的说法,真可谓是众说纷纭,莫衷一是。

总之,无论哪一种说法都有自己的依据和一定的道理。但毕竟历史久远,时过境迁,难以考证,且各人的考证和理解也有差异,究竟孰是孰非,至今也都没有定论,而且也很难有权威性定论。事实上,无论哪一座山叫秦望山,大都是为了攀附上秦始皇的名头,使这座山增添一点传奇色彩。当然,我们不是去考究历史,更无意参与其争论。这里且采用后一种说法,也是目前比较通行的说法,把二龙头所在的山叫作秦望山。

关于这座山,曾经还流传着一个传奇故事(可能仅是一个传说而已)。说的是唐朝时期,有位叫道林的和尚孤身在这座秦望山上静心修身养性。他心无旁骛,道性很高,且待人和蔼慈善,很受人们的尊敬。但这位道林和尚是一位很怪癖的和尚,他不住寺庙(这里曾经是否有过寺庙,不得而知,也未见有关记载),而宁愿栖息在一棵筑有鸟窝的老松树上,长年累月以鸟窝为伴,因此,被人们戏称为"鸟窠禅师"。据说,当时担任杭州市"市长"的白居易非常敬重这位脾性怪诞的禅师,不仅经常前去拜访他,送一些礼物之类给他,还与他谈经论道、切磋

---

①② 江南恒进:《杭州秦望山在何处》,《浙江学刊》1988 年第 1 期。

③ 马时雍:《杭州的山》,杭州出版社 2003 年版。

棋艺，其关系由此可见一斑。虽然，这种传说是真是假，今天，我们也无从考证，但它却给我们留下了广阔的想象空间。

正因为这里不仅曾留下过一代帝王的足迹，还曾留下过不少古今文人的诗句和传奇故事，才引起人们的关注和争论，也才使得这座普普通通的山丘带有几分传奇色彩而闻名遐迩。

而今天，依偎在这座传奇的秦望山怀抱之中的浙江大学之江校区，又因为它曾经是原西方基督教教会传教机构——美国基督教南北长老会总差会于20世纪初在中国杭州开办的一所基督教教会大学——之江大学所在地，使得这座秦望山又披上了一层西方宗教文化的神秘面纱，更吸引了人们关注的目光。

然而，这里不仅是因为其有着神秘传奇的故事而传为佳话，更主要的是因为它有着优越的地理条件和自然环境而令人赞叹。的确，这是一个"风动水光吞远峤，雨添岚气没高林"的好地方，也是一块读书做学问的风水宝地，而作为一所学校的办学地，不愧为国内乃至世界高校中环境最优美的校园之一。

# 第 1 章　地理位置

坐落在杭州市西湖风景名胜区内，市郊钱塘江南岸、秦望山麓、六和塔西侧的浙江大学之江校区是原西方基督教传教机构——美国基督教南北长老会总差会于 20 世纪初在中国杭州开办的一所基督教教会大学——之江大学所在地。这里山水相依，树木繁茂，风景秀丽，环境幽静，整个校园掩映在层林绿荫之中，可谓是一个"风动水光吞远峤，雨添岚气没高林"的好地方，也是国内环境最优美的大学校园之一。

秦望山南山脚及东西两侧共有 9 个大小不等的山头，称为"九龙头"。"九龙头"是指从月轮山（六和塔）西南侧起，至梵村沿钱塘江一线的群山之总称，因沿岸山山相连，沟壑相隔，山峦起伏，宛如龙状而得名。从月轮山由东而西，依次被称作头龙头、二龙头、三龙头……"杭人有谚云：'十龙九矴头，一龙不矴头，赶到萧山长河头。'"①旧时（民国以前），九龙头群山为行旅必经之地，人们过山，被称为"翻九龙头"。民国后，九龙头南山脚边修建了公路，可通往富阳等地，直至 20 世纪 60 年代，杭富公路仍然是依山而行。20 世纪七八十年代，沿九龙头山边利用钱塘江滩涂修筑了一条通衢大道——之江大道，才彻底结束了"翻山头"的历史。随着时代的变迁，现在连九龙头的名称也渐渐淡出了人们的记忆。

头龙头——顾名思义就是俗传的"九龙头"之起点，而之江大学旧址就坐落在头龙头、二龙头、三龙头这三座神话般的山头之中。

正因为其地理位置优越，所以，虽然之江大学于新中国成立后的 1952 年最终解散，但其旧址一直作为办学机构沿用至今。尤其在绿树环抱、景色优美的校园里，那些别具一格、充满西式古典风格的历史文物建筑，使校园处处浸淫着西方基督教教会大学的气息。虽经时代变迁，历史洗礼，但作为有着长期办学历史的教会大学，及其在中国特定时期的历史见证，其留下的一些可资借鉴和

---

① 马时雍:《杭州的山》,杭州出版社 2003 年版。

参考的文化遗产、留下的一批国内少有的历史文物建筑,至今基本保存完好。

# 一 相对方位

之江大学旧址位于杭州市的西南方向。

始建于 1907 年的之江大学旧址,现为浙江大学之江校区。行政区划为杭州市西湖风景名胜区,地址编号为之江路 51 号。地理坐标为经度 $120°07'06.31''$～$120°07'23.79''$,纬度 $30°11'39.61''$～$30°11'48.54''$,海拔高度 10～110 米。

背靠秦望山麓。之江大学旧址坐落在秦望山的南山坡。据说秦望山是因为秦始皇曾登临此山而得名。秦望山属于杭州典型的丘陵地貌,山虽不高,但登高望远,周围重峦叠嶂,此起彼伏,西湖如镜、钱江如带的秀美景色,尽收眼底。其实,从早期的照片上看,秦望山及周边的山丘,并没有今天这样茂密的树林,相反给人一种荒凉的感觉,可能是由于有钱塘江、西湖的衬托,才显露其壮美的一面。

俯瞰之江大学全貌(1935 年拍摄)

旧址在秦望山九座山梁中的三座——头龙头、二龙头、三龙头的坡地和谷地之中,占地面积 660 余亩。环境优美,地理位置优越,可谓得天独厚。

这里不仅曾留下过帝王的足迹,还曾留下过诗人的诗篇,颇具传奇色彩。之江大学时期,许多师生也曾在秦望山吟诗作词,如夏承焘、顾敦柔等就曾经写下不少优美的诗句。

南瞰钱塘江涛。旧址南面正对钱塘江。钱塘江又名"罗刹江"。因钱塘江在之江大学旧址段上游不远处连拐两道弯,形成"之"字形,故又称其为"之江",之江大学也由此而得名。浩瀚的钱塘江是浙江省最大的河流,是哺育浙江儿女的母亲河。钱塘江发源于安徽省黄山,源头在浙江省开化县齐溪镇莲花尖,由西往东流经常山港、新安江、兰江、衢江、富春江等干流,注入杭州湾,流入东海。独特的喇叭形出海口,使钱塘江在月亮和太阳引力的作用下形成壮观的涌潮。钱江涌潮为世界两大自然奇观之一(另一处为南美洲巴西的亚马孙河)。"钱江秋涛"闻名天下,古今中外观潮者为之倾倒,故称为"天下奇观"。不同的地段,可赏到不同的潮景。旧址附近一般只可观赏到"一线潮"。

东眺钱江大桥。之江大学旧址往东约 1000 米处的钱塘江江面上,还有一座由我国著名桥梁专家茅以升院士自行设计并于 1937 年建造的钱塘江铁路、公路两用大桥,它像一条绚丽多姿的彩虹飞架钱江南北。一列列飞驰而过的列车,隆隆声穿过密密层林在静谧的校园回响。这是贯通南北大动脉沪杭甬、浙赣铁路的交通要塞。

建造于抗日烽火年代的钱塘江大桥,是第一座由中国人自己设计建造的钢铁大桥,它不仅在中华民族抗击外来侵略者的斗争中书写了可歌可泣的一页,也是我国桥梁建筑史上的一座里程碑。而这座大桥那段传奇经历,更是令人难以忘怀。

1934 年,时任钱塘江大桥桥工处处长的茅以升,受命主持钱塘江大桥的设计建造。经过 3 年时间的规划、设计和建设施工,1937 年 9 月 26 日清晨,第一列火车从大桥上通过。但这座由中国人自己设计施工建造的大桥在落成之后,竟然就面临被炸毁的命运。1937 年 12 月 23 日傍晚 5 时,随着一声巨响,这条 1453 米的卧江长龙被六处截断。这座历经了 925 天夜以继日的紧张施工,耗资 160 万美元的现代化大桥,仅仅存在了 89 天。抗日战争胜利后,茅以升受命组织修复大桥,直至 1948 年 3 月,钱塘江大桥才重新飞跨在钱塘江波涛之上。至此,这座由中国人自己设计建造的首座钱塘江大桥工程,前后 14 年,经历了建桥、炸桥、修桥三个曲折过程,这在古今中外建桥史上也是绝无仅有的。

1949 年 5 月 3 日杭州解放前夕,这座大桥又经历了一次被国民党当局炸毁的危险,幸亏杭州地下党和铁路工人竭力保护,以及解放军第 21 军 63 师及时赶到,才避免了再一次被炸毁的危险。新中国成立后的 1966 年 10 月 10 日,由于武警战士蔡永祥在千钧一发之际置生死于度外,使这座大桥又一次避免了可能造成桥毁车覆人亡的严重事故。2006 年 5 月 25 日,钱塘江大桥被国务院批准列入第六批全国重点文物保护单位。

东临六和宝塔。旧址东面与修建在月轮山南山坡上的杭州市标志性建筑——六和塔近在咫尺。据《杭州市志》记载,六和塔为北宋开宝三年(970)吴越国王钱弘俶为镇钱江潮而建,宣和五年(1123),塔被烧毁。南宋绍兴二十四年(1154)重建,清光绪二十五年(1890)重修塔外木结构部分。1961年,六和塔被国务院列为全国重点文物保护单位。这座饱经沧桑的宝塔,就如一位忠诚的卫士,千年守望着滔滔钱江。现在六和塔旁建了一座中华古塔苑,为古建筑艺术之杰作,集中展现中国塔文化的精华。

旧址的头龙头与月轮山之间有一条峡谷相隔,山涧溪水自北往南径流不息,汇入钱塘江。站在头龙头可以清楚地望见六和塔。它也是眺揽钱塘江美景的绝佳地。站在山头,极目眺望,江风习习,江水滔滔,古塔巍巍,飞桥如虹。六和宝塔与钱江大桥,一古一今,一竖一横,构成一幅雄浑别致的壮丽图景,令人心胸爽朗,神思飞扬。

西邻九溪烟树。旧址西面紧靠上海铁路局钱江疗养院,与著名的九溪十八涧风景区紧邻。"九溪"是一处以"溪水"为主题,以山和树为依托的幽雅宁静的山涧美景,位于龙井南面,距西湖5公里左右。九溪起源于杨梅岭的杨家坞,次第汇合青湾、宏法、方家、百丈、唐家、佛石、云栖、渚头、小康等9个山坞的细流成溪,再经徐村注入钱塘江;十八涧在烟霞洞西南,起源龙井的龙井村,穿绕林麓,次第汇合诗人屿、孙文泷、鸡冠泷等许多细流而成涧,九溪十八涧因而得名。清末学者俞樾《游九溪诗》曰:"九溪十八涧,山中最胜处。昔久闻其名,今始穷其趣。重重叠叠山,曲曲环环路。咚咚叮叮泉,高高下下树。"现有溪中溪楼阁和林海亭、九泓亭等景观建筑。之江大学迁入二龙头后,因距离九溪较近,师生们经常到这里的茶室聚会或学习、聊天。

再往西约2公里,还有杭州著名旅游景点——宋城仿古园,以及著名的龙井茶之乡梅家坞。

值得一提的是,沿九溪十八涧往西北,还有一座狮峰山,天下闻名的龙井茶正宗产地就在狮峰山,山下的胡公庙(现已不存,2002年开辟为御茶园景点)前有用栏杆围起来的由乾隆皇帝赐封的"十八棵御茶"。相传,乾隆皇帝有一次下江南时,在狮峰山下胡公庙前欣赏采茶女制茶,忽然太监来报说太后有病,请皇帝迅速回京。乾隆一惊,顺手将手里的茶叶放入口袋,火速赶回京城。其实太后并无大病,只是惦记皇帝久出未归,上火所致。太后见乾隆归来,非常高兴,病已好了大半。忽然闻到皇帝身上有股香味,问是何物。乾隆这才发现原来自己把龙井茶叶带回来了,于是亲自为太后冲泡了一杯龙井茶,只见茶汤清绿,香气扑鼻。太后连喝几口,肝火顿消,病也好了。乾隆非常高兴,马上传旨将胡公庙前的十八棵茶树封为御茶树。

北登秦望山顶。旧址北面背山,穿过茂密的山林,沿秦望山脊往北,登上秦望山顶,极目远眺,放眼四顾,视野开阔,群山起伏,令人心旷神怡。翻过秦望山和月轮山,可以到达满陇桂雨、动物园、虎跑公园等著名风景点。当年,之江大学的学生经常有人登上山顶去观看日出或月景。有人还赋诗抒发登顶观景的愉悦情怀。

旧址距以秀美名扬天下的西子湖只有约 4 公里之遥。

# 二　选址趣谈

在育英学堂自宁波迁入杭州近 40 年后,学校有了较大的发展,大塔儿巷已不能适应学校扩大和提升的需要,急需另辟新址。于是,1906 年 11 月,学校召开校董会,一致决定搬离大塔儿巷,到城外另觅新校址。据说,当时校董事会对选址问题颇费思量。会上,中方主政萧芝禧教务长叠起两指,缓缓吟出唐代行吟诗人马自然的一首《登杭州秦望山》:“太乙初分何处寻,空留历数变人心。……”令董事们耳目一新。萧芝喜介绍说,作此诗的马自然是浙江海宁盐官人。此人虽满腹经纶,才华横溢,可惜因秃顶阔嘴酒糟鼻,面相极丑,被以貌取人的官府低看,只给他一个县衙小吏之职。这令满怀抱负、心高气傲的他心理受到严重的打击,从此,他心灰意冷,郁愤难平,一怒之下辞职入了道教,成为一名云游四方的道士。马自然嗜酒如命,酒量奇大,饮石余而不醉。据说,他每饮石余,便以拳塞口中,醺醺睡去,而不呕吐,颇具传奇色彩。董事们听了也感到十分惊奇,尤其诗中“风动水光吞远峤,雨添岚气没高林”两句的意境,让校长裴德生和西方董事们赞叹不已。于是,校董会决定派周梅阁、裴德生等去现场踏勘。

第二天,他们来到钱塘江北岸的秦望山,站在二龙头山坡上回望,坡下钱塘江在这里成“之”字形奔涌而过,近旁月轮山上的六和塔高耸挺立,北去群山连绵起伏,尤其是山头荒芜安静,有利于校舍建设,更是一块读书做学问的宝地。校董们最终选定秦望山头龙头、二龙头和三龙头为新校址,并陆续花费 8800 银元购得 660 余亩山地。

其实,从一些当年拍摄的老照片可知,我们今天看到的这座美丽的校园,在之江大学迁入之前,还只是一片荒山野岭。秦望山上树木稀少,坟茔遍地,植被很差,而南面山下的钱塘江边还是一片滩涂,杂草丛生,满目荒凉。直至之江大学征用此地后,学校才有计划地在校园内开展植树造林,遍种香樟、枫香、桂花树等植物。经过逐年的种植和绿化,至 20 世纪 40 年代,校园已是枝繁叶茂,绿树成荫。特别是 1949 年新中国成立后,杭州市为绿化荒山,实行植树造林,封山育林,秦望山及周边山林植被也得到了有效保护。经过上百年几代人的建设和保护,才使旧址森林环抱,层林尽染,成为一座风景秀美的菁菁校园。

之江大学当年之所以选此地作为校址,除了地理位置有着得天独厚的优势和环境优美等缘故外,主要还是经过了多方面的综合考虑而决定的。

1911 年前,育英学堂原在杭州市区的大塔儿巷校址办学。虽然这里有交通便利、生活方便等一些有利条件,但不利条件也十分明显。

一是地方狭小,挤在一条居民小里弄里,靠租借民房办学,直接制约而且已经制约了学校办学规模的扩大、发展和办学层次的提升。可以说这也是这所学校建校几十年来,在校学生人数始终只有数十人的一个重要原因。

二是地价高,征地困难且受限制。杭州当时是一个比较小的城市,城区面积不大,但随着社会发展,城市人口增加,城区空间亦愈来愈紧张,其地价也随之不断抬升。学校若要在城区征地,必然提高办学成本,而且很难找到一块适合教会学校办学要求的地方。

三是城市的喧嚣,不利于教会学校的教学和宗教活动的开展。

而与此相反,选秦望山二龙头作校址就有以下有利条件:

一是可以远离喧嚣的市区,有利于学校开展教学和宗教活动。据说,这是按照美国教会大学选址理念而选定的。这里原来比较偏僻幽静,除了少量的农居外,周边一片荒凉。当时,钱塘江大桥还未建造,嘈杂的轮船码头和火车站也在 2 公里以外的南星桥,如今车水马龙的之江路当年还是一片滩涂。学校建在这里,与周围静谧的环境相协调,形成了一个相对独立的学术区。相反,虽然在城区有生活方便、交通便利的好处,但处在灯红酒绿的环境下,对学校的教育教学无疑都会产生不利的影响。

二是此地地广价廉,可以购买更多的山地扩建校园,有利于学校的长远发展,进而扩大招生规模,提升学校的办学层次。对于当时的杭州而言,旧址应属远郊僻壤,经济落后,自然地价低廉,同样的钱可以购买比城区多得多的土地面积,显然有利于扩大规模和学校的发展。同时,学校经过几十年的办学,从师资力量、水平、学生人数上都有较大提高或增加,急需摆脱原址制约学校规模扩大和招生人数增加的不利局面,从而提升学校办学层次。

随着城市的建设和发展,市区的用地不仅将会越来越紧张,而且价格也会越来越昂贵。如果学校不尽早搬出城外,将来的发展必定受到地域条件限制。这也说明当时学校领导很有发展眼光。

总之,此地地理位置优越,依山临江。从地理地貌看,头龙头与月轮山之间有一山涧溪流,头龙头与二龙头之间有一山涧径流,流水淙淙,水资源环境良好;二龙头南端地势相对较缓,适宜作为校舍建设的中心地带;二龙头与三龙头之间形成的谷地,是一处天然的运动场地。同时校园建筑可以依山而建,高低分明,错落有致。

# 第2章 自然环境和人文环境

之江大学旧址依山傍水,不仅有着得天独厚的地理位置,而且还有着优越的自然环境和人文环境。从校园俯瞰,浩瀚的钱塘江碧波荡漾,潮落潮起,繁忙的江面百舸争流,一幅美丽的江南水乡图景显现在人们的眼前。山上树木繁茂,四季常青,山林中鸟语蝉鸣,山谷里泉水叮咚,溪水潺潺,展现了人与自然和谐相处的生态环境。校园经过上百年的建设和经营,遍布数十幢漂亮的建筑和人文景观,整个校园掩映在林海绿荫丛中,空气清新,环境幽静,景色宜人。人们称之为"原始森林中的校园",可谓实至名归。

## 一 自然环境

之江大学旧址环境优美,气候适宜,空气清新,是办学、居住的理想胜地。百多年前,旧址所在地的几个山头尚为一片荒山野岭。山头是一片乱坟岗,树木稀疏,杂草丛生,经过历年的绿化、培育和保护,特别是新中国成立后,实行植树造林、封山育林,已是旧貌换新颜,原来的荒山野岭,现在已绿树成荫,原来的稚苗幼木,如今已茂密成林。

### (一)气候

之江大学旧址地处杭州西南部的钱塘江北岸群山之中。青山绿水,气候宜人。据杭州气象部门资料显示,由于受东亚季风的影响,钱塘江一带形成了光、热、水同季且配合良好的气候特征。从季节变化看,开春后,太阳辐射逐月增强,气温同步回升,雨量同季增加。6月,由春入夏后,降水量达到高峰期,气温同步上升。7~8月,太阳辐射量达到最高,进入盛夏高温期,同时受副热带高气压控制,降水量较前期减少,进入杭州市的高温伏旱季节,并受热带风暴(台风)影响。又由于旧址处秦望山山腰,植被优越,整个校园掩映在绿树丛中,自然环境条件得天独厚。该地气温一般比城区要低 2～3 摄氏度,尤其是到了夜晚,江风习习,气温很快下降,感觉比较凉快。不过夏天这里的蚊子还是很厉害的,主要是山林相对潮湿,容易滋生蚊子。而且这里的蚊子带花纹,个大,真可谓"三个蚊子炒盘菜"。9 月,进入夏秋转换季节,光、热、水同步下降,受冷空气影响,秋雨来临,伏旱得以缓解。10～11 月,受大陆冷高压控制,昼、夜气温温差逐渐拉大,形成秋高气爽的凉爽气候,且光照充足,光温条件优于春季。冬季为光、热、水低值期,是一年中最寒冷的季节。

### (二)地质地貌

之江大学旧址地处秦望山和月轮山的低山丘陵地带,隶属于天目山余脉,山山相连,高低不等,山与山之间形成自然沟壑,直至山脚。旧址规划范围内海拔高度为 10～110 米,三个山头地势由西北向东南渐降。地质条件以中石炭纪至二叠纪之石灰岩更为完整,由奥都－泥盆纪泥岩、粉砂岩、细砂岩、石英砂岩等构成。岩性为褐黄色、棕黄色、棕红色亚黏土、砾石,砾石含黏土性,厚度 1.4～14 米不等。据有关部门勘测,作为西湖转塘九溪之江组块,之江大学旧址的地质剖面为碎砾石和亚黏土组合,见有蠕虫状网纹,记录了距今 14 万年前河流沉积地质环境特征。

### (三)土壤

之江大学旧址内土壤主要为红壤黄筋泥,质地多属黏壤土和轻黏土,黏韧性能高。此外,黄壤属砾质黏壤土,土层厚薄不一,疏松多孔,适宜于植物生长,特别是枯枝败叶常年积累,形成厚厚的天然有机肥料滋养着植物。

### (四)植被和土地覆盖情况

之江大学旧址范围内土地覆盖由林地、经济林(茶园)、草地、建筑用地、水域等类型组成。其中林地主要分布于规划范围北部;经济林(茶园)位于情人谷上游;草地主要为中心大草坪和体育场草坪;建筑用地主要集中在三个龙头的南端;水域则主要为情人谷水系和西南水塘。

之江大学旧址植被生长与保护良好,季相景观较为丰富,绿化覆盖率超过 70%,空气质量和环境面貌都属良好,整体生态环境保持良好。在地质、土壤、气候等自然因素的作用下,旧址内形成的自然植被,反映在植被上组成为含有落叶树种成分的次生常绿阔叶林,主要树种有樟树、石栎、青冈栎、木荷、珊瑚朴等,以及落叶成分树种,如枫香、杉树、黄连木、黄檀、麻栎与化香等。此外,在教学区内建筑物周边,出于绿化功能的需要,还种植了一些景观植物,如桂花、无患子、枫树、罗汉松、黑松、乌桕、紫薇、榉树以及花草等。从植物郁闭度来看,北侧山体和山坡地带高于建筑物较多的区块,总体上郁闭度与建筑密度呈负向关系。

从林相上来看,除了教学区建筑物周边植物较为丰富以外,其余大部分为自然山体。由于杭州当时大面积地人工造林,自然山体种植的林木大部分为樟树,林相比较单一。从生长情况来看,山体和山坡地带的植物长势,总体上优于建筑物密集地块周边的植物。就北侧山体植被的生长情况来看,西北侧山体植被树林下层具有较多的灌木和蕨类植被,从林相上看也较东北侧山体丰富,总体上看,西面山体植被优于东面山体植被。此外,之江大学旧址东北侧的革命村周边有 10 亩左右的茶园,属于龙井茶产地之一。

## (五)水文

之江大学旧址范围内的地表水主要为东北侧的水库。周边水系有钱塘江及规划范围与六和塔景区之间的溪流。一是西南水塘。西南水塘为周边山体径流汇集而成,面积约为 650 平方米,对周边山体具有防洪、蓄水功能。二是东北水库。东北水库由两侧山体径流汇集而成,排入钱塘江。水体面积约为 5500平方米,溪流呈东西走向,将教工宿舍和教学区分隔,具有饮用水源地、防洪、抗旱功能。三是地下径流。之江大学旧址范围内丘陵地貌形成较多山坳与山谷,地形较为复杂,因植被茂盛,山坳形成较多地下径流。

## (六)生物资源

新中国成立前,包括之江大学旧址范围在内的秦望山一带,由于连年战乱,植被遭受极大破坏,山地荒芜,几无林荫,生物资源匮乏。之江大学征用旧址后,坚持逐年植树造林,绿化环境,校园植被得到极大改善。至 20 世纪 40 年代,校园内已是一片枝繁叶茂、绿树成荫的景象。特别是新中国成立后,杭州市实行人工造林、封山育林、林相改造,并采取有效措施,严防山林火灾,严禁砍伐和破坏,旧址及周围的环境逐渐达到目前面貌。生物资源以樟树为主,也有枫香树、石栎、青冈栎、木荷、珊瑚朴等,树龄都在上百年,其中,有 3 棵树龄在 200年左右的香樟树已被杭州市园林管理局认定为古树名木。

旧址范围内虽然林木茂密,但地域所限,并不适宜野生动物的生存,仅发现有野猪、蛇等出没。

## (七)交通状况

之江大学旧址南面临江有一条 20 世纪七八十年代修建的沿钱塘江北岸的

之江路,东连城区,西接杭富路,既是通往各条高速公路干线的主要通道,也是杭州市贯通城区与市郊的重要交通道路之一,有多路由城区开往富阳、宋城、九溪等地的公交、旅游线路途经此地,且路况良好。之江路往西,在距六和塔山脚下停车场约 100 米处的北侧,有一条约 10 米宽的通往旧址的专用道路进入校园,实际上这是原杭富路的一段,现取名为舜禹路。

## (八)环境变化

百年前,之江大学旧址原是荒山野岭,山上野草稀疏,周边除了南宋时期建造的一座孤零零的六和塔外,一片荒凉,人迹稀少。现在的之江路,原来还是一片滩涂,钱塘江两岸也没有现在的高楼大厦,也没有钱塘江大桥。早年旧址附近北岸设有一个小渡口,由人工船在此运渡南北过往人、物等。新中国成立前,由于连年战事,周边不但几乎没有建设,而且还屡遭破坏。1936 年建造的钱塘江大桥就经历过炸桥的命运。新中国成立后,社会逐步稳定,周边环境的变化更是日新月异。特别是近几十年来,杭州市高度重视城市建设和环境建设、保护,钱塘江滩涂得到围垦改造,两岸的防护堤延绵几十里。一路上,一幢幢建筑物拔地而起,形成了一道亮丽的风景线。秦望山封山造林,绿化保护,形成一道绿色的屏障;六和塔、九溪等景点游人如织;之江路车水马龙,川流不息,一片繁忙景象。

之江大学旧址,自 1906 年育英书院勘定秦望山二龙头之荒山 660 余亩为新校址起,学校有计划地在校园开展植树造林,经过逐年的建设、植被和保护,如今,已成为一个林木茂密、古树参天、郁郁葱葱、环境优美的校园。当时进出校园还只有一条不宽的小路,经多次拓宽,现在已变成一条宽阔的马路。

## (九)特大树木及古树名木

之江大学旧址规划范围内的自然植被,是在地质、土壤、气候等自然因素的互相影响下形成的。

从植物郁闭度来看,由于校园建筑普遍都建在山势相对较低缓和平坦的南面,北侧山体和山坡地带自然要高于建筑物较多,总体上郁闭度与建筑密度呈负向关系。

从生长情况来看,总体上,北面山体和山坡地带的植物长势优于建筑物密集地块周边的植物长势;西面山体植被优于东面山体植被。就植被生长情况看,北侧山体植被的生长情况比较好,其中,西北侧山体植被树林下层具有较多的灌木和蕨类植被,在林相上看,也比东北侧山体要丰富。

### 1.特大树木情况

特大林木是指生长较快、胸径大于 50cm 的树木,如樟树、珊瑚朴等树种,以及生长相对较慢、胸径大于 35cm 的树木,如枫香、桂花、罗汉松、紫楠、青冈栎等树种。

据对旧址规划范围内的林木初步调查统计,主要特大树木有 16 种 180 棵。旧址规划范围内的特大树木大多位于建筑周边生长条件良好之处。180 棵特大树木中,生长良好的有 113 棵,占总数的 63%;生长一般有 55 棵,占总数的 30%;衰弱的有 12 棵,占 7%。

从这些特大树木的树种情况看,香樟 94 棵,占总调查数的一半多;其余有:枫香 35 棵(胸径 60cm 以上有 7 棵)、青冈栎 20 棵(胸径 60cm 以上有 5 棵)、珊瑚朴 12 棵(胸径 1m 以上有 2 棵)、榉树 3 棵、紫楠 3 棵、无患子 2 棵、檞栎 2 棵、桂花 2 棵、黄连木 2 棵、三角枫 1 棵、罗汉松 1 棵、紫薇 1 棵、乌桕 1 棵、黑松 1 棵、朴树 1 棵。

### 2.古树名木情况

在已发现的 180 棵主要特大树木中,有 3 棵古香樟树,1992 年被列入杭州市古树名木名册内,编号分别为地处 4 号楼东侧的 382 号,树龄 170 年;地处主楼南面东西侧的 383 号和 384 号,树龄分别为 170 年、220 年,系二级古树名木。这三棵香樟树的历史未有文字记载,但从老照片上看,此地在 1906 年未开发前还是一片荒山野岭,树木稀少低矮,并没有大的树木存在。从其集中分布在主楼前两侧的情况看,而且都是香樟树,可以推断,应该是当时学校有规划地从别处移栽过来的。因为旧址开建至今也才 100 多年历史,估计其他特大树木大多数也是之江大学迁入此地后,经过逐年植种才成长起来的,树龄都有 100 年左右。譬如,三龙头学生活动中心门前的一棵大樟树估计应该有 150 年以上的树龄。

### 之江大学旧址特大树木一览

| 序　号 | 树　名 | 位　置 | 冠幅/m | 胸径/cm |
|---|---|---|---|---|
| 1 | 枫香 | 4 号楼南侧 | 10 | 70 |
| 2 | 香樟 | 4 号楼东侧 | 20 | 180 |
| 3 | 香樟 | 主楼南侧 | 22 | 130 |
| 4 | 香樟 | 主楼南侧 | 15 | 120 |
| 5 | 香樟 | 1 号楼东南侧 | 10 | 120 |
| 6 | 桂花 | 主楼南侧 | 8 | 60 |
| 7 | 罗汉松 | 主楼东侧 | 6 | 45 |
| 8 | 紫薇 | 钟楼北侧 | 8 | 60(根径) |
| 9 | 乌桕 | 钟楼东侧 | 11 | 65 |
| 10 | 枫香 | 钟楼东侧 | 6 | 40 |

续表

| 序　号 | 树　名 | 位　置 | 冠幅/m | 胸径/cm |
|---|---|---|---|---|
| 11 | 枫香 | 钟楼东侧 | 12 | 60 |
| 12 | 枫香 | 1号楼东南侧 | 12 | 60 |
| 13 | 枫香 | 1号楼东南侧 | 10 | 60 |
| 14 | 香樟 | 1号楼东南侧 | 20 | 120 |
| 15 | 枫香 | 1号楼东南侧 | 10 | 60 |
| 16 | 枫香 | 1号楼东侧 | 12 | 50 |
| 17 | 珊瑚朴 | 1号楼东侧 | 18 | 100 |
| 18 | 香樟 | 15号楼东北侧 | 20 | 70 |
| 19 | 珊瑚朴 | 15号东北侧 | 10 | 80 |
| 20 | 枫香 | 15号东北侧 | 10 | 50 |
| 21 | 香樟 | 15号东北侧 | 12 | 100 |
| 22 | 紫楠 | 王家山居委会 | 10 | 80 |
| 23 | 香樟 | 王家山居委会 | 22 | 130 |
| 24 | 香樟 | 王家山居委会 | 18 | 90 |
| 25 | 无患子 | 王家山居委会 | 10 | 35 |
| 26 | 香樟 | 王家山居委会 | 18 | 120 |
| 27 | 无患子 | 王家山居委会 | 10 | 35 |
| 28 | 榉树 | 王家山居委会 | 12 | 50 |
| 29 | 橄榛 | 王家山居委会 | 15 | 80 |
| 30 | 橄榛 | 王家山居委会 | 10 | 50 |
| 31 | 枫香 | 3号楼西侧 | 10 | 55 |
| 32 | 香樟 | 主楼北侧 | 22 | 140 |
| 33 | 香樟 | 图书馆南侧 | 15 | 110 |
| 34 | 青冈栎 | 图书馆南侧 | 10 | 45 |
| 35 | 黑松 | 图书馆南侧 | 10 | 40 |
| 36 | 香樟 | 图书馆南侧 | 12 | 60 |
| 37 | 青冈栎 | 图书馆南侧 | 10 | 50 |
| 38 | 青冈栎 | 图书馆南侧 | 10 | 40 |
| 39 | 青冈栎 | 图书馆西南侧 | 10 | 50 |
| 40 | 珊瑚朴 | 图书馆西侧 | 18 | 100 |
| 41 | 香樟 | 下红房西侧 | 15 | 80 |
| 42 | 青冈栎 | 上红房旁 | 10 | 50 |
| 43 | 香樟 | 上红房旁 | 18 | 75 |
| 44 | 香樟 | 上红房旁 | 18 | 75 |
| 45 | 香樟 | 下红房南侧 | 20 | 100 |
| 46 | 榉树 | 下红房南侧 | 12 | 80 |
| 47 | 枫香 | 图书馆东侧 | 10 | 55 |

续表

| 序　号 | 树　名 | 位　置 | 冠幅/m | 胸径/cm |
|---|---|---|---|---|
| 48 | 青冈栎 | 图书馆东侧 | 8 | 60 |
| 49 | 香樟 | 图书馆北面 | 10 | 60 |
| 50 | 黄连木 | 图书馆北面 | 10 | 50 |
| 51 | 香樟 | 图书馆北面 | 10 | 80 |
| 52 | 三角枫 | 图书馆西面 | 8 | 50 |
| 53 | 香樟 | 图书馆北面 | 12 | 60 |
| 54 | 香樟 | 灰房北面 | 20 | 140 |
| 55 | 香樟 | 灰房北面 | 20 | 90 |
| 56 | 香樟 | 灰房北面 | 12 | 60 |
| 57 | 香樟 | 上红房北面 | 18 | 100 |
| 58 | 青冈栎 | 上红房北面 | 10 | 40 |
| 59 | 青冈栎 | 上红房北面 | 8 | 35 |
| 60 | 香樟 | 上红房北面 | 12 | 60 |
| 61 | 青冈栎 | 上红房北面 | 12 | 50 |
| 62 | 榉树 | 图书馆北树林 | 15 | 70 |
| 63 | 香樟 | 图书馆北树林 | 10 | 50 |
| 64 | 香樟 | 图书馆北树林 | 12 | 60 |
| 65 | 香樟 | 图书馆北树林 | 10 | 50 |
| 66 | 香樟 | 图书馆北沿溪 | 20 | 70 |
| 67 | 青冈栎 | 图书馆北沿溪 | 10 | 50 |
| 68 | 香樟 | 白房附近 | 20 | 100 |
| 69 | 香樟 | 白房附近 | 20 | 100 |
| 70 | 紫楠 | 9 号楼西北 | 15 | 80 |
| 71 | 香樟 | 后门附近 | 15 | 60 |
| 72 | 青冈栎 | 后门附近 | 15 | 60 |
| 73 | 香樟 | 后门附近 | 25 | 100 |
| 74 | 香樟 | 食堂附近 | 12 | 60 |
| 75 | 香樟 | 食堂附近 | 20 | 80 |
| 76 | 子楠 | 食堂附近 | 5 | 35 |
| 77 | 枫香 | 食堂附近 | 12 | 45 |
| 78 | 香樟 | 食堂北侧 | 15 | 70 |
| 79 | 香樟 | 食堂北侧 | 12 | 50 |
| 80 | 香樟 | 体育场西北面 | 15 | 60 |
| 81 | 香樟 | 体育场西北面 | 20 | 70 |
| 82 | 香樟 | 体育场西北面 | 15 | 50 |
| 83 | 朴树 | 体育场北面 | 10 | 80 |
| 84 | 香樟 | 12 号楼西北侧 | 15 | 50 |

续表

| 序　号 | 树　名 | 位　置 | 冠幅/m | 胸径/cm |
|---|---|---|---|---|
| 85 | 枫香 | 12号楼西北侧 | 10 | 40 |
| 86 | 香樟 | 12号楼西北侧 | 22 | 90 |
| 87 | 珊瑚朴 | 12号楼西北侧 | 8 | 70 |
| 88 | 枫香 | 12号楼西北侧 | 8 | 35 |
| 89 | 香樟 | 12号楼西北侧 | 25 | 110 |
| 90 | 香樟 | 招待所南侧 | 30 | 170 |
| 91 | 珊瑚朴 | 招待所南侧 | 10 | 50 |
| 92 | 桂花 | 招待所南侧 | 6 | 45 |
| 93 | 香樟 | 9号楼西侧 | 22 | 110 |
| 94 | 枫香 | 8号楼南侧 | 8 | 40 |
| 95 | 枫香 | 8号楼南侧 | 8 | 50 |
| 96 | 枫香 | 8号楼南侧 | 8 | 50 |
| 97 | 香樟 | 8号楼南侧 | 22 | 80 |
| 98 | 枫香 | 8号楼东侧 | 10 | 50 |
| 99 | 枫香 | 8号楼东侧 | 10 | 50 |
| 100 | 香樟 | 8号楼东侧 | 20 | 70 |
| 101 | 青冈栎 | 8号楼东侧 | 15 | 55 |
| 102 | 青冈栎 | 8号楼东侧 | 12 | 55 |
| 103 | 珊瑚朴 | 8号楼东侧 | 10 | 90 |
| 104 | 青冈栎 | 8号楼北侧 | 12 | 45 |
| 105 | 枫香 | 8号楼北侧 | 10 | 40 |
| 106 | 枫香 | 8号楼北侧 | 10 | 50 |
| 107 | 香樟 | 体育馆北侧 | 15 | 70 |
| 108 | 青冈栎 | 体育馆北侧 | 15 | 80 |
| 109 | 枫香 | 体育馆西侧 | 8 | 45 |
| 110 | 青冈栎 | 体育馆南侧 | 10 | 50 |
| 111 | 香樟 | 体育馆南侧 | 10 | 40 |
| 112 | 香樟 | 篮球场西侧 | 15 | 70 |
| 113 | 香樟 | 篮球场西侧 | 15 | 70 |
| 114 | 香樟 | 篮球场西侧 | 15 | 50 |
| 115 | 香樟 | 篮球场西侧 | 15 | 55 |
| 116 | 珊瑚朴 | 12号楼东侧 | 12 | 50 |
| 117 | 珊瑚朴 | 12号楼东侧 | 12 | 50 |
| 118 | 珊瑚朴 | 12号楼东侧 | 12 | 50 |
| 119 | 香樟 | 12号楼东侧 | 15 | 100 |
| 120 | 香樟 | 12号楼东侧 | 12 | 50 |
| 121 | 珊瑚朴 | 12号楼东侧 | 10 | 70 |

| 序　号 | 树　名 | 位　置 | 冠幅/m | 胸径/cm |
|---|---|---|---|---|
| 122 | 枫香 | 8 号楼南侧 | 10 | 45 |
| 123 | 香樟 | 9 号楼南侧 | 20 | 110 |
| 124 | 珊瑚朴 | 7 号楼北侧 | 10 | 50 |
| 125 | 枫香 | 7 号楼东侧 | 10 | 45 |
| 126 | 香樟 | 7 号楼东侧 | 15 | 60 |
| 127 | 香樟 | 小礼堂附近 | 25 | 80 |
| 128 | 枫香 | 小礼堂附近 | 20 | 55 |
| 129 | 香樟 | 小礼堂附近 | 25 | 100 |
| 130 | 香樟 | 主楼西侧 | 15 | 70 |
| 131 | 香樟 | 4 号楼南侧 | | |
| 132 | 枫香 | 4 号楼南侧 | 10 | 50 |
| 133 | 枫香 | 4 号楼南侧 | 10 | 50 |
| 134 | 珊瑚朴 | 主楼西北侧 | 10 | 50 |
| 135 | 黄连木 | 主楼西北侧 | 15 | 70 |
| 136 | 青冈栎 | 2 号楼西北侧 | 10 | 60 |
| 137 | 枫香 | 2 号楼西北侧 | 10 | 60 |
| 138 | 香樟 | 2 号楼西北侧 | 20 | 60 |
| 139 | 青冈栎 | 2 号楼西北侧 | 15 | 60 |
| 140 | 香樟 | 2 号楼西北侧 | | |
| 141 | 香樟 | 2 号楼西北侧 | 30 | 140 |
| 142 | 枫香 | 曾宪梓楼附近 | 10 | 50 |
| 143 | 香樟 | 曾宪梓楼附近 | 15 | 100 |
| 144 | 枫香 | 曾宪梓楼附近 | 10 | 50 |
| 145 | 香樟 | 曾宪梓楼附近 | 10 | 50 |
| 146 | 青冈栎 | 曾宪梓楼附近 | 10 | 50 |
| 147 | 香樟 | 曾宪梓楼附近 | 22 | 110 |
| 148 | 枫香 | 曾宪梓楼附近 | 10 | 70 |
| 149 | 香樟 | 曾宪梓楼附近 | 20 | 110 |
| 150 | 香樟 | 曾宪梓楼附近 | 20 | 70 |
| 151 | 香樟 | 曾宪梓楼附近 | 20 | 100 |
| 152 | 香樟 | 曾宪梓楼附近 | 20 | 100 |
| 153 | 香樟 | 曾宪梓楼附近 | 20 | 70 |
| 154 | 香樟 | 曾宪梓楼附近 | 18 | 60 |
| 155 | 香樟 | 主入口附近 | 20 | 70 |
| 156 | 香樟 | 主入口附近 | 70 | |
| 157 | 香樟 | 主入口附近 | 70 | |
| 158 | 香樟 | 主入口附近 | 18 | 70 |

续表

| 序 号 | 树 名 | 位 置 | 冠幅/m | 胸径/cm |
|---|---|---|---|---|
| 159 | 香樟 | 主入口附近 | 12 | 50 |
| 160 | 香樟 | 主入口附近 | 8 | 90 |
| 161 | 香樟 | 主入口附近 | 25 | 90 |
| 162 | 香樟 | 主入口附近 | 12 | 60 |
| 163 | 香樟 | 主入口附近 | 12 | 60 |
| 164 | 香樟 | 钟楼南侧 | 12 | 60 |
| 165 | 香樟 | 钟楼南侧 | 15 | 80 |
| 166 | 香樟 | 主入口附近 | 15 | 70 |
| 167 | 香樟 | 主入口附近 | 20 | 90 |
| 168 | 香樟 | 主入口附近 | 15 | 60 |
| 169 | 香樟 | 主入口附近 | 18 | 60 |
| 170 | 香樟 | 主入口附近 | 25 | 100 |
| 171 | 枫香 | 主入口附近 | 15 | 40 |
| 172 | 枫香 | 主入口附近 | 30 | |
| 173 | 枫香 | 主入口附近 | 10 | 60 |
| 174 | 香樟 | 舜禹路南侧 | 20 | 70 |
| 175 | 香樟 | 舜禹路南侧 | 15 | 50 |
| 176 | 香樟 | 舜禹路南侧 | 15 | 60 |
| 177 | 香樟 | 舜禹路南侧 | 15 | 50 |
| 178 | 香樟 | 舜禹路南侧 | 15 | 60 |
| 179 | 香樟 | 舜禹路南侧 | 20 | 80 |
| 180 | 香樟 | 舜禹路北侧 | 20 | 70 |

# 二 人文环境

## （一）人文背景

之江大学旧址地处钱塘江畔，秦望山麓。这里既有着深厚的钱江文化背景，又与美丽的西湖山水文化一脉相通。

钱塘江文化的背景离不开浩瀚的钱江潮——这一名扬世界的自然奇观。钱塘江文化的底蕴，犹如钱塘江潮，浩浩奔流，取之不竭，形成了独特的水文化。

钱塘江文化的产生，与杭州城市的起源、形成和发展是息息相关、不可分离的，尤其与杭州西湖有着不可分割的深厚渊源。20世纪90年代，杭州市提出了开拓城市发展新空间，由"西湖时代"迈向"钱塘江时代"，继而又明确以钱塘江为轴，两岸共同发展的新思路。跨江发展战略的提出，其更深远的意义是使杭州城市复归到钱塘江文化的发展新阶段。作为杭州城市发展规划方案的参与者之一,杭州市规划设计院总工程师汤海孺提出,钱塘江文化是西湖文化的继承与创新,两者同根同生;同时,与西湖文化的精致和谐相对应,钱塘江文化强调的更是开放大气的形象。

之江大学的教会文化和科技文化作为钱塘江文化的一个组成部分,既体现了钱塘江文化的多元性、开放性、包容性特点,又有其自身的西方异质文化的特征,并有一定的辐射作用。这里聚集了一批文化艺术和科学技术高端人才,也培养了一批各方面的有用人才。早年培养的一批教会人才,在维护各地教会机构的发展中发挥了重要作用;进入 20 世纪以后,学校开始重视科学技术知识的教育,陆续培养了一批教育、文化和科技等方面的人才。可以说,之江大学在钱塘江文化体系中占据有举足轻重的地位和作用。今天,这里成了浙江大学的一个校区,其求是文化与钱江文化更是相得益彰。

### (二)人文状况

之江大学旧址是中国最早具有明显西方校园规划设计特点的高等学府之一,也是中国传统教育体制被打破,向近代科学教育转变的一个实体记录。同时,它也昭示了教会大学最初由以传教功能为主转向以科技文化教育功能为主的历史演变过程。在旧址近百年的历史演化过程中,虽然其权属几经变更,但功能一直未变,始终是作为文化教育、科学研究的场所,有着浓郁而悠久的教育传统与人文气息。

尽管作为教会大学——之江大学早期主要以传播宗教文化为主,但随着时代变迁、社会进步和历史演进,其教育功能也逐步转向以传播近现代科学文化知识为主。旧址 1961 年划归浙江大学后,秉承"求是"文化传统,更加充满现代科学文化教育气息。

### (三)人文景观

之江大学旧址不仅坐落在国家风景名胜区——西湖风景区内,其本身也是一处秀丽的景观。校园树木茂盛,化草幽香,满目葱翠,四季常青,进入校园有如置身于风景区,令人赏心悦目。

曾在之江大学从教或就学的教师、学生,如著名词学家夏承焘,以及蒋礼鸿、顾敦柔等都写下过赞美这里美丽风光的诗文。正是这里悠久的历史、优美的环境和自然景观,把旧址衬托得如诗如画,成为一道亮丽的风景线,也常吸引人们来此参观游览,或研究考察,或吟诗作画,或摄影拍照。难怪曾有多家杭州的甚至外地的旅行社来学校联系,希望将这里开辟为一旅游景点,供游客参观游览。2009 年以来,除由冯小刚导演的电影《唐山大地震》把这里作为剧中的部分场景来进行拍摄过外,还有几部影视剧也来此拍摄或取景过。

作为一所大学校园,其人文景观在世界上也是不多见的。也正是这校园及其周边的一丘一壑、一亭一阁、一草一木构成的自然风光,令置身于其中的人生发出无限的遐想,被"之江人"描绘成的"之江十二景"便是校园风光的生动写照。这"十二景"中,六和塔和钱塘江是全国乃至世界著名的二景,因与之江大学校园紧密相连,故之江人将其列为"之江十二景"中,应该算顺理成章。其他十景分别介绍如下。

1."双龙瀑"

由山涧溪流形成的两处小瀑布,一个在二龙头东麓,一个在头龙头与二龙头之间,称之为"双龙瀑"。两山涧溪水潺潺,终年不息,由落差形成小瀑布,直泻钱塘江,颇为壮观,可谓之江的天然一景。瀑布虽然不大,但在众多的西湖山水中却是不多见的。夏承焘先生曾为"双龙瀑"作诗曰:"岂有玑珠落九天,悬崖百丈挂龙涎。春洪一夜添声气,也有惊雷破昼眠。"把"双龙瀑"描绘得惟妙惟肖,令人神往。后来,学校为解决师生的生活和消防等用水,就利用这里的天然水源,在情人桥下端筑建了一座堤坝,将淙淙溪流汇集成一蓄水池,池水湛蓝,水质清澈。虽然仍是水流不断,但过去的"双龙瀑"现象已难见真容了。

2."小桃源"

"楼前一片打渔歌,楼下春江澹欲波。渔浦人家应共妒,几家楼阁夕阳多。"这是曾在之江大学任教多年的著名词学家夏承焘先生专赞小桃源美景的一首诗词。走上头龙头,红楼粉墙前展现一片桃海,每年的春暖花开季节,桃花盛开,风光旖旎,赏心悦目,令人陶醉,确是人们赏花观光的一个好去处。站在这里,钱塘江可以一览无余。美丽的景色下,学者教授曾写下不少赞美的诗句。这里原建有3幢两层楼的外籍教授楼,1937年日寇占领后,被日军炸毁,周围的桃树等树木也被砍伐殆尽,昔日的景观亦不复存在。后来在原址上重新建造了一座员工住宅,人们叫它"十间头"。

3."情人桥"

出小桃源,穿情人巷(情人谷),就是架设在头龙头与二龙头之间的"情人桥"。据记载,这座"情人桥"是1916年时任之江大学第三任校长司徒华林(Warren H. Stuart)决定修建的。因为头龙头与二龙头之间隔着一山涧深谷,师生来往需上下山头,很不方便。"情人桥"的建造,不仅方便了师生,而且增添了一道独特的校园景观。桥下涧泉淙淙幽咽,蓄成了一汪碧水深潭,日间飞鸟云影,入夜星月泻辉,周边密林葱郁,景致恬静幽美。当年,这座桥就成为之江学子们以至年轻的教师们"人约黄昏后"的极佳胜地,也留下了一些美好的故事。所以,后来人们将它取名为"情人桥"。之江大学教授顾敦柔曾对此景作过生动的描写:"情人桥在东斋东,长林丰草郁葱葱。龙头绝处此飞渡,下临幽谷上清空。青空一钩蛾眉月,也解窥人到夜中。情人桥西连理影,情人桥东杜鹃红。情人桥下浱语细,情人桥上两心融。"30 年代执教于之江大学的词学大师夏承焘,也曾在日记中写道:"夜与雍如倚情人桥听水,繁星在天,万绿如梦,畅谈甚久。"繁星在天,万绿如梦,多么美妙。"情人桥"虽然至今仍存,但其上部已修建了一座蓄水坝,桥头也砌筑了护坡高墙,人们来往已不再走"情人桥"了,昔日"人约黄昏后"的浪漫情趣也似乎少了几分。

### 4. "小盘谷"

过"情人桥"北转,一径通幽,一汪碧水;潺潺的溪流,奏着清脆的音符,在山涧徜徉;湛蓝的池水,浮光掠影,绿树婆娑,别有一番天地。现在这里建造了一座电工间和配电房,其西侧有一条小路通往茶园和革命村,仍然是一处很幽静的地方。

### 5. "临江亭"

"临江亭"又叫"园中园",进入正校门往东走数步,建在钟楼南面的一座小花园就映入你的眼帘。各式花草点缀着一座简约的茅亭,亭外衬着一条浩瀚的大江,亭园中透着一股淡淡的乡村气息和浪漫色彩,是当年之江人读书、休闲纳凉的好去处。有诗曰:"临江阑槛倚晴宜,高处还怜春色奇。林影约风同写月,滩声笑客不能诗。"(夏承焘作)随着时间的流逝,虽当年的茅草亭早已不存,但这里绿草茵茵,花木葱翠,景致依旧。

### 6. "佩韦斋"

站在都克堂前往西北眺望,可以望见绿树环抱、琴韵笑声围绕的一座建筑,这就是佩韦斋,又名"韦斋"、"惠斋"、"女生院"等。这是一幢建在二龙头山脊上的三层建筑,具有当时流行的西方建筑特色。周围树影婆娑,花木簇拥,特别是春天屋前月季花绽放,令人赏心悦目,且建筑外观优美,故被之江人列为一景。有诗曰:"松梢小阁独徘徊,山势如门两扇开。万顷银云流不定,月明初上看潮来。"(谢仁愈作)据说,因此楼为之江大学女生宿舍,黄昏后,常有男生穿行于此楼下找女生约会,成为一道温情的风景。现校区医务室、广播台设在这里。

### 7. "健美谷"

在二龙头与三龙头的山谷中,"三面青山一江风",这里有健身房、游泳池、运动场等一批体育运动设施,人们称之为"健美谷",这也是当年之江大学师生开展体育活动的主要场所。1931 年 5 月在之江大学举行的全国运动会就在这里的体育馆、运动场举行。这里有通往各处的碎石小道,山道两边树木林立、花草苍翠,满目葱郁。这里四季景色迷人,环境十分幽静。春天万物复苏,春意盎然;夏天树荫遮蔽,凉风习习;秋天枫叶彤彤,铺满山谷;冬天飘雪盖地,犹寒乍暖。由于景观秀美,加之周边环境翠绕金镶,故之江人取 Gym 之音,又取其周围的景观而得此一景。

8."三龙头"

之江大学迁入此地初期,这里尚是竹林茶丛,犬吠鸡鸣,一派农家田园风光。站在山头,还可静静地观赏钱江潮。李培恩校长曾以《培园新筑》为题曰:"卜筑邻精舍,横山小屋开。坡斜堪竹植,园窄亦花栽。养情云归岫,放怀海作杯。水流江不去,朝夕看潮来。"后期陆续建造了一些房子,西面山谷修建了运动场,虽然建筑周围仍然是茂密的树林,但不见了昔日的田园风光。现主要为学生生活、活动区,1992 年前后陆续建造有 4 幢学生宿舍,以及名为"求是堂"的学生食堂和李作权学生活动中心等。

9."上清池"

从校园往北再走两三里,可以看到那里四周的迷人山色,令人陶醉。在人迹罕至的山腰高深处,一潭池水,水清见底。"高在山高头,深在山深处,只有春水一潭清且浅。潭水可是天上来? 还是神仙留下的琼浆玉醅?"这是之大教授顾敦柔发出的感怀。难怪"之江人"将其列为一景。

实际上,所谓"上清池"是指头龙头与二龙头之间的蓄水池。因为这里风景优美,池水如镜,树木倒映在池水中尤显清幽,确是一道别有情趣的风景,也是当时学校的一处景观,故人们为其取了一个优雅的名称"上清池"。上清池由人工拦筑而成,其池水就是来源于山涧的汩汩山泉径流,因山泉经年不断,故蓄水池终年满溢,从未干涸。又因池水受石灰岩山体作用,水体呈深蓝色,清澈透亮。之江大学时期,拦筑这一蓄水池的目的是为了满足全校师生的日常生活用水之需。过去,因山上人迹稀少,几乎没有人为污染,所以池水的水质很好,而且据说富含人体需要的多种矿物质。当时仅筑有一座小的拦水坝。后来因车辆通行需要,该坝筑成了大坝,坝体也加高、加宽了许多,池水也已深不见底,且池水不再作为生活用水了。

10."秦望顶"

自天文台遗址再上走三四里若有若无的山路,翻过一座山头,才能登上"秦望顶"。站在山顶,放眼四顾,西湖如镜,钱江如带,群山起伏,犹如大海里的波浪,尽收眼底。唐朝诗人马湘(字自然)曾遗诗篇《登杭州秦望山》一首,对这里的风光作了生动的描述。之江大学的文人墨客也对此景观赞不绝口,留下过不少美妙的诗句。

秦望山海拔有 200 多米，是周围山头中比较高的一座，所以，当年之江学生常有人登上此山顶观看日出和杭州全景。之江大学蒋礼鸿教授就曾作过一首《蝶恋花·登秦望绝顶观日出》的词作："反响空虚人彳亍，山径嵯峨，前路荆榛塞。残月犹依天汉侧，晓星已向云间没。倦眼迷茫看树樾。一镜金轮，飞出遥山缺。剪碎彩霞千万叠，映江幻作鱼龙色。"登秦望顶有如此的奇观异景，自然被"之江人"列为校园一景。

从之江人列出的这十二景可以想象，旧址确是一个风景如画的校园。其实，之江校园何止这十二景呢？譬如，登上钟楼顶环顾四周，六和塔、钱塘江和钱塘江大桥，以及对岸的排排高楼，北面的群山都可以一览无余，煞是壮观。有的地方只要稍作加工或改造，都可以成为景点。可以说，之江校园处处有风景，处处皆景点。

# 第3章 之江大学旧址巡礼

　　走进今日浙江大学之江校区即之江大学旧址,当你站在校园高处环顾四周,一幅郁郁葱葱的劲松古柏、鸟语蝉鸣的自然风光图景顿时跃入眼帘。向南俯瞰,山坡下宽阔的钱塘江在这里成"之"字形奔流直下;江面水天一色,波光粼粼,潮落潮起,汹涌澎湃;近旁的月轮山上,一座千年古塔——六和塔昂然屹立,守望着钱塘江;钱塘江北岸繁忙的之江路,车来车往,川流不息;飞架南北的钱塘江大桥像一条彩练横亘在钱塘江上;钱江两岸一幢幢高楼拔地而起,鳞次栉比,尽显一派都市风光。西眺北望,群山起伏连绵,山岚不绝,展现一幅青色旖旎、山水相依的自然图景。正是这独特的地理条件、美不胜收地理环境,使之江大学旧址日益成为一块被人们关注的地方。这也更加凸显了之江大学旧址作为全国重点文物保护单位的重要意义。

　　如果你要从杭州城区到今日浙大之江校区,可以乘公交车或其他交通工具先到六和塔或钱塘江大桥,然后沿着钱塘江北岸边一条贯通东西的之江路由东往西而行,在距六和塔下停车场约150米的山脚边,有一条上山的岔路叫舜禹路(之江路开通前为杭富路的一段),岔路口抬头可以看到一块写有"浙江大学之江校区光华法学院"的交通指示牌,这就是进出之江校区的一条专用道路。沿此路口蜿蜒而上约500米,便可到达这座森林中的古老的校园——之江大学旧址即今日浙江大学之江校区。大门前,北坳上有一块刻有"浙江大学之江学院"的石碑,还挺立有一根石柱,上端雕刻有浙大"求是鸟"校标。

　　之江大学旧址由三个相连的山头——头龙头、二龙头、三龙头所组成,整个校园以二龙头为中心,头龙头和三龙头为其两翼,形成独特的地形地貌。正校门就开在二龙头南端。

　　各山头南端紧靠钱塘江岸,岸端大部为陡坡或悬崖。站在校门前可以看到,西南侧悬崖砌筑有一堵高约10米的水泥护坡墙,这是20世纪90年代为防山体滑坡而修筑的。

旧址所在的山头东西相互连接，并与其他山头相连。山头北面为山林，各山头由南向北海拔逐渐抬升，最后汇聚于秦望山。各山头之间形成自然的山涧和谷地。山涧谷地间或建成运动场地和体育设施，或架设桥涵、修筑蓄水坝等。经过百余年的建设、改造，现已自成一体。

# 一　二龙头

旧址设有东、西两个校门，东门为正校门，在二龙头；西门（后校门）开在三龙头。进入正门口，可以看到有一块面积不大的斜坡地和小草坪。斜坡地主要为道路。小草坪主要为绿化地，中间竖立一根旗杆，草坪前安放一块由石刻雕成的之江校园平面示意图。正门南侧还设有保安值班室、收发室。草坪北靠数米高的山墙，左右两边各有一条供进入校园各处的路径。右边（东南）是一条于1936 年与钟楼同时修建的有 70 余级台阶的石阶路。石阶南、收发室东北侧有一座修建于 20 世纪 70 年代的防空洞，80 年代改作隧洞油库，现该油库已弃用，内堆放杂物，并由铁门封锁。校门左边（北）是一条石砖坡路。

由石阶拾级而上，抬头便可以看见一座红色的校园标志性建筑——钟楼（经济学馆），这也是早年位于校园最南端的一座建筑。这座楼是 20 世纪 30 年代中国出版商、金融家、上海《申报》主编、曾任之江大学董事的史量才先生不幸遇害后，其家属根据他的遗愿，捐资 4 万元，于 1936 年建造的。钟楼体量不大，造型别致，底宽顶尖，呈宝塔状。登上钟楼的钟塔顶，美轮美奂的四周景色尽收眼底。东瞻六和塔、钱塘江大桥雄伟壮丽；西眺九溪及群山风景如画；南望钱塘江碧波浩渺，之江路车水马龙，而钱江对岸高楼林立；北观中心花坛花团锦簇，主楼雄伟壮观，群山环抱，四季常青，无不令人感叹。

从钟楼往右（东），旁边立有一块石碑：杭州市市级文物保护单位——之江大学旧址，是由杭州市人民政府于 2000 年 7 月 9 日公布后建立的。

在钟楼的东南侧有一条通往山下直至钱塘江边的小路，之江人称之为"S"路，这是当年之江师生进出校园的一条主要通道。初期，校门也开在山脚下，山前还建有一座汽车房，供停放汽车之用。后来，随着道路改建，山下的路不断拓宽，进出校门改道了，也加宽了，此路也就不再使用了（现已由铁门封住）。

早年在"S"路的中段曾经建有一座休闲亭，叫"临江亭"，供学生看书或休闲之用，人们上山时也可以在这里歇歇脚，纳凉聊天。该亭位于二龙头的南端，面临钱塘江边，钱塘江周围风光可以一览无余，故被之江人列为"之江十二景"之一。但该亭命运多舛，日寇侵占之江校园后，将其拆毁。抗战胜利之江大学复员后的 1946 年，学校借之江大学百年华诞庆典之机，在原址上重建起新的"临江亭"。后来"S"路废弃,该亭也拆除了。

登上台阶后,钟楼南端有一条自西而东的车行路,该路紧沿二龙头东南端山崖,沿途经过最先建造的学生宿舍——东斋和15号楼(1989年建造),以及配电房和电工间(20世纪80年代后建造)等设施。之江大学早期,由于学生人数不多,二龙头规划为教学和学生生活区,所以,学生生活设施都建在东斋、西斋的附近。15号楼原址曾经就是一座建于20世纪20年代的食堂——东膳厅(又名男生膳厅)和一座两层的厨房楼,为学校附属建筑设施;在其北侧原还建有一座称为"小花园"的建筑,又称第三食堂。"文革"初期,该食堂因曾用于接待来杭大串联的全国各地红卫兵,故又称之为"串联食堂"。另外,东斋北面原来还建有一座男生浴室。

转过蓄水大坝,即通往头龙头,一路上与各岔路相连,可通往校园各处。此处原来是山坡,现在的路是由石头砌筑而成,并与大坝齐平。

15号楼东面山涧可以看到一座架设在头龙头与二龙头之间的水泥桥——"情人桥","情人桥"被之江人称为"之江十二景"之一。"情人桥"建于1916年前后,是司徒华林主持校政时建造的。头龙头征用后,陆续建造了一批教职员住宅,建造该桥就是为方便师生在两龙头之间的往来。这座桥原为竹木质结构桥,旧址划归浙江大学后,因年久失修破损严重,于1970年前后拆除重建,且改建成水泥桥,位置也向上(北)移了1米左右。后来又在其北上方约四五米的位置建造了一座蓄水坝,坝面有四五米宽,既可行人,也可通车辆,"情人桥"也就因此不再使用了。

早年,这座蓄水库主要供全校师生日常生活和其他用水,后考虑到水质卫生和安全,现改用杭州市统一供应的自来水,蓄水库的水不再作为生活用水。

过蓄水坝往北约50~100米的地方,原来还有一处"之江十二景"之一的"小盘谷",因其比较幽静而得名。现在一般人都不知道有这么个景点。"情人桥"下游还建有一级蓄水坝。20世纪80年代,蓄水池下游还建造了一座水泵房和一座桥,现也已弃用。

从校门左边(北)的另一条进入校园的路为砖石铺就的斜坡路,车辆可以通行,这也是车辆进入校园的唯一一条通道。上了路口则是一块平地和道路、岔路,迎面(北)看到的是另一幢学生宿舍楼——西斋。它与东斋同时设计建造,大小结构也一模一样,基本对称地分布在主楼东南、西南两侧,是当时之江大学仅有的两幢学生宿舍。与西斋相对的靠二龙头山崖边的地方原为一座简易的平房食堂。西斋与食堂之间的空地原为一篮球场和网球场,可见当年之江大学十分重视师生的体育活动。这座食堂后来因破旧而拆除,并于2000年在原址上建造了现在的曾宪梓教学楼。为保持与原有建筑的风格,这座楼也为三层,外墙为红砖饰面。由于此楼南面与西面构成"L"形,而与西斋围成"U"形,与原来食堂占地面积相比,扩大了很多,使两楼之间的空间缩小,原来的球场现只能作为一块活动空间(小广场)和绿化地。

在曾宪梓楼西面修有一条石阶路,可通往二龙头山谷底的运动场等地。在曾宪梓楼西侧有一棵树龄认定为 170 年的古香樟树。

在砖石斜坡路口的右边,即曾宪梓楼东面还有两条平行的车行道,一条通往钟楼南门,一条通往钟楼北门及花园大草坪。

两路间的西端建有一花坛,花坛中间立有一块醒目的大理石碑:全国重点文物保护单位——之江大学旧址,杭州市人民政府 2006 年立。在石碑东面还建有一个曾供实验室用的冷水池。

之江大学时期,按照总体规划设计,校园的主体建筑和学习生活区大都建在二龙头,可以说是校园的中心区块。而大草坪又是二龙头的中心。一条南北向校园中轴线自钟楼北面入口,穿过大草坪至主楼,泾渭分明,使钟楼与慎思堂遥相呼应,花园大草坪四周还围建有东斋、西斋、科学馆、工程馆等一批建筑,这也是学校的一批主体建筑。

大花园草坪的正北面且与钟楼相对应的是之江大学最具代表性和标志性的建筑——主楼(慎思堂),它与钟楼分处校园中轴线的南北两端。建筑风格具有典型的西方(美国)基督教特征,也是旧址最早建造的建筑之一。最初,该建筑具有教学、办公、图书报刊阅览、会议以及做礼拜等综合性功能,后来主要用于办公。主楼南面各有一棵树龄 200 多年的古香樟树挺立在其东西两侧,好像两位哨兵在为主楼站岗放哨。

大花园草坪东南侧有之江大学旧址建造最早的学生宿舍之一——东斋,以捐建者姓名命名为甘卜堂,这是当时之江大学的两幢学生宿舍之一。东斋主入口前路南有一块面积不大的三角形台地,台地前是二龙头的东山崖。之江大学时期非常重视校园文化建设,利用这块台地建造了一座小亭——望江亭,供师生学习、休闲之用。现亭子已不存,遗址尚在,并有几个石凳石椅存留。2012年,原址改建为一停车场。

花园大草坪东侧还有之江大学时期最后建造的一座建筑——机械楼(也叫工程楼)。它与东斋前后(南北)紧邻,东斋正面朝南,而位于东斋西北面的工程馆正面朝西。在工程馆东面又紧靠着一座建于浙江师范学院时期的 15 号楼,原作为教室之用,后又为浙大华大基因研究中心所用(2013 年搬出),现作为光华法学院办公之用。

以上我们所介绍的是二龙头东、南端部分建筑的历史和现状。

现在,我们以主楼为中心看看其周围的建筑、布局等历史和现状。主楼(慎思堂)位于整个二龙头之正中,虽然建筑不高,但气势恢宏,是之江大学最主要的标志性建筑。在主楼的西南侧,且与工程馆正面相对的建筑是科学馆,建于1932年前后。为表彰曾担任学校校长多年的裴德生牧师为之江大学的建设和发展所作出的突出贡献,该楼又命名为裴德生科学馆。科学馆旁(西南侧)原建有一座上下两层的建筑,叫"工场"(或工房),为学校机械匠、土木工匠、花匠等工人的住所。与工房仅一路之隔的是与东斋相对应且样式结构完全相同的学生宿舍楼——西斋。

在科学馆西面是一座并不起眼的单层保护小建筑——学生服务部,实际上,该建筑当时是作为储藏化学药品等用的小仓库。这也是22幢保护建筑中结构最为简单、体量最小的一座建筑。它左右有两幢独立的房子,结构差不多,都是一层建筑,只是后(北)一间屋顶装有排气管,因面积小、室内未分隔,保护价值也不大。

从主楼东、西两侧往北各有一条小的斜坡路上山,可以看到其西侧有一座二层建筑(地下还有一层)——图书馆,东侧有一座建筑——材料试验所。这两座建筑都是20世纪30年代初建造,但材料试验所在日军占领时被炸毁,现在的建筑是1946年抗战胜利复员后,基本照原样重新修复的,但外立面结构有所简化。

在科学馆南面且与西斋仅一路之隔,有一座标有"学生服务部"字样的平房,它并不是22幢保护建筑中的学生服务部,而是后来浙大三分部时期建造的一间实习工场。从其墙面至今仍保留的遮阳棚和广告可以看出,旧址作浙大基础部时,曾作为商店,为学生供应日用商品,故称为学生服务部,并不属于受保护的建筑。其实,据记载,之江大学时期,这里原建有一座男生寄宿舍,称为西宿舍。

在西斋的西北面有一条石阶下坡路,可通往二龙头谷底,这里建有体育教研室、体操馆、健身房、乒乓球室、游泳池和运动场等体育设施,也就是被称为"之江十二景"之一的"健美谷"地块。这些建筑现在也是校园地势最低的建筑。体育教研室是由校董史量才先生捐建的。健身房、运动场是由美国慈善家甘卜先生及家属捐建的。健身房1996年拆除,现改建成体操馆,室内设有篮球、排球、乒乓球及其他健身运动场地。

在二龙头与三龙头之间的山谷下,还建有一座运动场,原命名为甘卜运动场,顾名思义,也是由甘卜家族捐建的。它是利用山谷形成的一块面积约10亩的平地而修建的,属于一个综合性的运动场。这在当时也算是不错的一个运动场所,也说明之江大学非常重视体育。该运动场也是"健美谷"的一部分。

甘卜家族于1908年捐建的这个田径运动场是当时浙江省最早的一个现代

运动场,也是中国最早按照美国大学校园和奥林匹克标准建造起来的现代运动场之一。20 世纪二三十年代曾在这里多次举行过省、市以至全国性的大型运动会。现在的田径运动场虽然还存在,但已经过了改造,跟原来很不一样,而且由于周围绿树环绕,所以,现在从山坡上已经难以看清它的全貌,只能透过繁茂的树枝缝隙,勉强可以窥见它的一角。只有走到场地去,才能看清它现在的面貌,或从围栏外也可以看见它的基本面貌。昔日的田径运动场已经铺上了"水门汀",并且被分割成为两半:南面是篮球场,北面是网球场。

值得一提的是,建造于 1927 年前后,位于运动场北面山谷的之江大学游泳池,是一座当时比较有名的现代化的游泳池,也是由甘卜家族捐建,专供师生游泳和比赛等用。游泳池建在体育办公室南面的山谷上,长 25 米,宽 20 米。虽然今天看起来小一点,但在当时已经算很不错了。特别是其池水是利用山涧的自然溪水,既节约水源,又非常环保,这可能也是绝无仅有的。游泳池西侧山坡上建有一个蓄水池和小沉淀池以补给游泳池水,其北面还有一间简易的盥洗室,供游泳者冲洗和更衣所用。游泳池四周还设有观看比赛的水泥座席。20 世纪 30 年代,杭州举办全国运动会,这座游泳池还被指定为游泳比赛场地。但游泳池后来填毁了,实在可惜。现在为一块荒草地。

在西斋北面与学生服务部间有一条可通车辆的上坡路,由南向北,在主楼西北角拐弯,一直延伸到西校门,形成一条贯通校园的环形路。路两边除有科学馆(东)和学生服务部(西)外,路西还有一排小平房紧靠学生服务部,这是一排后来建造的综合商店,现在已经空置。在二龙头西北山腰、学生服务部的北面还建有一间厕所。

从环形路往前(北),路东北面沿途建有一排宣传栏,拐弯处建有一小花坛,内有一校园假山浮雕。

沿环形路再往西,路北旁可以看到有一座用石砖砌筑的建筑掩映在树荫中,使人有一种恍然间来到了一个欧洲庄园的感觉。这就是之江大学的教堂——都克堂,是以前之大学生做礼拜、祷告和集会的地方,也是作为教会大学的一座标志性建筑。都克堂对面还建有一个小花坛。都克堂南下坡的树荫下修筑有一块台地,台地上还建有简易雅静的读书台。台地旁有一条通往山谷的石阶路。

在都克堂的东西两侧各有一条上山的路,东侧一条为石阶路;西侧一条为分岔斜坡小径,其西北一侧通佩韦斋,东北一侧是一条上山的石阶路。

佩韦斋建在山坡上,是一座三层建筑,其实并没有什么特别之处,只是其前面的山坡上种植有玫瑰和其他山花,显得艳丽悦目。佩韦斋是一幢女生宿舍,故当时之江人把它列为"之江十二景"之一。沿路再往西还可以看到有一幢建在二龙头与三龙头的山窝中的建筑——7号楼,这是1952年后组成的浙江师范学院时期建造的第一座建筑,虽然其建筑风格更具现代特征,但其外观色调和建筑体量等与过去的建筑基本保持匹配。

从佩韦斋沿二龙头山脊的石阶路上山,它的后面(北)山坡上是一幢建于20世纪30年代的两层建筑——后6号楼。据记载,佩韦斋附近原有一座女生膳厅,实际就是今天的后6号楼,后来改作为宿舍楼,现安排有物业人员在使用。该建筑虽然结构比较简陋,看起来也不起眼,与其他西式建筑风格也有差异,但建筑质量还比较好,至今已有80多年的历史,但仍然很坚固。

从后6号楼的东北侧砖石和石阶路上去,是一条从三龙头招待所东侧起点,沿山脊而上至山腰的灰房为止的水泥车行路。

沿此路的北面山坡上建造有一批最早的西方教授别墅,这些别墅都是以其外墙色泽而叫名。靠东北侧的一座灰色别墅叫"灰房";在后6号楼正北山坡上建造有两座红色的别墅,一座叫下红房,在其上方的叫上红房。这都是当时学校领导的住宅楼,所以又叫校长楼。据说,原美国驻华大使司徒雷登早年曾在上红房(也有的说下红房)居住过。沿此路往西,在北山坡上还建造有一座灰白色的别墅,叫"白房"。这些别墅都具有鲜明的西方建筑风格。建筑面积也比较大,还都建有主要供保姆住和厨房所用的裙楼。

在上红房附近的北部山上,曾有两座建造于1911年的西方教授别墅楼,内外结构与上、下红房相似,为典型的西方外廊式建筑,是之江大学时期最早建造的五幢别墅之一。1937年被侵华日军炸毁,后来也未修复,遗址现也难以找到。

上红房院墙东北侧有一个出口,可以通往上山的小路,从图书馆一侧也有一条石阶路可以通往这条小路。这条路是由山水经年冲刷和行人走出来的泥石路,未经人工修筑,路上坑坑洼洼,乱石和树叶覆盖,行走很不方便。过去人迹稀少,现锻炼的人多了,上山的人也多起来了。为防止森林火灾,一路上设有多处用于消防的储水桶和消防房等消防设施。

顺着山路往北上山约1公里,在路西的一个山坡顶可以看到建造于1918年前后的一座建筑遗址——天文台(观象台)。该建筑是当时整个校园地势最高的建筑,海拔约110米。这座天文台当时在浙江是独一无二的,至今也没有再建过。20世纪30年代,浙江曾发行过一种债券,其票面采用的就是这座天文台背景。天文台内置有当时最先进的观象设备。因它像一座碉堡,1937年底,日本宪兵司令部占领之江校园后,据说日军害怕游击队利用它袭击他们,所以把它炸毁了,内置的一些设备也被破坏或被日军窃取。抗战复员后也无力再修复,现仅存遗址,可以看到一些残留的墙基、梁柱和砖石等。

再往北有一段低缓的下坡路,不远处有一块石碑,也就是标明之江大学旧址范围的界碑。再往北上去就可到达秦望山顶，也可以下到九溪，或到月轮山和虎跑后山等。

# 二　三龙头

三龙头地块位于整个校园的西面。南起舜禹路西端，与之江路相连至西面山谷的体育场，从体育场沿三龙头山脚往北与二龙头相接，西接钱江疗养院所在山头。东面为山坡至东运动场和"健美谷"。此地块早年为一片茶园和竹园，风景秀丽，是"之江十二景"之一，后来在舜禹路西段开设了一个西门（或称后门），一条由南向北的上坡路经过山腰（都克堂）连接二龙头与正校门贯通，形成一条环形路。现在，三龙头成为学生的生活区，宿舍、食堂和生活配套设施较齐备。

从西门进入校园后，南端是陡坡，建有围栏。环形路东边是一排学生公寓，包括 10、11、12、13 号楼等。之江大学时期，这里曾建造了数座教职员平房宿舍，直至 20 世纪 90 年代初，因改作浙大基础部，为满足学生住宿需要，将平房拆除后重建了这 4 座三层建筑。11、12 号楼之间有上下（南北）两块台地，上台地现在作停车场，下台地为一羽毛球场地及学生晾晒衣物的场地。13 号楼南端也有一块台地，可以晾晒衣物、停车，前面还有一块绿化地。

在 13 号楼的东侧有一条台阶路可下到运动场，南侧有围墙相隔，山坡上有一个网球场地。

环形路西边的西门传达室上方（北）就是食堂、浴室、锅炉房等生活设施。食堂东墙有捐建人香港实业家查济民老学长题写的"求是堂"墨宝。浴室东侧设有一间自助银行，北面有一块绿化地。

在食堂西北角修建有一条石阶路，沿路可以下到山脚下谷地的西体育场地。校园范围以该体育场为界。三龙头山坡下的体育场东北角还建有一座污水处理站。

沿环形路往北，西侧还有李作权学生活动中心。这是 1997 年浙江大学百年校庆时，由校友李作权先生捐资建造的一座供师生开展文化娱乐活动、会议等用的现代综合性建筑，主要两层，部分四层（含地下一层）。现因校区学生人数不多，主要用作办公、会议等，内设一家购物超市。该活动中心的西面是山坡林地。

沿校园环形路往东，在 10 号楼的东侧有学生宿舍 8 号楼。该楼建造于浙江师范学院时期的 1954 年。后来，在其附近还建有配电房和卫生工作间、垃圾房等配套建筑设施。在其东南角还修建有一条石阶路，可下到山谷的体育馆和运动场。

    沿途再往北去,路西半山腰上建有一座招待所(南、北两座),北座是1950年前后浙江师范学院时期建造的,南座是1985年建造的。

    环形路在招待所门前成直角转弯向东。转弯处,有两处往北上山的路口,西侧为石阶人行路口,东侧为斜坡车行路口。据载,这是1985年前后修建的。由此路可以通往建在二龙头山腰上的各西方教授别墅楼群。此路成"L"形,至灰房为止,全长约1公里。

    沿环形路往东,在路北的三龙头山坡上有一座建造于1920年左右的西方教授别墅——9号楼,因其外立面由绿色博风板饰面,故称为"绿房"。1985年,在其北面台地上又建造了一座二层宿舍楼,原作为招待客房,现改为学生宿舍。在绿房的东面山窝处,即二龙头与三龙头接合处,建有一座7号楼,也是浙江师范学院时期建造的。其北面基本都是山坡地,由森林和植被所覆盖。

    整个校园早在20世纪40年代就已是树木繁茂,经过上百年的经营管理,其优美的环境不仅在国内,甚至是国外也实属不多。据说,40年代之江大学就曾被评为世界最优美校园的第二名(第一名为土耳其的伊斯坦布尔大学)。据原之大英文系主任队克勋所著《之江大学》一书记载:"买下校园后的四十年里,树木繁盛,覆盖了大部分不用来建筑的空地,为鸟类和其他野生动物包括狐狸、眼镜蛇、野兔和鹿(可能是麂)等创造了良好的生存环境。实际上,各国旅行者已把本校园列为全世界最美的风景之一。"那时,国家处在战乱时期,各项建设还很落后,整个杭城只有3个小火电厂,电力不足。据说,学校虽然安装了电灯,但晚上经常停电,旧址又地处偏僻的郊区,山上就成了阴森森的世界。虽然,山上现在没有了野兽一类,路上也都安装有路灯,但晚上依然很寂静,如果一个人在路上走还是会有些慌神的。

# 三　头龙头

    从二龙头的15号楼东侧通过蓄水坝(早年穿过"情人桥")就是头龙头地块。范围包括:东南角以建在头龙头谷底(山脚下)的污水处理厂为界,东连月轮山,两山由一条自北而南的峡谷相隔。沿峡谷西侧北上有一条通往头龙头住宅区的山路,再往北为山林地;南面以舜禹路为界;西面与二龙头由一条峡谷相隔。该地块占地100余亩,是1911年以后南长老会捐资3800元而购得。

    头龙头紧邻六和塔所在的月轮山,两山之间由峡谷相隔,峡谷有一条径流溪,山泉水终年不断,源源流入钱塘江。现代人崇尚自然环保,追求生活质量,据说这里的水富含各类矿物质,所以有人在这里接出取水管,很多市民到此取水,用作生活饮用水。这里有一条上山的路,可以通往山林,中途有一条岔路通往头龙头家属区,方便住民上下山。

穿过蓄水坝(或"情人桥"),东坝头连接二龙头过来的主干车行路,东西向横穿头龙头至其西侧,并可以通往头龙头南山脚下的钱塘江边。

东坝头还有两条通往各处的岔路,一条向南可以下到头龙头西侧山下至钱塘江边。在路东还有一条岔路通员工宿舍(附小宿舍),该宿舍建在头龙头南端山坡上(又叫下龙头),后来在其西侧还建造有一座小型宿舍以及机械车间和铸造车间,20 世纪 50 年代改建为一座双坡屋面平房的员工住宅,90 年代改作"同力项目部办公室",现已空置。再往东南角方向,就是一座建于 20 世纪 90 年代的污水处理房,这是校园最南端、也是地势最低的一座建筑。

东坝头往东北方向还有一条 20 世纪 60 年代铺设的石阶岔路,可直接通到家属住宅各处。

头龙头地块主要为家属住宅区。沿车行路向东,坝头路南("情人桥"东口)是一幢平房,建于 1950 年前后。过平房可看到在车行路两旁有 3 幢面积大小不等的独立小楼,建于 20 世纪 20 年代。因供中国籍教授所居,故称为中方教授别墅。虽说是别墅,但与二龙头的西方教授别墅相比要简易得多,逊色得多。别墅的南墈下就是附小宿舍。

在中方教授别墅的东南侧,曾有建造于 20 世纪 20 年代的 3 幢外廊式木结构别墅,主要为中方教授所居。因其南部开阔地带曾栽种有大片桃树而有"小桃源"之称。这里环境幽静,还可眺望钱塘江,故被列为"之江十二景"之一。但在 20 世纪 30 年代,"小桃源"被侵华日军炸毁,后来未修复。20 世纪 50 年代初,在其原址建造了一幢二层楼教师家属住宅,因共有 10 套独立住间,故称为"十间头"。

在"十间头"的北侧,20 世纪 30 年代曾建有一个网球场,现已荒芜,但场地仍存。这一带周围,早年还筑有一堵用黄泥夯实的土围墙,围墙上还盖有瓦片。围墙出口原设有传达室。据说,日寇占领后,因怕抗日游击队袭击,遂将其推倒,现在,我们仍然可隐约见到一点残留的遗迹。

20 世纪 50 年代,浙江师范学院时期曾建造了一批教师住宅,以一层、二层为主,体量不大。在西北侧(中方教授别墅北侧),曾建造了两座一层平房——教师住宅;两座二层高知住宅;两座一层领导住宅。在两座教师住宅之间的东侧,还有一座建造于 50 年代的一层教师住宅侧平房。现在有的住房因长期空置,已经破旧不堪,有的甚至成为危房或存在安全隐患。

从东坝头台阶上去,西北侧台地上的一座平房,叫王家村居委会,是 20 世纪 50 年代初建造的。浙江大学时期的 80 年代前后也陆续建造了一些教工住宅,体量多以一层、二层为主。在其西北侧,1979年增建了两座三层式教师住宅。为改善教师的居住条件,在其东侧,2001年又建造了两座三层式住宅建筑——教师公寓。现大部分房屋已经空置。

从头龙头西侧往北,在头龙头与二龙头之间的山谷中,20世纪30年代初,原建造有一座二层员工集体宿舍,叫北斋,虽该处比较隐蔽,但也被侵华日军炸毁。后于1981年,在北斋原址附近建造了一座四层教师住宅楼。

沿头龙头与二龙头之间山谷的小路往北,在二龙头的东坡有一片茶地(原有数十亩),长势良好,属于龙井茶产区地。但奇怪的是,据说这片地是属于之江校区的,茶地却不归浙大所有,而是由附近农民在采摘。不过,据记载,之江大学时期,茶园附近原建有一座茶场,为制茶场及工役之用,后拆除了。

再往北,在山谷深处还有一座平房建筑,叫革命村,是20世纪50年代初期建造的。现之江校区校卫队人员住在这里。

再往北是山谷底,没有明显的上山路径,也是校园地界。

# 第二编

# 之江大学旧址建筑概述

# 第4章  历史保护建筑基本状况

## 一  教会大学建筑的文化背景

西方教会在近代中国所开办的教会大学的建筑是中国建筑发展进程中的一个错综复杂的历史现象,也是中西建筑文化交流的历史产物和重要组成部分。18 世纪末至 19 世纪初,"许多在华西方教会机构将所属学院或书院扩展成了教会大学或新组建教会大学。这些教会大学成立之时,大都购地迁址进行了校园整体规划,并兴建了大批新校舍"①。可以说,这也是教会大学在华兴起和发展的一个标志。之江大学也正是在这一时期开始扩展办学规模,提升办学层次,另觅校址,扩建校园。

西方传教士在华从事传教事业的同时,在全国各地兴办了大量的教会学校。这些学校既为培养本土宗教徒服务,也传播了西方文化,促进了中西文化交流。同时,各教会大学在发展过程中,各自兴建了一批校舍建筑,这些建筑虽然各具特色,但无不体现传教士们的建筑思想理念,也是西方建筑文化在中国传播的象征。

董黎在《中国近代教会大学建筑史研究》一书中指出:传教士理想中的大学,是像 19 世纪美国大学那样的僻静学术区,应坐落在城市郊外,有教学区、办公室和宿舍区之分,唯一不同的设想是希望建筑形态能表现出中国古典建筑的某些外部特征,以此来表达出某种难以言传的意义。如果说,教会大学原是传教士勉强发起的并非中国人所需要而产生的结果,那么,教会大学建筑形态也是传教士认为臆想的而非建筑师的创作激情突发所致的结果。教会大学在时机上顺应了中国人引入西学的大趋势,同样,教会大学在筹划和兴建过程中,正

---

① 董黎:《中国近代教会大学建筑史研究》,科学出版社 2010 年版。

值基督教的"本色运动"和天主教"中国化"计划的实施展开之时,许多传教士在此期间,加深了对中国传统文化的认识,从而推动了在华西方教会的世俗化、本土化,为促进中西文化的正常交流起到了积极作用,教会大学建筑形态构成的起因就是这一作用的表现形式之一。

因此,教会大学早期建筑形态基本都体现了中西合璧的风格特征。其构成的文化意义在于:一是教会大学建筑将西方建筑文化观念引入中国并成功地进行了实践,是中西双向交流的典型范例,也是中国近现代建筑史的关键点;二是不管传教士出于何种动机倡导了中西合璧的建筑理念,但由此产生的教会大学建筑事实上已成为中国近代传统文化复兴的表象参照物。

1936 年的之江大学

但就教会大学建筑形态而言,之江大学以及圣约翰大学、沪江大学和东吴大学等华东地区的几所教会大学,它的早期主体建筑几乎都是体现西式建筑模式及风格特征,而不是如多数教会大学建筑所体现的中西杂糅的建筑形态。据分析,由于苏沪地区地处沿海,相对比较开放,且传教士进入比较早,逐步形成了一种对外来文化采取宽容接纳的社会环境,这也使得传教士们无须顾及是否会遭到抵制,也无须借助建筑形式来表达某种态度或信息。可以说,这也是之江大学等华东地区教会大学之所以宗教色彩特别鲜明的原因所在。据说,全国教会大学的建筑保留至今的不多,而之江大学的这些西式建筑不仅数量多,且保存完好,这也是教会大学遗留下来的一笔珍贵财产。包括之江大学在内的华东这几所教会大学,由于财力所限,其建筑质量和建筑规模无法与当时租界内的西式建筑相提并论。因此,在近代建筑史研究中也很少被关注过。① 但随着

① 董黎:《中国近代教会大学建筑史研究》,科学出版社 2010 年版。

时间的推移,其历史文化价值,以及它的保护价值、观赏价值、研究价值和使用价值一定会逐步显露出来。正因为如此,2006 年,之江大学旧址被国家列入全国重点文物保护单位,予以整体保护。

从有关史料记载看,之江大学前身没有发现有学校自己建造的校舍建筑,这说明学校早期都是租用民房办学。自 1906 年选定新校址后,便开始规划布局、设计施工,至 1951 年,先后建造了包括慎思堂、东斋、西斋、都克堂、别墅群等 40 余座近代西式建筑及各类配套建筑设施,直至其撤销前,学校已具备了一定的规模。由于之江大学校园分布在几个山头之间,所以,其建筑的一个显著特点是:所有建筑都是依山而建,依势而筑。

## 二　教会大学初期建筑的共同特点

传教士们早期到中国来传教和办学,规模都比较小,办学层次也比较低,所以基本上都以租借民宅为主,很少有自己建造的建筑。19 世纪末 20 世纪初开始,教会学校得到了很大的发展,纷纷合并或单独成立教会大学,并进行征地迁址,大兴土木,一批教会大学的建筑拔地而起。虽然由于各大学的财力实力不同,或建筑物的设计因人而异,其建筑形态也有所不同,但他们的校园建筑理念、总体规划却基本相同。董黎在《中国近代教会大学建筑史研究》一书中指出,教会大学初期的建筑基本都存在以下一些共同特征[①]:

(1)建筑形态以折衷主义手法表现为多,至于偏重于中国风格还是西方风格,则与各校的历史背景有关。

(2)屋顶形式不尽相同,以歇山顶为多,铺以青灰色的普通瓦片,尚未出现宫殿式的琉璃筒瓦。

(3)平面多为规整的简单矩形,即使有变化也是左右对称。

(4)除玻璃、铁制配件等外,基本建筑土木用料均取自本土。

(5)圆拱大量使用,或窗洞,或券柱式外廊,或入口装饰,是外部构图的主要手段之一。

(6)墙面均为砖石本色,不加粉饰,以青灰色为主。

(7)结构体系一般采用砖石承重,辅之钢木屋架,建筑体量不超过三层楼。

(8)建筑装饰均以简化处理,外部造型不加以色彩效果。

(9)校园主体建筑多用西式钟楼做校园建筑群的构图中心。中国式亭子的造型和入口抱厦处理方式似乎被西方建筑师所偏爱。

---

① 　董黎:《中国近代教会大学建筑史研究》,科学出版社 2010 年版。

（10）整体形态以朴素简洁为主，重视施工质量，对建筑功能的要求不太高。

从之江大学现存的建筑形态、结构、体量以及建筑风格等情况来看，与以上归纳的这些教会大学的共同特点，可以说几乎完全符合。

# 三 校园布局

占地面积660余亩的之江大学旧址，其校园规划布局设计理念源于西方，很大程度上因袭了旧有欧美大学的传统，而其中主要是美国，且因受其宗教信仰和教育背景的影响，校园的规划模式和建筑结构都有教会大学的特征，体现简约朴实、鲜明恢宏的风格。整个校园坐落于三个龙头的山脊、山坡和山涧之间，高低错落，构成一幅特有的校园平面图，其形状看上去就像一只由西向东展翅飞翔的和平鸽，栩栩如生，令人称奇。

从平面图上看，二龙头基本为整个校园的腹地（和平鸽腹部），也是整个校园的中心，同时是最早规划和开工建设的区域。此地块主要作为学校的教学区、学生生活区以及西方教授住宅区，早年建造的慎思堂、东斋、西斋、都克堂、部分别墅等校舍主体建筑基本都分布在此地块。

之江大学旧址平面示意图

　　和平鸽右翼(二龙头与三龙头向西北方向延伸的高坡地块),基本为植被区域,少有建筑。建成于 1913 年,日本侵华期间被日军炸毁的天文台,建在其左翼和尾部(左翼、右翼之间的突出部分)的交接处,为当时校园海拔最高的建筑物,现遗迹尚存。

　　左翼(朝西南)基本为三龙头。征购初期为一片茶地,后来建造了一些员工简易平房。20 世纪 50 年代建造了一座招待所,90 年代又新造了几幢学生宿舍,以及学生食堂、活动中心等生活配套设施,现主要为学生生活区。其翼端(三龙头西侧谷底)还建有一座运动场和污水处理站。

　　和平鸽头部为头龙头地块,位于整个校园的东南面。当时规划为教职工住宅区,1920 年建造的中方教授别墅和 1931 年建造的附小校舍,以及之江"十二景"之一的"小桃园"就在此地块。归属浙江大学后,又陆续建造了一批教职工住房,包括教授住房、干部住房等数十间教职员工住房。2006 年被列为全国重点文物保护单位后,大部分教职工都已搬离到别处(尚有 30 余户住户),部分房舍为后勤单位使用,其余基本空置。

　　和平鸽颈部为头龙头与二龙头的分界线,一条由山顶而来的径流溪,潺潺溪水穿过颈部汇入钱塘江。1918 年,溪上曾建造有一座木结构天桥,俗称"情人桥"。归属浙江大学后,此桥重新拆建,并改为水泥结构。1920 年,在其中部山涧还建有上、下两处蓄水库,供师生生活用水,直至 20 世纪 90 年代,才改用城市自来水。20 世纪 60 年代,上蓄水库的堤坝加高加宽,坝上可通车辆和行人,"情人桥"也因此而弃用。

　　尾部为三个龙头的西北部,为校园的最高处。基本为山林和植被区域。

　　可见其布局完全是依自然地理条件而定。教学区、生活区以山头为界自然分野,以面积相对较大的二龙头为中心区域,主要安排为教学区,其两侧的头龙头和三龙头分别为教师生活区和学生生活区。

　　作为教会大学,由于其规划和校园布局很大程度上沿袭了旧时欧美大学的传统布局思路,同时又深受其宗教信仰和教育背景的影响。建设初期,学校创办人热衷于将自己母校的建筑形态移植到新建大学中,他们仿效美国 19 世纪以来逐渐形成的大学社区组织的模式,在僻静的市郊建立校园。

# 四　建筑布局

　　据《杭州之江学堂 1912》中记载的"之江学堂已建筑及未建筑之图"可以看出,这应是之江大学最早的校园规划图纸。校园及建筑布局体现了以二龙头大花园为中心、轴线对称的规划思想。从图纸中看,博物室、理化室等地理位置与现在的科学馆、工程馆一一对应,可能由于经费和后来的建筑功能需要,并没有完全按照这一规划进行,如礼拜堂、藏书楼的位置也根据具体地形作了相应的调整。原规划的青年会室、阅览室、理化实验室和器材室等早期都设置在慎思堂内。

风景如画的慎思堂和中心花坛

之江大学校园建筑主要依山势的高低平缓而设计布局。具体表现为:以二龙头为中心,环一草坪大花园坐北朝南、依山势展开。旧址早期建筑主要集中建在二龙头,主教学楼又是二龙头的中心,并以其中点为原点向南北作延伸线,其延伸线则构成整个校园的中轴线。中轴线依山势南偏东、北偏西,东南段以

1936 年建造的钟楼为中轴线端点,钟楼当时基本位于整个校园建筑的最(南)前端;西北段图书馆等建筑也基本位于中轴线上。其他建筑基本分布在中轴线两侧。钟楼至主楼之间的中轴线由地砖铺就,长度约 150 米,宽度约 2 米,十分明显。中间设有一直径约 5 米的圆形花坛,四季花卉绽放。花坛设有东西向游步道,与中轴线成"十"字形,非常鲜明。沿中轴线往北,设有两段台阶与主楼正门厅连通。与主教学楼同时建造的东斋、西斋位于其下方东西两侧,基本与中轴线成对称态势。主教学楼与钟楼、东斋、西斋等围成一大花园,布局独特,其他建筑均分布在大花园的两侧和上部,依山而建,错落有致。旧址海拔高度为10~110 米,落差达 100 米。

山水相宜的之江胜景

　　旧址建筑布局较独特。据《杭州之江学堂 1912》记载,在已建成建筑的基础上,提出了二龙头大花园、轴线对称的校园规划思想,虽然后来的建筑根据实际地形作了相应的调整,但总体格局基本保持。旧址建筑的另一个特点是,单体建筑体量普遍都较小,以三层为主,红砖清水外墙,红瓦披顶为基调。此布局迄今保存完整,现存历史文物建筑尚有 20 余幢,大多亦保存完好,鲜见于国内。

　　此外,之江大学还十分重视体育运动设施建设,充分利用山势地形,建造运动场地。据 1933 年编印的《私立之江文理学院一览》记载,当时,学校有运动场所 10 多处,其中有田径场、足球场、篮球场、网球场、棍球场、游泳池等,还建有健身房。现除健身房改建体操馆,游泳池等少数场地不存外,基本都保存。

# 五　校舍建造情况

1906 年学校在城外购得 660 余亩山地后,经过两年左右时间的勘测、征购、土地平整、布局规划和建筑设计,于 1908 年前后开始施工开建,一批建筑陆续建成。之江大学时期共建有各类建筑 40 余幢(其中教职员住宅 19 幢,分布在三个龙头,均为西式楼屋),总建筑面积约 7 万平方米。其中有的已被毁,现列为历史文物保护的单体建筑有 22 幢。

之江大学时期的校舍基本分三个阶段建造。

第一阶段为勘定和初建期(1906—1911 年)。自 1906 年勘定此地为之江大学校址后至 1911 年迁入期间,最先建造了第一批 8 幢主体建筑,包括:主楼(慎思堂,1910 年开建,1911 年初竣工),东斋和西斋(1907 年同时开建,1910 年竣工),下红房、上红房、灰房以及建在二龙头北面山脊上的 2 幢外籍教授别墅(1910 年开建,1911 年竣工,于 1937 年被日军损毁);另外还有食堂等一些配套建筑设施。这一阶段的建筑和设施主要为满足学校迁入后,师生住宿、生活以及教学、办公等基本条件之急需。

第二阶段为扩充期(1911—1929 年)。这一阶段所建造的主体建筑,有:天文台(1912 年开建,1913 年竣工)、都克堂(1917 年 6 月开建,1919 年 1 月竣工)、白房(1918 年开建,1920 年左右竣工)、绿房(1918 年开建,1920 年左右竣工)、佩韦斋(1926 年前后开建,1927 年左右竣工),以及建在头龙头的 3 幢中方教授别墅(1920 年前后开建,1921 年左右竣工)、小桃源别墅 3 幢(1920 年前后建造,1930 年被毁)等 11 幢建筑。健身房(1919 年左右建造,1996 年拆除后,在原址上重建了一座体操馆)等也建造于这个时期,共有各类大小建筑 16 幢。

第三阶段为中兴期(1929—1937 年)。这一阶段所建造的主体建筑,有:图书馆和科学馆(1932 年 7、8 月间同时开建,1933 年竣工)、材料所(1935 年秋开建,1936 年竣工)、钟楼(1935 年前后开建,1936 年 6 月竣工)等 4 幢教学主体建筑,以及附小宿舍(1930 年前后开建,1931 年暑假竣工)、史量才先生捐建的体育教研室(1933 年开建,1934 年 6 月竣工)、后 6 号楼和学生服务部(1931 年左右建成),还有 1931 年左右建造的北斋(曾遭日军破坏,加上年久失修而破败不堪,于 1981 年拆毁后在原址重建了一幢三层楼房)。

据《私立之江文理学院一览(1937)》记载:"本学院校舍共计大小西式楼屋四十一座。其建筑程序可约分为两个时期:第一期自民国元年迁校江干时起至民国十七年止,建筑有慎思堂、都克堂、甘卜堂、惠德堂、佩韦斋、观象台、健身房,及教员住宅等共二十四座。第二期自民国十八年(复校时)至现在止,共建有图书馆、科学馆、材料试验所、同怀堂（经济学馆）、膳厅、宿舍、体育办公室、工场、乒乓室等共十七座。此外尚有在进行计划中者。"

据 1937 年的一份资料记载，"本学院拟建疗养院及女生会客室各一所，已在绘图计划建筑之中。附中宿舍及水力实验室不久亦将兴工"。实际上，由于不久后的日本侵华战争爆发，之江校园成为日军宪兵司令部驻地。此后，不但原计划无法实施，就是已有建筑也遭到日本侵略者的严重破坏。所以，1937 年至 1945 年，实际为之江大学建筑停止期和破坏期。

此后至全国解放时，之江大学基本未再新建校舍。1946 年抗战结束复校后，也只对遭到破坏的建筑进行了一次大规模的修缮或局部重建。直至 1950 年，才建造了一座主体建筑——3 号楼（又名工程楼），并于 1951 年建成使用，这也成为之江大学时期建造的最后一座建筑。

# 六　建筑结构及风格特征

教会大学的建筑普遍采用中西合璧的建筑样式。据说，基督教教会大学中有 12 所，包括燕京大学、辅仁大学、圣约翰大学、金陵大学、金陵女子大学、华西协和大学、华中大学、岭南大学、福州协和大学、湘雅医学院、齐鲁大学及北京协和医学院采用这种样式，只有之江大学等几所大学没有采用这种样式。这是西方传教士在当时中国民族意识逐渐觉醒、中国传统古典建筑复兴的特殊历史条件下，作为继承和弘扬中国传统文化的表象参照物，顺应时代潮流的一种探索式做法。而在之江大学早期建筑中，设计者们没有考虑将中国传统建筑风格融入其主要建筑之中。由于都是由美国建筑师在本土完成设计，深受单纯的美国建筑文化移植心态的影响，所以它的总体建筑风格主要体现美国本土建筑的特征。然而，由于之江大学时期的主要建筑，建造年代跨越近半个世纪，其建筑风格也随设计时的建筑思潮的影响和建筑技术的成熟而呈现多样化。这些建筑的色彩、规模也基本和谐统一。因此，不同的建筑风格使得每幢建筑都具有张力和可识别性，并形成相得益彰的局面。同时，作为教会学校，如主楼、东斋、西斋、图书馆等早期主体建筑还在楼体中段设计成前后凸出，呈现"十"字架平面图形，具有典型的基督教象征性特征。

之江大学最早建造的东斋、西斋、慎思堂、佩韦斋等主体建筑具有典型的乔治亚复兴式的建筑风格，最主要表现为对称式布局和古典主义细部。其主要特征包括：对称的立面、位于平面中央的主入口、门上气窗或扇形窗、大门两侧采光、带柱子的门廊上托檐部、飞檐托饰、平窗券带卷心石、四坡屋顶、隅石、石材束腰线等。而相比之下，佩韦斋更具美国乔治亚复兴式的特色，其采用双坡顶、齿饰线脚的飞檐托饰也更西方化。旧址早期建造的别墅式建筑,如上、下红房则采用的是意大利风格,其主要建筑特征表现为:缓坡顶或平屋顶、带支架和檐口的宽大屋檐、走廊上有带栏杆的阳台、高而窄的窗户、单侧凸窗、门窗采用罗马式券或弓形拱等。

1910年建造的灰房,虽是首批建造的5幢别墅建筑之一,但它与上、下红房等4幢别墅在建筑风格甚至用材上都有所不同。上、下红房采用的是清水红砖墙体,而灰房采用的是清水青砖墙结构,主立面为对称外廊护栏,呈现为殖民地外廊式建筑风格。1918年建造的都克堂为通常宗教性特有建筑,窗户上的尖券使其哥特复兴式的建筑风格十分明显。入口的弓形拱则表现为都铎复兴式的特征。

早期建造的白房、灰房和3幢中方教授别墅虽是大量运用中国青砖砌筑的别墅,但其西式建筑风格却极为明显。主要表现在:带柱子、上托檐部为人字形门廊;入口门上设气窗;大门两侧采光;大面积玻璃窗扇;门窗上券的使用;屋顶采用机平瓦等。同时还具有中西杂糅建筑风格的特点,这主要表现在主入口上的弓字券和窗洞上的平券同时使用。

绿房是一种在20世纪初流行于美国而来源于印度的住宅建筑样式,具有工艺美术运动的平房风格。它的平面布局特点是将厨房、餐厅、卧室和卫生间围绕在起居室四周,通过节省过道而节约空间。绿房的主要特征为:一层加阁楼;主要生活空间设于一层;缓坡顶和水平形式;平面中心为起居室;不用过道连接房间等,而其阁楼外墙采用美国别墅独具特色的壁板,是之江大学别墅建筑中的孤例。

中兴期(1929—1937年)建造的图书馆、科学馆等,与早期建筑又有所不同,它主要表现为西方折衷主义建筑风格特征。图书馆没有出现一般砖砌建筑常用的砖券技术,也没有运用任何柱式,而是使用钢筋混凝土作为窗过梁、齿饰线脚、主立面山花及立面其他装饰,屋顶不挑檐的处理方法也是之江大学坡屋顶建筑中的孤例;科学馆的很多细节接近于主楼,如色彩、外立面建筑材料、窗券形式、隅石、平面轮廓等,都带有主楼的建筑元素。但与主楼风格不同的是:它的主入口未设在主立面的中央,而是分作两个对称的入口分散于主立面,这两个入口运用了古典主义元素,两个入口同时为楼梯间,这种平面布局更节省空间。可见,此时建筑师已逐步摆脱了美国本土建筑风格在特征上的限制。另外,如体育教研室、附小宿舍等体量较小建筑与旧址多数建筑风格相类似,也是采用四坡屋面。

之江大学后期建造的材料试验所、经济学馆(钟楼)、工程馆等主体建筑,虽然在外表色彩和材质使用上力求达到与早期建筑风格保持一致,但由于主要由中国建筑师设计,所以基本没有采用西式建筑理念,而主要体现色彩统一和现代建筑风格特征。但其中,材料试验所和工程馆在整体造型上与主楼等建筑相似,均采用长方形平面轮廓、四坡顶,立面简洁,使用平拱砖过梁或钢筋混凝土过梁,没有出现柱式等一些西方建筑元素,体现为中西杂糅建筑风格的特点。材料试验所在日军占领时曾被破坏,仅剩下残垣断壁,现在的建筑是 1946 年后修复的,与原建筑有所不同。钟楼的建筑风格与其他建筑又不一样,它基本体现为现代主义建筑风格的早期特点,是之江大学近代建筑的孤例。

　　之江大学旧址历史文物建筑群的单体建筑体量均较小,以三层为主,红砖清水外墙,红瓦顶为主基调。是西方近代建筑糅合东方建筑而成,带有 20 世纪二三十年代兴起的欧洲近代建筑的风格,但还留有文艺复兴时期的影子。据说旧址建筑群曾荣获世界近代学府建筑完整保护建筑第二名。

之江大学旧址历史文物建筑色彩及建筑风格一览

| 建筑名称 | 建造时间 | 建筑色彩 | 所处位置 | 建筑风格 |
| --- | --- | --- | --- | --- |
| 东斋 | 1907－1909 | 红 | 二龙头 | 乔治亚复兴风格(Georgian Revival) |
| 西斋 | 1907－1909 | 红 | 二龙头 | 乔治亚复兴风格(Georgian Revival) |
| 下红房 | 1910 | 红 | 二龙头 | 意大利风格(Italianate) |
| 上红房 | 1910 | 红 | 二龙头 | 意大利风格(Italianate) |
| 灰房 | 1910 | 青灰 | 二龙头 | 殖民地外廊风格(Colonial Veranda Style) |
| 慎思堂 | 1910－1911 | 红 | 二龙头 | 乔治亚复兴风格(Georgian Revival) |
| 都克堂 | 1917－1919 | 灰 | 二龙头 | 都铎复兴风格(Tudor Revival) |
| 白房 | 1918 | 青灰 | 三龙头 | 折衷主义(Eclecticism) |
| 绿房 | 1918 | 绿、青灰 | 三龙头 | 平房风格(Bungalow) |
| 佩韦斋 | 1926 | 青灰、绿 | 三龙头 | 乔治亚复兴风格(Georgian Revival) |
| 附小宿舍 | 1931 | 青灰 | 头龙头 | |
| 图书馆 | 1932 | 红 | 二龙头 | 折衷主义(Eclecticism) |
| 科学馆 | 1932 | 红 | 二龙头 | 折衷主义(Eclecticism) |
| 体育办公室 | 1934 | 青灰 | 二龙头 | |
| 材料试验所 | 1935 | 红 | 二龙头 | 折衷主义(Eclecticism) |
| 经济学馆 | 1936 | 红 | 二龙头 | 装饰艺术风格(Art Deco) |
| 工程馆 | 1951 | 红 | 二龙头 | 折衷主义(Eclecticism) |

　　资料来源:张吉:《之江大学旧址建筑史初探》,浙江大学出版社 2009 年版,第 140 页。

　　之江大学早期(1907—1934 年)建筑普遍采用砖木或石木结构,这是西方传统的砖石承重墙加三角木屋架的形式。但 30 年代后也有部分建筑采用砖石钢筋混凝土的混合结构。这种结构形制仍以砖墙承重,局部使用钢筋或钢筋混凝土,如过梁、圈梁、楼梯等。之江大学早期建筑外墙大都采用清水红砖砌筑,这也是之江大学建筑的一个特色。为保持这一特色,即使 30 年代和 50 年代建造的一些建筑外墙也都采用红砖砌筑。中期也有一些建筑外墙是采用青砖材料。

# 七  历史文物建筑

## (一)历史文物建筑名称及命名

之江大学时期的建筑,基本都是由一些传教士、慈善家或社会贤达、名人捐资兴建的。学校为了感谢他们的襄助,铭记他们的功德,每座建筑除有中文名称外,都同时根据捐建人的意愿或以捐建人的姓名来命名,但除了赛佛伦斯堂(Severance Hall)曾于 1911 年前后在其正门的门廊檐壁上镌刻有英文名(曾于"文革"时期用水泥封住,2011 年整修时重新恢复原样),经济学馆正门二楼中央题写有时任校长李培恩的亲笔题词,以及都克堂和工程馆因奠基石裸露在外可以辨认其名称外,一般都没有在建筑实体上体现。

**之江大学时期建筑名称、捐建人对照表**

| 现名称 | 原名称 | 原英文命名 | 捐建人 |
|---|---|---|---|
| 1 号楼 | 东斋、甘卜堂 | Gamble Hall | 俄亥俄州辛辛那提市 D. B. Gamble 夫妇 |
| 2 号楼 | 西斋、惠德堂、吴窦堂等 | Wheeler and Dusenbury Hall | Mr. E. G. Dusenbury Mr. N. P. Wheeler and Mrs. W. E. Wheeler |
| 3 号楼 | 工程馆、机械楼 | Engineering Building | |
| 4 号楼 | 科学馆、裴德生科学馆等 | Science Hall,Judson Memorial Science Hall | 之江大学同学会校友、教职员 |
| 5 号楼 | 材料试验所 | Materials Testing Laboratory | 之江大学同学会校友、教职员 |
| 6 号楼 | 佩韦斋、韦斋、惠斋、女生院等 | Wilson Hall, Girls' Dormitory, Women's Dormitory | 威尔逊先生(J. Morrison Wilson) |
| 9 号楼 | 绿房、维勒邦格楼 | Wheeler Bungalow, Wheeler Residence | 维勒先生及其父母尼尔逊夫妇(Nelson P. Wheeler) |

| 现名称 | 原名称 | 原英文命名 | 捐建人 |
|---|---|---|---|
| 下红房 | 下红房、帕斯顿楼 | Paxton Memorial Residence | |
| 上红房 | 上红房、北太平洋楼 | North Pacific Residence | |
| 灰房 | 灰房、康沃斯楼、院长住宅等 | Converse Residence | |
| 白房 | 白房、卡特楼等 | Carter Memorial Residence | 芝加哥迈可考夫人（Mrs. Cyrus H. Mc Cormick） |
| 主楼、行政楼 | 慎思堂、总讲堂（总课堂）、赛佛伦斯（赛佛伦）堂等 | Severance Hall | 俄亥俄州克利夫兰市 L. H. Severance 先生 |
| 小礼堂 | 都克堂、督会礼拜堂、育英堂等 | Tooker Memorial Chapel | 新泽西州东奥瑞治（East Orange）都克（Nathaniel Tooker）一家 |
| 图书馆 | 图书馆 | Alumni Library | 之江大学同学会校友、教职员 |
| 钟楼 | 经济学馆、同怀堂、邓祖询纪念馆等 | Economics Building, Teng Memorial Building | 已故校董史量才先生的家属 |
| 体育教研室 | 体育办公室 | Office Physical Education | 校董史量才先生 |

## （二）现存历史文物建筑

在之江大学时期建造的 40 余幢历史建筑中，保存至今且基本完好的主要历史文物建筑共有 22 幢。

### 之江大学现存 22 幢历史文物保护建筑一览

| 建筑名称 | 原名称 | 建成时间 | 占地面积（m²） | 建筑面积（m²） | 建筑高度（m） | 建筑长度（m） | 建筑宽度（m） |
|---|---|---|---|---|---|---|---|
| 1 号楼 | 东斋、甘卜堂 | 1909 年 | 526 | 1579 | 14.887 | 46.390 | 13.165 |
| 2 号楼 | 西斋、惠德堂 | 1909 年 | 526 | 1579 | 14.887 | 46.390 | 13.165 |
| 下红房 | 下红房、帕斯顿楼 | 1910 年 | 139.5 | 279 | 10.190 | 24.747 | 13.515 |
| 上红房 | 上红房、北太平洋楼 | 1910 年 | 149.5 | 299 | 11.710 | 23.100 | 16.710 |
| 灰房 | 灰房、康沃斯楼 | 1910 年 | 167 | 334 | 11.850 | 13.630 | 14.580 |
| 白房 | 卡特楼 | 1918 年 | 176 | 355 | 8.910 | 16.380 | 9.800 |
| 行政楼 | 主楼、慎思堂 | 1910 年 | 515.5 | 2062 | 17.061 | 45.229 | 13.720 |
| 小礼堂 | 都克堂、育英堂 | 1918 年 | 360 | 439 | 12.504 | 31.140 | 13.630 |
| 6 号楼 | 佩韦斋、女生楼 | 1926 年 | 240 | 720 | 14.160 | 20.700 | 10.360 |

| 建筑名称 | 原名称 | 建成时间 | 占地面积（m²） | 建筑面积（m²） | 建筑高度（m） | 建筑长度（m） | 建筑宽度（m） |
|---|---|---|---|---|---|---|---|
| 9 号楼 | 绿房、维勒邦格楼 | 1920 年 | 243 | 486 | 8.220 | 20.720 | 16.789 |
| 中教别墅 1 | 同名 | 1920 年 | 103 | 206 | 8.295 | 15.180 | 7.930 |
| 中教别墅 2 | 同名 | 1920 年 | 128 | 256 | 7.850 | 17.400 | 11.850 |
| 中教别墅 3 | 同名 | 1920 年 | 138 | 276 | 7.850 | 12.080 | 12.550 |
| 图书馆 | 图书馆 | 1932 年 | 596 | 1192 | 13.750 | 35.510 | 14.540 |
| 体育教研室 | 体育教研室 | 1933 年 | 76.5 | 153 | 7.860 | 12.170 | 10.870 |
| 4 号楼 | 科学馆 | 1932 年 | 606 | 1818 | 15.590 | 40.185 | 14.600 |
| 5 号楼 | 材料试验所 | 1935 年 | 283 | 566 | 14.714 | 23.930 | 14.160 |
| 钟楼 | 同怀堂、经济学馆 | 1936 年 | 526 | 822 | 20.000 | 46.810 | 11.240 |
| 学生服务部 | 学生服务部 | 1930 年 | 36/36 | 36/36 | 4.920 | 7.100 | 5.160 |
| 后 6 号楼 | 后 6 号楼 | 1930 年 | 146 | 146 | 8.480 | 24.460 | 7.170 |
| 附小宿舍 | 员工宿舍 | 1930 年 | 216 | 432 | 7.840 | 18.700 | 11.790 |
| 3 号楼 | 工程馆 | 1951 年 | 441 | 1323 | 15.730 | 30.560 | 14.060 |

### （三）被毁历史建筑

由于历史或自然等原因，有一批建筑早年建成后倒塌或被毁坏、拆除，有的被废后仅留有历史遗迹，有的已在原址上新建了现代建筑或另作他用。据记载，这类历史建筑有：观象台（天文台）、材料试验所、临江亭、小桃源别墅 3 幢、外籍教授别墅 2 幢、东膳厅、西膳厅、健身房、亭子 4 座等 15 座建筑。这些被废毁的建筑中，有的在侵华日军占领时被炸毁，有的因年久失修而自然倒毁，有的因规划需要而改建为其他建筑。如，1996 年在健身房（位于二龙头山谷）原址上改建了体操馆；东膳厅因结构简陋，面积小，90 年代拆除，2000 年在其原址上建造了曾宪梓楼。又如，1952 年在被侵华日军炸毁的小桃源别墅原址上建造了"十间头"（教师住宅）。

这里尤其值得一提的是建于 1912 年的之江大学观象台（天文台），抗战时期被日军完全炸毁。这是当时杭州唯一的一座天文台，也是之江大学一座标志性建筑。

天文台设备齐全，其中，天文望远镜等都是从美国直接购买的，而且是当时较先进的天文气象观测设备，主要用于天文气象观测和"天文学"的教学。学校建天文观象台，这也是当时中国其他学校（包括教会大学）所没有的，即使当时中国政府也没有这种建筑。据说，当时浙江省政府发行的纸币中，一角币所采用的图案就是这座天文台。

天文台被毁前景观

　　1937 年 12 月,日寇占领杭州,之江大学成为日寇宪兵司令部所在地,日寇的步兵和骑兵驻扎在校园里,据说校园内还建造有水牢,用以残害百姓。由于天文台建在秦望山山脊,也是校园最高处,周围树林茂密、隐秘,是天然的攻防工事。为了防止游击队及抗日武装占领天文台,日军将其炸毁,成为一片废墟,台内一批先进的教学和观象设备被炸毁或洗劫一空。作为日本侵略中国的罪证,天文台后来也未重新建造,现遗址仍存,可见到半座墙体及一些零散的碎石块。

　　另外,位于图书馆东侧的材料试验所(5 号楼)也在日军占领期间被炸毁一半,留下一些残垣断壁,现在的建筑为 1946 年学校复员后重新修复,且与原建筑结构有所改变。同时被日军炸毁的建筑有:天文台附近的两幢外籍教授别墅,头龙头和二龙头各两幢教员宿舍。此外,教堂(都克堂)的大门也被拆除。其他的建筑也遭受到不同程度的破坏,有的仅剩屋顶外墙,有的窗户、楼梯以及内部设施等均遭到不同程度的损坏。

### 之江大学旧址废毁历史建筑遗迹一览

| 代　　号 | 历史建筑名称 | 建成时间 | 废毁时间 | 备　　注 |
|---|---|---|---|---|
| DJ－01 | 观象台 | 1913 年 | 1937 年 | 被日军炸毁 |
| DJ－02 | 临江亭 | 1918—1931 年 | 1960 年 | |
| DJ－03 | 材料试验所(5 号楼) | 1934 年 | 1937 年 | 被日军炸毁,后修复 |
| DJ－06 | 小桃源别墅 3 幢 | 1920 年 | 1930 年 | |
| DJ－07 | 外籍教授别墅 2 幢 | 1911 年 | 1937 年 | 被日军炸毁 |
| DJ－08 | 东膳厅 | 1911—1918 年 | 1989 年 | |
| DJ－012 | 健身房 | 1919—1931 年 | 1996 年 | 现建体操馆 |
| DJ－013 | 西膳厅 | 1911—1918 年 | 1970 年 | 现建曾宪梓楼 |
| DJ－014 | 亭子 4 座 | 1918—1931 年 | 不详 | |

之江大学早期没有设立自己的建筑设计机构,慎思堂、西斋(惠德堂)等第一批建筑是委托美国工程师在美国国内进行设计的,具体的施工由本校建筑、土木院系的相关教师负责,并有外籍工程师贝克先生(Henry E. Baker)驻校负责指导工程的建设工作。工程主持人为时任之江大学教务长周梅阁先生,由费佩德牧师负责工程监理工作。1914年,贝克先生离开学校后,由威尔逊先生(他是一名物理教师)接替此项工作。1920年,在威尔逊教授主持下,成立了之江大学建筑部(又称建造署),后来的一批建筑都由建筑部负责设计、施工及监理等。1926年,建筑部被迫关闭。1929年以后,之江大学成立土木系,聘任徐箓教授为土木系系主任,在他的主持下重建之江大学建筑部。据载,后来建造的图书馆、科学馆、同怀堂等18幢建筑,均由其主持完成。而1951年之江大学时期建造的最后一座建筑——工程馆(机械楼)则是由本校建筑系毕业生吴一清主持设计的。

# 八 现代建筑

1952年全国高等学校院系调整,之江大学的历史终止。其旧址曾作为新组建的浙江师范学院校舍,直至1958年浙江师范学院并入新成立的杭州大学而搬出;1958年后,旧址又成为浙江省委党校驻地,直至1961年划归浙江大学。

近60年间,旧址先后建造了一批教师住宅、学生宿舍、食堂、活动场所,以及一些生活配套建筑设施,据初步统计,共有40多幢。主要有:20世纪50年代,浙江师范学院时期建造在三龙头的7、8号楼(外墙面刻有浙江师范学院字样),头龙头的"十间头"以及三龙头的招待所等;60年代后,浙江大学时期陆续建造在头龙头的2幢教师住宅、2幢高知住宅、2幢干部住宅,还有一批配电房、自来水厂、水泵房等;80年代建造在二龙头的学生宿舍(9号楼北侧)、头龙头的教师住宅3幢和1989年建造在二龙头的15号楼。1992年10月,经国家教委同意,学校将国家对浙江大学重点学科建设专项投资用于将分部改建成基础部建设。规划总建筑面积为60000平方米,其中,头龙头教工生活区规划建筑面积12500平方米,包括:教工宿舍、食堂、锅炉房、浴室、开水房、招待所、车库、商店、小学、幼儿园等;二龙头教学区规划建筑面积24500平方米,包括:教学楼、图书馆、风雨操场、小礼堂等;三龙头学生生活区规划建筑面积23000平方米,包括10、11、12、13号学生宿舍楼,学生食堂、浴室、开水房、李作权学生活动中心等。与此同时,对一些因年久失修已破烂不堪的建筑进行拆除,共有34000平方米,主要是一些低矮平房、辅助和配套建筑。2000年后,又先后在二龙头建造了曾宪梓楼和头龙头的1幢教师住宅楼,以及其他一些配套建筑设施。

左为树丛中的 7 号楼，右为 7 号楼的南面正门厅

阳光和煦的校园一角（8 号楼东北侧）　　　　体操馆一侧

之江大学旧址现代建筑一览表

| 编号 | 建筑名称 | 建成时间 | 占地面积（平方米） | 建筑面积（平方米） |
|---|---|---|---|---|
| BJ—01 | 7 号楼 | 1953 年 | 522 | 1044 |
| BJ—02 | 8 号楼 | 1953 年 | 555.6 | 1667 |
| BJ—03 | 革命村 | 1950 年 | 258 | 258 |
| BJ—04 | 十间头 | 1952—1960 年 | 456 | 912 |
| BJ—05 | 教师住宅 2 幢 | 1952—1960 年 | 432/432 | 432/432 |
| BJ—06 | 高知住宅 2 幢 | 1952—1960 年 | 191/191 | 382/382 |
| BJ—07 | 领导住宅 2 幢 | 1952—1960 年 | 275/275 | 275/275 |
| CJ—10 | 15 号楼 | 1950 年 | 247 | |
| CJ—16 | 情人桥口平房 | 1950 年 | 194 | 194 |
| CJ—18 | 教师住宅东侧平房 | 1950 年 | 58 | 58 |
| CJ—19 | 王家村居委会 | 1950 年 | 85 | 85 |
| CJ—22 | 教师住宅 2 幢 | 1979 年 | 344/219 | 1032/439 |
| CJ—23 | 教师住宅 | 1981 年 | 204 | 204 |

续表

| 编号 | 建筑名称 | 建成时间 | 占地面积（平方米） | 建筑面积（平方米） |
|------|---------|---------|------------------|------------------|
| CJ—24 | 教师公寓 | 2001 年 | 465/510 | 1085/1194 |
| CJ—32 | 10 号楼 | 1990 年 | 793 | 3172 |
| CJ—33 | 11 号楼 | 1996 年 | 793 | 2379 |
| CJ—34 | 12、13 号楼 | 1996 年 | 2×566 | 2×1700 |
| CJ—39 | 曾宪梓楼 | 2001 年 | 1830 | 3385 |

### 之江大学旧址配套建筑一览表

| 编号 | 建筑名称 | 建成时间 | 占地面积（平方米） | 建筑面积（平方米） |
|------|---------|---------|------------------|------------------|
| CJ—01 | 传达室 | 1996 年 | 105 | 105 |
| CJ—02 | 6 号楼西侧厕所 | 1950 年 | 65 | 65 |
| CJ—03 | 灰房西侧厕所 | 1970 年 | 17 | 17 |
| CJ—04 | 15 号楼西配电房 | 1996 年 | 105 | 105 |
| CJ—05 | 西斋东侧配电房 | 1960 年 | 300 | 300 |
| CJ—06 | 4 号楼南侧超市 | 1950 年 | 215 | 215 |
| CJ—07 | 4 号楼西服务用房 | 1950 年 | 247 | 247 |
| CJ—08 | 4 号楼西侧厕所 | 1950 年 | 57 | 57 |
| CJ—09 | 5 号楼南侧配电房 | 1996 年 | 88 | 88 |
| CJ—11 | 自来水厂 | 1952—1958 年 | 43 | 43 |
| CJ—12 | 水泵房 | 1952—1958 年 | 35.5 | 71 |
| CJ—13 | 体操馆 | 1996 年 | 626 | 626 |
| CJ—14 | 驾校办公室 | 1931—1936 年 | 57 | 57 |
| CJ—15 | 汽车房油库 | 1970 年 | 45 | 45 |
| CJ—17 | 十间头西侧厕所 | 1950 年 | 57 | 57 |
| CJ—20 | 同力项目部西侧厕所 | 1950 年 | 23 | 23 |
| CJ—21 | 同力水电项目部 | 1950 年 | 414 | 414 |
| CJ—25 | 污水处理厂（头龙头） | 1996 年 | 205 | 205 |
| CJ—26 | 招待所（南） | 1985 年 | 213 | 426 |
| CJ—27 | 8 号楼南侧厕所 | 1996 年 | 45 | 45 |
| CJ—28 | 8 号楼南侧配电房 | 1996 年 | 36 | 36 |
| CJ—29 | 9 号楼北侧宿舍 | 1984 年 | 174 | 348 |
| CJ—30 | 9 号楼北侧厕所 | 1984 年 | 71 | 71 |
| CJ—31 | 污水处理房（三龙头） | 1996 年 | 86 | 86 |
| CJ—35 | 学生食堂 | 1997 年 | 1900 | 3800 |
| CJ—36 | 学生浴室 | 1997 年 | 296 | 592 |
| CJ—37 | 锅炉房 | 1997 年 | 80 | 80 |
| CJ—38 | 学生活动中心 | 2000 年 | 820 | 1700 |
| BJ—08 | 招待所（北） | 1952—1960 年 | 307 | 614 |

# 九　旧址建筑维修情况

旧址建筑陆续建成后的 30 多年间，未做过大的整修，直至抗战复员后，由于整个校舍遭受日军不同程度的破坏，进行过一次全面整修。

抗日战争爆发后，旧址被日军宪兵司令部占领，校园和大部分建筑都不同程度地遭到日军的破坏。昔日优美的校园变得满目疮痍，惨不忍睹。"地面到处是壕沟、狐狸洞、炸弹坑，花园、操场和草坪杂草丛生，茶园、竹林和果园都被当柴火砍伐了。"其中，天文台被日军炸毁成一片废墟，"建在第一处山崖的由中国教师居住的几幢住宅几乎完全被毁，两处西方教师居住的别墅被烧毁，包括马尔济先生住的一幢房子。而王令赓夫妇居住的房子，其中木结构部分由于无人管理也被白蚁蛀蚀了"。此外，室内的所有教学、科研仪器设备、图书以及生活用品等都被洗劫一空，损失难以估量。

抗战胜利复员后，为尽快在杭州复校，1946 年 3 月 28 日，李培恩校长在上海召开学校董事会会议，专题讨论杭州校舍的修缮问题，会议在同意对校园和被破坏建筑进行修缮的同时，要求校联董会积极筹措修缮经费。为此，校联董会在美国发起了一场以募集修缮资金为主的复兴运动，得到有关人士的大力支持，并获得募捐款 12 万多美元。据记载，其中 4 万多美元用于校园和建筑修缮工程，被破坏的校园和主要建筑都进行了一次整修或维修（具体修缮和经费使用情况未查找到相关资料），使校园又基本恢复了战前的面貌。这也是旧址历史上自建成后进行的第一次大规模维修。此后至浙江师范学院时期，旧址未进行过大的维修。

1961 年旧址划归浙江大学使用后，这些建筑基本得到了较好的保护。除一些建筑因改变用途或损坏等原因而进行过维修、改建外，基本保存原貌。

1992 年 10 月，经原国家教委审批同意，旧址改做浙江大学基础部。学校将国家重点学科建设专项投资用于改建工程。为此，学校进行了一次较全面的维修和扩建。这次改建工程规划总建筑面积为 60000 平方米，其中，头龙头教工生活区规划建筑面积 12500 平方米，二龙头教学区规划建筑面积 24500 平方米，三龙头学生生活区规划建筑面积 23000 平方米。根据规划，一是按照使用功能，结合原校区的实际情况，对原不够合理的校园规划和布局作了适当调整，譬如，供应师生开水用的锅炉房，原考虑打水方便，离水源又近，但由于地面狭窄，就建在离教学楼仅七八米之处，这不仅影响教学环境，干扰学生正常上课，而且有碍观瞻，与整个校园显得十分不协调。因此，改建时将锅炉房搬迁到学生生活区。二是对一些因年久失修已破烂不堪的建筑进行拆除，共有 34000 平方米,主要是一些低矮平房、辅助和配套建筑。三是根据使用需要,新建了一批学生宿舍和教学、生活配套建筑设施。四是对之江大学时期建造的一批教学、生活用建筑设施进行了维修。虽然当时旧址并未列入文物保护单位,但学校十分重视对这批西式古典文物建筑的保护,要求只对建筑内部结构作修缮处理,尽量保留原有建筑风格和外观,即使新建建筑也要求风格和外观上与原有建筑保持协调,并尽量建在被拆除建筑的原址上。

2006年,国务院核准并公布之江大学旧址为全国重点文物保护单位。2007年,学校决定光华法学院迁驻浙江大学之江校区,由于校舍建筑多年未使用,需要进行修缮。由此,经上级部门审批,学校启动了之江大学旧址修缮工程。该工程分为三期,第一期主要有:学生宿舍楼(8、10、11、12、13号楼)、食堂、浴室等生活用房;第二期包括东斋、西斋、主楼、图书馆、科学楼、材料试验所、工程馆共7幢文物建筑;第三期为22幢历史文物建筑中除第一、二期已维修过的剩余建筑。这是旧址列入全国重点文物保护单位后的一次大的修缮工程。为此,按照文物保护的要求,确定这次修缮原则:一是"不改变文物原状"、"可逆性设计"和"修旧如旧"的原则,以有效地保持文物建筑的原真性。二是对原状已作过改动而严重影响原貌的,依据严格考证,能够复原的尽量予以复原。如"慎思堂"正门上方原刻有捐建者的英文名"Severance"字样,后来用水泥覆盖住,这次维修时,将其恢复了原样。三是木构架部分全部进行防火处理。四是除为安全需要而采用的加固、防火、防水材料外,修缮更换材料均使用原材料、原尺寸、原工艺。同时,整个修缮过程都在上级文物管理部门的直接指导和监督下进行。目前,一、二期工程已基本完成。

**22幢旧址历史文物保护建筑维修情况**

| 序号 | 建筑名称 | 维 修 更 改 情 况 |
| --- | --- | --- |
| 1 | 1号楼 | 抗战复员后曾进行过一次维修。1948年阁楼加盖天窗。50年代加建卫生间,拆除了原来建造的室内壁炉和烟囱;屋顶挑檐木换为灰板条檐口吊顶。1984年进行抗震加固,立面增建抗震柱和圈梁;东、西侧门门梁处加盖了金属雨篷。2007年列入旧址修缮工程 |
| 2 | 2号楼 | 抗战复员后曾进行过一次维修。1948年阁楼加盖天窗。50年代加建卫生间,并拆除了原来建造于室内的壁炉和烟囱。70年代,该楼屋顶挑檐木换为灰板条檐口吊顶。1986年进行了抗震加固,增加抗震柱和圈梁。1987年,一楼走廊地面改用瓷砖,卫生间地面铺设瓷砖。2007年列入旧址修缮工程 |
| 3 | 下红房 | 抗战复员后曾进行过一次维修。室内多次改变用途而改建,原格局改动较大;楼梯扶手的支柱和分割板被毁。70年代,一、二层走廊外围加装玻璃。2003年维修改造,平面格局被改动,玻璃拆除,二层外廊栏杆换成铁栏杆 |

续表

| 序号 | 建筑名称 | 维 修 更 改 情 况 |
|---|---|---|
| 4 | 上红房 | 抗战复员后曾进行过一次维修。1961 年,底层外廊被封闭。后因改为招待所,原格局改动较大 |
| 5 | 灰房 | 原墙面为清水砖砌筑。70 年代改成水泥拉毛墙面;两层外廊东西两侧的窗洞用砖封堵;内设壁炉和烟囱也被拆除;附属房墙面材质更换,加建有遮阳构件 |
| 6 | 行政楼 | 抗战复员后曾进行过一次维修。1949 年,进行过一次全面整修,室内用宁波漆刷新。50 年代,北向半地下室天花加装水泥小梁。1984 年,中部屋面进行了修缮。1985 年,因屋顶两根大梁被白蚁蛀蚀而换梁后,南面女墙上升高 1 米,室内壁炉和烟囱被拆除;原巴洛克式拱形山花在 80 年代被改为平直形式。1991 年,此楼门厅前新立一对由浙大信电系应届毕业生赠送母系的石狮子。2007 年列入旧址修缮工程 |
| 7 | 小礼堂 | 1974 年,主体部分外墙加高 1.4 米至 2.5 米不等;表面做水泥砂浆拉毛处理,且南北两侧各增设中悬窗 7 扇和 6 扇;屋顶重新翻修,原拱形屋面改为坡屋面;塔楼部分在原有女墙上新建四坡屋顶,尖券窗洞上端被封堵,内墙原为裸露块石,重新用水泥饰面,并新设出入口。1985 年,室内加装吊顶,大门更换 |
| 8 | 6 号楼 | 70 年代,内部壁炉、烟囱被拆除,屋面进行了翻新,立面更换。2005 年,屋面再次翻新;附属用房增建外廊和遮阳篷 |
| 9 | 9 号楼 | 70 年代,内部壁炉、烟囱被拆除。西侧入口门廊上有搭建,原貌不详。因多年未维修,现破旧不堪 |
| 10 | 白房 | 70 年代,内部壁炉、烟囱被拆除。附属用房一窗洞口被填实,侧面有临时搭建物。因多年空置也未整修,现破旧不堪 |
| 11 | 中教别墅 1 | 1982 年,改作分部幼儿园时进行过维修 |
| 12 | 中教别墅 2 | 1982 年,改作分部幼儿园时进行过维修。2003 年因屋面坍塌而翻修为平顶,墙面改做灰色粉刷处理,改变原貌,内部也有所改动 |
| 13 | 中教别墅 3 | 1982 年,改作分部幼儿园时进行过维修 |
| 14 | 图书馆 | 70 年代,室外台阶下加建卫生间;二层拱券中央原雕篆十字架,"文革"中改为红五角星。2007 年列入旧址修缮工程 |
| 15 | 体育教研室 | 一层小楼搭建有瓦楞雨篷。2007 年,屋面局部坍塌,正在进行维修 |
| 16 | 4 号楼 | 1996 年,西向部分小间隔墙被打通合成大教室。2001 年,每层改建一间卫生间。2007 年列入旧址修缮工程 |
| 17 | 5 号楼 | 1996 年,西向部分小间隔墙被打通合成大教室。2001 年每层改建一间卫生间。2007 年列入旧址修缮工程 |
| 18 | 钟楼 | 1950 年,二层平台加建花架。1960 年左右钟塔因长年破损而被拆除,2007 年 9 月重新安装。室内有所更改 |
| 19 | 学生服务部 | 1992 年,改为基础部学生商店前进行过一次维修 |
| 20 | 后 6 号楼 | 内部多次进行整修、改建,改动较大;西侧加建入口空间及公用厨房 |
| 21 | 附小宿舍 | 因使用需要多次进行过维修、改造,内部格局改动较大 |
| 22 | 3 号楼 | 除室内装修有所变更外,外部基本保持原貌。2007 年列入旧址修缮工程后进行过一次全面维修 |

就校舍维修总体情况来看,由于总体建筑,尤其是主体建筑质量较好,建成后 20 多年基本未进行过维修。后来在日本侵华期间,之江大学被日军占领,校园和校舍建筑遭到严重破坏,许多建筑的门窗、玻璃和设施被毁坏,天文台等几处建筑被彻底炸毁,无法修复,致使原本整洁的校园一片狼藉。1946 年学校复员后耗费 10 多万资金进行一次全面整修。这次整修中,原被日军拆毁的材料试验所重新进行了修复,但外立面有所改变;各幢建筑的门窗、玻璃重新补装,基本恢复原貌。1948 年前后,由于学生人数增加,东斋、西斋加建了阁楼,后来,又有的建筑因破损或柱梁被虫蛀蚀而进行过维修更换,如主楼的房梁等。划归浙大后,也进行过多次维修。最大规模的一次维修是 1992 年,旧址改作浙大基础部时,除拆除了一部分已经无法维修的建筑外,大部分建筑内部都进行了维修。

# 十 旧址建筑使用情况

## (一)之江大学时期

之江大学旧址,自 1911 年作为之江学堂办学之地启用以来,虽经历史变迁,时代更替,但其使用功能一直未变,始终作为一块办学胜地使用至今。之江大学时期,整个旧址的布局和使用情况大体是:头龙头主要为教职员住宅区和小学用房;二龙头主要为教学区、学生生活区和部分教授别墅(北);三龙头早先是一片茶园和竹林,只是在山腰建造了一座绿房,基本未开发,后来建造了几间简易平房,供单身教职员居住,1952 年左右建造了一座用作接待的招待所。

## (二)浙江师范学院时期

1952 年之江大学撤销后,在旧址新组建了浙江师范学院,其校产也由浙江师范学院承用。就旧址建筑使用情况而言,与原功能基本相同。头龙头仍然主要为教职员住宅区和小学用房;二龙头主要为教学区和生活区,不过,几幢以前的外籍教授别墅大都改为学生宿舍;三龙头基本为生活区,于 1953 年左右增建了 7、8 号楼,其中 7 号楼作为教学用房,8 号楼作为学生宿舍用房。

1958 年,浙江师范学院并入杭州大学后,旧址及其校产建筑设施划归浙江省委党校使用,至 1960 年。其间,基本未增建新的建筑,使用情况与原来也基本相同。不过,当时党校的师生人数不太多,不可能全部利用,所以,有些建筑空置。

## (三)浙江大学时期

1961 年,旧址及其校产划归浙江大学后,旧址建筑的布局和使用功能也基本沿袭下来。但随着学校发展变化,一些建筑物也进行过整修、改建,以适应使用的需要。譬如,以前做礼拜用的都克堂改成了会堂,主楼改作办公楼等。更主要的是在原基础上增建了一些新建筑及其配套建筑设施。其中,头龙头加建了部分教工住宅,三龙头陆续进行了开发利用。特别是 20 世纪 90 年代,旧址改作浙大基础部后,新建了 4 幢学生宿舍,以及学生食堂、浴室、开水房、学生活动中心等,成为学生生活、活动区域。

### 22 幢历史保护文物建筑使用沿革

| 序号 | 建筑名称 | 之江大学时期 | 浙江大学时期 |
|---|---|---|---|
| 1 | 1号楼 | 主要用于学生宿舍,其中:一楼的一半空间为学生饭厅,另有若干间为教师宿舍。1926年曾改作临时救护避难所。1948年后阁楼用作学生宿舍 | 主要用于学生宿舍。1961年为男生和单身教职工宿舍。70年代,一楼为后勤办公室,二楼为单身男教工宿舍,三楼为单身女教工宿舍。现为光华法学院教师办公用房 |
| 2 | 2号楼 | 主要用作男生宿舍,其中一楼为学生饭厅。1948年后阁楼利用作学生宿舍 | 1961年后为男生和单身教职工宿舍。70年代,一楼改为办公室,二楼为单身男教工宿舍,三楼为单身女教工宿舍。1998年,一楼部分改作财务办公室用,其余为男生宿舍。现为光华法学院教师办公用房 |
| 3 | 下红房 | 主要用于外籍教师居住,1915年前,由时任之江大学教务长周懋功夫妇居住;后周梅阁等居住过。后不详 | 70年代,作浙大分部男生宿舍;1993年作分部附小临时校舍;1998年为男生宿舍;2003年改作丘成桐别墅 |
| 4 | 上红房 | 主要用于外籍教师居住。1911年至1934年,由时任校长王令赓夫妇居住,后司徒华林、司徒雷登居住过。1934年至1949年,由李培恩校长居住。后不详 | 1961年后,先后用作男、女宿舍。1970年作女生宿舍;1996年作男生宿舍;1998年又改作女生宿舍。2002年后空置 |
| 5 | 灰房 | 1914年前裘德生夫妇居住;1914年威尔逊及家人居住;1924年至1933年李培恩院长一家居住。后不详 | 60年代改为男生宿舍;70年代改作教职工宿舍;1994年,作分部附小临时校舍;1996年男生宿舍;2002年后空置 |

续表

| 序号 | 建筑名称 | 之江大学时期 | 浙江大学时期 |
|---|---|---|---|
| 6 | 行政楼 | 教学兼办公用房。一层为教师预备室、学生休息室、客堂、职员事务室、图书室、阅报室等,二楼为总讲堂、礼堂,三楼为各科讲堂,还有博物室、理化室等 | 教学兼办公用房。70年代后,一楼为办公室,二、三楼为教室。其中:二楼设电话总机室、自动交换机室,后又改作校网机房;现为光华法学院办公主楼 |
| 7 | 小礼堂 | 使用功能为之江基督教会礼拜堂,是教会大学必有的场所 | "文革"期间作为舞厅、小会议厅,后作剧场、录像厅等,1996年为浙江大学基础部活动中心;2002年后空置;2007年作光华法学院报告厅 |
| 8 | 6号楼 | 建成初期为教职工宿舍。1930年后改作女生宿舍 | 70年代,一层作医务室,二、三层作女生宿舍;80年代,二楼作女教职工宿舍,三楼之之江保卫科用;90年代作女生宿舍;1996年一、二楼作医务室,2007年,三楼一半作之江校区广播室 |
| 9 | 9号楼 | 主要为外籍教授住宅。建成初期由维勒夫妇居住。后不详 | 1961年为女生宿舍;1996年,一楼为宿舍管理办公室,二楼为女生宿舍;2000年改为办公用房;2002年后空置;2007年,为光华法学院培训学员宿舍 |
| 10 | 白房 | 外籍教师别墅。1924年前,由威尔逊一家居住;后不详 | 70年代为男生宿舍;80年代后空置;1996年作男生宿舍;2002年后空置。 |
| 11 | 中教别墅1 | 主要用于中方教授居住。具体不详 | 60年代未使用。1982年至1997年间改作分部幼儿园之用,后空置 |
| 12 | 中教别墅2 | 主要用于中方教授居住。具体不详 | 60年代未使用。1982年至1997年间改作分部幼儿园之用,后空置 |
| 13 | 中教别墅3 | 主要用于中方教授居住。具体不详 | 60年代未使用。1982年至1997年间改作分部幼儿园之用,2005年整修后由同力公司使用 |
| 14 | 图书馆 | 主要用于藏书、学生阅览、自修。1937年曾改作小学课堂 | 分部图书馆。1996年,半地下层部分先作教室,后改作自修室;现为光华法学院图书馆 |
| 15 | 体育教研室 | 主要用作体育办公室,有更衣室、寄存室和体育器材储藏室等 | 体育教研室,曾改作教工住宅。2002年后空置 |

续表

| 序号 | 建筑名称 | 之江大学时期 | 浙江大学时期 |
|---|---|---|---|
| 16 | 4 号楼 | 教学用房,化学、土木工程、生物、物理等系的主任办公室、实验楼,绘图室、储藏室及理科教室都设在其中,兼具教学、实验、阅览、办公、会议等多项用途 | 70 年代作科学研究室之用。后作学生实验室、基础部教室等用,2002 年后空置。现为光华法学院行政办公楼 |
| 17 | 5 号楼 | 教室布局,二层设绘图室和工作室,一层为材料实验仪器室和实习室。土木工程系学生实习材料实验之用 | 70 年代作教室和资料室之用;1996 年,一、二层改作浙大基础部语音室;2000 年后空置;目前,光华法学院作电子图书馆之用 |
| 18 | 钟楼 | 教学和办公用房。底层为办公室,有会计、统计、打字教室、实验室、实习银行、消费合作社、接待室及校园办公室等;二层为经济系图书馆及主任办公室;三层为演讲厅 | 教学和办公用房。70 年代,一层西侧改作实验车间;1996 年,一层为浙大基础部教室,二、三层为接待和会议室;1998 年后,为浙大成人教育学院使用,2016 年维修后作一研究所用房 |
| 19 | 学生服务部 | 建成时主要用途为存放化学实验用品的储藏室 | 1992 年改作学生服务部。2002 年后一为浙大外贸公司占用,一为超市占用。 |
| 20 | 后 6 号楼 | 建成初期原作为女生餐厅。后改为宿舍 | 1961 年后作学生宿舍。现部分作之江保卫办公室校卫队值班宿舍用 |
| 21 | 附小宿舍 | 建成后用作附属小学校舍,1937 年,暂作过大学男生宿舍 | 1985 年后,底层作教师办公室,二层作教职工住房。2002 年后,为浙江大学同力汽车修理队职工宿舍。现空置 |
| 22 | 3 号楼 | 主要功能为教室。建成初期使用功能比较复杂,兼具教学、实验、阅览、办公、会议等多项用途 | 1961 年为实验室;1996 年,一、二层为教室,三层作计算机机房之用;2007 年,为光华法学院多媒体教学楼 |

# 十一　建筑体量及特点

就校舍建筑总体情况来看,一是其建筑风格充分体现了西式古典建筑,尤其是美国式校舍建筑风格;二是其建筑体量较小。据统计,之江大学时期共有各类建筑设施 40 余座(现保留有 20 余座),总建筑面积仅 7 万多平方米。一方面,由于旧址地势较高,山脊较窄,只能依地势而建,难以建造较高大建筑,一般建筑都以二、三层为主,因此,总体规模显得较小。另一方面,这可能与当时学校本身的规模较小有关,师生人数不多,不需要建造高大建筑就可以容纳。当然,这也可能与教会大学自身的特点,或与当时的建筑设计能力等原因有关。划归浙大前,原浙江师范学院增建了 7 号楼、8 号楼等少量建筑,也基本保持原来的建筑风格。划归浙大后,根据实际需要,在原有基础上又陆续兴建了 40 余幢教学、生活及配套设施建筑,现旧址共有各类建筑 60 余座,基本保持与原建筑风格及体量相匹配。

# 十二 之江大学旧址建筑的保护及其意义

## (一)旧址建筑保护价值

之江大学是华东地区 4 所教会大学之一,有 100 多年历史,在全国高校中有一定的历史地位。之江大学旧址所遗留下来的一批历史文物建筑,如钟楼、慎思堂、图书馆、科学馆、都克堂等西式建筑,建筑风格简朴新颖,不尚装饰,不依程式,是我国学校建筑中,较好体现近代建筑设计思想的实例之一,也是国内保存较为完整的近代校园建筑群之一,具有较重要的保护价值。

类型特殊。之江大学旧址,现有保留建筑 20 余幢,是近代教育的见证。作为特定时期美国长老总差会创办的教会学校建筑,现国内已留存不多,其保护的特殊性比较明显。

环境有特色。选址在杭州钱塘江畔秦望山上,面江背山,且位于风景区内,景色宜人,是大学校园建筑中较罕见的。

建筑有特色。建筑体量小,以三层为主,红砖清水外墙、红瓦坡顶为基调,不尚装饰,不依程式。群体建筑轮廓线也多有变化,以钟楼作为标志性建筑。

保存完好。整个格局至今无多大变化,主体建筑保存完好,并在保护中使用,使用中保护。早在 20 世纪 80 年代就曾被省建设厅、省文物局推荐为国家优秀近代建筑,2001 年 5 月曾推荐过全国重点文物保护单位,2006 年被国务院所认定并公布。

## (二)旧址建筑保护及其意义

之江大学旧址自 1906 年始建,至今有 100 多年的历史,虽几经时代变迁,战火洗礼,但其作为大学校园的功能始终没有改变。之江大学旧址 1961 年划归浙江大学后,学校历来重视对旧址的保护、建设、使用和管理,及时成立了管理工作机构,加强对旧址的管理和合理开发使用。几十年来,校舍得到有效利用,并按规划陆续增建了部分校舍建筑及有关配套设施。旧址的大部分历史建筑经过数次维修，并控制使用，特别是 2002 年后，原设在旧址的浙江大学基础部搬出，除部分建筑作为浙大成人教育学院教学使用外（2007 年已搬出），大部分建筑空置。2007 年，浙江大学光华法学院设于旧址，也仅有主楼、科学馆等 7 幢教学、办公用文物建筑经修缮后使用，其余住宅类文物建筑基本上都空置。

　　之江大学旧址建筑有别于大部分基督教教会大学中西杂糅的建筑风格，其简洁、质朴的西方建筑风格和校园保存的完整性，是近代中国由传统建筑体系走向西方建筑体系这一转型时期的重要实例，更是研究中国近代建筑发展史极其难得的一个完整案例。其校园科学的规划、合理的布局、和谐的建筑色彩及独特的风格，也彰显了之江大学精巧雅致的鲜明特色。其建筑艺术的发展，也随着时代的演进而有所变化。早期建筑非常鲜明地表现了美国本土建筑风格，而后期建筑虽然整体上仍保持西式风格，但在细部结构处理上多少带有中式的痕迹。因此，之江大学近 45 年中建造的 17 幢主要校舍建筑的兴建过程，也是西方建筑思想逐步影响中国建筑业的一个缩影。而其建筑风格的多样性，也使得旧址建筑更具有重要的保护意义和研究价值。然而，之江大学作为创办最早的 5 所中国近代教会大学之一，其旧址建筑在中国建筑史学界的研究中一直未得到应有的重视。据说其中一个重要原因就是其建筑风格有别于其他教会大学中西杂糅式的风格，而这一独特性正是反映其研究价值的重要所在。今天，之江大学旧址作为全国重点文物保护单位，必将引起人们的更加关注，而其校园环境的优美和文物建筑的完整性、观赏性，将更加凸显其保护的重要性和现实价值。

# 第 5 章　22 座历史文物建筑基本描述

　　2006 年 5 月，之江大学旧址被国务院批准为第六批全国重点文物保护单位，确定之江大学时期建造且遗留下来的 22 座建筑为重点保护建筑。现分述如下。

## 一　主楼（慎思堂）

　　主楼是之江大学勘定和初建期（1906—1911 年）在新校址第一批建造的 8 幢主体建筑之一。始建于 1910 年，1911 年初竣工落成。

　　该建筑最初是供行政办公和教学等之用的一座多功能综合性重要建筑。原名为之江大学总讲堂。因该建筑是由美国俄亥俄州克利夫兰市的赛佛伦斯（L. H. Severance）先生及夫人共同捐资（总计约 18500 美元）兴建，故又命名为赛佛伦堂或赛佛伦斯堂（Severance Hall）。

赛佛伦斯堂(历史照片)

　　捐建者赛佛伦斯先生原是一位美国实业家,曾在国家商业银行、石油工业等行业任职。1876 年至 1894 年,他担任美国标准石油公司(Standard Oil Company)的司库。此外,他还从事盐、硫磺和钢铁工业的投资。19 世纪 90 年代,他与石油化学家 Herman Frasch、标准石油公司副总裁 F. B. Squire 和石油大亨洛克菲勒兄弟的弟弟 Frank Rockefeller 等其他合伙人一起成立了一家联合硫磺公司(Union Sulphur Company)。1894 年退休后从事教会工作,并在克利夫兰林地大街长老会(Woodland Avenue Presbyterian Church)任长老和主日学校负责人(1897 年),1893 年至 1903 年出任克利夫兰长老会联合会主席(Cleveland Presbyterian Union)等职。他十分热心公益、教育和慈善事业,先后向韩国首尔以他名字命名的赛佛伦斯医院和赛佛伦斯医学院,以及美国俄亥俄州欧柏林学院(Oberlin College)捐款。1907 年,育英学堂教师费佩得和巴包(Frank W. Bible)到美国为学校新建筑和设备筹款时,赛佛伦斯先生得知育英学堂建造新校区后,慷慨捐建了这座建筑。

　　1930 年,此楼又改称"慎思堂"。通常,人们根据它的主要功能又习惯称之为"主楼"、"主教学楼"、"总讲堂"、"总课堂"等。现为浙江大学之江校区行政楼。1912 年,孙中山在视察之江学堂时,曾与全校师生在此楼南面正门前合影留念(后来该合影照放大后长期挂在慎思堂一楼门厅正中,大概在 20 世纪 90 年代才最终移走),此处也就成为校园一处标志性风景。

### (一)地理位置

该建筑坐落在秦望山二龙头的中心位置,也是整个校园的中轴线位置,正对钱塘江,对面是钟楼,并与钟楼、东斋、西斋、科学馆和 3 号楼等围成草坪大花园。其北面有图书馆和材料试验所,西北侧有都克堂等建筑。

该建筑经度 120°07′16.27″,纬度 30°11′43.36″,海拔高度约 51 米;占地面积515.5 平方米,建筑面积 2062 平方米;檐口高度 12.950 米;屋顶高度 17.061米;建筑长度 45.229 米,宽度 13.720 米。

据《杭州之江学堂(1912)》记载:"讲堂雄峙中央,负山抱江,秀气四溢,学生静修之地殆无逾於兹噫。……汲汲经营,因将一切之房屋形式倩美工程师分别绘图,图竣召名匠而授之,以鸠众工。而房屋之位置早已规划,山之方向属东南,大抵治山前平地三十余亩,为房屋建筑所,而以山后及山麓两旁艺各种花草果木为植物园。山前正中为总讲堂,用上等红色清砖砌成,计东西一百五十英尺,南北五十英尺,凡三层。"

从平面上看,该建筑处在整个校园的中心位置。二龙头是三个龙头的中心地带,二龙头的南向坡地又相对比较平缓,只要稍加平整,就可形成一块面积不大不小的平地。如果按当时的设计思路,是以主楼前端的大花园为中心,以中心花坛的南北延伸线为中轴线来构建校园建筑布局的,故该建筑的南北向中线正好位于中轴线的中点位置,可以说它是整个校园的中心建筑。它与1936 年建造的钟楼南北相对,遥相呼应,与分别位于其东南、西南两侧的东斋、西斋等重要建筑围成一中心草坪大花园,这也是之江大学校园布局的独特之处。

### (二)建筑结构及风格特征

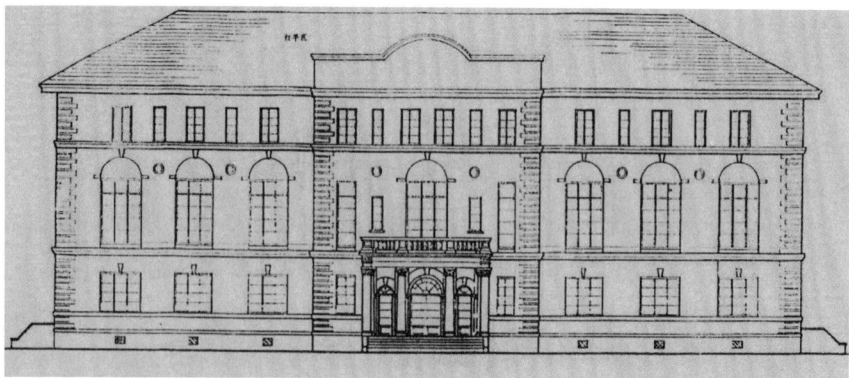

慎思堂正立面图

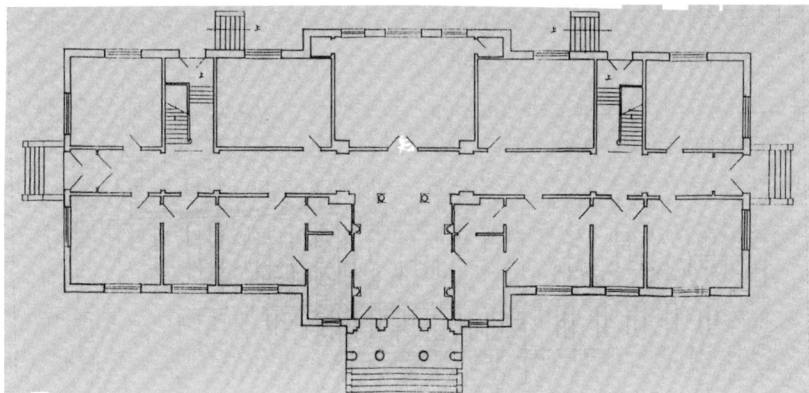

慎思堂一层平面图

　　该建筑由美国建筑师设计,为三层砖木混合结构,砖墙承重,屋架为木桁架,地上主体三层,局部地下一层,坐北朝南建造。建筑平面呈"十"字架形,具有典型的基督教特征,中部微有凸出,南北进深方向各突出 1.500 米和 1.050 米,突出部分的东西面阔为 12.500 米。一层有宽度为 2.540 米的东西向内廊贯通,且各设有一带门斗入口。中部朝南为主入口,设有门厅,南北进深一间(含内廊宽度)为 11.930 米,面阔 6.470 米,北向设有东、西对称的,距东、西入口 6.280 米的两个楼梯间和入口。楼梯占有一单元间,面阔 3.240 米,楼梯宽度 1.50 米,东面楼梯入口设在西侧,西面楼梯入口设在东侧,楼梯分 11 级,配以小巧的宝瓶式透空栏杆。一层其余分 13 室;二层东西两端为大房间,其余分 8 室;三层布局除房间分隔略有不同外,与二层基本相同。

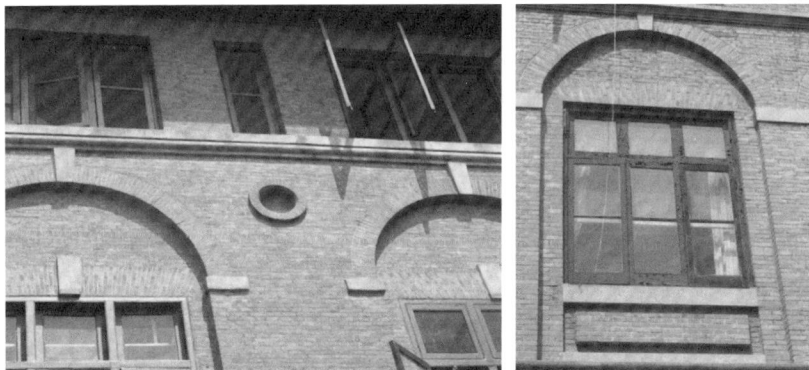

主楼外立面局部结构

　　该建筑立面横向分为三段,且中心对称,竖向亦分为三段:台高、三层楼层和屋顶,主入口门厅外由 4 根经过处理的圆柱构成门廊,其上为矩形露台,配以小巧的宝瓶式透空栏杆。主入口结构造型采用半圆券,为券柱式构图。不同柱距构成中间大拱券、两侧小拱券的形式。券顶镶嵌拱心石,券脚落在多线脚的拱墩上。立面半圆券、平券窗交错重叠,部分饰以拱心石、拱墩,券窗间饰有环状饰物。三层立面转角皆嵌隅石,简朴浑厚而不失细密,古典而又简约。屋顶整体为直线四坡,坡度较缓。

该建筑室内设计古朴简约。一层门厅设两根爱奥尼克柱,柱头采用仿古典主义的风格,雕花精细。中间设内廊,东、西贯通。一层共分为面积大小不等的13间,其中:朝南面8间,朝北5间。内廊朝北面对称位置设东、西楼梯间。二层、三层布局结构与一层基本相同,只是房间分割有所区别。二层内廊两端与大房间进门口连通。房间布局为东、西两端设大小相等的两个大通间,其余分为8室,其中南面5间、北面3间。三层与二层基本相同。

维修前　　　　　　　　　　　2010 年维修后

该建筑全部以砖为承重结构。墙体外立面所用的砖均为 250mm×125mm×45mm 的上等红色清水砖,内侧采用的则是青砖,按一顺一丁砌法砌筑,白灰凸缝宽 4~5mm。屋檐、楼层腰线、窗眉窗台及外墙转角等处以浅色水泥点缀,局部配以多道水泥墙线,转角勒石,四坡屋面。屋架为木桁架,屋面采用红色法国瓦,均是之江大学近代建筑所常用之法。室内除门厅采用灰色水泥石地面外,楼面为条形木地板铺设,木质楼梯做法简约。内墙面为白色石灰粉抹面,装修简洁实用。

## (三)现存状况

该建筑总体保存良好,外观原真性保持完好。南立面主入口上方屋檐原雕有巴洛克式拱形山花,后于 20 世纪 80 年代改为平直形式,原雕琢的"十"字架和门楼檐口雕刻的"Severance"字样均被覆盖,其余部分基本保持其原真性。

1949 年,该建筑进行过一次全面整修,室内用宁波漆刷新;50 年代,北向半地下室天花板加装水泥小梁;1984 年,屋面局部因年久失修及白蚁蛀蚀等原因而影响使用,对中部屋面进行了修缮,质量良好。1985 年,因发现该楼屋顶两根大梁被白蚁蛀蚀而换梁后,南立面中段女墙上升约 1 米,其上方的弧形立面也改造成直线形立面,室内壁炉和烟囱被拆除。1991 年,浙大信电系应届毕业生赠送母系的一对石狮子立于此楼门厅前。

　　1992 年 10 月,学校决定将之江大学旧址作为浙大一年级基础部,投入专项资金对旧址进行过一次较全面的改建和整修,包括主楼在内的主要教学、生活用校舍都进行了程度不同的修缮。

　　2002 年,基础部搬出后,由于过去装修缺乏保护性意识,加上长期空置,使该建筑存在不少问题。主要有:外挂空调、电线和植被等对墙体造成一定的破坏;外墙体落水管处侵蚀较严重,底部砖面部分风化;南立面中段改建及入口柱式门廊颜色更换,与历史原貌不符,原有山花丢失;北侧底层窗上增有构件,室内墙体白灰抹面脱落。

2010 年整修后,内外面貌焕然一新

　　2007 年,光华基金会投资旧址建设浙江大学光华法学院,该建筑被列为之江大学旧址建筑修缮工程项目,再次进行了维修,2010 年夏修竣。修缮后,除原巴洛克式拱形山花未恢复外,外观已基本恢复原貌,原被覆盖的“Severance Hall”字样重新复原。另外,也根据需要作了个别改建。譬如,过去,大楼没有设洗手间,这次装修时,将一楼东北端一间房屋改建成洗手间。整体修葺一新。

## (四)使用沿革

　　建成初期,主要用于教学用房,兼办公用房等。房间用途:一层为教师预备室、学生休息室、客堂、职员事务室等;二层为总讲堂、礼堂;三层为各科讲堂,还有博物室、理化室(后理化室迁至二层,物理实验室在西端,化学实验室在东端)、生物实验室(三层中间段)、图书室和阅报室(三层西端)。

都克堂建成后,原暂设在此二层的礼堂于 1919 年搬迁至都克堂,理化实验室则从三层搬至二层;1920 年,楼前青石踏步阶及走道筑成;1932 年,科学馆、图书馆陆续建成,原暂设此楼的图书室、阅报室、化学实验室、物理实验室等陆续迁出;日本侵华战争期间,该建筑基本保存完好,但大部分家具和教学设备被洗劫一空,包括马尔济先生收藏的植物标本也未能幸免。

20 世纪 70 年代后,一层为浙大分部党政办公室,二、三层为教室。其中:二层设立电话总机室,后升级为自动交换机室,后又改作校网机房。

现为浙大光华法学院办公主楼。

# 二　钟楼(同怀堂)

该建筑是之江大学中兴期(1929—1937 年)建造的最具校园标志性意义的一座主体建筑。始建于 1935 年初,1936 年竣工落成,由当时中国出版商、金融家、上海《申报》主编、曾任之江大学校董的史量才先生的夫人和儿子史咏赓,遵照史量才先生的遗嘱,捐助 4 万元而兴建。

说起这座楼,我们不能不深切怀念这座建筑的捐建者史量才先生,对他不幸遇害表示深切悼念,对其家人化悲痛为助学兴教的壮举表示敬佩和感念,因为它记载了一段令人难忘和感伤的悲壮故事。

史量才(1880—1934),是一位热爱祖国、崇尚教育、疾恶如仇并敢于发表自由言论的著名报业家。青年时代曾从事教育工作,1908 年任《时报》主笔,开始从事报业工作。1913 年接办当时上海发行量很大的报纸《申报》,1921 年与南洋侨商创办了中南银行,后购进了较有影响的《新闻报》大部分股份。1931 年"九一八"事变后,他改革《申报》,增加了更多反映民众抗日要求的内容,并出刊《自由谈》,发表民主自由言论,力主抗战,反对内战,支持抗日救亡运动,揭露和鞭挞国民党不抵抗政策等,从而引起国民党当局的忌恨,制造了一起令人震惊的谋杀史量才先生的事件。

1934 年 11 月 13 日,史量才夫妇乘坐大道奇车来之江大学看望并接走在这里就读的儿子史咏赓和他的同学邓祖询回上海。本来史先生带来两位保镖,因车位不够,为给他儿子及同学邓祖询腾出位子,便打发保镖改乘火车回去。不料,汽车途经海宁翁家埠时,遭到早就埋伏在这里的国民党特务的狙击,史量才本人、邓祖询和司机不幸当场遇害,只有史咏赓和他的母亲逃过一劫。

史量才先生不仅是一位爱国者、实业家,还是一位积极支持教育事业的慈善家。之江文理学院向政府立案后,他被聘为该校董事会董事。在之江大学复校运动中,曾慷慨资助学校大量经费,使学校得以顺利复校。1933 年,随着学校迅速扩大,学校教职员工大幅增加,为了适应学校发展形势,必须兴建一批新的教育设施。他得知此事后,又慷慨解囊,捐建了一座体育办公楼。

史量才遇害后,他的家属根据他生前的意愿,也为纪念无辜遇害的邓祖询同学,向学校捐款建造了这座命名为"经济学馆"的大楼。竣工后,应家属之请,校长李培恩亲笔为此楼题写"经济学馆"四个大字,镌刻在一块巨大的白色大理石上,并镶嵌在大楼北侧的二层门楼正中位置。为纪念邓祖询,该楼又命名为"邓祖询纪念馆"。为缅怀逝去的亲人,史量才夫人和儿子特制作了一尊等身的史量才塑像,安放在馆内。

施工中的钟楼(1936 年)　　　　钟楼建成初期(1939 年)

该建筑现名为浙江大学之江校区钟楼,原名为之江大学经济学馆,又名同怀堂、邓祖询纪念馆等。因该楼顶四面安装塔钟,钟声鸣响,江醒校振,并成为之江大学标志性建筑,故后来人们称之为钟楼。又因钟楼成为人们的习惯叫法,故其他名称反而少为人知。钟塔内安装的机械钟后因年久失修而停摆数年。2007年,学校对钟塔重新进行了检修,并安装了一架新的机械钟。现在,钟声重新在校园内鸣响。

### (一)地理位置

该建筑坐落在秦望山二龙头最南端、中轴线南端起点上,也是距离东校门最近的一座建筑。该楼与主楼南北相对,前后呼应,东斋、西斋在其东、西两侧,并与主楼、科学馆、工程馆等围成一草坪大花园。钟楼位于校园最南端的钱塘江边的突出位置,且为旧址的最高建筑,红色墙面,建筑结构也与早期建筑大不相同,非常显眼。又安装有机械鸣钟,故成为之江大学的一座标志性建筑。不过,以钟楼为标志也是在华教会大学校园规划的一个基本特点。

该建筑位置显要,由校门拾阶而上,穿过钟楼门庭即进入中心广场。该建筑经度120°07′17.83″,纬度30°11′41.69″,海拔高度36米;占地面积526平方米,建筑面积822平方米;建筑高度20.000米,长度46.810米,宽度11.240米。

### (二)建筑结构及风格特征

据《私立之江文理学院(1937)》记载:"'同怀堂'即经济学馆 Economics Buiding;在慎思堂前,计有四层。第一层:分会计统计打字教室,实验室,实习银行,消费合作社,应接室及教员办公室等。二层有经济系图书室及主任办公室。三层为演讲厅。上层为钟塔,内置大钟一座。"

入口为南北相通,
拱形门券层层内收

一层外立面由砖柱分隔,墙顶面按规律凹凸错落

该建筑由中国建筑师设计,坐北朝南建造,也是现代主义建筑风格的早期作品之一。建筑布局为地上一层,局部为三层、四层,四层为钟塔,内装置大钟。平面分为三段,以中段为中心,左右对称皆为一层。一层设有局部内廊,内分大小

不等 6 个房间,其中一间为楼梯间。中段为三层,局部为四层,上设钟塔,位于中轴线上南端,中段和东西两端皆为南北凸出,中段正中设有南北贯通的门廊,进深 11.240 米。入口面阔 4.080 米,设有拱形门斗,拱券阴阳线脚层层内收。南入口由台阶拾级而上,北入口正上方"经济学馆"由时任校长李培恩先生所题。

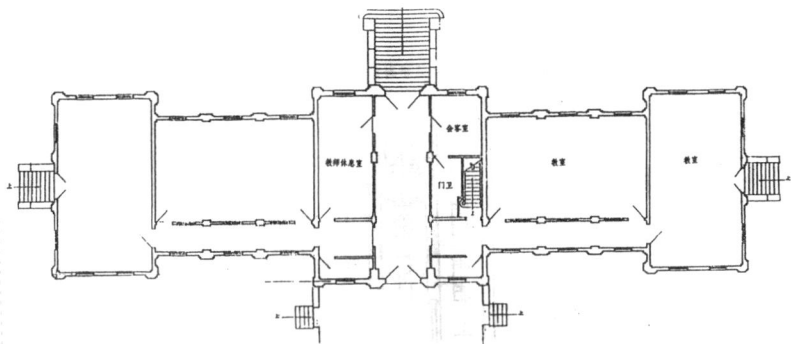

钟楼一层平面图

该建筑是中国建筑师设计的现代主义建筑风格的早期作品之一。它注重功能的合理性,建筑形式为内部功能的自然反映。主楼及东、西斋方正的轮廓与稳定的水平划分反衬着钟楼复杂的形体和蓬勃向上的动势。平面分为三段,以中段为中心左右对称为一层,中段为三层,上设钟塔。屋顶为平屋顶,为之江大学近代建筑的孤例。

因为它仁立在山腰上,所以有人说它像一座典雅的纪念碑。

南、北立面竖向划分,自下而上的壁柱砖砌出凹凸变化的阴阳线脚,局部加以分段处理,使立面对称而不呆板。矩形窗户的砖砌过梁表现了结构体系的逻辑。入口采用平缓的拱形门券,层层内收,砌筑手法细腻。檐口以水泥线脚压顶成起伏状,屋顶平台上可俯瞰校园全景和钱江潮水。主要特征呈现为装饰艺术风格。

二层会议室

室内布局结构比较简洁,北入口与南入口由一条过廊直线贯通。一层共设大小房间 6 间,以中段为中心对称分布。其中,东侧 3 间(2 大 1 小),西侧 2 大间,加一楼梯间。二、三层各设一大一小 2 室。四层为钟塔,四面安装机械钟。钟塔顶建有一楼梯工作小间(实际是 5 层)。

一层楼梯

建筑以砖为承重结构,采用红砖清水外墙勾白色灰缝方式,墙体自窗台以下采用水泥罩面,稳朴而坚实。所用砖为 245mm×125mm×47mm 红砖,按一顺一丁砌法砌筑,白灰平缝宽 8～9mm。楼面为混凝土楼面,门厅为灰色水磨石地面,其余为普通水泥地面。室内墙面为白色石灰粉抹面。

### (三)现存状况

该建筑总体保存良好,外观原真性保持完好。20 世纪 60 年代,塔钟因长年破损而被拆除。2007 年 9 月,浙大通过招标,为此楼重新购买并安装了直径为 2 米、夜景内照明的四面、两针塔钟。1992 年,旧址改做浙大基础部前,曾进行过一次维修,内部有个别地方被改动。东端曾加建单晶硅实验室,拆除后仍留有支架、楼梯等物件。

由于年久失修,该建筑现存在的主要问题有:外墙局部风化侵蚀现象严重,外挂空调、电线和增设构件(屋顶搭建支架)等对建筑的原真性造成一定的破坏;顶部拉有电线,既影响建筑物风貌,也存在安全隐患。现列入"之江大学旧址建筑修缮工程"项目第三期进行整修。

### (四)使用沿革

该建筑是之江大学中兴期建造的最具校园标志性意义的建筑。建成初期,主要功能为教学和办公用房。其中:一层为教室、办公室、实验室、实习银行、消费合作社、接待室及教员办公室等;二层为经济系图书馆及主任办公室;三层为演讲厅，演讲厅后安放一尊同真人一样大小的史量才先生铜像。20 世纪 70 年代，此楼办公室迁往主楼等处，一层西侧改作实验车间；1996 年，一层为浙大基础部教室，二、三层为接待室和会议室；1998 年后，为浙大成人教育学院使用，2007 年迁出。现除三层有一间配电室尚在使用外，其余房间均空置。

# 三　1 号楼（东斋）

1 号楼是之江大学勘定和初建期（1906—1911 年）最早建造的 8 幢主体建筑之一，也是之江大学迁入新校址前最早建造的学生宿舍之一；它与西斋同时开工，也是旧址最先开工的两座建筑。该建筑始建于 1907 年，1909 年竣工落成。据《私立之江文理学院一览（1937）》记载：“宣统元年——公历一九〇九年：甘卜堂 Gamble Hall 与惠德堂 Wheeler & Dusenbury Hall 两学生宿舍及教员住宅五所均次第落成。”

东斋建成初期（历史照片）

该建筑由美国俄亥俄州辛辛那提市的甘卜（D. B. Gamble）夫妇捐资 12000 美元而兴建。甘卜先生是美国普林斯顿大学的社会学教授，1918—1920 年曾在北京担任基督教青年会的干事和燕京大学的社会学教授。甘卜先生是宝洁公司创始人之一 James Norrie Gamble（老甘卜）之子。他和他的父亲都是虔诚的基督徒，不仅钟情于传教布道，还热衷于慈善事业，尤其积极资助教会学校办学。他们曾给北京的燕京大学和杭州的之江大学等教会大学分别捐赠了大量的善款，为教会大学的建设作出了重要贡献。1908 年，之江学堂正在规划和筹资建造新校舍，而当时甘卜夫妇正在杭州访问，得知此事后，非常感兴趣，遂决定为学校捐资建造一座新建筑,开始捐了 7500 美元,建成后又追加了 4500 美元。为表彰甘卜先生的义举,故将此楼命名为"甘卜堂"(Gamble Hall)("甘卜堂"的大门上方原来刻有"Gamble Hall"字样,后被覆盖)。

东斋外观(历史照片)

此外,甘卜先生夫妇还捐资建设了运动场等,故以"甘卜"命名的还有运动场、体育馆和游泳池等体育建筑设施。又因该建筑位于主楼和大花园东侧,故又称为"东斋"。现名浙江大学之江校区 1 号楼。

## (一)地理位置

该楼地处秦望山二龙头东南侧位置,位于中轴线和主楼、钟楼的东侧,与 2 号楼基本对称。东北侧紧靠 3 号楼和 15 号楼,西北侧紧邻主楼,西面为中心大花园、绿化带,西南面与钟楼相邻。东面有一条通往教职工宿舍和上山的路,路南树木茂盛,路下是头龙头与二龙头之间的山涧峡谷和截流水库大坝。据《杭州之江学堂(1912)》记载:"东西两寄宿舍如鸟舒羽慧……虽今岁所收学生以寄宿舍分列之房位统计之,尚足容学生若干,斯则因程度参差,惧滥收,以妨学生之进步。"又据《私立之江文理学院一览(1931)》记载:"甘卜堂(Gamble Hall)位居赛佛伦堂之东,故亦称东斋。内分三层,为学生寄宿舍及课室,可容学生百数十人。"

该建筑经度 120°07′19.32″,纬度 30°11′43.73″,海拔高度 38 米;占地面积526 平方米,建筑面积 1579 平方米;檐口高度 10.735 米,屋顶高度 14.887 米;建筑长度 46.390 米,宽度 13.740 米。

### (二)建筑结构及风格特征

该建筑由美国建筑师设计,为砖木混合结构,分三层,坐北朝南建造。屋顶为四坡木屋架,屋面采用红色法国瓦。外墙由上等红色清水砖砌就,角部勒石。二层窗下有水平连续条石划分,典型的三段式立面。按普通学生宿舍格局建造。建筑平面呈"十"字架形,具有明显的基督教象征意义,中间南北向微有凸出,在门廊南北进深方向各突出 1.650 米和 0.955 米,充分体现了基督教教会学校的特征。该建筑平面为东西内廊式,一层有东西向内廊贯通,且东西向各设有一出入口,中部南向为主入口门厅,与其对称的北向有楼梯和出口小门,主入口南北进深两间带中间廊,总进深为 13.740 米,总长 44.370 米;正中设有门廊,有柱式,形成构图中心,构图母体与主教学楼一致而手法略简,形成和谐的整体。门廊总高度为 5.482 米,其中,门框高约为 3 米,宽为 2.983 米,配有门檐;北门宽 1.523 米,高 2.076 米,配有简朴门檐。一层其余分 21 室,二层分 25 室,三层布局与二层相同。

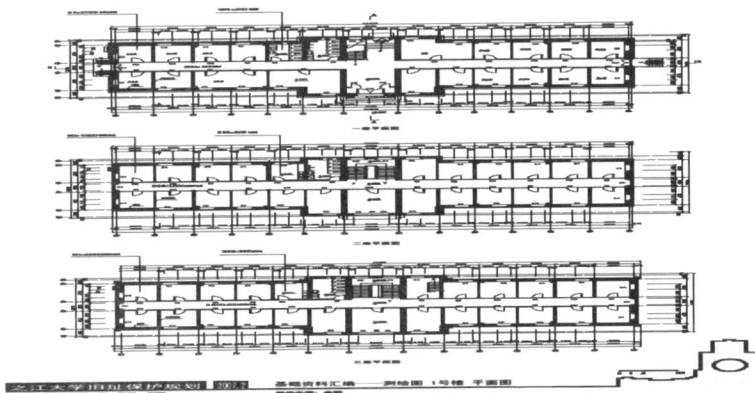

东斋一层平面图

该建筑立面外观风格与丰楼等相一致。立面横向分为三段,且中心对称,竖向亦分为三段:台座、楼层三层及屋顶。主入口设有斗门廊,成弧形山花结合多立克柱式,柱身无凹槽。立面门窗皆采用平券,且一、二层门窗除主入口外均嵌有拱心石。二层窗下有水平连续条石划分。三层立面转角皆嵌隅石。屋顶整体为直线四坡,坡度较缓。主要特征呈现为乔治亚复兴风格。

东斋全部由砖做承重结构,外墙外侧用 250mm×125mm×45mm 的上等红砖砌筑,内侧采用青砖。一层为一顺一丁砖墙,二、三层用一顺一丁一砖半墙,白灰凸缝宽 4~5mm。屋架为木桁架,屋面采用红色法国瓦。东面和西面入口的室外台阶亦为水泥地面。内隔墙为灰板墙条。室内地面一层走廊为彩色瓷砖铺地,房间内均为木地板。天花板为灰板条吊顶。房间门窗为木质。

### (三)现存状况

东斋总体保存良好,外观原真性保持完好。存在的主要问题有:由于1948年阁楼加建老虎窗,后又经抗震加固,立面增建抗震柱和圈梁,对该建筑的原真性有一定的破坏和影响;后为尽量保持建筑的原真性,墙体一直未作大的维修,现四面墙体均有不同程度的风化现象。此外,外墙立面安装电线影响建筑风貌;南面主入口的室外台阶为水泥地面,现有部分缺失;窗框部分已老化,油漆剥落也较多;部分窗扇被改造,增加了通风设备和防盗铁栅栏;室内墙面局部抹灰脱落严重;为防雨水,东、西侧门门梁处后来又加盖了金属雨篷。1992年,作为浙大基础部前进行过一次维修;2007年,此楼列为旧址建筑修缮工程项目,2009年修竣,现修葺一新。

整修前外观

2009年维修一新,图为一层内楼梯、房间和内廊

### (四)使用沿革

该楼建成初期主要用于学生宿舍,可容纳 200 余人住宿。初期,学生人数较少,其中,一楼的一半空间为学生饭厅,另有若干间为教师宿舍。

日本侵华战争期间,该楼虽建筑受损较小,但部分玻璃破损,室内硬件和大部分家具被洗劫。1948 年,由于阁楼用于学生住宿而加建老虎窗,可增容 40 多个床位。50 年代加建卫生间,拆除了原来建造的室内壁炉和烟囱。1961 年,旧址移交浙江大学后,此楼为浙大三分部男生和单身教职工宿舍。70 年代,该楼屋顶挑檐木换为灰板条檐口吊顶,用途也有所调整,其中:一楼为后勤办公室,二楼为单身男教工宿舍,三楼为单身女教工宿舍。1987 年,一楼走廊地面由木地板改用瓷砖,卫生间地面铺设瓷砖。1996 年,旧址改为浙大基础部后,此楼一楼为总务办公室,还有部分仓库,其余为单身教职工宿舍。2003 年,该楼的一半由浙大沃森基因组科学研究院所使用(2007 年搬出),其余为后勤办公室和单身教职工宿舍。2007 年修缮后改为浙大光华法学院教师办公楼。

# 四　2 号楼(西斋)

2 号楼与 1 号楼同时兴建于 1907 年,1909 年竣工落成,是之江大学最早建造的 8 幢主体建筑之一,也是之江大学最先开工、最早建成的两幢学生宿舍之一。据《私立之江文理学院一览(1937)》记载:"宣统元年——公历一九〇九年:甘卜堂 Gamble Hall 与惠德堂 Wheeler & Dusenbury Hall 两学生宿舍及教员住宅五所均次第落成。"

西斋历史照片(1939 年)

该建筑由维勒 Nelson Platt Wheeler(维勒先生曾当选为宾夕法尼亚州议员、美国第 60 届、61 届国会共和党议员,1916 年曾在之江大学工作过)夫妇和 William Reginald Wheeler 夫妇两家共同捐资兴建。原命名为之江大学惠德堂(Wheeler and Dusenbury Hall),又名吴窦堂等。因该楼位于主楼和大花园西侧,故又称之为"西斋",现名浙江大学之江校区 2 号楼。

## (一)地理位置

该建筑地处秦望山二龙头前端偏西位置,该处地势相对较平缓。位于校园中轴线和钟楼、主楼的西侧,与 1 号楼基本对称于中轴线的东、西两侧。南面有一小广场,与 2001 年建造的曾宪梓大楼相对;北侧与 4 号楼相邻,并靠近学生服务部;北面有一条通往上山的环形路,并紧邻中心大花园、绿化带;西面是二龙头山坡峡谷,称为"健美谷",山谷中有体育教研室、体操馆和运动场等。

该建筑经度 120°07′15.64″,纬度 30°11′39.61″,海拔高度 48 米;占地面积 526 平方米,建筑面积 1579 平方米;檐口高度 10.735 米,屋顶高度 14.887 米;建筑长度 46.390 米,宽度 13.165 米。

## (二)建筑结构及风格特征

该建筑与 1 号楼的建筑结构、建筑样式、建筑面积、建筑时间,以及使用功能等完全一样,基本对称地设于草坪大花园两侧,由美国建筑师设计,坐北朝南建造。亦为砖木混合结构,分三层,建筑平面呈"十"字架形,具有明显的基督教象征意义,中部南北向微有凸出,按普通学生宿舍格局建造。屋顶为四坡木屋架,屋面采用红色法国瓦。外墙由上等红色清水砖砌就,角部勒石。二层窗下有水平连续条石划分,典型的三段式立面。在门廊南北进深方向各突出 1.650

米和 0.955 米,建筑平面为东西内廊式,面阔 11.135 米,总长 44.370 米。一层有东西向内廊贯通,且东西向各有一出入口,中部南向为主入口门厅,与其对称的北向有楼梯和出口小门,主入口南北进深为 13.740 米,设有门廊,有柱式,形成构图中心,构图母体与主教学楼一致而手法略简,形成和谐的整体。门廊总高度为 5.482 米,其中,门框高约为 3 米,宽为 2.983 米,设有门槛;北门宽 1.523 米,高 2.076 米,设有门槛。一层其余分 21 室,二层分 25 室,三层布局与二层相同。

整修前一层内廊及房间布局　　　　　　　整修前一层楼梯

立面横向分为三段,且中心对称;竖向亦分为三段:台座、楼层三层及屋顶。主入口设门斗门廊,成弧形山花结合多立克柱式,柱身无凹槽。立面门窗皆采用平券,且一、二层门窗除主入口外均嵌有拱心石。二层窗下有水平连续条石划分。三层立面转角皆嵌隅石。屋顶整体为直线四坡,坡度较缓。主要特征呈现为乔治亚复兴风格。

整修后二层楼梯　　　　　　　　　　整修后二层内廊

西斋全部由砖做承重结构,外墙外侧用 250mm×125mm×45mm 的上等红砖砌筑,内侧采用青砖。一层为一顺一丁砖墙,二、三层用一顺一丁一砖半墙,白灰凸缝宽 4~5mm。屋架为木桁架,屋面采用红色法国瓦。东面和西面入口的室外台阶亦为水泥地面。内隔墙为灰板墙条。室内地面一层走廊为彩色瓷砖铺地,房间内均为木地板。天花板为灰板条吊顶。房间门窗为木质,由于加强了维修保养,现大部分保存完整。

### (三)现存状况

西斋总体保存良好,立面的原真性基本未改变。20世纪40年代末,为适应扩大招生的需要,增加学生床位,阁楼加建老虎窗。50年代又加建卫生间,并拆除了原来建造于室内的壁炉和烟囱。70年代,该楼屋顶挑檐木换为灰板条檐口吊顶,用途也有所调整。1986年,此楼进行了抗震加固,里面增加抗震柱和圈梁。1987年,一楼走廊地面由木地板改用瓷砖,卫生间地面铺设瓷砖。1992年,旧址改为浙大基础部前,列入修缮改建项目,进行了一次整修,但未改变原真性。

2011年整修后外观

2011年,内部已整修一新

存在的主要问题有:20世纪50年代,阁楼加建老虎窗,对该建筑的原真性有一定的破坏和影响,且老虎窗与原屋面交接处理不当以致漏雨。后为尽量保持建筑的原真性,墙体一直未作大的维修,现四面墙体均有不同程度的风化现象。部分窗框已老化,油漆剥落也较多。窗间墙体多数有裂缝;墙体四角的结构加固柱外露,与原结构不一致;部分窗扇被改造,增加了通风设备和防盗铁栅栏。管道外接破坏墙体。

2007 年，此楼列入"之江大学旧址建筑修缮工程"项目，2010 年 12 月整修完工，现已修葺一新。

### (四)使用沿革

该楼建成初期主要用作男生宿舍，其中一楼为学生饭厅。日本侵华战争期间，该楼虽建筑受损较小，但部分玻璃被损，硬件和大部分家具被洗劫。1948年，阁楼加建老虎窗，增容 40 多个床位，供学生住宿。1961 年，旧址移交浙江大学后，此楼为浙大三分部男生和单身教职工宿舍。70 年代整修后，用途作了适当调整，其中：一楼为办公室，二楼为单身男教工宿舍，三楼为单身女教工宿舍。1998 年，一楼部分改作财务办公室用，其余为男生宿舍。2010 年修缮后，改为浙大光华法学院研究生宿舍。

# 五　图书馆

图书馆是之江大学中兴期(1929—1936 年)建造的最重要主体建筑之一，也是学校功能的重要配套建筑设施。该建筑始建于 1931 年，1932 年 7 月竣工落成。据《私立之江文理学院一览(1937)》记载："民国十一年度——一九二二至一九二三年……同学会有筹建图书馆及体育馆之议，并确定募捐办法。""民国十八年度——一九二九至一九三〇年……同学会鉴于母校之需要，积极推行建筑母校图书馆募捐运动。""民国十九年度——一九三〇至一九三一年……同学会图书馆馆址勘定。二十年五月破土兴工。校董会董事长主持破土典礼。""民国二十一年度——一九三二至一九三三年……图书馆与科学馆均于二十一年

七、八月先后落成启用。……同学会于六月(1933 年 6 月)中旬举行年会及图书馆落成典礼。"

20 世纪 20 年代初,之江大学中西文书籍已达近万卷,原暂设在慎思堂的图书室已不敷藏用。为了改善办学条件,适应学校发展的需要,迫切需要建造一座专门图书馆。为此,学校早在六七年前就已经提出了建造一座图书馆的计划,但苦于资金短缺,一直未能如愿。据《私立之江文理学院一览(1931)》在校史一章中记述:"民国十年至十一年(一九二一至一九二二年)因美国教育观察团及校董会之建议,特别注重教育与师范科,以造就教育人才。图书室渐次发展藏有中西文书籍几及万卷。同学会筹建图书馆亦于此时发起,又校中建筑部成立。""图书馆设赛佛伦堂三层楼西端,内分中西两部,藏有中文书籍万卷,西书四千余部,供职教员学生之阅览。同学会募建之图书馆正在进行之中。"

后来由于学校要向中国政府立案注册,按照当时国民政府的要求,学校向政府申请立案时,必须提交学校未来发展规划,而发展规划中必须包括有图书馆、实验室等基础设施的计划。因此,建造图书馆迫在眉睫。之江大学同学会(校友会)得知这一情况后,为帮助母校早日立案登记,牵头发起了筹建图书馆和科学馆的募捐活动。各地校友积极响应,纷纷慷慨解囊,为母校捐款。

原名为之江大学图书馆(Alumni Library),现名浙江大学图书馆之江校区分馆,或称浙江大学光华法学院图书馆。

正(南)立面外观　　　　　　　　　　　　门前修筑平台

当时学校领导和师生也积极参加了捐款活动,共募得 35000 元,募捐任务很快得以完成,同时,各项准备工作也基本就绪,只等开工建造。据记载,原计划 1931 年 2 月 10 日举行图书馆奠基仪式,但由于未得到纽约创始人董事会的同意,应邀来访者又拒绝出席仪式,使学校十分尴尬,只得被迫临时取消。直至建筑计划得到正式批准后,奠基仪式才于 4 月 4 日正式举行。仪式主持人为时任董事会主席吴文蔚博士。另据称,该图书馆在被侵华日军破坏前,曾是远东地区最好的图书馆之一。

关于建造图书馆的资金来源另有一种说法,即是由"甘卜堂"捐助者的父亲老甘卜所捐赠。沈弘在《甘博家族与杭州之江大学的深厚渊源》一文中写道：费佩德的女儿珍妮特在其回忆录《洋鬼子》中记述了如下有关戴维·甘博向之江大学捐赠这座图书馆大楼的有趣逸事：1918 年，当费佩德第二次前往美国为之江大学募捐时，他专门去了西德尼·甘博的老家，并且用他自己拍摄的中国老照片在帕萨迪纳的北长老会教堂作了一次讲座，向长老们介绍中国和杭州之江大学的情况。当天晚上，戴维·甘博给了他一张支票，足够用以之江大学建造新的图书馆大楼。于是，全家人都兴奋地聚集在费佩德夫妇的卧室里庆祝这次成功的募捐。然而他们很快就发现了一个问题：因为在这之前，费佩德的另外一位老朋友，即在上海拥有一家大型轮船公司的罗伯特·多拉尔先生（Robert Dollar）已经答应给他一张支票，用以购买之江大学图书馆所需要的任何书籍。现在，老甘博捐赠了建图书馆大楼的钱之后，给这个图书馆起名字就成了一个难题：无论是叫"Gamble-Dollar Hall"，或是叫"Dollar-Gamble Hall"，都会造成歧义和引起人们的误会。别人看到这样的名称，会误以为之江大学的人喜欢赌博，在之江大学的校园里开办了一个赌博场所。费佩德一宿没睡，在房间里不断地踱步，绞尽脑汁地想要解决这个问题。第二天早晨，他以十分谦卑的心情，带着这个问题又去见戴维·甘博。后者是一个富有幽默感的人，他笑了一下之后，便慷慨地给了费佩德另外一张支票，这笔新捐赠的钱足够建造图书馆大楼和购买所有它所需要的图书。这样一来，之江大学就可以将多拉尔先生的捐款用于建造一座小教堂或是购买一架管风琴。费佩德所苦恼的问题终于得到了完满的解决。

图书馆东南侧石刻铭文

不过，图书馆肯定不是 1918 年捐建的，而是 1930 年后建造的。所以这种说法不一定确切。但无论是否，甘卜家族在之江大学的建设中功不可没。

### (一)地理位置

该建筑地处秦望山二龙头中北部,位于校园中轴线上的西北方向的山坡上。南面紧邻教学楼,西侧与小礼堂邻近,附近的 5 号楼位于其东南侧,下红房、上红房、灰房等位于其西北侧。据《私立之江文理学院一览(1937)》记载:"图书馆(Alumni Library)计有三层,位于慎思堂及都克堂间之山坡上,临高崎下,建筑巍峨,此系同学会所捐建者,内部设备精究,除书报阅览及储藏等室外,尚有各系专门研究室及讲演厅等。"

该建筑经度 120°07′14.07″,纬度 30°11′44.69″,海拔高度 66 米;占地面积596 平方米,建筑面积 1192 平方米;檐口高度 9.120 米,屋顶高度 13.750 米;建筑长度 35.510 米,宽度 14.540 米。

图书馆正立面图

### (二)建筑结构及风格特征

该建筑由之江大学建筑部设计,坐北朝南建造,为砖木混合结构。建筑共三层,为地上二层、地下一层。其中地面二层建筑高 9.250 米。建筑平面呈长方形。主入口设在南面地上一层正中位置,有门廊带门厅,过门厅设有一通道与内廊相连,楼梯间设在内廊北面、过道东西两侧。该建筑风格典雅而纤秀,属于典型的折衷主义风格特征,是之江大学最具装饰色彩的建筑。内部格局为内廊式带两侧房间。地上一层东西内廊贯通,楼梯设在主入口正中北侧。地下一层主要为藏书库,地上一、二层设有书报阅览室、各系研究室,以及演讲厅、会议室等。

立面主入口有入口拱券、阳台栏杆,二层拱券中央原雕篆十字架(现为红五角星)及灰塑图案等处理手法,体现出恬静细腻的和易风格。二层窗户两侧砖柱精致,与水泥窗台及平过梁,加强了建筑的稳定感和层次感。红砖砌筑墙体顶端叠涩收分,砌筑细腻,上有大面积白灰粉刷,尚留有"文革"时期标语栏的痕迹。该建筑屋面采用内檐式红瓦四顶做法,为之江大学建筑中内排水做法之孤例。

维修前一层楼梯　　　　　　　　　　维修前阅览室

室内布局结构按使用功能分隔。主要分阅览室、藏书室、工作室等。地下层由朝南向的东、西两侧门进入过道间,过道间南北各开一道门,北向正中为进入地下室主入口,南向设一小门进入厕所间。地下室进门有一过道,两边各开一道门,且各为一间。中间有一堵东、西向承重墙,并将地下室隔开成两半,主要用作藏书库。

通过主入口进入地上一层室内过道间与内廊连接。过道两边各开一门进入房间,过道南向各为一大间,东南向有一小隔间是后来所加。内廊东西贯通,但中间有隔墙门。内廊两边开设进门口,对应分布。北向正对过道间为一房间(与过道间大小相等),两侧各设一楼梯间,其余各为两间,对应分布。

二层房间布局与一层基本对应,但未设内廊,从楼梯口平台(过道)开门直接进入各室。

该建筑以砖墙为承重结构,所用砖为 260mm×120mm×50mm 红砖,按一顺一丁砌法砌筑,白灰平缝宽 10mm。屋架为木桁架,屋顶盖青色机平瓦。

维修前墙面剥落,水侵蚀痕迹及外挂物等情况

### （三）现存状况

该建筑总体保存状况良好，外观原貌基本保持完好。存在的主要问题有：墙面个别部位有风化现象，落水管处墙面被雨水侵蚀痕迹明显；外挂空调破坏墙面；室内阅览室木地板有松动现象。20 世纪 70 年代，室外台阶下加建卫生间，与原格局不符；2007 年列入"之江大学旧址建筑修缮工程"项目，2010 年夏修竣，现已面貌一新。

### （四）使用沿革

图书馆于 1932 年秋季建成并投入使用。图书馆内部设施精究，馆内座位舒适，光线充足，可容纳 500 余人阅览、自修。馆藏丰富，据记载，当时馆藏有：中西文图书 5 万余册，其中，有中文 3 万余册，西文 1 万余册；中西文杂志 800 余种，6000 余册；中西文日报 10 余种。其中善本和名贵图书杂志甚多。除书报阅览及藏书室外，设有各系专门研究室及会议室等。馆室舒适，光线充足，可容纳500 余人。主要用于师生图书阅览、出借和自修等。1937 年，因附属小学暂作大学男生宿舍之用，小学改在图书馆授课；日本侵华期间，图书馆建筑基本完好，但部分玻璃破损，部分家具、书籍被洗劫。

1996 年，旧址改为浙大基础部，图书馆半地下层部分先作教室，后改作自修室。现为浙大光华法学院图书馆。

# 六 4 号楼（科学馆）

　　4 号楼是之江大学中兴期(1929—1937 年)建造的最重要主体建筑之一,与图书馆同时建造,始建于 1931 年,1932 年 8 月落成。耗资 8000 元的科学馆是由之江大学校友和师生募资的一部分,加上其他资金而兴建起来的一座教学实验楼。

　　为纪念裘德生为之江大学作出的突出贡献,由校友会募资建造了这座科学馆,命名为裘德生科学馆。随着学校理工课程和各类教学仪器设备的增加,原附设在慎思堂的物理、化学等实验室已不敷使用,急需建造一座专用建筑以满足工科专业教学实验之需要。

　　其实,早在民国二十年前后,学校就已有建造科学馆的计划。据《私立之江文理学院一览(1937)》记载:"民国九年度——一九二〇至一九二一年⋯⋯本年度成立建筑部。拟定科学馆建筑计划。"

　　但因经费短缺和时局动荡等原因,特别是向国民政府"立案"一事受到差会抵制后,一度停拨经费,不仅拟建建筑迟迟未能动工兴建,学校也被迫停办一年。后来由于学校要向中国政府立案注册,按照当时国民政府的要求,学校向政府申请立案时,必须提交学校未来发展规划,而发展规划中必须包括有图书馆、实验室等基础设施的计划。在这种情况下,建造科学馆亦迫在眉睫。

　　另据记载,前校长裘德生先生 1930 年 12 月在美逝世后,学校于 1931 年 4 月 4 日举行了一次纪念仪式,既为了表彰他在之江大学发展中所作出的贡献,也为了寄托全校师生的哀思,遂决定建造一座建筑以示纪念。为此,之江大学同学(校友)会开始发起募捐活动,募集任务(同时也为图书馆募集资金)完成后,很快开工建造。对此,《私立之江文理学院一览(1937)》中也做了记载:"民国十九年度——一九三〇至一九三一年:前校长裘德生博士于十九年十二月在美逝世,本校毕业同学,及教职员学生于二十年春季在母校开追悼会,筹款在校建筑纪念物品。"

　　也就是说,建造科学馆的一个重要原因是为了纪念这位为之江大学贡献了一生的前校长裘德生博士。

　　该建筑原名为之江大学科学馆(Science Hall)。建成后,根据董事会决定,将其命名为裘德生科学馆。现名为浙江大学之江校区 4 号楼。

### (一)地理位置

　　科学馆地处二龙头前中段,地势相对较平缓。该楼位于旧址腹地、中轴线西侧、主楼与西斋之间,即:主楼西南侧,西斋北偏东侧;西北面与学生服务部仅一路之隔;西南侧与西斋相邻;东南面面对中心大草坪花园,与主楼、1 号楼、3 号楼等围合形成校园中心的重要建筑之一,具有重要的区位意义。

该建筑经度 120°07′16.16″,纬度 30°11′41.49″,海拔高度为 79 米;占地面积 606 平方米,建筑面积 1818 平方米;檐口高度 11.735 米,建筑高度 15.590米;建筑长度 40.185 米,宽度 14.600 米。

### (二)建筑结构及风格特征

该建筑由之江大学建筑部设计,坐西朝东建造,为三层砖木混合结构。正立面设有东西对称两入口门厅,门阔为 1.740 米、高为 2.665 米,进深7.575米。门厅一半为楼梯间,一半为进入一层教室的过道。入口立面处有石制柱式及三角形山花,正中二层 5 个窗洞以红砖弧形拱券,其余为红砖砌平拱过梁。建筑具有简约的折衷主义建筑特征。外墙为红砖砌筑,石灰砂浆勾勒凸圆"线香缝",各层间以水泥凸起叠涩分隔,入口立面门窗、外廊洞口以红砖砌弧形拱券,且有水泥砂浆粉刷的窗台,凹凸变化丰富,设计细致精巧。红砖砌墙体转角处有勒石处理,是此时期该校建筑墙角的通常做法。建筑平面为长方形,北面中间微有凸出,进深方向凸出 1.650 米,面口为 12.955 米。内部格局为主心廊带两侧基本对称教室,其中一、二、三层东西两端均为约 8 米宽、不分隔的大教室,北面凸出部分每层也为长 12.925 米、宽 7.025 米的大教室。

整个建筑呈砖红色系,端庄大方,与周边建筑和环境融洽协调。以砖为承重结构,部分后来加钢筋混凝土梁承重,所用砖为 260mm×120mm×50mm 红砖,按一顺一丁砌法砌筑,白灰平缝宽 10mm。屋架为木桁架,屋面盖青色机平瓦。

整修前外立面局部结构

进入一层两侧主入口即有一过道带楼梯间,过道通中间内廊,内廊设有楼梯口及进入各室的入口共 10 个。一层共分为大小房间 6 间,其中:东北端为一大通间,其余,朝东南向分为 2 间,其中,居中一间由灰板条隔墙分隔成 4 间,东南角一间,由内廊端设入口进入。朝西北向分为 3 间,其中:正中位置(凸出部分)为一大间,其西北侧一间为卫生间(后来加砖隔墙分隔);西南角一间,东南隔墙中间还开有一进门口,将其与东南角房间相通。地面均为水磨石铺地。

二层内廊及房间分布　　　　　　　　　一层楼梯间

二、三层与一层对应位置布局完全相同,但地面均用木地板。

20 世纪 30 年代,之江大学逐步重视理科教育。各种教学实验用的仪器设备颇为充实,总计价值约有十数万元。科学馆建成后,这里就成为理科学生教学实验等课程的主要场所。

### (三)现存状况

该建筑总体保存状况良好。外观原貌基本保持完好。1945 年,抗日战争结束后,该馆基本保存完好,仅屋顶稍作修缮,上一层灰泥。但馆内价值数十万元的家具、实验仪器设备等几乎被洗劫一空,损失巨大。存在主要问题有:屋面局部破损,墙面局部开裂;落水管处墙体有明显被雨水侵蚀现象;墙面凿有圆洞,室内墙面涂料有脱落现象。

1996 年,旧址改为浙大基础部后,此馆西向部分小间隔墙被打通,合成大教室,一层设为电信机房。2001 年,每层改建一间卫生间,原建筑格局有相应改变。2007 年,被列为"之江大学旧址建筑修缮工程"项目第二期,作为浙大光华法学院临时党政办公用房,进行了初步装修。

### (四)使用沿革

该馆于 1932 年秋投入使用。建成初期,科学馆使用功能为教学用房,化学、土木工程、生物、物理等系的主任办公室,实验室,绘图室,储藏室及理科教室都设在其中,兼具教学、实验、阅览、办公、会议等多项用途。20 世纪 70 年代,此馆作科学研究室之用。2002 年基础部搬出后空置。2007 年,作浙大光华法学院党政办公临时用房。

# 七　5号楼（材料试验所）

抗战复员重新修复后外观

　　5号楼是之江大学中兴期（1929—1937年）后期建造的几幢重要教学辅助建筑之一，也是当年向政府立案申请所必须具备的条件之一，同时也是当时学校为提高工科学生实践能力而建造的唯一的一幢实验用建筑。该建筑始建于1934年前后，1935年秋竣工并投入使用。

被损毁前的正立面外观

　　该建筑原为之江大学土木工程系材料实验用房。该建筑是由当时之江大学的男毕业生筹资建造(另有说是由之江大学教职员及校友捐资而建)。初名为之江大学材料实验所,后改名为材料试验所(Materials Testing Laboratory)。现名浙江大学之江校区 5 号楼。

### (一)地理位置

该建筑地处秦望山二龙头中段山坡上,位于中轴线东侧,西侧和北面均为山体护坡,且林木繁茂。西侧紧邻图书馆,与主教学楼上、下毗邻;东北侧有一条石阶路通往北面山坡上的茶园及革命村;东南侧有 3 号楼、15 号楼等。还可听见近处山谷的潺潺流水声。

该建筑经度 120°07′15.80″,纬度 30°11′44.67″,海拔高度 60 米;占地面积 283 平方米,建筑面积 566 平方米;檐口高度 7.500 米,建筑高度 12.234 米;建筑长度 21.970 米,宽度 12.201 米。

### (二)建筑结构及风格特征

该建筑由之江大学土木系徐篆教授设计,坐北朝南建造。为三层砖混结构,以砖为承重体系,布局结构设地上二层,局部地下一层。平面呈长方形。主入口设在一层南面正中位置,宽为 1.216 米,高为 2.480 米。入口未设门廊,也未有精细装饰。平面结构设计与早期建筑有所不同,其主入口经过道南北相通,正对北面楼梯间,楼梯东侧设有宽 0.790 米、高 2.060 米的小出入口。一层过道两侧有直接进入各室的入口,过道北端与一小内廊相连,通过内廊进入各室和上楼梯。外墙以清砖砌筑,所用砖为 260mm×120mm×50mm 红砖,按一顺一丁砌法砌筑,白灰平缝宽 8mm。整体风格简约,红砖砌筑方式细腻,仅在二层窗墙下有装饰。二层墙面有大面积的开窗,内凹的窗洞使整体墙面竖向划分的韵律突显。窗洞中水泥砂浆抹面的窗台及过梁丰富了水平划分的效果。屋架为木桁架。屋顶为四坡屋面,开设有老虎窗,屋面盖红色机平瓦。

内部格局为非对称设计,一层过道两侧分成两大间,北面楼梯两侧分隔成大小不同的两间。二层也有一小内廊进入各室,南北各分隔为四间大小不一的房室。地下层未分室。

### (三)现存状况

该建筑总体保存状况良好,外观原貌保持完好。

1937 年,日本侵华战争后,之江大学旧址被日军占领,建成不久的材料试验所即被日军摧毁,仅留下一些残垣断壁。现存建筑是抗日战争结束后,于 1946 年左右修复的。原南立面二层窗下刻有装饰团花,当年修复时未复原(也有说是 20 世纪60年代后去除)。1996年,校区作为基础部后,为解决通风问题,气窗加装换气扇。

2007年,该建筑列入"之江大学旧址建筑修缮工程"项目,进行了全面维修。2010年夏修竣,现修葺一新。整修前存在的主要问题有:墙面局部风化现象较严重,整修痕迹较明显,雨落排水管处墙体渗水现象严重,屋面局部损毁,有漏水现象。后对原立面作过一些修改,整体风格基本保持统一,各部位及构件基本保存良好。

### (四)使用沿革

该建筑平面为一般教室和实验用房布局。二层设绘图室和工作室,绘图室配置有特制绘图桌、测量仪器等教辅用具;一层为材料实验仪器室和实习室,内置材料实验仪器设备,各类科教仪器达10多万元,甚为完备。1936年春,材料实验所正式启用,使用功能为土木工程系学生实习材料实验之用。20世纪70年代,此楼作为教室和资料室之用;1996年,一、二层改作浙大基础部语音室;2000年,基础部迁出后空置;2010年修缮后,作浙大光华法学院电子图书馆之用。

## 八 3号楼(工程馆)

3号楼是之江大学后期(1945—1952年)建造的主体建筑之一,是新中国成立后建造的唯一、也是最后一座主体建筑。1950年11月6日,学校举行工程馆奠基仪式,校董事会主席、中华基督教会执行干事崔宪祥博士出席并主持了大楼的奠基仪式。1951年竣工落成并投入使用。根据当时中央政府政策规定,之江大学虽然仍维持私立性质,但不再接受也得不到任何外国经费,经费来源主要靠新政府拨款或本土社会捐助。所以,这座建筑也就成了新政府拨款建造的之江大学唯一的一座建筑。

工程馆奠基仪式（来源于沈弘工作室）

该建筑原名之江大学工程馆，又称机械系大楼或机械楼。现名浙江大学之江校区 3 号楼。

### (一)地理位置

此楼地处秦望山二龙头中段台地，位于校园中轴线东侧，主楼的东南侧，1 号楼西北面，主入口坐东朝西，东面紧邻 15 号楼，西北面邻近 5 号楼，东北侧是山涧蓄水池。它与主楼、钟楼、科学馆等建筑围成中心花坛大草坪。

该建筑经度 120°07′17.15″，纬度 30°11′44.03″，海拔高度为 39 米；占地面积 441 平方米，建筑面积 1323 平方米；檐口高度 11.690 米，建筑高度 15.730 米；建筑长度 32.530 米，宽度 15.460 米。

### (二)建筑结构及风格特征

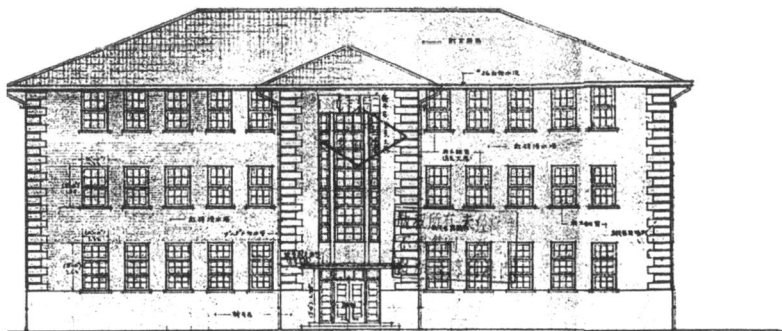

工程馆正立面图

该建筑由之江大学吴一清教授设计，为三层砖木混合结构，沿用了周边建筑的主要手法，显示出设计者良好的大局观。建筑平面呈长方形，西南正中微有凸出，约1.210米。一层公共部分为水泥地面，教室部分已改为塑胶地板，二、三层为木地板，局部磨损。主入口设在西南正中位置，面阔6.060米，入口宽为3.140米，进深一间为楼梯间。主入口处外立面由两层类古典柱式处理，宽度约4米，外凸约1米，顶部构成一独立坡屋面。一层与二层间另嵌有一块长约3米、宽约1米的水泥板，用于遮雨。主立面有拱券窗，显得端庄而不刻板，建筑角部砌有勒石，砌筑有长条石块以加固。为保持与周围建筑的格调一致，外墙面仍使用红色清水砖，砌筑风格也与早期建筑类似。墙体砌法较同时期建筑精良，建筑平面为普通教室格局，一廊带两教室。室外砖砌台阶，面层为水刷石。内墙部分为砖砌，部分为灰板条隔墙。一层楼面为水磨石地面，二、三层楼面为木板地面，屋面为筋灰平顶。

一层主入口进深一间为楼梯间，两侧为楼梯口。上半级楼梯为一平台，平台东端为砖隔墙，隔墙（墙角处）两侧各设一砖立柱，各开一房间入口。南侧为一大通间，后由灰板条分隔成数间，房间中间位置设有两根钢筋砼构造柱，地面由塑料板铺地。北侧分为二间，中间有一隔墙，隔墙中间设有两根钢筋砼构造柱，后由灰板条隔墙隔成三单间，地面由塑料板铺地。东北角一间，由东入口进入，入口南侧有一砖隔墙（位于正中位置）与大通间分隔，后也由灰板条隔墙分隔成四单间，地面为混凝土铺地。

二层楼梯口也设一平台，平台进深为2.700米，东面进深方向（东面）由灰板条隔成一小间，两侧为砖隔墙，平台两侧各设两个房间入口，位置对应。南北两端由砖隔墙分割成大小相同的4个房间，且与一层对应位置均有钢筋砼构造柱和砖立柱。房间地面由木地板铺地。

二层205教室（2009年修缮后）

三层楼梯口为一内廊。内廊由灰板条隔墙隔成,开有进入各房间的入口。

该建筑所采用砖为 220mm×105mm×42mm 的清水红砖,部分为 216mm×105mm×43mm 八五砖,与总体校园建筑格调基本一致,按一顺一丁砌法砌筑,白灰平缝宽 9～10mm。屋架为木桁架,屋顶盖红色机平瓦。

入口门厅及楼梯(2009 年修缮后)

### (三)现存状况

该建筑总体保存状况良好,外观原貌保持完好。

存在的主要问题有:墙面局部有破损和风化现象;四坡屋面局部有损坏,部分地方有剥落现象;少数构件损坏;墙脚落水管处墙面有明显侵蚀痕迹,檐沟破损较严重。2007 年列入"之江大学旧址建筑修缮工程"项目第三期进行整修。

### (四)使用沿革

该建筑建成初期使用功能比较复杂,兼具教学、实验、阅览、办公、会议等多项用途,目前功能为教室。

1961 年为浙大三分部实验室;1996 年,旧址改为浙大基础部后,一、二层为教室,三层作计算机机房之用;2007 年,光华法学院迁入后,为该学院多媒体教学楼。

# 九　小礼堂(都克堂)

小礼堂是之江大学扩充期(1911—1929 年)建造的一座重要建筑,为之江大学基督会礼拜堂,是学校唯一的专供开展宗教活动和其他集会之用的建筑,也是作为教会大学的象征性建筑。该建筑由威尔逊教授设计并负责建造。始建于 1917 年 6 月,1919 年 1 月竣工落成并投入使用。

该建筑由美国新泽西州东奥兰治的都克(Nathaniel Tooker)家族捐款建

造，以表达对他们先父的纪念。原名之江大学都克堂，又称都克堂督会礼拜堂（Tooker Memorial Chapel）、育英堂等。现名浙江大学之江校区小礼堂。

都克堂外观

都克堂原貌

都克堂现状

## （一）地理位置

该建筑地处秦望山二龙头与三龙头之间的山腰上，位于旧址腹地中部、中轴线西侧。南面是山谷地带，有健身房、游泳池、运动场等体育场所。东侧与主楼相邻，西侧与 6 号楼紧邻，西北侧有后 6 号楼等，坐北朝南，面对钱塘江。

该建筑经度 120°07′12.92″，纬度 30°11′43.27″，海拔高度 53 米；占地面积 360 平方米，建筑面积 439 平方米；檐口高度 6.020 米，建筑高度 10.900 米；建筑长度 31.160 米，宽度 16.780 米。

## （二）建筑结构及风格特征

该建筑由美国建筑师威尔逊（Mr. J. Morrison Wilson）设计，坐北朝南建造,石构建筑。整个建筑分主体和钟塔两部分,主体一层,局部阁楼,塔楼2层,为不带侧廊的巴西利卡布局。主入口设在建筑主体南向正中位置,配有门斗,微有凸出约2.787米,阔约7.606米。门斗上方原雕有基督教教会标志十字架,"文革"时被覆盖。主体部分分为前厅、主厅和祭坛三部分。前厅和主厅由隔墙分开,隔墙两侧各开一进出口,南侧出口处设有一楼梯,通向阁楼(夹层)。阁楼覆盖于前厅,进深约1.8米。阁楼开口在隔墙正中部分且正对正厅。正厅为长方形,长18.500米,宽11.800米,导向祭坛的动势很强,为集会或宗教祭祀活动的主要场所,可容纳500人。正厅北面为祭坛,祭坛为一台面,其后墙呈六角形。前部唱台为教徒唱诗,或文艺演出,或集会主席台之用,后部为牧师布道之所。东南侧为一正方形塔楼,造型相对独立于主体。南侧开有一边门,可直接通室外,以活动木梯联系一、二层。塔楼内设牧师更衣休息室。

都克堂外立面以竖向的垂直线条控制着整个建筑造型,更由于塔的转角处采用垂直相交的扶壁柱,使得建筑有一种挺拔向上的趋势。整个立面以大块毛石砌筑,刚健凝重。尖券式门窗线角细致,大多于20世纪70年代被封。侧立面以扶壁柱垂直划分,使柱间窗形成强烈序列感。壁柱分上下两段,明显收分。其他细部如:门上山花、扶壁柱等尖状做法,充满哥特式建筑向上的动感。此教堂建筑的做法及象征圣母和天国的玫瑰窗、花式窗棂及钟塔等基督教堂建筑元素的引入凸显了校园的宗教氛围。入口的弓形拱则反映其都铎复兴式特征。

因为该建筑主要是用于宗教活动的场所,故室内布局结构比较简约、肃穆。根据功用分为前、中、后等三部分,没有特别的装置,堂中仅安放有大风琴一架,为唱诗伴奏之用。

该建筑为石砌结构,石墙承重。外墙体由大小两种灰色石材砌筑,一种为900mm×300mm×150mm,另一种为600mm×300mm×150mm,砌缝细腻。屋架为木桁架,屋面为20世纪70年代改建和加建。主体部分为二坡顶,祭坛部分为直线三坡顶,塔楼上直线四坡顶为后加。因经改建,屋顶用瓦不一,现为红色和青色机制平瓦。室内地面除主厅和塔层采用木质构造外,余为水磨石铺面,内墙面原为裸露块石,现以水泥饰面。

大厅 前厅

### (三)现存状况

该建筑总体保存状况良好,外观基本保持原貌。1937 年日军占领校园期间,虽整体建筑结构未遭受破坏,但大门被拆除不知去向,同时,室内安放的管乐器、钟和橡木长椅等均被洗劫。1946 年,学校回迁后进行过一次整修。1974 年,出于功能需要,建筑主体部分墙体表面做了水泥砂浆拉毛处理,外墙也加高了 1.4~2.5 米不等,且南北两侧各增设中悬窗 7 扇和 6 扇,屋顶也重新进行了翻修,原拱形屋面改为坡屋面,塔楼部分在原有女墙上新建四坡屋顶,尖券窗洞上端被封堵,内墙原为裸露块石,重新用水泥饰面,并新设出入口。1985 年,室内加装吊顶,原真性有较大的改变。1992 年进行了局部维修。2007 年列为"之江大学旧址建筑修缮工程"第三期修缮。2012 年屋面局部塌落后已修复。

### (四)使用情况

该建筑初期使用功能为之江基督教会礼拜堂。内部空间高大宽敞,供当时的师生进行祈祷、布道活动,可容纳 500 余人。1950 年后改作会议场所。校内较大型聚会在此举行。1996 年为浙江大学基础部活动中心;2002 年后空置;2007 年光华法学院迁入后,作为光华法学院模拟法庭之用。

## 十　下红房

下红房是之江大学勘定和初建期(1906—1911 年)第一批建造的 8 幢主体建筑之一,也是最早建造的 5 幢外籍教授别墅之一。该建筑始建于 1909 年初,当年竣工落成。

据《私立之江文理学院一览（1937）》之校史一章中记载："光绪三十三年——公历一九〇七年：购得江干六和塔西二龙头之荒山六百余亩为校址，开辟经营，鸠工兴筑校舍，遍植花木果树。美国友人捐资襄助者，颇为踊跃。""宣统元年——公历一九〇九年：甘卜堂 Gamble Hall 与惠德堂 Wheeler & Dusenbury Hall 两学生宿舍及教员住宅五所均次第落成。"

其中，下红房就是 5 幢外籍教员住宅之一，原名为之江大学下红房，又名帕斯顿楼（Paxton Memorial Residence）等。现名浙江大学之江校区下红房。

### （一）地理位置

该别墅地处秦望山二龙头中段山腰上，位于旧址腹地、中轴线西北侧。北与上红房上下毗邻，西南侧邻近后 6 号楼、6 号楼和都克堂，东侧与灰房、图书馆等相邻。

该建筑经度 120°07'11.08"，纬度 30°11'04.70"，海拔高度 89 米；占地面积 139.5 平方米，建筑面积 279 平方米；檐口高度 6.550 米，建筑高度 10.190 米；建筑长度 24.747 米，宽度 13.515 米。

### （二）建筑结构及风格特征

该建筑由美国建筑师设计，为美式别墅，坐北朝南建造，砖混结构，分主楼和作为盥洗间的附属配楼。主楼为地上二层加局部三层阁楼。主楼东、西、南三面设有外廊，宽 2.1 米。廊外侧由砖柱支撑，未设栏杆，是典型的殖民外廊样式，增加了建筑的层次，强化了采光，而且使建筑物同周围产生虚实渗透的效果。平面为非对称布局，较为紧凑，东面主入口门廊与外廊一起连接相互独立的厅堂与房间。

建筑立面造型变化丰富，凸窗、阁楼、壁炉等处理手法为美国住宅中所常见。外廊列柱柱头雕琢精美卷涡、花草等图案，模仿爱尔奥尼式柱头，二层柱头以砖叠涩支撑出挑屋檐。砖柱的木质柱头是该建筑独有的细部处理，柱身转角均作倒角处理，加强柱廊的装饰效果和形体统一。二层外廊有木栏杆、铁格栅围护，檐下柱间饰以木质挂落，完全是中国传统建筑处理方式。

外廊砖柱上部雕花、护栏等细部结构　　　　　　外观一角

室内布局主要根据西方人的要求设计,结构较复杂。一、二层东、南两端为连通外廊。外廊北端有一入口进入室内为一套间,外为楼梯间,内为储藏间。从东入口进门即为一大客厅,客厅北侧设有一楼梯。再往里面有一过道,过道两侧为房间,朝南为大间,朝北为小间。过道设有一西出口与配楼连通,配楼还开有一南入口,进门为一过道间,内分隔为大小不等4间。

二层布局与一层基本相仿。从楼梯上至二层有转角过道,过道中间有小楼梯可上阁楼。小楼梯南侧通过过道设有入口进入一大套间,室内分隔为4间,过道东侧为一客堂间,与过道连通。正对楼梯口也设有一进入西面房间的入口,进口北面又设有一小过道,过道南侧设有1间,过道西面设有2间(通间)。东外廊北端入口进门为一通间,房间西侧开有一门与客厅相通。东外廊中间设一东入口,也可进入大客厅。

该建筑全部用砖做承重结构,包括外立面、外廊柱均由红砖砌成,砌筑精良。用 250mm×125mm×45mm 红砖按一顺一丁砌法砌筑。白灰凸缝宽4~5mm。仅在窗台和腰线处点缀以浅色水泥,色调和谐典雅。屋架为木桁架,屋顶为有老虎窗的多坡青灰色铁皮波纹板瓦楞屋顶,上有壁炉烟囱伸出。地面除一层外廊为水泥地面外,其余均为条形木地板铺面,二层为双层木楼板。木门窗采用弧形券,窗台下砖砌"Ⅱ"形微凸于墙面,类似新古典式样。二层除带凸窗的房间外,落地窗玻璃外侧加设可沿转轴转动的百叶,檐下柱间饰以木质挂落。室内全采用木质门窗套,做工讲究,窗台距室内地坪较低(500~650mm)且开窗面积较大,宽敞明亮。主要特征呈现为意大利风格。

### (三)现存状况

立面外挂物影响建筑原真性

该建筑总体保存良好,外观基本保持原貌。日本侵华战争期间,曾被日军占据,其楼梯扶手的支柱和分割板被毁;后由于室内多次改变用途而改建,原格局改动较大。20世纪70年代,一、二层走廊外围加装玻璃。2003年,因改作丘成桐先生别墅,进行了一次维修改造,平面格局被改动,且将外围玻璃拆除,二层外廊栏杆换成铁质栏杆。

存在的主要问题有:落雨管处墙面有局部侵蚀、风化现象,砖拱构造轻度开裂;外挂空调管线穿出,墙体多处凿洞,对该建筑的原真性有所破坏。

### (四)使用沿革

该别墅主要用于外籍教师居住。1915 年前,由时任之江大学教务长周懋功(梅阁)夫妇居住。后又有多位外籍教授居住过。新中国成立后曾多次改变用途。20 世纪 70 年代,曾作为浙大分部工农兵学员男生宿舍;1993 年至 1994 年,浙大分部附小校舍危房改造期间,曾作为其临时校舍使用;1992 年后作为浙大基础部男生宿舍;2003 年维修后改作丘成桐先生别墅,但基本空置未使用。

# 十一  上红房

该建筑是之江大学勘定和初建期(1906—1911 年)第一批建造的 8 幢主体建筑之一,也是最早建造的 5 幢外籍教授别墅之一。始建于 1909 年,1910 年初竣工落成。建筑周围环境优美,"高燥清旷,宜于家居"。

该建筑原名之江大学上红房,又名北太平洋楼(North Pacific Residence)等。现名浙江大学之江校区上红房。

### (一)地理位置

该别墅地处秦望山二龙头北面山腰上,位于旧址腹地、中轴线西北侧。南面紧邻下红房,与其上下错落,东侧与灰房相邻,西北侧靠近外籍教授别墅(现已废毁),西面为山林坡地。

该建筑经度 120°07′10.88″,纬度 30°11′46.28″,海拔高度 93 米;占地面积 149.5 平方米,建筑面积 299 平方米;檐口高度 7.070 米,建筑高度 11.710 米;建筑长度 23.100 米,宽度 16.710 米。

### (二)建筑结构及风格特征

该建筑由美国建筑师设计,为美式别墅,坐北朝南,分主楼和作为盥洗间的附属配楼。主楼为地上二层加局部三层阁楼。上红房平面布局与下红房基本一致,为非对称布局,较为紧凑,不同在于上红房底层为开敞的文艺复兴式拱券外廊,其和谐的比例产生了严谨的构图效果。外廊的样式增加了建筑的层次,强化了光影,而且使建筑物同周围产生虚实渗透的效果。东北面主入口门廊与外廊一起连接相互独立的厅堂与房间。但占地面积和建筑面积均大于下红房,其东北角房间亦设凸窗。

该建筑立面造型变化丰富,凸窗、阁楼、壁炉等处理手法为美国住宅中所常见。外廊列柱柱头雕琢精美卷涡、花草等图案,模仿爱尔奥尼式柱头,二层柱头以砖叠涩支撑出挑屋檐。柱身转角均作倒角处理,加强柱廊的装饰效果和形体统一。二层外廊有木栏杆、铁格栅围护,檐下柱间饰以木质挂落,完全是中国传统建筑处理方式。

二层过道及外廊　　　　　　　　一层进门口

整栋建筑包括外廊柱均由红砖砌成,砌筑精良,仅在窗台和腰线处点缀以浅色水泥,色调和谐典雅。屋架为木桁架,瓦楞铁皮屋面。屋顶为有老虎窗的多坡青灰色瓦顶。木门窗采用弧形券,窗台下砖砌"Ⅱ"形微凸于墙面,类似新古典式样。二楼除带凸窗的房间外,落地窗玻璃外侧加设可沿转轴转动的百叶。室内全采用木质门窗套,做工讲究,窗台距室内地坪较低,且开窗面积较大,宽敞明亮。与下红房不同的是,上红房底层为开敞的弓形拱券外廊,带拱心石，有明显的文艺复兴痕迹。主要特征呈现为意大利风格。

　　室内布局结构与下红房相类似。一层共有 5 个入口可进入室内。进入东北侧入口有一过道，过道北侧分两室，各设一房门，南侧为一套间，设一房门，东、南外廊内墙各开设一房门可进入套间。南外廊西端开一入口进入西侧室内为一大间（客厅），该间东北侧有一出入口与过道相通，过道西侧分大小两室，各设一进门口；从西面入口进入室内为一用膳间和楼梯间。

宽敞的房间　　　　　　　　　　　休闲台

　　二层室内布局与一层大同小异，楼梯口为一转角过道，过道设有一个外廊进出口、一个房间入口和一个通往各室的内廊道出入口。东北角设为一大间；东向外廊内墙开设两门，进入一大间；其余西面布局与一层基本相同。

　　该建筑全部用砖做承重结构，用 250mm×125mm×45mm 红砖按一顺一丁砌法砌筑，白灰凸缝宽 4～5mm。

三层阁楼　　　　　　　　　　大房间及各室分布

## （三）现存状况

　　上红房总体保存情况良好，外观基本保持原貌。1945 年后，建筑被白蚁蛀蚀，但墙壁、屋顶、楼梯和地面等基本完好。1961 年归属浙江大学后，改作学生宿舍，考虑到安全因素底层外廊被封闭。后又改为招待所，原格局改动较大。由于年久失修，存在的主要问题有：墙体因受雨水侵蚀有部分风化现象；落水管、窗扇等构件少量破损；原柱头细部构件缺失；立面搭拉电线影响建筑风貌和安全。2007 年列入"之江大学旧址建筑修缮工程"第三期修缮。

外墙受雨水侵袭，局部墙面有剥落现象

室内地板基本完好，部分房间天花板脱落，室内杂乱，个别窗户脱落

### (四)使用沿革

该别墅主要用于外籍教师居住。建成初期(1911—1934 年)，由时任校长王令赓夫妇居住。据说，司徒华林校长、司徒雷登(John Leighton Stuart，美国基督教南长老会传教士、外交官，原美国驻华大使、燕京大学校长。曾参加建立杭州育英书院)也曾在此居住过。1934 年至 1949 年，由李培恩校长居住。1949 年后改作集体宿舍用。1961 年归属浙江大学后，曾分别改作男、女生宿舍。20 世纪 70 年代，作为浙大工农兵学员女生宿舍；1996 年，作为浙大基础部男生宿舍，1998 年又改作女生宿舍；2002 年基础部搬迁后，空置至今。

# 十二　灰房

灰房是之江大学第一批建造的 8 幢建筑之一，也是最早建造的 5 幢外籍教师别墅之一。始建于 1909 年，1910 年竣工落成。

灰房,原名之江大学灰房,又名院长住宅,后又名康沃斯楼(Converse Residence)。现名浙江大学之江校区灰房。

## (一)地理位置

该别墅地处秦望山二龙头东北侧山腰中段,位于旧址腹地以北、中轴线西北侧。西侧邻近下红房、上红房,东南侧邻近图书馆,南面与后 6 号楼和 6 号楼邻近。东面、北面为山坡林地。可以俯瞰校园建筑和钱塘江。周围林木繁茂,环境幽静,空气清新,是家居休养的佳地。裴德生、威尔逊先生及李培恩校长等曾先后居住在该楼。

该建筑经度 120°07′12.28″,纬度 30°11′45.80″,海拔高度 66 米;占地面积 167 平方米,建筑面积 334 平方米;檐口高度 9.840 米,建筑高度 11.850 米;建筑长度 14.580 米,宽度 13.630 米。

## (二)建筑结构及风格特征

该建筑由美国建筑师设计和监造,建筑风格为西式别墅,坐北朝南建造,砖石结构,分主楼和作为盥洗间的附属配楼,主楼为二层加局部三层阁楼。正立面一层当心间入口为石质半圆拱,带拱心石,二、三层设外廊,次间设半圆券,无立柱,外廊设木制栏杆;正立面二层当中设一爱奥尼式柱。屋顶有排水沟沿外墙落水管线通到地下沟渠。上二层外墙面为水泥拉毛墙,底层石墙有束腰收分。

圆拱形阳台门        楼梯        内室

室内布局结构突出实用性特点。进入地下一层主入口,有一小厅堂,两侧各设有一间,且各开有一入口进入。其余为地下室未分室。北面一间有一上下阶梯,未分室。

地上一层的东北和西南各设有一入口,朝南向为外廊(阳台);正北凸出部分设一楼梯间并与一小内廊连通,其两侧开有5个房间入口;其余分5室。

地上二层与一层布局基本相同。

整栋建筑为砖墙和石墙承重体系。正面一层由石墙承重,外表面用水泥砂浆处理成仿乱毛石墙体;二层以上由砖墙承重,外表面呈水泥拉毛墙面。屋架为木桁架,屋面采用红色法国瓦。原墙面为清水砖砌筑,20世纪70年代改成水泥拉毛墙面,两层外廊东西两侧的窗洞用砖封堵,内设壁炉和烟囱也被拆除。

### (三)现存状况

灰房总体状况保存良好,外观基本保持原貌。因年久失修和长期空置,存在的主要问题有:山墙存在局部渗水现象,局部墙体有风化现象;附属房质量较差,其墙面材质更换,加建有遮阳构件,影响风貌;主体墙基础面层部分脱落;落水管损坏,雨水渗入墙面,侵蚀痕迹明显。2007年列入"之江大学旧址建筑修缮工程"第三期修缮。2010年11月,对室内和外墙局部破损之处进行了一次维修。总体内部破损严重,有的房间、廊道的地板、天花板、楼梯、墙面等脱落,亟须全面修缮。

北墙面局部雨水侵蚀        外墙局部存在的问题

由于年久失修,室内已破烂不堪

### (四)使用沿革

该别墅原用于外籍教师居住,1911 年正式启用。1914 年前,由时任校长裴德生夫妇居住;1914 年至 1917 年,由威尔逊及其家人居住;1924 年至 1933 年,由李培恩院长一家居住,故又称为院长住宅。浙江师范学院和浙江省委党校时期仍为教师住宅。1961 年归属浙江大学后,改为男生宿舍;20 世纪 70 年代,改作教职工宿舍;1994 年,浙大分部附小校舍危房改造时,曾作为其临时校舍之用;1996 年为浙大基础部男生宿舍;2002 年基础部迁出后空置至今。

# 十三　6 号楼(佩韦斋)

佩韦斋原貌(1936 年)　　　　　　　佩韦斋一角

6 号楼是之江大学扩充期(1911—1929 年)建造的一座西式住宅建筑,由时任之江大学建筑部监督威尔逊教授上交的承接外校建筑工程所获利润款项 2 万美元建成。始建于 1926 年,1927 年底竣工落成。

该建筑最初以捐助者威尔逊教授之名命名——佩韦斋(Wilson Hall),后又称韦斋、惠斋、女生院等。现名浙江大学之江校区 6 号楼。

### (一)地理位置

该楼地处秦望山二龙头中段偏西的山脊台地上,位于旧址腹地、中轴线西侧,东南侧邻近都克堂,北面紧靠后 6 号楼,南面为山谷,山谷下为健身房和运动场,西面与三龙头接壤,原为山谷坡地,现建有 7 号楼。

该建筑经度 120°07′10.94″,纬度 30°11′42.93″,海拔高度 69 米;占地面积 240 平方米,建筑面积 720 平方米;檐口高度 10.040 米,建筑高度 14.160 米;建筑长度 20.700 米,宽度 10.360 米。

## (二)建筑结构及风格特征

该建筑由之江大学建筑部设计,坐北朝南,为砖木混合结构,按三层加阁楼建造。平面为简单长方形,通体青灰色砖外墙,砌筑精细。整体风格清新朴实,周围树影婆娑,外观优美,具有当时流行的西方殖民风格特征。

该建筑立面竖向分三段,分别为台座、楼层三层和屋顶老虎窗。一、二层之间有浅色水泥线脚,以加强建筑整体稳定感。入口门廊采用塔司干柱式,其上为宝瓶式透空栏杆。整座建筑外墙通体使用青砖清水砌筑。一、二层为平券窗,中嵌拱心石;阁楼山墙面设半圆券窗,亦嵌有拱心石。落水管顶部铸有象征教会大学特征的"十"字架标记。

该建筑具有西式建筑简约实用的特点。南面正中入口设多立克式门廊,经过门厅后直达北部楼梯间。门厅两侧平面布局不对称,门厅西面为两间紧贴的大房间(开两个入门口),东面设有内廊,内廊两侧开入门口,南北各有大小不等房间数间。通过楼梯上二层,中间开有东西贯通内廊,内廊两侧开入门口,南北各有大小不等房间数间。通过楼梯上三层,中间设有东西向内廊,但非贯通,而是连通东西两端房间入门口。内廊两侧开有入门口,南北各有大小不等房间数间。三层以上设置阁楼,屋顶老虎窗为后期开设,并将阁楼分隔为数间,供学生住宿用。楼梯口平台开有东、西、南三个门。

室内布局结构

该建筑以砖石为承重结构,所用砖为 245mm×105mm×35mm 青砖,按梅花丁砌法砌筑,白灰平缝宽 9~10mm。屋架为木桁架,屋顶为硬山二坡顶,盖红色机平瓦,瓦楞铁皮双坡屋面上设有老虎窗。部分平券改为钢筋混凝土过梁。主要特征呈现为乔治亚复兴风格。

## (三)现存状况

维修前局部存在的问题

该建筑总体保存状况良好,外观原真性保持较好。20 世纪 70 年代,原有壁炉烟囱被拆除,屋面被翻新。存在的主要问题有:山墙面有竖向贯通裂痕;附属用房墙面污染较严重,且增建外廊和遮阳篷,与原建筑风貌不相符;门厅粉刷抹灰有大片脱落现象;屋面天窗处有漏水现象,留有侵蚀痕迹;屋顶改造破坏了原建筑的立面;落水管雨水侵蚀较严重;立面搭接电线影响风貌和安全;局部顶棚破损严重等。现除屋面于 2005 年再次翻新、山墙面存在竖向裂缝外,保存状况基本良好。2007 年列为"之江大学旧址建筑修缮工程"第三期修缮。

## (四)使用沿革

该建筑建成初期为教职工宿舍,内部设施完备,可安排 16 位教师住宿(每人一间)。当时提供给外国教员和中国年轻教员居住。

1930 年,学校向国民政府申请立案,按照当时政府对立案的规定,学校必须招收女生。为此,学校首次招收女生,遂将此楼稍事扩充后改作女生宿舍。

20 世纪 70 年代整修后,一层作分部医务室,二、三层作工农兵学员女生宿舍;80 年代,一层仍作医务室,二层作女教职工宿舍,三层为之江保卫科用;90 年代再改作女生宿舍;1996 年浙大基础部迁入后,一、二层均作医务室,三层仍为保卫科使用;2002 年基础部搬出后空置;2007 年,之江校区改作光华法学院驻地后,现一、二层仍用作校区医务室,三层的一半作之江校区广播室。

# 十四 9号楼(绿房)

9号楼是之江大学扩充期(1911—1929年)第二批建造的外籍教授别墅之一。始建于1917年,1918年底竣工落成。

北立面现外观

该建筑由美国加利福尼亚州伯克利的维勒(W. M. Wheeler)先生捐助3000美元,和其在弗吉尼亚州的父母尼尔逊(Nelson P. Wheeler)夫妇捐助4000美元建造。原名之江大学绿房,又名维勒邦格楼、维勒楼(Wheeler Bungalow,Wheeler Residence)等。现名浙江大学之江校区9号楼。

## (一)地理位置

该楼地处秦望山二龙头与三龙头山腰间一处相对独立的台地上,位于中轴线以西,与其他早期建筑相距较远。东面与佩韦斋相对,北面、西面为林地,南侧为山谷和运动场地。1953年,其东南侧建有7、8号楼;1984年,其北面又新建了4幢学生宿舍。

该建筑经度120°07′08.33″,纬度30°11′40.41″,海拔高度76米;占地面积243平方米,建筑面积486平方米;檐口高度3.060米,建筑高度8.220米;建筑长度20.720米,宽度16.790米。

## (二)建筑结构及风格特征

该建筑由美国建筑师威尔逊(Morrison Wilson)设计,为西式别墅,坐北朝南建造。主体为地上二层，北侧配置佣人房。该建筑为砖木混合结构，立面竖向分为四段式，分别为台座、楼层一层、二层及屋顶。建筑墙面材质处理对比显著，具有某些新艺术运动时期的风格，也带有美国草原别墅的特征。西侧入口处有柱式门廊。台基石砌。一层外立面为清水青灰砖，门窗、外廊洞口以青砖砌平拱过梁；二层外墙饰绿色条状木板，门窗亦漆成绿色，变化丰富，与下部墙体在色彩及材质上均形成强烈对比。此做法为之江大学建筑中的孤例，特点鲜明。楼内地面均为木地板，灰瓦坡面局部有损毁，有组织外排水，金属排水檐沟已脱损而落水管尚存。部分平券改为钢筋混凝土过梁，其主要特征呈现为平房风格。

从主入口进入为一层厅堂间，另外开有两个房门，其中：一个进入朝南间，一个进入楼梯间及过道（楼梯设在一层的中心位置），过道开设有 9 个进入各房间的入口。其余分隔有大小 12 间，布局较复杂，其中西南角为一大套间，内分 3 室，其余为独立间。东南角另开一入口进入室内。

二层房间布局与一层不对应。楼梯口设转角平台和过道，过道也开有 9 个房间入口。其余内分为大小不等的 9 室。

此建筑主要以砖为承重结构，用 235mm×115mm×45mm 青砖，按梅花丁砌法砌筑，白灰平缝宽为 5mm，木板条宽为 135mm。屋架为木桁架，瓦楞铁皮屋面。

室内布局

## （三）现存状况

该建筑总体保存状况良好，外观基本保持原貌。由于年久失修和长期空置等原因，存在主要问题有：屋面局部有破损；一层砖墙局部风化，二层木板有腐蚀现象；金属排水檐沟已脱落，窗扇等构件有破损；西侧入口门廊有搭建，主入口侧外墙面加建有布告栏。室内破损严重，亟待维修。西侧入口门廊上有加建，原貌不详。

阳台天花板脱落　　　　　门楼等处有搭建物　　　　落水管脱落

### (四)使用沿革

该楼主要作为外籍教授住宅而设计建造。建成初期由维勒（W. R. Wheeler）夫妇居住。后又有多人居住过（具体不详）。1961年移交浙江大学后，改为三分部女生宿舍；1996年，旧址作为浙大基础部后，一楼为宿舍管理办公室，二楼为女生宿舍；2000年改为办公用房；2002年基础部迁出后空置。2007年，为之江校区宿管办物品临时储藏之用。

# 十五　白房

南入口门亭　　　　　　　　　西面外观

白房为之江大学扩充期(1911—1929 年)建造的外籍教授别墅之一。始建于 1917 年,1918 年底竣工建成。该建筑由美国芝加哥市的教育慈善家迈可考麦可夫人(Mrs. Cyrus H. McCormick)捐资 5000 美元兴建。

白房原名之江大学白房,又名卡特楼(Carter Memorial Residence)等。现名浙江大学之江校区白房。

### (一)地理位置

该建筑地处秦望山三龙头中段山腰一处相对独立的台地上,位于中轴线西北面,与其他早期建筑相距较远。周围基本为山林坡地,距离较近的有东侧的下红房。

该建筑经度 120°07′06.35″,纬度 30°11′43.83″,海拔高度 76 米;占地面积 177.5 平方米,建筑面积 355 平方米;檐口高度 6.220 米,建筑高度 8.910 米;建筑长度 16.380 米,宽度 9.800 米。

### (二)建筑结构及风格特征

该建筑为砖木混合结构,坐西北朝东南建造,按地上二层带阁楼建造。平面为大小两个长方形的叠加。入口门廊设在南面正中。立面竖向为三段式,分别为台座、楼层和屋顶。以砖石墙为承重结构体系,台座段以石墙承重,二层以上以清水青砖为承重。台座外表面用水泥砂浆处理成仿乱毛石,楼层外墙采用清水青砖,部分青砖面上烧制有"HCT3"英文字母(据推测,这部分砖可能是 1934 年修缮时所用)。除西侧部分门窗设气窗直至檐口外,其余均为平券窗,带拱心石。青灰瓦坡面屋面,上设老虎窗。主入口设人字形门廊,面宽 4.750 米,进深 3.730 米,高 3.160 米,前部采用木质爱尔尼克式双柱,后部为单柱,除柱础外,其余包括柱身、柱头、檐底托板、檐壁、檐壁上的齿饰、檐冠等均为木结构,但做法为西式风格,柱头、檐部木雕精美。其上托人字形木屋架,双坡屋顶。木质柱头、檐部雕刻精美,具有巴洛克风格的特征。

从一层主入口进入室内为一过道厅,正面另设一门进入廊道和楼梯间,两侧各开一房间入口,楼梯设在北半段。楼梯间西侧开有两个入口,分别进入各室。一层共分 6 室,其中,西南角房间在附楼间开有一入口;东北角房间另设一入口进入。附楼未分室。

二层楼梯口为一转角平台,两侧设有 5 个房间入口,分别进入 5 个房间。附楼入口设在西南角房间的西隔墙面。附楼二层也未分室。

阁楼分隔为 3 室,中间和两侧各一室。在楼梯口处设一入口直接进入中间室内,室内东、西两侧各开一入口进入各室。

明亮通透的会客室　　　　　　　　　楼梯间

该建筑呈砖墙与石墙承重体系。台座层石墙承重,外表面用水泥砂浆处理成仿乱毛石。二层以上采用清水青砖墙承重,所用砖为 235mm×115mm×45mm(部分砖面上有英文字母)青砖,按梅花丁砌法砌筑,白灰平缝宽 5mm。屋架为木桁架,盖青色机平瓦,腰檐采用小青瓦。

### (三)现存状况

白房总体保存状况良好,外观基本保持原貌。存在主要问题有:屋面局部瓦片破损,入口门廊人字形屋面局部有塌陷,立柱刷漆脱落;墙面落水管处及墙基处侵蚀严重;屋檐下博风条损坏;外墙搭接电线凌乱,既影响风貌,也带来隐患;附属用房一窗洞口被填实,侧面有临时搭建物影响建筑风貌。2010 年 11月,因外墙、大门等局部破旧进行了维修。室内由于长期无人使用,现已破烂不堪,天花板、墙面脱落,楼板破损、楼梯坍塌等,亟须修缮。

门亭柱油漆局部剥落　　　　　　　　门亭屋面局部塌陷

### (四)使用沿革

　　该楼原设计为外籍教师别墅。1924 年前,由威尔逊一家居住;后又安排过多人居住(具体不详)。之江大学撤销后,基本改作学生宿舍。20 世纪 70 年代,为浙大工农兵学员男生宿舍;80 年代后,该楼空置;1992 年后,旧址改作浙大基础部,该楼为男生宿舍;2002 年基础部迁出后空置。

# 十六至十八　中方教授别墅 1、别墅 2、别墅 3

中方教授别墅 1

中方教授别墅 2

中方教授别墅 3

中方教授别墅是校园扩充期(1911—1929 年)建造的一批供中国教授居住的别墅群,共有三幢独立小楼,由纽约罗彻斯特(Rochester)第一长老会捐建。该建筑始建于 1919 年,1920 年竣工落成。原名为之江大学中方教授别墅。现名叫浙江大学之江校区中方教授别墅。它与西方教授别墅相比,最大的差别在于其结构设计比较简单,建造精细程度、材质等都有较大的差别。

### (一)地理位置

该建筑 3 幢别墅均地处秦望山头龙头南段相对较平缓的坡地上,位于中轴线以东、头龙头教工家属区中间位置,南向面对钱塘江,陡坡下是附小宿舍,东面、西面均为山涧低谷,北面为其他家属住宅,幽深静谧,树木茂盛。3 幢别墅之间形成一个三角地带,中间有一条小路穿过,3 幢别墅分别置于道路两旁,别墅1、2 置于道路西南侧,别墅 3 位于道路东北侧。别墅 1 位于别墅 2 的西北侧,别墅 2 位于最南位置。

别墅 1:经度 120°07′22.12″,纬度 30°11′47.17″,海拔高度 50 米;占地面积 103 平方米,建筑面积 206 平方米;檐口高度 6.440 米,建筑高度 8.295 米;东西长度 15.180 米,南北宽度 7.930 米。

别墅 2:经度 120°07′23.24″,纬度 30°11′46.76″,海拔高度 50 米;占地面积 128 平方米,建筑面积 256 平方米;檐口高度 5.850 米,建筑高度 7.850 米;东西长度 17.400 米,南北宽度 11.850 米。

别墅 3:经度 120°07′23.52″,纬度 30°11′47.22″,海拔高度 50 米;占地面积 138 平方米,建筑面积 276 平方米;檐口高度 5.625 米,建筑高度 7.850 米;东西长度 12.080 米,南北宽度 12.550 米。

## (二)建筑结构及风格特征

3 幢别墅建筑主体为砖木混合结构,坐北朝南建造。除建筑面积有大小外,建筑结构、样式、所用材料等都基本一样,且同时建造。设计格局简单,建造较为粗糙。墙面为灰色青砖墙体,二层有外廊,外墙用空斗砖砌法,局部为拱券窗,建筑底座有砖砌勒脚,砖砌烟囱伸出屋面。3 幢别墅均为两坡灰瓦屋面,局部为上人阳台。楼面为木梁木楼地面,其中别墅 2 因 2003 年屋面坍塌而翻修为平顶,墙面改做灰色粉刷处理。

### 别墅 1

该建筑平面基本呈"L"形状,为地上二层。立面纵向分台基、楼体和屋面三部分,横向分主体楼(设有烟囱部分)和西端陪楼,结构相对较为简约朴实。

东立面包括主体楼正立面和陪楼侧立面。主楼部分立面中间和墙角均砌筑有砖壁柱(凹凸砌筑手法),北侧有烟囱外凸部分并穿过屋面外伸。其余一、二层开设有平窗,其中:一层开二樘,一樘开在砖壁柱和烟囱之间,为双扇对开平窗,窗檐由毛砖砌筑成弧形;一樘靠近陪楼,为单扇平窗;二层开一樘,与一层单扇平窗位置对应。坡形屋面。屋檐由木条博风板封檐。陪楼部分两边墙角砌筑有半边凹凸砖壁柱,其余一、二层在上下对应位置各开二樘相同的双扇对开平券窗,窗檐由毛砖砌筑成弧形。人字形屋架。

南立面包括主体楼西侧部分正立面和东侧陪楼侧立面。主楼部分一层紧靠陪楼端位置开有一入口,安装单开木门。西端砌筑一砖壁柱贯穿二层至屋檐,壁柱与入口正中位置开一樘双扇对开平券窗带气窗,气窗紧靠二层阳台楼板;二层西侧设阳台(向南外挑),装木质透空护栏杆,紧靠陪楼端开一樘双扇对开平券窗带气窗。陪楼部分正中位置砌筑凹凸砖壁柱,两墙角砌筑成半凹凸砖壁柱,并将立面划分为二等分。一、二层壁柱间各二樘双扇对开平券窗,对应分布,其中:一层二樘平窗窗檐均由毛砖砌筑成弧形。坡形屋面。屋檐由博风木板条封檐。

西立面包括南端主楼侧立面和北端陪楼正立面。主楼部分南端砌筑一砖壁柱贯穿二层至屋檐,二层设阳台,装木质透空护栏杆。其北侧有烟囱外凸部分并穿过屋面外伸。其余一、二层在对应位置各开一樘相同双扇对开平券窗,窗檐均由毛砖砌筑成弧形。人字形屋架。

北立面包括主体楼东侧正立面和陪楼侧立面。主楼部分墙面中间偏西砌筑有凹凸砖壁柱,东侧墙角砌筑半凹凸砖壁柱。其余一、二层开设有主入口和平窗。一层主入口开在壁柱间偏西位置,带台阶,安装木门,门檐由毛砖砌筑成弧形。二层在入口对应位置开一樘双扇对开平券窗。西侧墙面的一、二层紧靠西侧壁柱各开一樘单扇平券窗,其中:一层平窗窗檐由毛砖砌筑成弧形。坡形屋面,屋面有烟囱伸出。屋檐由木条博风板封檐。陪楼侧立面正中位置的一、二层各开一樘大小相同的双扇对开平券窗,其余一层两侧开有一樘双扇对开小平窗和一樘铁栅栏窗。人字形屋架。

由一层主入口进入为一厅堂和过道间,主入口西侧靠外墙处设一楼梯口;厅堂北隔墙开设一入口进入一两间套大套间,套间由隔墙入口相通,厅堂西侧中间位置为过道,过道开有两个房间入口:一个进入北套间,一个进入西南大套间,套间共分大小房间5间,北面另一入口进入套间,套间各分室共设有5道门互通。

二层室内布局与一层基本对应。不同之处有:二层楼梯口周围为一转角平台和过道,过道开有5道门进入各室。西面为一套间,除过道开有两个门进入外,套间内隔墙两边各开一个门互通,过道北侧设一大间,由过道开一门进入。其余东南面为一3室套间除过道开有二门进入外,每间各开有一门互通;另西北角设阳台,套间开有一门进出阳台。

**别墅 2**

该建筑平面基本为"L"形状。为地上二层,立面纵向分为台基、楼体和屋面,横向分为主体楼和东侧附楼,其间由砖立柱和水泥线脚划分,无阁楼。附楼部分原为二坡屋面,2003年翻修后改为平面屋面。南立面为主立面,主体楼立面西侧一层设主入口,有台阶。二层设阳台,有木质护栏杆,阳台开有一入口。其余一、二层各设二樘双扇对开平券窗,对应分布。附楼部分一、二层立面各开二樘双扇对开平券窗,对应分布,但一层平窗较长,二层较短。一坡屋面。屋檐由博风木板条封檐。

北立面分为主体楼、西端裙楼和东端附楼三部分,由砖立柱划分。裙楼连接主体楼,裙楼立面一、二层各开设一樘双扇对开平券窗,位置未对应。人字形屋架,双坡屋面。主体楼东侧部分的一层开设一个入口和二樘平窗(其中一为双扇对开窗,一为单窗);二层在一层单窗对应位置开一樘单窗,一坡屋面。附楼部分一、二层各开二樘大小不等双扇对开平窗,其中:一层西侧一樘平窗较长,其余三樘大小相同。平顶屋面。

东立面分为主体楼、附楼和裙楼三部分。附楼位于(遮住)主体楼的北半面,立面为粉刷墙面,未开窗。主体楼南半面的一、二层各设1樘双扇对开平券窗,对应分布,人字形屋架。北侧裙楼部分的一层设二樘平窗,其中:一樘为双扇对开平窗,一樘为单扇平窗。二层设一樘双扇对开平窗,位置靠南侧。窗北侧砌筑有一砖壁柱,北端墙角也有砖(水泥)线脚处理。一坡屋面。

西立面分为主体楼、裙楼和护院墙三部分。护墙开有一进入院内的圆形入口。主体楼部分一层开有三樘双扇对开平券窗,均匀分布;二层开二樘双扇对开平券窗,与一层基本对应。南侧为阳台西面,装有木质护栏杆。一、二层中间一樘平窗稍宽。北侧裙楼仅在二层中间开一樘双扇对开平券窗。

整个别墅主体楼外立面一层南、北各开一个入口进入室内,其中南入口为主入口。附楼、裙楼外墙面均未开入口。主入口进入为一客堂间,客堂间另开两个入口,其中一个进入内廊和楼梯间,一个进入房间。内廊设在靠主体楼北侧,开 5 道门,分别进入各室和楼梯,其中一道门进入附楼,附楼内分大小相等的二室,中间砌筑隔墙,隔墙南边开一道门。一层共内分为大小不等 6 间(除楼梯间)。

二层布局与一层基本对应。上楼梯仍为一内廊,开 5 道门分别进入各室。不同之处:二层西南角设有阳台,故西南角一室面积比一层略小,其余均相同。

**别墅 3**

该建筑主体为地上二层,局部一层(附楼)。建筑立面分台基、楼体和屋面等部分。南立面为主立面,一层设主入口,位于主体楼西侧,两边砌筑砖壁柱并微有凸出。入口在两壁柱正中位置,安装木门,门东侧为固定式落地玻璃平窗带玻璃气窗,西侧上半截为固定式玻璃平窗,下半截为墙体。二层为落地木板隔墙,中间开一樘双扇对开平券窗,隔墙前设木质护栏杆,其余为墙面。屋架呈"人"字形,屋檐由博风木板条封檐。

主体楼东侧墙面的一、二层在对应位置各开二樘四扇平券窗;一坡屋面,屋檐由博风木板条封檐。

西侧附楼建筑平面为不规则形状,西南向一半为三棱边形(凸出部分)。附楼南立面开一樘四扇平券窗,西端为斜立面,可见平窗局部,屋顶为大露台,三面砌筑护墙,一层与护墙间有砖石线脚区分。

北立面分主体楼、西侧附楼和东侧平房(似为后搭建)三部分。东侧平房紧靠主楼北面,其立面开一平窗,人字形屋架,双坡屋面。主体楼其余立面设有五樘大小不等平窗,其中:一层有二樘平窗,一樘为四扇平窗,一樘为单扇平窗;二层有三樘平窗,二樘为单扇平窗,一樘为双扇对开平窗。附楼北正立面有一樘双扇对开平窗,西端斜立面为平窗局部。

东立面分主体楼和平房二部分。主体楼一、二层各设二樘双扇对开平券窗,对应分布。台基开透气洞口,铁条栅栏封口。人字屋架,双坡屋面。北侧平房部分立面中间设有一砖立柱,立柱两侧开有平窗,北侧二樘小窗,南侧一樘大窗。

西立面分主体楼、附楼和平房三部分。附楼遮挡主体楼一层。附楼立面开有四樘平窗,其中:正面二樘为双扇对开平窗,斜立面二樘为单扇平窗。屋顶为大露台,砌筑护墙。主体楼部分为二层,立面开一樘四扇平窗和一出入口,安装木门,人字屋架,双坡屋面。平房部分立面开有一铁条栅栏窗和一入口,安装木门。屋面为坡面。

主体楼南、北外立面各开一个入口,其中:南入口为主入口,北入口与平房相通。进入主入口为一过道间,其余三面各开一道房门进入室内。西端(附楼部分)为一大套间,主入口正对面开一双扇对开门,进入一客堂间,室内东、西两面各开一道门,其中:一道进入套间,一道进入内廊和楼梯间;内廊开有3道房门进入各室。一层共分为6间。平房未分室。

二层布局与一层基本相同。不同之处:个别房间开门位置有所不同;二层西面为附楼屋顶面,即露台。

### (三)现存状况

3幢别墅总体保存状况良好。存在主要问题有:屋面、墙面局部破损较严重,墙体风化破损现象较严重;上人屋顶平台砖墙护栏残缺。其中:别墅2因屋面塌陷于2003年进行了大翻修,墙面、屋面均改动较大,建筑原真性基本丧失。3幢别墅原为一个组团格局,现基本难以感知。2010年11月,别墅1、别墅3,因屋顶等处破损进行了局部修缮。但室内破损严重,楼板、楼梯、天花板等已严重坍塌,也亟须修缮。

### (四)使用沿革

该3幢中方教授别墅建成后,主要供中国籍教授居住,曾先后有原教务长周懋功、工学院院长廖慰慈、著名工学教授应尚才等居住过。1982年至1997年曾改作分部幼儿园之用,以后空置至今。

# 十九　后6号楼

后 6 号楼是之江大学中兴期(1929—1936 年)建造的建筑之一。该建筑始建于 1931 年,次年竣工落成。可能是因为该建筑不是学校的主要建筑,又比较简陋,所以在之江大学的有关文字记载中,后 6 号楼的建造年代等情况少有涉及。原名之江大学后 6 号楼,现名浙江大学之江校区后 6 号楼。

## (一)地理位置

该建筑地处秦望山二龙头北向中段山腰上,位于中轴线以西,南面紧邻 6 号楼和都克堂,东面、西面为山坡地,北面紧靠下红房。

该建筑经度 120°07′12.04″,纬度 30°11′43.66″,海拔高度 87 米;占地面积 146 平方米,建筑面积 263 平方米;檐口高度 6.150 米,建筑高度 8.480 米;建筑长度 24.460 米,宽度 7.170 米。

## (二)建筑结构及风格特征

该建筑由之江大学建筑部设计,坐北朝南建造,为砖木混合结构。地上二层,局部一层。平面呈长方形。砖墙白灰抹面,红瓦双坡屋顶,木梁木楼地面。室内设内中东西贯通走廊带两侧对称房间,内廊较狭窄。砌筑做法简单,具有临时、简易的特点。

进入一层主入口为一东西贯通搭建间的内廊。内廊两边为各房间出入口。入口北侧设有楼梯间,主体楼一层其余分 9 个大小相等的房间,其中:南向 5 间,北向 4 间(不连楼梯间)。二层布局与一层完全相同。

搭建间内分两间,西端独立成一间,其余为过道间,后来在过道间添建盥洗间和储藏间。过道间与主体楼一层内廊相通。

室内结构及布局

## （三）现存状况

该建筑总体保存状况基本良好，外观基本保持原貌。由于用途变化而多次进行整修、改建，内部改动也较大，对建筑的原真性影响较大。存在主要问题有：墙面雨水侵蚀较严重，局部有风化现象，曾进行过抹灰修缮；墙外搭接电线存在安全隐患；落水管处被雨水侵蚀较严重；西侧加建入口空间及公用厨房，室内均有不同程度的破损现象。

室内局部破损　　　　　墙基雨水侵蚀

## （四）使用沿革

该建筑建成初期原作为女生餐厅，后改为宿舍。现为浙大之江校区求是物业员工临时宿舍。

# 二十　附属小学宿舍

外立面和屋面现状

附属小学宿舍是之江大学中兴期(1929—1937年)建造的附属建筑之一。1930年前后因倾圮而重新迁址建造。该建筑始建于1930年，1931年暑假期间竣工落成。原名之江大学附属小学宿舍,又名员工宿舍。现名浙江大学之江校区教工住宅。

### (一)地理位置

该建筑地处秦望山头龙头南端山坡上,位于旧址家属区的最南端。南临钱塘江,山脚下有台阶拾级而上。北面紧邻中方教授别墅的山磡下,东、西两侧均邻山涧峡谷。

该建筑经度 120°07′23.79″,纬度 30°11′48.54″,海拔高度 50 米;占地面积 216 平方米,建筑面积 432 平方米;檐口高度 5.900 米,建筑高度 7.840 米;建筑长度 18.700 米,宽度 11.790 米。

### (二)建筑结构及风格特征

该建筑由之江大学建筑部设计,坐北朝南建造。建筑结构为砖混结构,二层楼房,为一般宿舍格局。总体结构比较简单。所用砖为 235mm×115mm×45mm 青砖,按梅花丁砌法砌筑。白灰平缝宽 8mm。木梁木楼地面。

进入一层主入口为过道间,但中间有挡隔墙(未设门)将楼梯间隔开。过道正北面为房间。

进入一层东入口为一内廊到底(西面未开入口),内廊两边开设各房间进门口,中间房间东侧设有楼梯口。一层内分房间数间,其中:南向 4 间,北向 5 间,每间大小基本相同。

室内结构及布局

二层房间、过道、内廊等布局与一层基本相同,只是过道间无隔墙区分。

屋架为木桁架,屋面为小青瓦四坡歇山顶,无特殊细部特征,少数砖面有造砖厂印记。

### (三)现存状况

该建筑总体保存状况基本良好,外观基本保持原貌。由于使用情况的改变,曾多次进行过维修改造,内部格局改动较大,破坏了建筑的原真性。存在主要问题有:墙体和屋面局部有破损,墙面部分有风化现象,入口处墙体有裂缝,外墙面电线搭接影响建筑风貌;入口处有搭建;内部破损程度不大。2007 年,列入"之江大学旧址建筑修缮工程"第三期修缮。

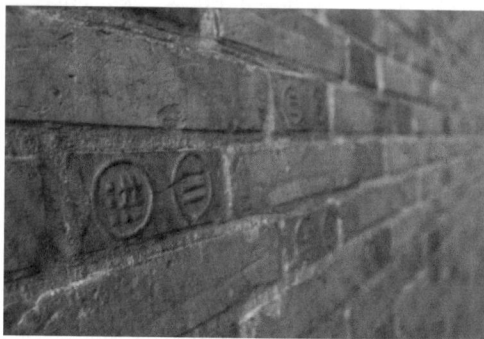

砖面保留有印记

### (四)使用沿革

1931 年建成后用作为附属小学校舍,为当时配套生活用房。1937 年,小学改在图书馆授课,暂作大学男生宿舍之用。1985 年,小学所属权由六和塔小学划归为浙江大学分部附属小学后,底层作教师办公室,二层作教职工住房。2002 年后,为浙江大学同力汽车修理队职工宿舍。现空置。

# 二十一　体育教研室(办公室)

体育办公室是之江大学中兴期(1929—1936 年)建造的配套建筑设施之一,由原上海《申报》主编、著名校董事史量才先生捐资建造。该建筑于 1934 年 6 月建成。

由于之江大学十分重视学生体育教学和体育锻炼,体育设施比较齐全,篮球、网球、足球等运动场所遍布校园。当校董史量才先生了解到学校需要有一座体育教师专用办公场所时,便慷慨承诺予以捐建。原名之江大学体育办公室。现为浙江大学之江校区体育教研室。

## (一)地理位置

该建筑地处秦望山二龙头南端西侧的山坡上。位于校园中轴线西南侧。东面与西斋、科学馆和曾宪梓大楼错落相邻,西邻今体操馆,南对运动场和钱塘江,北为山谷坡地,与都克堂相近。

因为此地有健身房、运动场等各类体育设施,又处于山谷之中,所以,后来之江大学称之为"健美谷",并被列为"之江十二景"之一。

该建筑经度 120°07′12.53″,纬度 30°11′39.78″,海拔高度 15 米;檐口高度 6.080 米,建筑高度 7.860 米;建筑长度 12.170 米,宽度 10.870 米。

## (二)建筑结构及风格特征

该建筑由之江大学建筑部设计,坐南朝北建造,建筑结构为砖混结构,地上二层楼房,局部一层(实际一层平房为后来加建,不属于历史文物建筑)。四坡屋面,以砖为承重结构,灰色青砖墙体,与早期建筑红色外墙不同。部分砖面印有英文字母"HCT3"及"立民"字样,墙面无装饰亦无特殊处理,砖砌筑亦不精细。所用砖为 235mm×115mm×45mm 青砖,按梅花丁砌法砌筑。白灰平缝宽为 8mm。屋架为木桁架,屋面盖青色机平瓦。楼面为木梁木板地面。窗门为木质结构,双页对开。

主体楼西面入口正对楼梯,右侧开有一木门,内分大小不等的两个房间;陪楼西面入口直接进入大房间,内分大小不等的两个房间,内门开在隔墙一侧。主体楼二层由楼梯拾级而上,楼梯口有一转角平台,平台西、南两侧各开一进门口,内分大小不等的两个房间,内门开在靠外墙一侧的隔墙边。

### (三)现存状况

该建筑总体保存状况良好,基本保持原貌。但由于年久失修,室内已破烂不堪,包括墙壁、天花板脱落,楼梯倒塌,门窗严重破损等,急需进行维修。存在的其他主要问题有:由于其地处山谷低洼处,旁边树木枯枝长期压在屋面,2007 年,东北屋面被树干压塌陷,墙体也有局部开裂现象;一层小楼搭建有瓦楞雨篷,影响建筑的原真性。2010 年 11 月,对压塌屋面等局部进行了一次维修。

### (四)使用沿革

之江大学早期修建的体育建筑设施、场地颇多,是早期教会大学的重要组成部分,也体现了教会大学注重体育的办学特色。该建筑建成后主要作体育办公室用,另外也设有更衣室、寄存室和体育器材储藏室等。曾经一度改作教工住宅,后来用作浙大分部和基础部的体育教研室。2002 年后,此楼空置。

# 二十二　学生服务部

学生服务部是之江大学中兴期(1929—1936 年)建造的配套建筑之一,原作储存化学实验用品等之用,属仓储建筑设施。该建筑建成于 1931 年,原名之江大学学生服务部。现名浙江大学之江校区学生服务部。

### (一)地理位置

该建筑地处秦望山二龙头中段西侧山坡上,位于旧址腹地、中轴线西侧。东北侧与主楼邻近,东南面紧靠科学馆,西面为二龙头山谷坡地,山谷有体操馆,南面与西斋相对,都克堂在其西北侧。

该建筑经度 120°07′14.18″,纬度 30°11′42.40″,海拔高度 60 米;占地面积 36 平方米,建筑面积 36 平方米;檐口高度 3.130 米,建筑高度 4.920 米;建筑长度 5.160 米,宽度 7.100 米。

### (二)建筑结构及风格特征

该建筑由之江大学建筑部设计,坐西北朝东南建造,分为两幢样式、结构基本相同的独立的一层小楼。建筑结构为砖木混合结构,砌筑方法采用一般做法,结构较为简单。用清水青砖砌墙,青色平瓦双坡屋顶,檐口绿色木博风,封檐板,无排水功能。普通水泥地面。屋顶伸出两个通风换气弯管,作室内换、排气之用。东南向开一入口和一平窗。因建筑结构简单且体积小,内部未作分隔。相对其他建筑而言,该建筑保护价值不高。

在所有建筑中,该建筑是结构最简单,体积最小,且室内未分间的一幢。正因为如此,该建筑的有关情况无相关记载。

### (三)现存状况

该建筑总体保存状况良好。由于其建筑结构较为简单,也没有进行过大的整修、改建,基本保持了建筑的原真性,屋顶的两通风弯管仍完整保存就是例证。存在主要问题有:墙面有雨水侵蚀斑迹,檐口博风板破损较严重;木质门窗经年被雨水侵蚀,下端已腐烂;建筑构件油漆部分脱落;外墙面搭接电线,周围环境较杂乱,存在一定的安全隐患。

因年久失修,屋面、门窗等都已破旧。

### (四)使用沿革

该建筑建成初期的用途为之江大学存放化学实验用品的储藏室,后长期空置。1992 年旧址改为浙大基础部后,改作学生服务部。2002 年基础部迁出后,现一幢为浙大外贸公司作办公室用,一幢为之江超市用作仓库。

# 第三编

# 美国在华基督教大学

## ——之江大学

# 第6章 从崇信义塾到育英书院

作为西方基督教在中国开办的教会大学之一的之江大学,它与其他教会大学一样,既是旧中国特定历史时期的产物,又是中国近现代教育发展史的一个缩影。它在一百多年的办学历史中,既走过了从创办、兴旺到消亡的演变历程,又经历了中国历史的大动荡、大变革,特别是在抗日战争期间,也经历了如同中国大学一样的转辗迁移、颠沛流离、艰苦办学的沧桑岁月。

## 一 美国基督教长老会

追根溯源,要了解之江大学,首先我们不得不了解它的创设人——美国基督教长老会。

基督教是古代希腊哲学和希伯来宗教的一个混合产物,在历史上对西方文化产生过广泛而深刻的影响。它起源于犹太教内部一次小规模的宗教复兴运动,产生于公元1世纪初古罗马帝国统治下的巴勒斯坦地区。由于这次运动的发起者和领导人被称为拿撒勒人耶稣,所以又叫耶稣教。经过多次的分裂,基督教分化为罗马公教、正教和抗议宗三大派别。基督教进入中国后,罗马公教被称作天主教,正教一般被称作东正教,抗议宗被称作新教或基督教新教或基督教。

### (一)北长老会

美国基督教长老会成立于1706年,是美国基督教七大新教宗教派别之一。1776年,长老会成为美国信众人数最多的五个教派之一,至1850年,加入长老会的人数占美国总人口的12%。虽然后来人数逐年减少,仍占新教教徒人数的4%。尽管如此,它在美国自殖民地时期始就起着显著的作用,而且它热衷于教育事业,长期以来,一直在美国的大学教育和神学教育中占据领导地位。

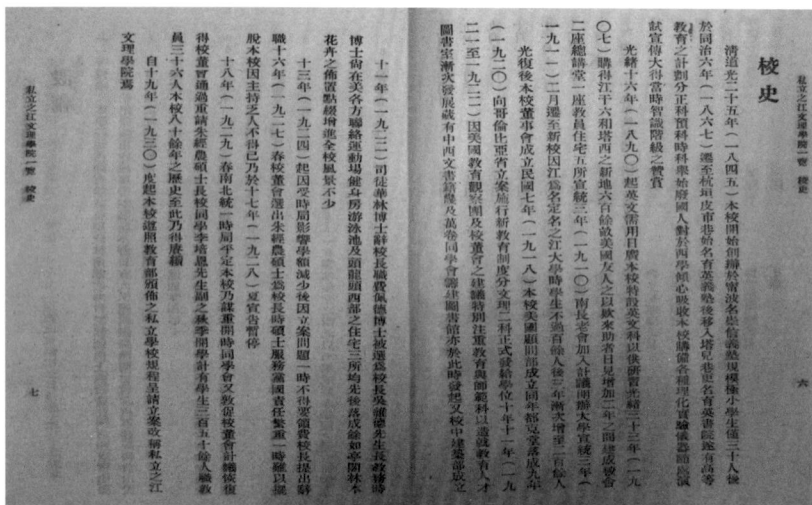

之江文理学院时期编写的校史片断(1936 年)

1840 年鸦片战争后,西方宗教集团在不平等条约的保护下,纷纷派出传教士涌入中国进行传教活动。美国北长老会也不甘落后,于 1844 年派出了第一批传教士进入中国的开放口岸城市。崇信义塾的创办人麦卡第(D. B. McCartee)博士就是第一批进入中国,且第一个到达口岸城市浙江宁波的传教士。后来长老会又陆续派出了多批传教士到中国开展传教、行医和办学活动等。至 1919 年,其在华传教士人数达到 502 人,布道站 36 个。长老会在中国独立创办和与其他教会合办的教会大学共有 6 所。这些大学虽然以传教和培养本土教牧人员为总宗旨,并为基督教培养了一批虔诚的基督信徒,但也培养了一批科技、文化等方面的社会人才,在客观上对中国近代高等教育的发展起到了较重要的基础性作用,在中国近现代高等教育史上也占有较重要地位。

### (二)南长老会

南长老会进入中国时间较晚,于 1866 年首次派出传教士来华。它的第一个传教基地选择在杭州。以后虽然也陆续派出多批传教士到中国,传教区域有所扩展,但其在中国的势力范围和影响远不及北长老会。南长老会中最著名的人物有曾担任燕京大学校长长达 27 年之久的司徒雷登和曾担任过之江大学校长的司徒华林两兄弟。他们均出生于杭州,其父亲司徒尔就是第一批派往中国杭州的南长老会传教士。

### (三)美国长老会在中国开办的教会大学情况

美国长老会在华传教过程中,热衷于教育事业,对中国近代高等教育的促进和发展起到了较为重要的辅助作用。据记载,在基督教新教在华开办的 13 所教会大学中,由长老会独立开办的有 2 所:之江大学和岭南大学;与其他教派合办的有 4 所:金陵大学、燕京大学、齐鲁大学和金陵女子大学。美北长老会在华设有 8 个教区,包括:山东、华南、江南、华中、海南、湖南、华北和云南等教区。其中,山东、华南、江南、华中等 4 个重要教区设有 1～2 所高等学校,之江大学隶属于华中教区。南长老会在中国的势力、影响较小,也没有在华独立开办过自己的教会大学,只有与北长老会合办的之江大学。所以,从严格意义上讲,美国长老会在华独立开办的教会大学仅有之江大学一所。

# 二　麦卡第创办崇信义塾

崇信义塾是由早期进入中国的美国基督教传教士麦卡第(D. B. McCartee)等在宁波创办的一所教会学校,是浙江第一所男童寄宿洋学堂。可以说,这是美国基督教在《中美望厦条约》的保护下,向中国进军所取得的第一个成果。

## (一)第一批美国传教士进入中国

美国独立后,国家日益强大,并奉行帝国主义扩张政策。在外国列强纷纷染指中国的时候,他们也不甘落后,迫不及待地插足觊觎已久的中国这块大"肥肉"。按照队克勋的说法,"当英国与中国政府签订《南京条约》,开放广州、厦门、福州、宁波、上海五处口岸时,美国知道,不久他们也会拥有同样的权利"。[1] 可见,不平等条约成为传教士进入中国的"敲门砖"。

果不其然,1844 年 7 月,美国依仗自己强大的军事力量,强迫中国政府与其签订了《中美望厦条约》。《条约》规定了美国在中国享有五口通商和其他权利。这样,在条约的保护下,美国基督教各长老会海外差会董事会便纷纷派人通过开放口岸登陆中国,开展它的传教事业和宗教活动。据记载,作为通商口岸城市之一的宁波,最早进入的是一名叫蔼尔德赛(Miss Aldersey)的英国妇女。1842 年,她奉伦敦基督教长老会东方女了教育会的派遣来到中国,1844 年即创办了宁波女塾,这是浙江第一所"洋学堂",也是中国第一所女子学堂。

1837 年,美国长老会总差会成立于纽约。此后,长老会差会一直想寻找机会到中国发展其传教事业。鸦片战争爆发后,机会终于来了。根据不平等条约规定,宁波作为首批五口通商城市之一,成为他们登陆中国的首选目标,并拟

---

[1]　队克勋著,刘家峰译:《之江大学》,珠海出版社 1999 年版。

"把宁波作为在华传教的总堂"①。自然,宁波也就成为当时西方传教士来华传教的立足点。

据记载,1844年,美国北长老会派出第一批传教士先后来到中国澳门,他们中包括:柯理(Richard Cole)夫妇、祎理哲(Richard Quarterman Way)夫妇、卢壹(John Lloyd)、哈巴安德(Andrew Patton Happer)、露密士(Augustus Ward Loomis)夫妇、克陛存(Michael Simpon Culbertson)夫妇,以及先期到达中国的麦卡第(Dive Bethune McCartee)、娄礼华等。他们在澳门经过一番商量之后,作了如下分工:哈巴安德等人去广州,卢壹等人去厦门,而前往宁波的人最多,共有5人:娄礼华、祎理哲、克陛存、露密士、麦卡第。

其实,早在条约签订前的1843年10月,作为美国基督教教会北长老会到中国开展传教事业的先行者、先锋传教士、医学博士麦卡第牧师,就受北长老会的差遣,率先以中国医务传教会成员的身份漂洋过海于1844年登陆香港、广州等地。同年,他与美国长老会派出的第一批传教士在澳门会合。按照分工,6月初,麦卡第从澳门出发先到达香港,6月20日只身到达宁波。而祎理哲于同年8月离开澳门,其他传教士则是在1845年2月才从澳门动身的。这样,麦卡第就成了第一个来到宁波的美国长老会传教士。②

## (二)第一位登陆宁波的美国传教士——麦卡第

作为崇信义塾的创办人,麦卡第在之江大学的历史上应该有其特殊的地位。但麦卡第究竟何许人也?他有什么样的经历?他创办崇信义塾之后又做了些什么?这些——在之江大学各类版本的校史及队克勋写的《之江大学》等相关著述中,都很少有记述。据查,龚缨宴在《浙江早期基督教史》一书中对麦卡第的生平经历有较多的叙述。本文摘其主要内容转录如下:

"麦嘉谛(本书译为麦卡第,中文名叫培端),1820年1月出生在美国费城。他先后在纽约、费城等地学医,获医学博士学位后曾在美国宾夕法尼亚州行医。1843年,他受美国长老会的派遣,从纽约出发来华,第二年到达香港(有的记述是澳门)。

1844年6月20日,麦嘉谛作为中国医务传道会的成员,从香港到达宁波。此后,他除了在宁波行医外,还到过舟山。1853年,他在宁波与长老会会员妮特(J. M. Knight)小姐结婚,妮特小姐也是第一个单身在中国旅行的长老会成员。1854年,麦嘉谛担任过美国驻宁波的领事。1857年,麦嘉谛在上海代理过美国

---

① 龚缨宴:《浙江早期基督教史》,杭州出版社2010年版,第146页。
② 龚缨宴:《浙江早期基督教史》,杭州出版社2010年版,第147页。

领事之职。1861 年,他与太平天国的首领们见过面,商量如何保护美国侨民与中国基督教事宜。1861—1862 年,麦嘉谛到达日本,据说他是第一位进入日本的新教传教士。1865 年,他与夫人返回宁波。1872 年,他又到上海,后来担任过美国领事馆的中文翻译。1899 年,他返回美国。"

麦卡第的主要职业是行医和传教。为了传教需要,他来到宁波的第二年就创办了崇信义塾,这也是他在之江大学历史上的主要功绩。但龚缨宴的书中并没有讲到这一点。不过,龚缨宴在书中讲到,麦卡第在行医之余,还撰写了不少著述,据说中文著作有 34 部之多。当然这些著述大多数是宣传基督教的小册子,正如他自己所说:"吾侪来中华传教久矣。有设堂宣讲真道,有印书解明圣教。"同时,为了宣传基督教,他努力学习和掌握当地方言,他在这些著述中采用非常简单和通俗易懂的语言来介绍和诠释基督教的基本教义。

麦卡第还做过一件很有意义的事情,那就是收养了女童金雅妹,后又将其带到美国留学。据载,金雅妹是浙江省内第一位出国留学的女性。

### (三)麦卡第在宁波开办医疗诊所、建立布道站

麦卡第到达宁波时,由于鸦片战争的影响,中国民众普遍"视西人如寇仇"。麦卡第开始也遇到了很多的困难,当地民众对其十分冷漠,不愿接纳,而他的传教活动"屡遭官绅斥逐",幸亏得到当时英国驻当地领事的襄助,才得以"赁民屋数椽以居,施医分书",在宁波一个叫佑圣观的地方安顿下来,"施医传教"。

为了履行差会的使命,迅速打开传教局面,他首先凭借自己的良好医术,立即在当地开办了一家医疗诊所(华美医院),为当地人问医治病,以取得当地人的接纳和好感。同时,他一边行医,一边开展传教的基础建设工作,并很快在宁波建立了第一个长老会永久布道站(传教机构)。布道站内包括:一座教堂、一所医院和一家印刷厂。

由于麦卡第良好的医术和医疗效果,很快吸引了大量的当地人前往就诊,一时间,医院门庭若市,据说每天就诊人数有 150～200 人,在当地赢得了很好的声誉。但与其诊所形成鲜明反差的是:上教堂的人却寥寥无几,门可罗雀。这种状况与他们的初衷显然不符,因为他们来到中国的使命主要是传教,而不是行医。为改变这种状况,他们意识到:要发展传教事业,就必须建立稳固的传教基地。于是,他们决定开办一所学校,而且把着眼点放在幼童教育上。因为他们知道,只有从幼小的心灵开始灌输他们的教义,他们的传教事业才能在中国扎下根来。尽管他们知道,中国人普遍排斥西方异教,但他们也知道中国人很穷,许多家庭,尤其是农村家庭供不起孩子读书,只要提供必要的条件,还是会有家庭愿意送孩子来的。

### (四)麦卡第创办崇信义塾

麦卡第在宁波立足后不久,同样是美国北长老会传教士的礼查威牧师(Rev. Richard Way)和科勒(Cole)夫妇受差会的委派,也从美国来到宁波加入了他的布道站,并协助其开展传教工作。布道站的力量得到加强,麦卡第不再是单枪匹马,布道站的工作也逐步开展起来。这样,麦卡第也有力量开始筹办学校之事了。

翌年,也就是 1845 年,麦卡第和礼查威牧师等经过一番筹备,很快就创办了一所取名为崇信义塾的基督教教会男童寄宿学校(1846 年科勒夫人接着主持开办了一所女童寄宿学校)。这也是外国人在浙江开办最早的一所男子"洋学堂"(教会学堂)。据《浙江省教育志》记载:

"道光二十三年(1845),美国基督教长老会差会的牧师,在宁波江北岸槐树路创崇信义塾,系外国教会在浙江所办最早的一所寄宿制男子学校。光绪七年,美国基督教长老会在原崇信义塾旧址上创办崇信书院(江北岸为当时根据条约指定的'外人居留地')。"①

从严格意义上说,最初的崇信义塾并不是一所独立的学校,它只不过是布道站的一个组成部分。它没有专任教师,也没有规范的、统一的教材;牧师就是教师,基督教教义就是教材,即使开设了一些其他课目,也只不过是为了提高学生的文化水平,以更好地学习和理解基督教教义而已。这也是当时许多教会学校创办初期的通常模式。因为当初传教士们开办这种学校的目的只是为了培养基督教徒,并没有打算为中国培养专业人才。

崇信义塾最初由礼查威主持校务(礼查威于 1859 年因病离开中国),夸得曼牧师(Rev. John W. Quaterman)担任学校教师。麦卡第在他的回忆录中是这样记述的:"我们决定开办一个男童寄宿学校,由礼查威负责,……"②麦卡第则一边行医和负责布道站工作,一边协助礼查威处理校务,并负责差会的建筑事务。后来因工作繁忙,不得不将诊所交给麦卡高湾(McGowan)管理。据有关资料记载,由于麦卡第的出色工作,"不久,便担任美国驻宁波的首任领事,上海美国副领事会审委员,邮政局主政,以及清廷出使日本钦使的'顾问'等职,成为忠实执行美国政策的代理人"③。这说明,麦卡第后来脱离了崇信义塾的事务。

1850 年,萨墨·马丁牧师(Rev. Samual N. D. Mirtin)来到宁波,并接替礼

---

① 浙江省教育厅编纂委员会:《浙江省教育志》,浙江大学出版社 2004 年版。
② 队克勋著,刘家峰译:《之江大学》,珠海出版社 1999 年版。
③ 政协宁波委员会文史资料研究会编:《宁波文史资料》第二辑,第 204 页。

查威任该校负责人,直至 1858 年因病离职。他的弟弟威廉·马丁(Rev William A. P. Martin)担任该校教师。以后,约翰·耐维(Rev. John L. Nevius)牧师又受聘接任过一段时间的学校负责人。大卫·格林牧师(Rev. David D. Green)、萨墨·独特牧师(Rev. Samuel Dodd)等也先后担任过这所学校的校长或负责人。崇信义塾的教员除了美国牧师外,后来又补充了一些毕业于该校的本土教员,除吕文振外,先后还有金令余、鲍广西、蒋宁贵,以及陆家清、徐金三等人,当然,这些人都是被教化的基督徒。

与当时其他教会学校一样,崇信义塾的开办首先是以拓展全球的基督教传教事业为目的,"以培植教牧人才为宗旨,稗可救人之灵,顾人之身,异日或可为国之柱石也"。同时,把学校设想成为一个福音机构,在中国各地传播福音。在课程设置上,以宗教教育为主体,通过向学生灌输基督教义,来培养本土信奉基督教的教徒。所以,当时这所学校所开设的课程主要为圣经、中国经书等必修课,也设有作文、书法、算术、英语、天文、地理和音乐等课程,但学生大量时间是学习圣经和教义问答,以及做礼拜。

为招收更多的中国学生入学,学校实行免费教育,凡清寒基督教教徒子弟都可以免费入学,且免费提供食、宿、衣、医,以吸引一些较贫困的家庭自愿把自己的男孩送到这所学校接受基督教教育。所以当时学生大多来自穷苦家庭且不是基督教教徒,他们加入教会学校与其说是为了获取知识,倒不如说是为了谋生。学生进入教会学校后,大多很快成为教徒,这批以谋生为目的而进入教会学校的中国教徒也称为"吃教徒"(Rice Christian,又译作米教徒)。凡愿意送自己孩子入学的家长必须与学校签订合同。这一措施虽然受到一些清贫家庭的欢迎,但总体看,教会学校作为一种西方教育机构,当时并不为当地民众所接受。一般那些条件较好的家庭,都不会把自己的孩子送到这里上学,尤其是不愿把女童送到学校读书。究其原因,主要是受中国传统的科举制度的影响,以及国人对西方文明的无知而产生的怀疑、恐惧,"中西开始接触,国人对西人的文化教育生活、工作等还不曾了解",对于传教士前来开办教育的原因不理解,"以为他们来一定有所取于其中"。于是,各种谣言不胫而走,什么"制鸦片啦、挖眼睛啦、炼药水啦,便成为普遍的答案"。① 这些谣言的流传,增加了教会学校招生的困难。

为提高教育质量,针对学生的实际情况,学校还采取因材施教的办法,对一些学业不佳的学生,另行开设一些实用知识教育课程。麦卡第认为:"并非所有毕业生都适合传教或教学"。为此,学校尝试教这些学生学习做裁缝、做鞋和印

---

① 周东华:《民国浙江基督教教育研究》,中国社会科学出版社 2011 年 8 月第 42 页。

刷等实用技术知识,使他们能够掌握一门基本的谋生手艺和技能(这实际上是最早的职业技术教育)。

崇信义塾自创办至迁出,在宁波办学共坚持了 22 年。在这 22 年中,师资变动非常频繁,学校规模很不稳定,发展也很缓慢。到 1866—1867 年时学生注册人数竟然减少到 18 人,比创办之初还要少。这也说明教会学校初期尚不被中国人普遍认可。该校培养的学生也很少,据记载,直到 1856 年才拥有自己的第一批共 8 名毕业生,其中有 1 名留校教书,1 名学医,4 名去长老会印刷所工作,2 名回家。

# 三 育英义塾

1858 年 6 月,清政府在第二次鸦片战争失败后,再次被迫与美国等西方列强签订了不平等的《天津条约》;1860 年,中法签订了《北京条约》。这两个条约为基督教传教士深入中国内地传教打开了方便之门。传教士们除了在五口通商城市布道传教外,开始深入中国内地进行传教和开办教育。美国传教士也不失时机地开始谋划向内地进军。

"上有天堂,下有苏杭",崇信义塾的牧师们首先考虑的是进驻杭州。杭州作为浙江省的省会城市,当时的城市人口已是宁波的 3 倍。宁波和上海的美国传教士早就意识到,杭州不仅是一座风景优美的城市,而且其历史地位也远比宁波更为重要。尽管当时太平天国战火燃起,杭州遭受到较严重的破坏,但是,这毫不影响其在浙江的战略地位。

宁波和上海的长老们早就想在杭州建立布道站和开办学校,扩展其传教和办学事业,也曾派人到杭州进行过调查,但当时恰逢太平天国战争;同时,由于当初条约限定传教士只能在开放口岸城市周围 30 英里内的地方活动,而杭州离宁波和上海都有 130 英里之距,显然,在杭州传教或开办教会学校不仅要冒很大风险,而且是不受条约保护的。因此,在杭州建立布道站和开办学校的计划受阻。

## (一)崇信义塾在不平等条约的保护下迁往杭州

《天津条约》规定:"西方人不仅有权住在新增辟的口岸城市,而且可以持本国领事馆颁发的护照去内地旅行。"虽然条约没有给西方人在口岸以外地方居住的特权,但为西方传教士们到内地传教打开了一扇方便之门,也加速了当时在华的传教士向中国各地开办教会学校的步伐。崇信义塾向杭州进军的计划也就指日可待了。

起初,宁波布道站根据条约决定到誉为"天堂"的杭州安置一个"家",建立一个立足点。为此,1859 年,倪维斯夫妇来到杭州。但因为条约没有赋予他们口岸以外地方的居留权,而中国人本来就不欢迎外国人,所以,据说当地人不肯让他们居住,只得"在一个庙里住了几周",后又被当局驱离。这样,在杭州"安家"的计划只得暂时搁置。

自开办以来,崇信义塾的规模一直很小,极大地限制了基督教传教事业的发展。咸丰十年(1860),恰逢美国长老会传教士卫廉士(Ssmnel Wells Williams)提议,在崇信义塾的基础上,将美国从中国获取的所谓"赔偿私人损失"的剩余款项办一所华美书院,以培养洋务人才。这无疑对提高崇信义塾的办学层次提供了一个极好机会,也更增添了他们进军杭州的愿望。

1861 年,太平天国起义席卷全国,杭州、宁波先后被攻占,国家处于战乱之中。这也直接打乱了崇信义塾内迁杭州的计划,直到太平天国起义平息后才再次提出这项计划。为此,1867 年 6 月,宁波布道站召开了一个特别会议,将到杭州开设布道站的问题再次提出来商量,并达成协议:为谋求学校的扩展,将在宁波的传教士一分为二,其中一半分配去杭州发展。随后,布道站又决定,由格林夫妇和道地夫妇负责把崇信义塾迁往杭州。

### (二)更名育英义塾

1867 年秋,在中国教员吕文振的协助下,格林夫妇和道地夫妇遂将崇信义塾从宁波迁到了杭州,宁波的校产也变卖了。当时太平天国运动刚刚结束,杭州文化事业一片萧瑟,所谓"人烟寥落,无设学者"。迁杭之初,学校很不稳定,校址进行了多次的迁移。起初在皮市巷租用了两所房子,一所作传教士住房,一所作学校教学办公用房和中国教员住房。皮市巷是一条小巷,位于杭州市中心比较繁华的地带。两年后,因校舍不够用,学校又移至附近的大塔儿巷办学(即后来的正则中学校址,此地现仍留有"美国北长老会"墙界界碑),校舍面积有所扩大,办学条件也相应有所改善。到杭州后,学校更名为杭州育英义塾,取"乐育英才之义"。

### (三)教育层次提升到中等教育程度

学校在道地先生的领导下,建立了一套高标准的学术训练办法。开始设正、预两科,各 4 年,以英语课为主,中文次之,规定圣经为必修课,学生必须做礼拜。1869 年,学校迁到大塔儿巷后,有学生 34 人,课程也增设了哲学、代数、几何、历史及生理等,已具有中等学校教育程度。但学校的主要目的还只是为教会学校、医院或教会机构等培养教牧人才。据记载,从 1845 年至 1879 年,其毕业生95%以上都从事教牧行业或在教会学校、医院等就业。

### (四)裴德生来到学校出任校长,开始重视现代科学技术教育

1880年,裴德生牧师(Rev. J. H. Judson)和夫人从美国来到学校任教,并接替李曼牧师出任学校校长,裴德生夫人则担任这所学校的教师,负责管理3所为育英义塾培养预科生的主日学校。以裴德生到学校任教并担任校长为标志,育英义塾进入了一个发展的黄金时期。

裴德生毕业于美国汉密尔顿大学,他的到来给学校注入了新的教育理念。裴德生对教育教学进行了大胆的改革,"期以泰西之文明灌输中国","益注意科学而添置理化诸仪器,稗知实验"。一个重要变化是学校开始重视理科教学,创设现代化教育课程和科学实验课。学生人数也有所增加。学校所设课程除原有的中国经书、圣经(仍规定为必修课)、教义问答、算术、代数、几何、历史、地理、生理外,又增设了哲学、化学等课程。据称,这已是美国当时高级中学所要求具备的完整课程配备。可以说,学校教育层次已升格为中学程度。

1887年秋,育英义塾举办了第一次别开生面的毕业生典礼,要求每位毕业生均发表演讲。裴德生校长十分重视学生现代科学知识的培养和动手能力的训练。除了亲自讲授物理和数学课外,他还在学校工厂带领师生制作了大部分物理实验仪器,并主导开设工艺科,由于条件限制,当时只开设了木工工艺,但已能制作木床以满足本校学生宿舍的需求。同时举办各类通俗的科学知识讲演、讲座,传授西方现代科学知识,深受学生欢迎。据说,当时,因"八股初废,国人倾向西学,负笈来学者日增"。由此,学校也得到稳定发展。

1889年,学校注册学生增加到48人。1890年,学制扩充,除正、预科外,增设英语科,注册学生也有所增加。

### (五)开始筹办教会大学

中日甲午战争后,清政府开始改良国家落后的教育制度,提倡西方科学,并着手创办新式学堂。这时,教会在华创办的学校基本还处在初、中等教育阶段。为了进一步扩展教会势力,达到控制中国社会的目的,传教士们感到有必要加快培植中国本土传教士。但他们意识到,如果不提高教育层次,就不可能培养出他们满意的传教士。因此,在中国创办教会大学的呼声不断高涨。正是在这种大背景下,育英义塾也提出了升格为大学的设想。

1892年,中国人萧芝禧任教务长,他是本校1883年毕业生,这也是这所教会学校的该职位首次由中国人担任。在他领导下,学校各项工作取得较大进步。学校纪律严明,教学水准有较大的提高,并开始形成了优良的学风,在社会

上也获得良好的口碑。这样的直接结果是学生报考人数有所增加。是年秋,学生注册人数增至 50 人。

1893 年,王令赓(E. L. Mattox)牧师来校工作,他毕业于美国衣阿华州的帕森斯学院,获文学硕士学位。他虽然是文学硕士,但在数学、化学、英语和教育学方面也有较扎实的基础。王令赓成为之江大学理科教育发展的主要开创人之一。同年,裴德生校长赴美国进修,王令赓接任学校校长之职。

随着教会大学在各地的兴起,也由于当时浙江省内尚无高等教育学校,1893 年,北长老会华中差会认为育英义塾是差会中最先进的学校,建议首先将其发展成为高等教育学校。当年,北长老会接受了该建议,决定在原有基础上开始筹办教会大学。当年学校也开始设立学院课程。据载,王令赓履职后,开办了两个超过高中水平的男子班,意在逐步发展成一所完备的初级学院。

这一时期,学校虽然开设了大学课程,但教师和教材都非常缺乏,所有的教师都要身兼数职,王令赓主要讲授救世计划、有机化学、无机化学、分析化学、通史、政治经济学、数学和英语等课程。裴德生则要负责代数、圣经、生理、物理和动物学等课程的讲授。此外,他们还要自编或翻译必要的教材、讲义。1897 年求是书院(浙江大学前身)建立,王令赓被聘为该校的总教习。

到 1896 年,学校已有 65 名学生,由于宿舍所限,无法容纳更多的学生,迫切希望得到差会的支持。

为暂时解决学生入学问题,学校不得不招收一些走读生,并陆续招聘了几名教师,增添了一批教学设备及实验仪器。因校舍紧张,不敷扩充,已开始有人提议另辟新校址。

## 四　育英书院——浙江最早的高等学校

### (一)更名育英书院,实行正、预科学制

1897 年,经华中差会批准,育英义塾正式更名为育英书院(Hangchow Presbyterian College)。育英书院实为具有高等教育性质的学校,并被美国长老会华中差会承认为教会高等教育机构。它也成为 19 世纪基督教会在中国开办高等教育最早的 5 所基督教大学之一,而且是浙江省最早的高等教育机构。

最初,书院分为两馆,即备文馆和汇文馆。备文馆设中小学堂课程,汇文馆设大学堂课程,两馆都为六年学制,课程设置分别为圣道科、国文科、英文科、算学科、格致科等五门。

### （二）开始收取学费，结束免费教育

随着 1897 年美国长老会华中差会同意育英书院办成大学后，学校规模得到进一步扩大，学生入学人数也增加到近百人。人数增加，直接带来经费不足的问题。1898 年，学校决定开始对入学学生收取一定的学费，从此，学校结束了一直以来学生入学免收学费的历史。当时，学费收取标准是：正科生为 24 墨西哥元，预科生为 12 墨西哥元。基督教的孩子减免一定学费，对特别困难的学生，学校提供勤工俭学的机会，以帮助解决学费问题。虽然收取了一定学费，但远不及学校供给学生的膳食费用。这样，教师的收入和待遇难以提高，又直接影响到师资队伍的稳定。有的教师为能挣更多的钱，选择离校去当富裕家庭的家庭教师。

1900 年，英法等八国联军侵略中国，不仅进行了疯狂的掠夺和破坏，而且再次强迫清政府签订不平等条约《辛丑条约》，通过割地赔款，不断瓜分蚕食中国，给积贫积弱的中华民族带来了更加深重的灾难。正是在中华民族处于危难的情况下，一批爱国仁人志士也在积极探求救国救民的道路，尤其以废除科举制度为中心的教育改革呼声在国内逐步形成高潮。在诸方面的强大压力下，内忧外患的清政府不得不于 1905 年废除了延续了上千年的科举考试制度。从此，各类现代高等教育院校开始在中国兴办，现代科技文化知识也开始进入学校的教育课程。作为传播基督教和西方文化的基地，育英书院在这方面已经走在了前面。

1900 年 1 月，担任学校教务长达 8 年之久的萧芝禧，因投身福音工作而辞职，由周懋功（梅阁）接任教务长。当年，学校课程开设有英语、国文、圣经、代数、算术、物理、化学、生理、经济、历史等，教职员不到 10 人。

是年，义和团运动兴起，直指外国人及基督教。学校受到严重干扰，正常的教学秩序被打乱，被迫停课。为免遭不测，春季，杭州大部分美国籍教职员和基督教徒纷纷逃往上海避险，至秋季才陆续返回杭州。直到 1901 年 3 月，裴德生校长从美国回校后，学校才重新开学，在册学生有 65 人。

### （三）调整正、预科学制，规模逐年扩大

1902 年，学生增至 85 人。杭州当年暴发了一场霍乱，死亡人数达数千人。虽然学校未波及，但也受到不小影响，学生人数降至 70 人。同年，学校根据差会关于"统一所有教会学校的学制"的要求，决定对本校的学制作出相应的调整，将正科学制由原来的六年改为五年；将预科改为附属中学堂，学制四年。课程内容也进行了大调整，课程门类大量增加。

这一时期,在裘德生校长的努力下,育英书院的教育得到了长足的发展。他再次把西方现代科学知识和先进的科学仪器设备引进学校,使学校的教学质量和办学层次不断提高。1905 年,他花重金从美国购买了一批新的现代科学实验仪器设备,包括当时最先进的 X 光机、发电机、引擎、气压计、无线电发报机、显微镜及其他小型设备等,带回学校供教学和相关课程实验之用。这不仅大大改善了教学条件,丰富了教学内容,提高了教学效果,同时也使教会学校过去单一的以传教为目的的功能,逐步增强了科学技术教育的功能。是年,书院部有学生 35 人,中学部有学生 80 人。

据载,育英书院每年毕业生仅有 4～7 人,1902 年至 1907 年间,毕业生总共也未超过 40 人。他们的就业去向除教会机构外,还有医药、教育、商业、税务、洋行、海关、邮政等行业。

# 第7章　从之江学堂到之江大学

随着学校教学条件的不断改善，师资力量的增强，教学水平的提高，办学层次的进一步提升，以及学生人数的增加，学校办成大学的条件已基本具备。但地处大塔儿巷的育英书院，由于校舍面积小，不仅不敷使用，而且无法扩展，已极大地限制了学校的发展规模和招生数量的扩大。在这种情况下，另觅新校址就成为学校决策者们迫切需要解决的问题。

## 一　勘定新校址，始建新校园

### （一）校董事会决定另觅新校址

1906 年，华中差会年会成立了大学董事会。董事会由杭州、苏州、上海、宁波等布道站各出一人、大学教员出一人所组成。1906 年 11 月，董事会召开第一次会议，裴德生当选为育英书院院长。会议决定将学校扩充为大学，并全票通过了育英书院的"新校园计划"，决定另觅新校址。为此，董事会任命了一个由周梅阁、裴德生、王令赓、马尔济等人组成的教职员委员会来负责新校址的选址、购地、建设等具体事务。①

会后立即开始了选址工作。经过周梅阁等人的多方寻访和勘察，最后选中了钱塘江北岸、六和塔西侧秦望山麓二龙头的一片坟地。这片地方有数个山头，有相对空闲的土地，又是个非常美丽的地方。于是，委员会随即向校董会提出了选址方案和建议，校董事会经过比较研究后，最终决定选取这里的三个山头作为新校址。

---

① 队克勋著，刘家峰译：《之江大学》，珠海出版社 1999 年版。

### (二)多方筹款，建设新校园

新校址选定后，费佩德等被差会委派回美国休假，并为新校舍建设筹款。经过他们的努力，筹得了一笔善款。1907 年后，学校陆续征购了头龙头、二龙头、三龙头部分荒山地 660 余亩。

1908 年，费佩德结束了在美国的休假返回杭州，带回了一笔善款，并参加新校舍的规划和建设工作。他和周梅阁两人一起主持规划设计，并进行现场指导。

土地征用后，在费佩德等人的监督下，开始平整坟地、筑路、植树等基本建设。在校园内种植了桃树、李树和梅树近 4000 株，在校园四周低洼地带种植了一片茶树，在三龙头的西部斜坡上种植了一片竹林。

这一时期，美国教会、慈善机构捐资之江大学建设的襄助者很踊跃，为校舍建设捐助了一笔可观的善款。

根据规划，新校舍于 1909 年首先在二龙头地块开始动工兴建，第一批建造的有总讲堂、东斋、西斋。另建造有上、下红房等西方教授别墅 5 幢，以及膳厅等配套建筑。这批建筑于 1910 年前后次第落成。

### (三)南北长老会联办之江学堂

1908 年 6 月，北长老会华中差会和南长老会华中差会召开会议，协商成立一个两差会的协调教育工作的联合委员会，并通过了关于加强两差会教育方面的合作与联合的决议。决议明确："一、两会都感到双方在教育方面加强合作与联合时机已经成熟。二、育英书院及其各系成为两个差会的联合大学；在对大学的控制和指导方面，两差会应该像在监督和日常开支等方面一样，平均分担。三、每个差会应尽可能地帮助学校发展基础设施，学校财产应按差会在创建和维持学校中投资比例的大小归属差会所有。四、每个差会应分别指定四名代表组成一个联合委员会。为实现联合制定计划，商定于 1910 年春季学期开始联合。"①

随即，代表两个差会的育英书院新董事会也成立了。首届学校董事会成员包括：北长老会的叔美客(J. E. Shormaker)、艾斯北(J. M. Espey)和巴包(F. W. Bible)等 3 人；南长老会的司徒雷登(J. Leighton Stuart)、布林恩(J. Mercer Blain)和哈得逊(W. H. Hudson)等 3 人。② 这样，有关育英书院的所有事务就

---

① 何建明：《之江大学与长老会》，载《基督教与中国文化丛刊》(第 5 辑)，湖北教育出版社 2003 年版。
② 队克勋著，刘家峰译：《之江大学》，珠海出版社 1999 年版。

将由两家差会及其代表组成的董事会负责。从此,育英书院结束了由北长老会一家独办的历史,而南长老会除了与北长老会合办之江大学外,再没有独办或与其他教会机构联办过大学。

1909 年 11 月 6 日,联合委员会召开第一次会议,会议一致通过将学校扩充为大学的决议,裴德生再次受聘为学校校长,任期一年。教务长一职由周梅阁续任。南长老会的司徒华林(原燕京大学校长、美国驻华大使司徒雷登之弟)聘为学校教授,这也是之江学堂由两差会联办后,教员中有了第一位南长老会成员。同年,具有长远科学眼光的马尔济先生(Arthur W. March)来校任教(后来他与学校的合作持续了 40 年)。不过,这时学校的层次虽然已办有大学部,但仍以中等教育为主。

# 二　更名之江学堂

第一批体现西方建筑风格的主体建筑先后落成后,基本可以满足当时学校的需要,于是,学校决定立即动迁,从城区搬迁至新校址。

## (一)迁入新校址

1911 年 2 月,育英书院 117 名学生(其中大学部 31 人,中学部 86 人,学生中有基督徒 85 人)终于如期从城区大塔儿巷校址迁入秦望山新校址,学校也随即更名为之江学堂。同时,校董事会决定由王令赓出任校长。此时,学校有中西籍教职员 12 名,大学、中学学制均为四年,学校规模仍然不大。

## (二)孙中山视察之江学堂

1911 年 10 月,辛亥革命在武汉爆发,清政府被推翻,延续几千年的中国封建社会终结。中华民国政府的成立,标志着一个新的历史新纪元的开始,孙中山先生当选为临时大总统。

1912 年 12 月 10 日,已被迫辞去临时大总统职务的孙中山先生偕陈其美、屈文六(时任浙江省民政厅厅长)来到尚在建设中的之江学堂视察,受到在校师生的热烈欢迎。孙先生在视察了校园建设后应邀发表了即席演讲,对之江学堂的各项工作深表赞许,并鼓励学生认真学好科学文化知识,将来报效国家。时任校长王令赓记述说:"孙博士受到全校师生和大多数市民的热情欢迎。他为学生发表了一个非常有趣的演讲。上海都督陈其美和浙江省民政厅屈先生陪同孙博士。合影以后,全体人员共进午餐。孙博士表示,他非常感激传教士在他们所创办的学校里所做的工作,对我们这儿的蓬勃生机留下了深刻的印象。"①

孙中山先生在赛佛伦堂前与全校师生的合影照,放大后一直挂在慎思堂内的门厅中央,这也成为之江大学一件弥足珍贵的文物。

当年,除了一批西方教授外,学校陆续引进了部分中国籍教员,他们中有:方桐生(中学部主任兼自然科学教师)、物理教师徐鲁山、算术教师周梅扬和化学教师李升堂等。当年有学生 157 人,中外教员 11 人。

### (三)设立学生自助部

学校迁入新校址后,开始设立学生自助部,由专人主其事,负责计划和安排学生勤工助学岗位。前校长裘德生牧师担任自助部监督。助学岗位规定每天参加公益劳动 2 小时,如打扫卫生、清洁场地、校园绿化、整理图书、文书誊写、协助基建及其他杂务劳动。设立自助部的目的:一是为培养学生的实践和自助能力;二是为贫寒学生提供勤工助学岗位,帮助学生通过自己的劳动取得一定报酬以弥补学费或生活费的不足,减轻家庭负担。这也是我国最早提倡学生勤工俭学的学校之一。

1912 年,学校成立之江基督会,以裘德生、张迎奎、桑鉴堂牧师为委员,校长王令赓兼代署牧。

1912 年,基督教青年会江南地区大学生会议和浙江省牧师及教会同工学校第一次会议都在之江学堂召开。

此时,新校区建设已初具规模,尚在加快进行。1913 年,位于秦望山山脊、校园标高最高的建筑、被称为"费城观象台"的天文台完工。据《私立之江文理学院一览(1937)》记载:"民国二年度——一九一三—一四年:本年度内天文气象台(Philadephia Observatory)及东斋厨房建筑完成,添置会客室设备用具。""民国五年度——一九一六—一七年:头龙头及二龙头间建筑木桥一座,以联络交通,又建船房及小屋各一座。天文台内部仪器亦装设完竣。"

天文台内设置了从美国进口的一批先进的天文观象仪器设备。这座天文台是当时浙江省的第一座现代天文台。当时,浙江省政府发行的一种流通币还以这座天文台为背景图案。

另外,东膳厅(东斋一侧)也建成并投入使用。当年,学生人数已增至 207 人。学校重视英语教学,历史、地理、逻辑、国文、经济等课程均选用英语教材,英语专修班自 1912 年起每周增加英语课 3 学时。其他课程,如天文、生物、化

---

① 　队克勋著,刘家峰译:《之江大学》,珠海出版社 1999 年版。

学、几何、三角、生理、心理、圣经以及中国经书等仍采用中文教材教学。

同年,"教职员因鉴于教育工作,应多由本国人士襄助"的要求,校董事会在多数教职员建议下,同意由毕业生同学推选学生代表参加校董事会。据载,经同学会推选,第一次当选为学生代表的是沈兰田、陈柏圆等3人。

### (四)宗教活动在之江大学盛行

作为教会学校,传播宗教是它的主要目的。随着本土基督教徒培养数量的增加,学校基督教活动也逐渐活跃起来。

各种基督教社团组织相继成立,1912年秋天,在王令赓牧师的支持下,成立了杭州长老会下属的大学教会组织,其成员大部分是之江学堂的师生员工,基督教青年会不久也成立了。他们开展各种基督教活动,广播福音。据说,司徒华林教授等经常带领学生深入到山区的许多乡村去传播福音。学校的牧师和教徒除了热衷于深入乡村走家串户传播福音外,还组织各教会牧师举办主日晚会演讲等活动。学校则举办校内外各种宗教会议。当年,一次就有49名学生宣布信仰基督教,23名学生接受洗礼。难怪司徒华林曾感慨地说:"这是我亲眼见到的最令人欣慰的一幕情景。"

# 三 定名之江大学

学校迁入新校址后,之江学堂各方面都取得了长足发展,鉴于现有的规模、条件和办学水平,1914年,南、北长老会差会以及大学董事会一致通过决议,将学校由杭州长老会学院(Hangchow Presbyterian College,中文名为育英书院,应为之江学堂)更名为杭州基督教学院(Hangchow Christian College),中文名叫之江大学,校长仍为王令赓。从此,学校成为一所真正意义上的大学。

这次董事会年会还通过了其他两个决议:一是经过激烈的讨论,董事会仅以一票之差通过了采纳大学委员会要求教员"更多使用英语作为教学语言"的建议;二是通过了《之江大学章程》。该《章程》明确规定,之江大学的办学宗旨就是建立具有鲜明基督教特征的高等教育,培养传播福音的教牧人才以及其他各方面的基督教领导人。《章程》还明确规定了之江大学的组织管理原则及相关制度等。[①]

是年,按照政府的要求,学校开始设立国民军事训练课,并规定军事操课为

---

① 何建明:《之江大学与长老会》,载《基督教与中国文化丛刊》(第5辑),湖北教育出版社2003年版。

必修课,对学生实施军国民教育。当年,学校有 3 幢教员住宅和西斋厨房建成使用。都克堂建筑计划已送差会审核。据载,学校发展成大学本科后,学生人数增加了 32%,到 1915 年达 260 人,外籍教师 7 人。收取学生入学费 50 文。①要求参加勤工俭学的学生逐年增加,由于学生自助部没有专人管理,参加人数限定为 50 人。

1915 年,校董事会核准学校临时组织大纲,并设课程、经济、建筑等 3 个常设委员会,分别主持相关工作,以增进工作效率。是年,周梅阁辞去教务长职务,由之大老毕业生丁恺丰接任该职。学生自助部工作也改由威尔逊继任。据《私立之江文理学院一览(1937)》记载:“民国四年度——一九一五—一六年……都克堂拟装置大风琴一座。……自助部工作自裴德生先生去后,由卫尔逊先生 Mr. J. M. Wilson 继续主持,共有自助生五十人。”②

## (一)司徒华林出任校长

1916 年 2 月,时任校长王令赓辞职,校董会决定聘任时任之江大学教授司徒华林代理校长之职,同时续聘丁恺丰为教务长。并决定增设学生奖学金及贷学金,以奖励学业优秀的学生或解决他们经济困难问题。春季,裴德生先生也辞去之江教职到杭州城内工作。

是年,一座式样别致的木结构桥梁飞架在头龙头与二龙头峡谷的溪涧上,它大大方便了两龙头之间人员往来,这就是至今仍被人熟知的“情人桥”。同年还在附近建造了船房和小屋各一座。天文台仪器装备也基本配齐。

1916 年 2 月,之江毕业生在校内召开首次会议,筹组之江同学会、起草会章等事宜。4 月初,在校内召开成立大会,杭州成立总会。大会通过同学会章程,选举了会长等负责人员,并根据教职员会的建议,选派毕业生代表参加学校董事会。同时,外地成立分会,在日本东京成立了之江同学会旅日支部。

据载,当年春季,主张变法的康有为到之大参观,受到之大师生的欢迎。学生课外活动也开始活跃起来,并成立了第一个旨在“训练演说口才”的社团组织——“文学会”,经常举办中英文演讲和辩论赛;此外,还成立有体育团体,举办各种体育比赛,以及文艺社团举办话剧演出等。

1917 年 4 月 5 日,之江同学会举行年会,选举沈兰田为校董事会董事,“以陈柏圆副之,并公决致送母校同学演说及运动奖品”。

---

① 周东华:《民国浙江基督教教育研究》,中国社会科学出版社 2011 年版。
② 张吉:《之江大学旧址建筑史初探》,浙江大学出版社 2009 年版。

### (二)学生代表首次提出申请立案动议

进入 20 世纪 20 年代,备受外国列强欺侮的中国人民在"教育救国"、"科学救国"的感召下,兴起了一股强烈的民族主义浪潮。反映在文化和教育领域,主要集中为"非基督教运动"和"收回教育主权运动"的兴起。教会大学作为独立于中国教育体系外的外来教育机构,自然在这一系列的运动中首当其冲。

1917 年 5 月 12 日,北洋政府教育部发布了敦促教会大学向政府注册立案的第八号布告,发出了将教会大学纳入中国大学系统统一管理,并向中国政府教育部立案注册的信号。通告提出了针对教会大学的认定考核办法:一是"办理确有成绩,经本部派员视察后得认为大学同等学校或专门学校同等学校";二是"修业年限在三年或三年以上,如设有预科者,其预科修业年限在一年或一年以上";三是须提交与国内私立大学备案相似的关于办学目的、名称、位置、学科、职员及学生名册、地基校舍之平面图、经费及维持之方法、开校年月等材料。认定考核后"学生毕业得视其成绩,予以相当之待遇"。① 也就是说,教会学校注册后可以获得与中国私立学校同等待遇。

当时,各教会大学对政府通告的反应并不积极,基本都持观望态度,加上通告并没有对教会学校的立案注册作出强行要求,所以,当时没有哪家教会大学主动向政府提出立案注册申请,教会大学的办学也没有受到任何影响。

但政府的这一通告却得到了教会大学广大学生的普遍关注,尤其是之江大学的学生表现更为积极。因为立案对教会的传教固然有不利的一面,但却关系到广大学生的切身利益。鉴于此,在 1917 年 5 月召开的一次校董会上,之江同学会代表第一次提出了关于学校向政府申请立案的动议,这也成为在华教会大学中第一个向提出政府立案动议的学校。他们陈述的立案理由,主要有以下几条②:

"第一,如果学校不立案,政府不会承认它是第一流的学校,它的学生在出国留学或进入高等学府深造方面将不会很顺利。

第二,未立案学校的毕业生没有选举权。

第三,立案将会得到当地的支持。

第四,立案后,将会从公立中学吸引一些学生,而目前这些中学很少有人进入之大读书。

第五,立案后必然要采纳一种能在教育部要求的学术与工作量标准之间平

---

① 刘少雪:《中国大学教育史》,山西教育出版社 2007 年版。
② 队克勋著,刘家峰译:《之江大学》,珠海出版社,1999 年版。

衡的课程。这不会废除或削弱宗教教育,也不会要求灌输儒教或其他非基督教教义。

第六,立案后会使我们能预防类似在今日日本存在的现象,那里的基督教学校在公众心目中已被公立学校所取代。"

校友们陈述的这些理由,应该说符合学校和学生的利益,校董会多数人也没有提出异议。但毕竟最终决定权不在校董会,加上其他教会大学都没有人提出立案一事,因此,会议没有就立案登记问题作出决定。但校董事会最后决定任命一个委员会负责研究向中国政府教育部立案的可行性。实际上,后来事情并没有什么进展。

1917 年 6 月 20 日,位于二龙头与三龙头接合部的、由都克家族捐资的都克堂举行了隆重的奠基仪式。师生员工、毕业生代表及社会各界来宾 300 余人参加了仪式,由张牧师安放奠基石,并很快开始进行施工建造。

1918 年,在董事会的年会上,立案问题再次被提出来,但因立案与否的决定权掌握在基督教差会手里,最后只同意"在之大目前章程和政策基础上"向政府申请立案。也就是说,只有在维护其传教本质的基础上才同意向政府申请立案。显然,按董事会提出的这一条件,学校不可能获准中国政府的立案。由于当时整个教会学校对这一问题均不重视,且政府对教会大学立案的要求并不强硬,因此,立案之事也就搁置了下来。以后,教育部虽然于 1920 年、1925 年、1926 年又多次发布敦促教会大学注册立案的通告,但直至 1927 年,均没有发现之江大学曾有过研究这个问题的记载。然而,中国师生和校友要求立案的呼声并没有减弱。

### (三)学制再次改革

1917—1918 学年,大学第一次实行五年制课程(正科三年、预科两年),并增设了一些新课程,如制图学、教育学、哲学、社会学、心理学及高等物理学等。司徒华林校长在总结学校第一个十年(1909—1918 年)工作时说:"68 名学生已毕业,18 人从事教牧神职工作,32 人从事教学工作,13 人经商或在政府任职,3 人是工程师,1 人是医生,1 人从事文学。"这些毕业生中,后来成为知名人士的有:郁达夫、朱孔阳、范烟桥、高镜明等。

同年,由于校园范围拓展,学生人数增加,原建于头龙头与二龙头山谷中的蓄水池(下)已不够供应,于是在其上部又修建了一座蓄水池(后来称为上清池,被列为"之江十二景之一"),供水量也增加一倍。同时,布设管道构成了校区的供水系统,清澈的泉水为整个校区提供了高质量的生活用水。

1918 年 5 月,校刊《之江潮声》创刊出版,在校师生人手一册。学校组织师生到城里开办业余夜校,举办通俗科学知识演讲会等。

1918年5月11日,首届华东教会大学田径运动会在之江大学举行,华东地区各教会大学均组队参加了这次盛会,之江大学代表队力压群雄,一举夺魁。此次运动会也获得了空前成功。

另据记载,1918年,之江大学美国顾问部在美国成立。

当年还有16位毕业生赴日本留学,并在东京成立之江同学会旅日支会。

1918年底,位于二龙头山坡上的一座漂亮的哥特式砖石结构的建筑——育英堂,又名"都克堂"(the Tooker Memorial Chapel)竣工落成,1919年1月11日举行了落成典礼。这座教堂是基督教教会大学的象征,既是师生开展宗教活动的场所,又兼有大会堂的功能。

### (四)校友会要求增加校董会校友代表

在中国民族主义运动和非基督教运动不断高涨的情况下,之江校董会为了安抚中国师生和校友对立案问题的情绪,在1919年校董会上,决定请求美国顾问委员会帮助之江大学在美国获得特许状,即在美国立案,"能颁发学位,并且无论从哪方面都不与在中国政府立案发生冲突"。这一措施立即得到美国差会和差会董事会及顾问委员会的赞同和大力支持,当然也得到广大学生、校友的认同。因为在美国获得立案,不仅对学生将来的发展前途和出国留学有利,而且也有利于提高学校的地位。

但是,随着中国政治形势的急剧变化,校友会和中国师生并不满足于在美国立案所带来的好处,他们更强烈的要求是扩大中国人在之江大学事务中的发言权和在中国政府立案。为此,1919年4月,校董会召开年会,对校董事会章程进行了修改,决定增加一名校友会代表参加董事会。虽然"和以前相比,这一新安排给了校友和教职工在董事会里更多的发言权",但这并不能改变董事会的决定权。为此,5月4日,校友会召开会议,决定向校董会推选3名代表,并要求校董会再修改章程予以确认。

这一时期,在全国"非基督教运动"和"收回教育主权"的呼声中,虽然之大师生和校董会有所觉醒,希望取得政府的认可,但掌握决定权的美国托事部却不为所动。事实上,如果之江大学不根本改变"以造就人才为宗旨,首重立品,当考求敬天爱人之道为学问之根本"、"以基督之精神与感动力施行高等教育于中国之一般青年,造就服务社会及国家之领袖"的办学目的,就必然与立案的要求相抵触,也不可能获得政府立案核准。所以,在中国政府没有强行要求其"立案"的情况下,教会自然不会主动提出"立案"的要求。因为同意向政府立案登记,就意味着同意政府削弱他们的办学权益和传教功能。

另外,从校董会的机构设计上讲,1928 年以前,校董会虽有同学会代表参加,但华人校董仅占有 4 席,长老会代表占多数,而长老会代表即使他们个人同意立案,也必须代表教会的意见。这也就决定了学生们的"立案"动议不可能获准通过。

另据载,这一时期,"非基督教运动"开始在全国不断高涨,之江大学当局为了限制学生参与到活动中去,采取了"不参与论争,而是通过基督教教义和实践,积极引导在大学和教会中的宗教活动和宗教观念"的办法,学校秩序基本稳定。[①]

据载,1919 年,学校还新建了两幢教职员宿舍。

1919 年,随着三龙头上的两幢西方教员住宅(Wbeeler and Carter Residences)和峡谷中的运动场(Gamble Athletic Field)、游泳池以及头龙头的宿舍和机械工厂的先后落成,新校区的建筑群已形成了相当的规模。这一年,宿舍和校舍全部装上了电灯。学校通往闸口车站的道路也建成开通。

### (五)学生参加五四运动

1919 年,五四爱国运动在全国爆发。5 月 6 日,之大全校学生通电声援北京爱国学生,要求政府释放被捕学生,并与在杭各大中学校联络,采取一致行动。5 月 9 日,杭州学生联合救国会成立。5 月 12 日,在杭 14 所大中学校学生3000 余人汇集湖滨公园开会,宣布成立杭州学生联合会,并举行示威游行,反对政府当局在丧权辱国的不平等条约"二十一条"上签字。但遭到学校当局的反对和阻挠。为此,进城参加示威游行的学生回校后被各记大过一次,引起师生的强烈不满。但师生们并没有被学校的处罚所吓倒,5 月 9 日,全体学生和中国籍教员在慎思堂前举行国耻纪念大会,高唱国耻歌,师生相继在会上慷慨激昂地发表演说。另有三四十位同学自愿奔赴城乡开展宣传演说,劝说国人抵制洋货。

为加强学校的对外交流与合作,尤其是与美国高校的合作,是年,之江大学与美国西方大学、台维生大学等校签订合作协议,约定这些大学每年派遣教员来之大任教或讲学。当年,西方大学派该校毕业生包女士(Miss Aileen V. Polhamus)来校任教。

---

① 何建明:《之江大学与长老会》,载《基督教与中国文化丛刊》(第 5 辑),湖北教育出版社 2003 年版。

# 三 之江大学在美国获准立案

为使之大继续发展成为一所本科学校,在 1917 年、1918 年两次提出向政府"立案"的意见未果后,"虽然校友们和差会在向政府立案的前提条件认识方面有所差异,但双方都认为立案有助于之江大学获得更好、更正规的发展"。因此,"之江大学开始考虑在美国立案,以使之大继续发展成为一所本科学校"。①显然,在不能向中国政府申请立案的情况下,如果能获得在美国立案,对之江大学的发展无疑是一种不二的选择。实际上,这也是差会抵制在政府立案的一种手段。

## (一)司徒华林校长赴美国宣传及在美国申请立案事宜

1920 年,"继续发展成为一个本科学校的合理性问题已提出来了。我们要求董事会考虑之大继续发展成为一个本科学校的所有可能性"。②但能否成为一所本科学校,首先必须得到政府的承认,而差会不同意向中国政府立案,自然得不到中国政府的承认。在这种情况下,学校董事会决定寻求在美国立案。3 月,校董事会及教员会通过如下决议:①继续维持本校为一完全大学,授予毕业生学士学位;②进行向美国政府备案;③接受南北差会各派 5 名教席之建议;④聘请化学及历史、宗教教员各 1 名;⑤筹募 75000 元用于建筑体育馆等经费。据此,董事会要求司徒华林校长去美国完成募集资金和立案等任务,争取早日将之大办成完全大学。

1920 年 3 月,时任校长司徒华林受校董会委派赴美国开展宣传活动,根据董事会通过的决议,他此行的主要任务是:与南北长老会磋商之大办学方针政策;物色优秀教师到之大任教;征募捐款;向美国政府申请之大立案;加强与美国顾问团的联络沟通。在美期间,由于司徒华林校长宣传得力,"印象殊佳",得到各界的大力支持,还得到留美校友的热情赞助,甚至连司徒华林校长在美期间的部分差旅费也得到了他们的资助。"他在美国访问四个半月,五个主要目标都达到了。分别是:激发起差会和差会董事会,尤其是南长老会的兴趣;招聘两名新教员;募集更多资金;在哥伦比亚立案;与顾问委员会建立更密切的联系。"③

"1920 年 11 月,差全会批准了之江大学根据美国哥伦比亚法律进行立案,

---

① 周东华:《民国浙江基督教教育研究》,中国社会科学出版社 2011 年版。
②③ 陡克勋著,刘家峰译:《之江大学》,珠海出版社,1999 年版。

并指定它的代表同时担任法人和托事。这在之大历史上是向前迈进的重要一步。"① 从而,之江大学正式获得成为一所完全大学的资格,并获准授予毕业生学士学位资格。这也成为浙江省内第一家有学位授予权的高等教育机构。不过,虽然学校获得在美国立案,但由于师资力量等原因,之大仍旧只是一个两年制的大专院校。

根据差会的要求,当初指定的代表有:南长老会的柴斯特博士(Dr. Samuel H. Chesten)、史密斯牧师(Rev. Egbert W. Smith)和瑞维斯牧师(Rev. Joseph C. Reavis);北长老会的西乐博士(Dr. Thomas H. P. Sailer)、队莱特先生(Dwight H. Day)和司格特先生(George T. Scott)。不久后又增加了几位人士。

### (二)学制改革,文理分科

1921 年 2 月 5 日,之江大学美国托事会在华盛顿召开首次会议,会议通过一系列组织章程文件。学校根据会议要求实行新学制,分文、理两科,毕业生分别授予文、理学士学位。按照要求,大学课程设置有天文、生物、化学、中文、英文、教育、地理、数学、现代欧语、哲学、历史、生理、心理、社会学和宗教等 15 个学科。中学部渐趋分立。该组织章程第 10 号文件规定:"完成了预定学习课程的学生可获得文凭。完成全部大学课程的毕业生可获得适当的学位。"

1921 年,一个美国派出的名为伯顿委员会(又称伯顿调查团)的组织来华对教会大学的情况进行调查,并建议华东的基督教教育机构应模仿伦敦大学,合并为"华东大学"(University of East China)。这包括上海圣约翰大学、金陵大学、东吴大学、沪江大学、之江大学、金陵女子文理学院和金陵神学院。关于这项建议,实际上早在 1914 年就有人曾提出过,但因存在争议,一直没有结果。不过,伯顿调查团的建议仍然没有取得进展。

当年,原设立的学生自助部改组为职业介绍部,旨在加强学生的职业教育和就业指导。同时,在学校建筑工程系的基础上,建立了之江大学建筑部,由威尔逊(J. Morrison. Wilson)负责。建筑部对外承接工程业务,并获得可观的经济收益。为资助贫寒学生,建筑部设立清寒奖学基金,为每年 6000 元美金(含金爱伦纪念金 Ellen King Memorial Fund 2000 元,诺夫利特纪念金 Stuart Norfleet Memorial Fund 4000 元)。这一时期,还有美国一些其他单位或人士也先后在学校设立有关奖学金,如林奇奖学金、伯特利奖学金等。据载,这一年,学校共完成了 30 余万元的基建投资项目。

是年,学校还与金陵神学院签订合作办学协议:凡本校预科毕业生升入该

---

① 周东华:《民国浙江基督教教育研究》,中国社会科学出版社 2011 年版。

校修毕者,仍由本校授予文学学士学位。

面对声势浩大的全国性"非基督教运动"和收回教育主权的呼声。之江大学不可能置身事外。在这种情况下,多数教会大学的师生和教会人士都敏锐地认识到,在华教会大学必须作出调整,以适应当前形势的需要。之大校友、后担任之大董事会主席的周茂公也认为:"教会学校请求立案自是正当手续,惟学位一节,亦应力谋之。中国教会大学大多已取得西国教育部学位,此事骤视之,似无关轻重,然毕业生不得学位,殊不足以资鼓励,且比较之下,未免向隅。"①对此,之江大学董事会和差会并没有作出相应的反应。

### (三)费佩德接替司徒华林出任校长

在之江校友的推动下,校董事会成员由9名增加到15名,扩大了教职工和校友在董事会的发言权。在1922年2月召开的校董会年会上,宣读了校友和各年级学生给学校的来信。来信针对当时中国社会政治发展的状况,要求重新选举校长,以应对当前的危机。扩大了的校董会除通过了一项关于"同意保留大专和本科学制"的提议和"之大成为华东基督教大学联合会成员"的决议之外,会议还接受了司徒华林辞去校长职务的辞呈,并决定由费佩德接任校长职务。在费佩德赴美募集资金期间,由王令赓代理校长职务。吴维德任教务主任。费佩德在美时间长达4年之久,直到1926年才返回学校,返校后的同年5月15日,学校为费佩德举行了隆重的就职典礼。不过,虽然校长更换了,但之江大学的办学宗旨并没有因此而改变。司徒华林卸任校长后,专任宗教课的教学,以加强基督教教义教学和福音传播。"不久他参加了在上海召开的全国基督教会议,并发表演讲,高度评价教会大学在训练传道人才、吸引青年学生信仰基督教和促进中国教会合一等诸多方面所作出的重要贡献,认为教会大学最好地证明了基督教与教育文化紧密协调的关系。此时他虽然不是之大校长,但是,他的上述教会教育思想无疑仍然反映了当时长老会办理之江大学的意图。正因为如此,在1922年至1924年全部23名毕业生中,全都是基督徒,而且除1人经商外,其他人全都在青年会和传道会学校工作。"②

### (四)首次为毕业生授予学位证书

1922年6月17日,学校举行了隆重的毕业典礼大会,在这次大会上,学校首次为毕业生授予学士学位证书。美国驻上海总领事孔宁海姆(E. C. Cunningham)

---

① 周东华:《民国浙江基督教教育研究》,中国社会科学出版社2011年版。
② 何建明:《之江大学与长老会》,载《基督教与中国文化丛刊》(第5辑),湖北教育出版社2003年版。

也应邀专程出席了这次毕业典礼并发表了演讲。学校还首次引进西方式学位帽和礼服,司徒华林亲自为毕业生戴上学位帽、颁发学位证书。据载,顾敦柔、周志新获得了之江大学有史以来颁发的首次文学学士学位证书,这在浙江高等教育史上也是第一次。

经过教会学校的熏陶,信教的学生也有所增加。学校的宗教活动,除学校每周举行的礼拜和祈祷聚会,以及组织到附近的乡村传播福音等活动外,还经常邀请一些校友和一些著名访问学者、传教士到学校开办讲座、演讲活动,给学生施加宗教影响。学校还招聘了一批发誓献身传教事业的学生志愿队。在学校发起的一次宗教强化周活动中,有 30 名学生公开表明了他们对上帝的信仰。另一次集会后,有 44 名学生公开了他们的信仰。可见,这时学校传教事业获得很大的成功。

### (五)学生社团活动蓬勃兴起

这一时期,学生社团活动也逐渐活跃起来,学校组织了"学生自治会",并创办了简报,密切了校友间及各大学间的联系。1922 年,校刊英文版创刊;1923 年,学校实行课外活动学分制,以鼓励学生参加课外活动。据载,1923 年 12 月在之江大学举办了首场校际辩论赛,辩题是"选举权应不应该扩大到妇女",结果东道主之江大学队战胜了客队圣约翰大学队。次年的一场辩论赛在上海举行,辩题是"战争不再是正义的了吗?"这次之江大学队输给了沪江大学队。随着体育会成立,学生们的体育热情高涨,在各种比赛中表现不俗。在当年的浙江省田径运动会上,之大附中队一举夺得冠军。另外,之大的足球队和篮球队也经常出征,与华东各大学进行校际比赛。

1923 年至 1924 年间,在华东地区基督教教育机构有关人士的积极建议和大力支持下,在费佩德校长强有力的宣传和争取下,在美国的董事会批准之大扩充的障碍最终消除了。1924 年 6 月 17 日,费佩德非常高兴地通过电报向王令赓报告了这一消息。

1924 年,学校"从乡村商店和居民中争取到资金",建立了闸口(江干)公益社,组织师生参加社会公益服务活动,并加强与地方各界的联系。

## 四 政府发布私立学校立案条例

### (一)军阀混战,学校受到严重影响

1924 年到 1927 年间,正是军阀混战和北伐战争时期,之江大学经常受到席

卷全国的政治动乱影响,时有停课。

1924年,北洋军阀孙传芳攻陷杭州后,社会处于混乱状态,学校正常秩序受到严重干扰,上课时有中断。王令赓在向差会的报告中说,"9月,这里陷入了大混乱,……,学校不能上课,聚会也被禁止,传教士能做的唯一工作就是和红十字会一起救护伤员和难民"。这一年,"尽管发生政治动乱,学校仍有258名学生注册,其中一半以上是大学部。董事会批准发展本科教育"①。

1925年,五卅惨案发生后,全校师生极为愤慨,纷纷参加游行示威,并组织宣传队分赴农村、街头,向城乡民众发表慷慨激昂的演说以唤醒民众共御外侮。

同年,蔡元培先生来校访问并向全校同学发表讲演,临行前,还为之大1926年年刊题写了"思潮发展"四字。这年圣诞节期间,学校还发生了由学联发起的非基督教运动。

据记载,1920年至1925年,学生数增至148人,其中,参加基督教有116人,占总人数的78%,参加长老会的有95人,占总人数的64%。据统计,到1926年止,之江毕业的学生共有218人,其中,48人从事神职工作,94人从事教育事业,而其中81人在教会学校中任教。仅"1926年的毕业生中就有22%的人担任牧职,其比例高于其他所有的教会大学"②。可见,之江大学的传教功能在所有教会大学中是比较鲜明和突出的。

## (二)北京政府颁布《外人捐资设立学校请示认可办法》

1925年"五卅"运动爆发后,"非基督教运动"和"收回教育主权"的浪潮进一步高涨,反基督教教育"文化"侵略的呼声越加强烈。8月,北京反基督教大同盟发表宣言,指出基督教教育文化侵略的危害。舒新城指出:五卅以后,"全国一致罢课力争,虽未得良果,但全国一致之精神,则为向来所未有。此案在教育上影响最大者为收回教育权运动"③。同年11月16日,北京政府也颁布了《外人捐资设立学校请示认可办法》,并规定:外国人所设学校校长必须由中国人担任,如果学校原先以外国人为校长,必须以中国人充任副校长,学校董事会成员中国人应占半数以上,学校不得以传布宗教为宗旨,宗教课目不得列入必修课。同年,浙江省教育厅也颁布了禁止学校宣传宗教令,命令规定,任何学校不得宣传宗教。

但是,北洋政府对于宗教教育方面并未采取实质性的措施和步骤,加上军阀混战,政局不稳,政权更替频繁,法律也形同虚设,所以当时的教会大学都采取拖延回避向政府立案的办法。之江大学也随波逐流,没有向当时的政府提出

---

① 队克勋著,刘家峰译:《之江大学》,珠海出版社1999年版。

② 徐以骅:《教会大学与神学教育》,福建教育出版社1999年版。

③ 周东华:《民国浙江基督教教育研究》,中国社会科学出版社2011年版。

注册立案的申请。

此外,之江大学为应付政府的要求,在课程设计和安排上也作了相应的调整。譬如,加强了对学生中国文学和文化的教育。这些调整,虽然向教会大学"中国化"迈进了一步,但并没有作出根本性的改变。

1926 年冬,正值北伐战争,钱塘江畔两军对峙,学校处于战火之中,学校成为孙传芳部队抵抗北伐军的战场,周围布满了壕沟和机枪大炮,校中时有流弹袭击,有的玻璃窗也被击破。为安全计,1927 年 2 月初,外籍教员及其家属奉美国领事馆之命离杭暂出避上海租界。学生也纷纷离校,学校基本处于停课状态。在校的部分师生积极支持北伐战争,将都克堂改为临时救护所,师生们组织临时红十字队,救护北伐军伤员。春季开学学生人数减少到 90 余人。一些学生离校投身国民革命军。由于外籍教员都出避上海,学校校务由中国教员负责管理,吴惟德任中国教职员会议主席。

### (三)国民政府颁布《私立学校规程》

1926 年,国共合作的北伐战争推翻了北洋政府。1927 年,国民党政府在南京定都后,国家进入了一个相对稳定时期,整顿高等教育的问题再次提到政府的重要议程。1927 年 10 月,国民政府成立了大学院。1928 年 2 月,大学院公布了《私立学校条例》。同年 11 月大学院改为教育部。1929 年 2 月,教育部公布了《私立学校规程》,其中与教会学校立案相关的内容有以下几条[1]:

"第四条　私立学校如系外国人所设立,其校长或院长,须以中国人充任。

第五条　私立学校如系宗教团体所设立,不得以宗教科目为必修课,亦不得在课内作宗教宣传,学校内如有宗教仪式,不得强迫或劝诱学生参加。在小学并不得举行宗教仪式。

第十二条　……学校行政,由校董会选任校长或院长完全负责。……

第十九条　有特别情形者,得以外国人充任校董,但名额最多不得过三分之一,其董事长或校董会主席,须由中国人充任。"

之后,又陆续公布了《私立大学及专门学校立案条例》、《私立大学校董会条例》等,这些法规对教会大学的开办标准和立案程序都作出了详细的规定,重申:教会学校必须向政府立案登记,并服从政府的管理。同时规定:大学校长应由中国人担任,校董事会中中国人应占多数,以及宗教课改为选修课,学生选修宗教课和参加宗教活动必须出于自愿等,另外,还有"未立案学校的毕业生没有

---

① 　胡卫清:《普遍主义的挑战——近代中国基督教教育研究(1877—1927)》,上海人民出版社 2000 年版。

选举权"等条款。这些严格的规定,既使教会大学的办学自主权受到极大的约束,又迫使教会学校不得不向政府立案注册。面对这种情况,之江大学何去何从,再不能等闲视之了。

### (四)学校再次讨论立案问题和修改之大章程

1926 年,由本校建筑部设计的佩韦斋、体育馆等先后竣工。建造资金来源于学校建筑部结存款。这一年秋季开学,学校有 247 名学生注册,吴惟德出任教务长。夏课勤、鲁继曾、李升堂等一批中国教师和罗天利夫妇等一批外籍教师先后加入到之江大学教师队伍。闸口公益社募款千余元用于添置教学实验仪器设备,使办学条件逐渐完备,教学质量逐渐提高。

是年,费佩德回校就任,王令赓回美休假。学校开始为建造体育馆、健身房筹款。费佩德夫人负责为美化校园进行规划经营,校内的园亭楼阁、花卉草木把校园装点得像一座公园。

在中国政府不断敦促教会大学向教育部门立案,而美国教会方面却极力阻挠的情况下,之大当局深感"正处在迷失于差会、海外传道部、中国委员会、托事会和董事会这架机器的危险之中","渴望采取必要的措施使差会与校董会之间在人事、设备、建筑及其他诸多方面更紧密地合作"。1926 年 5 月,召开了年度校董会会议,通过了修改后的之江大学章程。但是,章程仍然规定之江大学"在代表美国北长老会的中国董事会和代表美国南长老会的托事会的联合管理之下"。"会议还决定,校董事会成员除了杭州、宁波、嘉兴和苏州四个地区的长老会各一名、南北长老会各三名外,增加一名由校董会选出的教师代表,校友会代表也由原来的两名增加到三名,还包括校长和教务长。"不过,"校董会对《章程》中办学宗旨的重新表述和新增董事名额的修改,必须最后经美国长老会同意并签注后才能生效"[①]。

董事会还特别通过了对之江大学办学宗旨的重新表述,即:第一,再次将之江大学的办学宗旨明确为培养具有基督精神的领袖人才,强调:(1)用基督精神培养最具个性特征的人才;(2)使之具有相当的公民责任;(3)而后使之江大学成为培养高级领袖人才的场所。第二,美国的托事部和南北长老会对之江大学董事会的所有决议,具有最终的决定权,即需要经过美国托事部和差会的签注才能生效。[②]

---

① 何建明:《之江大学与长老会》,载《基督教与中国文化丛刊》(第 5 辑),湖北教育出版社 2003 年版。

② 胡卫清:《普遍主义的挑战——近代中国基督教教育研究(1877—1927)》,上海人民出版社 2000 年版

新章程最大的变化就是提出了教会大学要为中国社会培养领袖人才的内容,这是之江大学第一次明确提出要为中国社会服务的办学宗旨。这种变化体现了学校在中国民族主义的浪潮下适应中国社会需求的转变。这也是对以传教为学校办学宗旨的重大突破。不过,从章程中也可以看出,学校并没有放弃对学生进行"基督教品格"培养的目的,而且再次强调教会在学校一切决议上所拥有的绝对地位。据载,会上,"来自嘉兴中部差会的劳瑞牧师强调,之江大学的精神和灵魂就是要首先强调个性培养中的基督教理念。而费培德校长在最后的讲话中,更是强调加强之大基督教宗教教育的重要性,认为宗教教育除非强调将其推行到宗教实践和学生的精神生活中去,否则就没有什么价值可言,因此必须加强之江大学的宗教系"[①]。这既是长老会的意思,也是广大传教士比较普遍持有的教育观念。显然,这与政府的条例是相违背的。托事部的这种态度也预示着之江大学的立案将会是一个艰难曲折的过程。

在这次校董会年度会议上,还宣读了来自学生自治联合会的信。信中要求校董会着手处理向中国政府立案的问题。但校董会以鉴于政府当局的变化目前教育部不可能接纳之大立案为由推托了。

# 五　立案受阻,学校停办一年

## (一)浙教厅许之江大学暂时立案

基于政府关于立案条例的这些规定,以及同学会代表的不断敦促,校董会于 1927 年 4 月 27 日召开本年度第一次会议,专题讨论了国民政府关于基督教大学政策与之江大学的应对措施问题。校董会承认,"如果之江大学继续坚持传教性质,强调强制性的宗教活动和圣经学习,那么,非但立案不能成功,学校不然会因此而关闭。故尽早按照政府法规规定,改组董事会以便向政府立案,成为会议的最大呼声"。最后,"会议决定成立一个 5 人委员会负责此事,并要求该委员会必须广泛听从校友会、学生团体和教职工代表的意见,撰写改组和立案的可行性报告并上交给董事会。此外,会议还决定选举一位中国人担任校长,负责改组委员会工作"[②]。

据载,会上还宣读了来自各地校友会、在校教职员和学生团体的大量来信,"既有要求长老会继续向之大提供经费支持,设法帮助外国教职员离开之大后

---

① 何建明:《之江大学与长老会》,载《基督教与中国文化丛刊》(第 5 辑),湖北教育出版社 2003 年版。

② 周东华:《民国浙江基督教教育研究》,中国社会科学出版社 2011 年版。

有新的工作,也有要求让学生代表们进入董事会,强烈要求尽早改组校董会,以便向政府立案的内容"。费佩德校长还针对当时的形势,向董事会提交了辞职书。但费佩德校长的辞职并没有立即得到校董会批准,原因是需要"等到改组委员会产生之后"。会议还"充分肯定了美国长老会对之江大学的巨大贡献,并要求南北长老会能够继续提供经费支持"①。

6月7日,董事会再次举行会议,决定按照大学院提出的基督教大学立案规程,宗教课改为选修课、宗教活动自愿参加。

校董会的这些调整虽然是"立案"的必备条件,但这与浙江省教育厅厅长蒋梦麟提出,且于1927年6月8日经浙江省省务委员会议决通过的关于《收回外人所办教育事业办法案》的要求仍相去甚远。该《办法案》规定:

(1)在浙江省境内外人所办教育,无论属诸个人或团体,均应于1927年9月1日以前,移交有中华民国籍之人民,或浙江省政府承认之中华民国籍人民所组织之团体接办;(2)外人或外人团体移交于浙江省或中华民国籍之个人或有中华民国籍国民所组织之团体,均听其自由,但不得有条件,凡接办者,在接收之先须呈请省政府校准备案;(3)外人或外人团体对于其经营之教育机关确有劳绩可录者,移交后,接收之个人或团体,得于其事业所在地建设纪念物,并呈请省政府嘉奖褒扬;(4)外人或外人团体自经移交之后,亦得以精神物质辅助该机关之发达,惟不得担任董事及校长职务;(5)所有接收外人教育机关之个人或团体,自接收后,立即呈报省政府听候审查立案,自经立案之后,与私立学校享同等待遇。

这一《办法案》的颁布,对之江大学校董会当局无疑提出了严正的告示。对此,蒋梦麟提出浙江省基督教学校立案的核心要点是实现完全的"中国化",包括所有权中国化、校长中国化、董事会中国化等,而非仅仅是宗教课改为选修课这些软性条件。故由此可以看出,单纯依赖之江董事会的自觉,立案工作必然失败。

为敦促之江大学尽早向政府立案,浙江省教育厅厅长蒋梦麟约见了费佩德等人,明确指出:所有教会机构都应置于中国行政管理之下,宗教课必须改为选修。费佩德亦希望之江大学能在政府规定的1927年9月1日之前完成立案工作。但由于美国托事部拥有之大所有决议的最终决定权,之大校董会无权自行申请立案。而校董会不可能在短时间内既能达到中国政府的立案要求,又能说服不愿意在宗教和董事会成员等关键问题上作出让步的美国长老会和托事部。

---

① 何建明:《之江大学与长老会》,载《基督教与中国文化丛刊》(第5辑),湖北教育出版社2003年版。

为此,费佩德校长只得与蒋梦麟厅长再三商量,谋求暂时立案。

对于此事,1927 年 7 月 2 日的《申报》也曾进行过报道,在其登载的一篇题为《浙教厅许之江大学暂时立案》的文章中作了记述:

"浙教厅对于境内各教会学校早颁布立案条例,限今年 9 月 1 日以前,应悉数遵照办理。杭州之江大学有八十余年之长远历史,又为浙省最高之学府,立案续办与否,甚为中西人士所注目。据闻该校早有立案之决心,惟对浙教厅颁布条例中有西人不得为学校董事之明文,颇感困难,故叠向中央教育行政委员会抗议,浙教厅长蒋梦麟氏被邀出席,于收回外人所办教育事业办法,主张各省需与中央所规定者一律。经蒋厅长提出,省务委员会通过,随即电约之大副校长吴惟德君到厅面释一切。该校最高机关之校董会闻悉,即决定向浙教厅正式立案。惟该校设立者,尚远在美国,欲征得其同意,绝非 9 月以前之短时间所可办到,依宪正式立案。立案一层,又生困难。吴君嗣后面谒蒋氏报告各情,请于通融。蒋氏身恤办事困难,允该校来呈请求准给予暂时立案办法,嗣得美国设立者同意后,再行正式立案。现该校内部改组已就绪,不日招考新生,校长人选,闻将聘请沪上某教育家担任。"[①]

虽然浙教厅允许学校暂时立案,但根本问题并没有解决。于是,1927 年 8 月 25 日,校董会再次就立案问题召开专门会议。会上,费佩德以立案条件为由再次提出辞呈以交中国人担任。会议同意费佩德的辞职,以便推选中国人担任校长,为学校立案铺平道路。据载,校董会提名委员会对中国人担任校长提出了三点具体要求:(1)必须是基督徒;(2)熟悉教会工作,并在教育界有良好声望;(3)跟当前的中国政府有良好的关系。最后,提名委员会一致同意推举朱经农为校长(朱经农是基督教徒,又在教育部任职,与政府关系良好,在教育界也有相当影响力。完全符合董事会所提出的条件。而且,朱经农已在之前被另一所教会大学聘为校长),提名也得到了董事会的批准。但又决定,在美国托事部和差会关于之大立案决议不明确之前,朱经农暂不到职视事。同时,在收到美国母会托事部的同意书之前,不向浙江省教育厅正式立案。会议还决定,费佩德改任副校长,吴惟德任教务长。过渡时期,聘用尚在上海商务印书馆任职的李培恩(本校 1911 届毕业生)参与学校的管理工作,并代理校长之职。8 月底,学校向浙江省政府提交了立案申请,以作暂时立案。

据载,当年学校还发生了一起严重的政治事件。1927 年后,蒋介石叛变革命,发动"四·一二"大屠杀,厉行所谓"清党"运动,疯狂迫害和捕杀共产党人和革命群众,到处是一片白色恐怖。"清党"运动也波及之江大学。据说,之江大

---

① 　周东华:《民国浙江基督教教育研究》,中国社会科学出版社 2011 年版。

学有 8 名(也有说是 4 名)学生因有"共产党嫌疑"而被捕,另有 30 余名学生受牵连而被学校当局无理开除。在这种情况下,该学期的期末考试也只得推迟到秋季学期开学才进行。

由于学校尚未获准政府立案登记,招生也受到直接的影响。是年,秋季开学时,只有 110 名学生注册。由于学生人数少,中学部停办。

是年,头龙头一所员工住宅建成,二龙头与三龙头之间山谷底的游泳池建造也完工了,这是一座利用自然山水而修建起来的游泳池。校园还添种了 6000余株松柏等树木。

### (二)校董会同意向政府申请立案的决定遭托事部拒绝

校董事会向政府提交了立案申请后,会议授权给纽约(美国长老会托事部)发电报,报告这一情况。要求董事会在宗教自愿的基础上批准立案。

当校董会将立案的文件和校董会的意见电传给美国托事部后,托事部一直未作出回应,拖至 1928 年,等来的却是美国托事部代表哈得逊(W. H. Hudson)不同意立案的答复。

据载,"在 1928 年 5 月 1 日的监事会上,哈得逊博士声明华中差会不同意(教会)学校立案,除非政府作出两项让步:(1)立案条例允许大学公开表明它的基督教目的;(2)立案后允许大学创立者拥有绝对的宗教教育权和崇拜权"①。

托事部拒绝向政府立案,就意味着学校将被迫关闭,这令校董会十分为难,也是他们所不愿看到的。于是,校董会 5 月 2 日继续召开会议商讨对策,最后作出四项决定:第一,继续向教育厅登记;第二,保持学校的基督教目的;第三,要求李培恩等写信给朱经农,希望他立即同意接受校长职位;第四,要求董事会执委会重新制定董事会章程等。将之交给美国托事部,请求其以此为基础电告是否同意立案。② 校董会的目的是希望美国的托事部同意在宗教自愿的基础上批准之大向政府立案,以保全之大不至于被中国政府关闭。但是,董事会的这种努力显然毫无用处。"1928 年 6 月 18 日,学校又收到差会董事会执委会的电报:执行委员会不同意之大立案及其计划。"③

差会抵制向政府立案一事,在师生和校友中引起强烈反响。尤其是校友们反响最甚,有的甚至要求学校撇开托事部自办。"各地之大校友和在校中国师生积极向浙江省教育当局和之大校董会提出建议,尽快收回教育权,由华人主办。"《申报》1927 年 6 月 16 日登载的《屠广钧建议收回之江大学》一文中提出,

---

① 队克勋著,刘家峰译:《之江大学》,珠海出版社 1999 年版。
② 周东华:《民国浙江基督教教育研究》,中国社会科学出版社 2011 年版。
③ 队克勋著,刘家峰译:《之江大学》,珠海出版社 1999 年版。

"为母校前途计,为同学谋幸福计,首先提议,收回自办,业与沪上各同学会及国内名流,分头接洽,均与赞助"。另一位之大校友,时任上海特别市党部宣传部长的陈德征亦认为母校应由浙江省教育厅收回自办。他说:"收回之大,势所必至,之大在浙有三四十年之历史,历届毕业已有六十次之多,然所供献于吾国者能有几何? 其所造就之学子在社会上之地位又有何如? 明眼人常无不知之。鄙人在校日多,深知其设校目的在养成为主努力之牧师传道,故之大毕业同学之投身教会者,实较各校为多,其教学之方法则一本祖传,陈腐不堪无以予学者之求智欲,长此以往,贻误必多。鄙意以为请浙省政府收回自办,较为适宜。"[①]但校友们的这些意见和努力都无济于事。

据说,当时大多数教会大学面对政府教育法令的强硬态度,都及时调整政策,纷纷向政府提出立案申请。而对此抱有抵触情绪的只有两所教会大学,一所是上海的圣约翰大学,一所是杭州的之江大学,都拒绝向政府立案登记,圣约翰大学甚至直至 15 年后才申请并获准立案。

### (三)学校被迫停办

1928 年 6 月,学校收到该托事部拒绝立案的复电。鉴于执行委员会不同意之江大学立案及其计划,致使立案问题再次受到严重阻挠。但立案申请书早已报送到教育部。在这种情况下,6 月 21 日,监事会执委会一致同意关闭学校,直到差会经费资助和向政府立案问题得以解决。执委会发给美国的董事会电报中称:"关于你们发来的电报——你们的决定令我们失望之极——请再三考虑——立案是必须的——否则,这学期只能被迫关闭学校。你们愿意承担责任吗? 必须在 6 月 26 日之前作出答复,否则不能撤回协定。"但直到 7 月 2 日才得到美国的答复。威利斯先生(Mr. Willis)在代表托事部意见的答复中声称,"他不再多考虑,如果基督教特征和办学目的得以保持,他不会不同意立案的"。因为设立人强调"本会在中国办学,以实施基督化教育为唯一目的。查中华民国法令有宗教自由之明文,其他民主国亦均有允许私立学校自行规定宗教教授之先例,故本会主张,凡学校课程之无关于宗教者,皆遵照大学院条例办理,唯对于宗教学科及礼仪,则谨要求政府承认,学校有自行规定之权"[②]。这已十分明确地表明之江大学不能向政府立案。由于朱经农校长时未到任视事,加之美国差会停发经费,经济上难以为继等原因,校董会于 7 月 5 日召开全体会议一致

---

① 何建明:《之江大学与长老会》,载《基督教与中国文化丛刊》(第 5 辑),湖北教育出版社 2003 年版。

② 胡卫清:《普遍主义的挑战——近代中国基督教教育研究(1877—1927)》,上海人民出版社 2000 年版。

表决:鉴于差会董事会不同意向政府立案登记,同时考虑到学校严重的财经问题,为重新组织之江大学,于夏季宣告学校停办,在校学生分别令其转学或介绍至他校寄读。

据载,当时学校董事会曾为停办一事发布了一则通告,陈述了停办的原因:"……本校董会爰于七月五日开全体特别会议,金以本大学在中华民国内,自有遵从中国教育法令,请求立案之义务。今设立人对于宗教教育一端,竟与本会意见相左,使本大学不克履行立案条例。而本校董会既未得设立人之同意,自不能单独进行。处此困难之间,实无两全办法。不得已议决宣布,将本大学暂行停止。……"[1]这也是所有教会大学中,因为立案问题被其设立人——长老会董事会否决而被迫停办的唯一一所大学。由此也说明,之江大学事务的决定权被牢牢控制在长老会手中,而且也印证了基督教在中国办学的根本目的就是为了传教。

在学校关闭之前的1928年5月,之江大学举行了盛大的杭州市春季田径运动会,在杭的许多国立、私立大中学校都参加了这次运动会。新建成的甘卜游泳池正好作为游泳比赛场地,之江大学体育运动队获得优异成绩。此外,还获得足球、篮球和网球三项比赛的全市优胜奖。

6月25日,学校举行了毕业典礼,之后,由于学生们已经知道学校立案受阻,即将关闭,便纷纷要求转入已经向政府立案登记了的华东地区其他教会学校(除圣约翰大学尚未立案)继续求学,而许多外籍教师也返回美国,中国籍教师则分散到各地从事教师或其他工作。王令赓夫妇和队克勋夫妇于秋季返回学校照看财产,并做一些乡村福音工作。

### (四)之大被评为C类大学

之江大学虽然是创办最早的5所基督教大学之一,但与其他几所比较著名的教会大学相比,其发展一直较慢,且在美国教会中的影响不大,在教会大学中的地位也不高。据载,1928年,美国教育界对于外国人在中国所办的大学进行评鉴分类,由加州大学具体运作。评鉴结果分为A、B、C三类:A类一所为金陵大学。B类一所为燕京大学。包括之江大学在内的其余大学均为C类大学。持A类大学学位的毕业生有资格直接进入美国大学研究生院深造;持B类大学学位的毕业生可同等学历入美国大学本科三年级或四年级修读;持C类大学学位的毕业生只能进美国大学本科一年级或二年级。[2] 这也直接反映了之江大

---

① 李军:《私立之江大学为何中途停办》,《浙江档案》2003年第7期。

② 陈明远:《那时的大学》,山西人民出版社2011年版。

学的办学水平及其在教会大学中的地位。

# 四　复校后,始由中国人主持校务

## (一)之江同学会发起复校运动

之江大学的停办在广大校友中引起了强烈的反响,他们奔走相告,纷纷要求复校。1929 年初,在同学会的强烈要求下,校董事会召开会议进行了研究,并同意复校要求。仍请朱经农任校长,朱未到就职前由毕业同学李培恩代理校长。从此,之大的校务行政由中国人自己主持。

据《私立之江文理学院一览(1929 年)》记述:"十八年(1929)春,南北统一,时局平定,本校乃谋重开时,同学会又敦促校董会计议恢复,得校董会通过,重请朱经农硕士长校,同学李培恩副之。秋季开学,计有学生 350 余人,职教员 36人,本校八十余年之历史至此乃得赓续。"

为了支持复校,同学会在师生和校友中发起募捐活动,广泛募集复校经费。据记载,除了广大同学和校友积极参加捐款外,参加捐款的教师有:李培恩、周梅阁、朱孔阳、张信培、方桐生、陈德征、唐鸣时、田和卿、谢颂羔、金仲华、何惟聪、林汉达、张天培、沈克非、王大章、金浩青、钮立卿等。此时,宗教权利之争也尘埃落定,1929 年 5 月底,校董会举行会议,决定于当年秋季复校开学。会议仍举朱经农为校长。同时决定,在朱经农校长未到任视事前,聘任迁至之江后的首届毕业生、经济学教授李培恩为副校长,代行校长职务。由此,学校政务始由中国人主持,但重大事项仍由美国长老会差会决定,并委派其代表参加校董事会。

## (二)之江大学停办一年后复校

1929 年 9 月 14 日,之江大学正式复校开学,全校有学生 355 人,其中大学部新生 249 人,女生有 18 人(这也是之江大学历史上第一次招收女学生,因为"男女合校是向政府申请立案的先决条件"),有教职工 39 人。大学分文、理、商、建筑四科,设有教育系、经济学系、国文系、英文系、政治学系、哲学系、土木工程学系、生物学系、数理学系等,但仅招收一年级新生及预科生各一班。

秋季,东、西两个食堂建成并投入使用。为改善学习条件,同时也为创造立案条件,同学会发起募捐建造图书馆活动,许多师生都积极捐了款。

停办后,无论对学生还是师资队伍都带来一定影响,尤其是师资力量严重不足。为加快之江大学的发展,提高教学水平和质量,解决师资力量缺乏的问题,在代理校长李培恩的努力下,一批优秀的人才被吸引到之大任教。他们中有：国文系系主任钟泰（钟山）、经济系系主任胡继瑗、教务长兼教育系系主任黄式金。此外，徐篆任土木系系主任、郭礼赅任哲学系系主任、夏课勤为化学系系主任、诸培恩为体育系系主任、葛兴代物理系系主任、队克勋任英文系系主任、罗天利任政治系系主任、马尔济负责生物系、何惟聪任校长室秘书兼校友会书记、陆道南任校医、朱时青教党义、徐英武任军训指导。陆高谊出任高级中学校长。当时教师的薪水标准为：专职教授 275 元，兼职教授 200 元，副教授 140 元，讲师 90 元。按当时的物价水平计，教师的收入是不错的。

这一时期，按照政府要求，学校每周一早晨应举行有全体师生参加的周会，唱国歌、向孙总理像行三鞠躬礼，背诵总理遗嘱。学校实行军事化管理，每天早晨学校统一吹起床号，全体师生在慎思堂前广场列队集合，行升国旗礼。然后，学生进行军事操练和健身活动，如遇下雨则停止举行。

### (三)再次向政府申请立案

学校虽然复校了，但立案问题仍然是一个回避不了的问题。1929 年 11 月 6 日，校董会再次召开了董事会执委会会议，就立案问题进行了研究讨论。

校友不断促使学校作为一所充分资格的大学向政府立案。根据新条例，大学至少要有三个独立学院。而之江大学当时只有两个学院。在两个差会执行委员会和北长老会、中华基督教会（在华各长老会现在都隶属该会）代表以及董事会联合召开的一次特别会议上讨论了立案问题。作为一所大学立案的建议在这次会上被否决了，因为必要的扩展需要增加一笔开支，而美国的这两个差会都没有充足的经费支持。中华基督教会还没有为学校承担经济责任。在这种情况下，"11 月 30 日，代理校长李培恩又专门向校董会提交了一份为立案作准备的报告，要求校董会敦促美国长老会董事会向之大提供有资格立案的经费支持和师资力量。可是，在随后召开的一次由两个差会和北长老会、中华基督教会和之大董事会特别会议上，使之江成为一所完整大学的建议因为没有充足的经费而被否决"①。实际上是美国长老会不愿意提供充足的经费支持之大立案。这样，之大将再一次面临被关闭的命运。

于是，校董事会于 1929 年 12 月 10 日又一次召开会议，就是否向政府申请立案登记问题进行投票表决。这次会议除李培恩外，董事会有 9 名成员参加。投票结果为 4 票赞成，4 票反对，但由于会议主席周梅阁投了赞成票遂勉强获得通过。据说，虽然参加这次会议的 9 人中，外国人占 5 席，中国人占 4 席，但投票时，因有一名外国人投了赞成票，才使得立案决议得以通过。这说明，有的外

---

① 队克勋著，刘家峰译：《之江大学》，珠海出版社 1999 年版。

国董事也不愿看到之大因立案不成而再次被关闭的命运。

立案决议通过后,校董事会议根据教育部规定,正式向政府提出立案申请。在如何恰当地表达办学宗旨问题上,为避免直接以基督教为目的的表述,经反复研究,议决"采纳由福建协和大学林景润于1929年首先提出的本着'仁爱、牺牲和服务'的精神开办学校的表达方式"。并为此发表声明指出,"创立者经办之江大学的目的,是遵照国民政府所规定之教育方针,用基督博爱、牺牲服务等精神,造成道德化、学术化及实用化之人才,以供给社会之需要"。这一声明,后来作为《之江大学章程》中的第二条"办学宗旨"①。

从上述所表达的办学宗旨看,尽管用了"遵照国民政府所规定之教育方针"等语,但实际上,贯彻基督教精神仍然是之大的办学目的之一,只是尽量避免了采用较为刺激的语言来表达而已。

### (四)学校设立人变更,始由中国人主政

1930年5月,朱经农因提任教育部次长,遂写信给校董会提出辞去校长职务,校董会会议决定接受其辞呈,并选举李培恩担任校长之职。同时,"校董会表决同意了两个文件,一个是新的'创立者章程',一个是'原创立者'与'在华创立者'之间的协定。下面的这个决议也同样通过了:'决议,直到这一次,条件允许设立大学,有三个或更多学院,我们创办了文理学院,并向国民政府立案'"②。

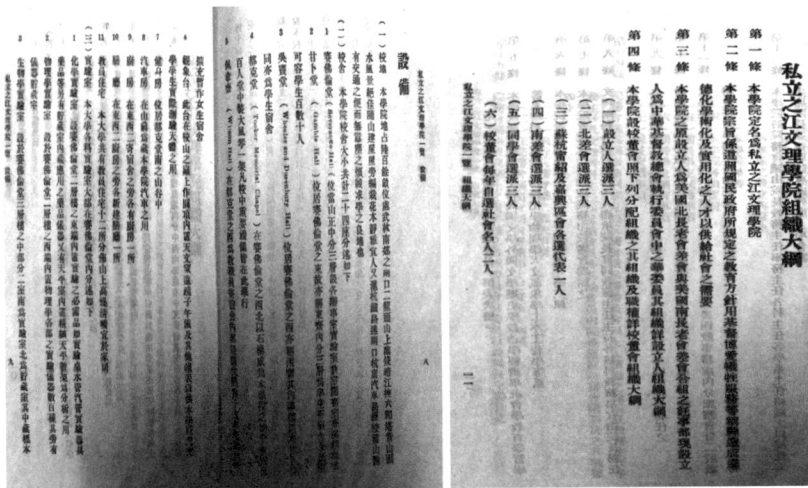

之江文理学院校产记录和组织大纲

---

① 何建明:《之江大学与长老会》,载《基督教与中国文化丛刊》(第5辑),湖北教育出版社2003年版。

② 队克勋著,刘家峰译:《之江大学》,珠海出版社1999年版。

立案申请并未立即得到教育部的批准。其主要原因是立案申请仍达不到浙江省教育厅的要求。浙江省教育厅的条件比教育部还要严格,后来,教育部派官员到之江大学视察时,要求严格按照教育部的统一规程办理,而否定了浙江省教育厅的做法。同时,要求学校在准予立案之前提交未来发展计划。按立案规定,必须具有包括图书馆、实验室等在内的必要的教学设施,而当时之大的这些条件都尚不具备,但这些计划的完成需要时间。因此,之江立案申请也就不得不推迟审批了。

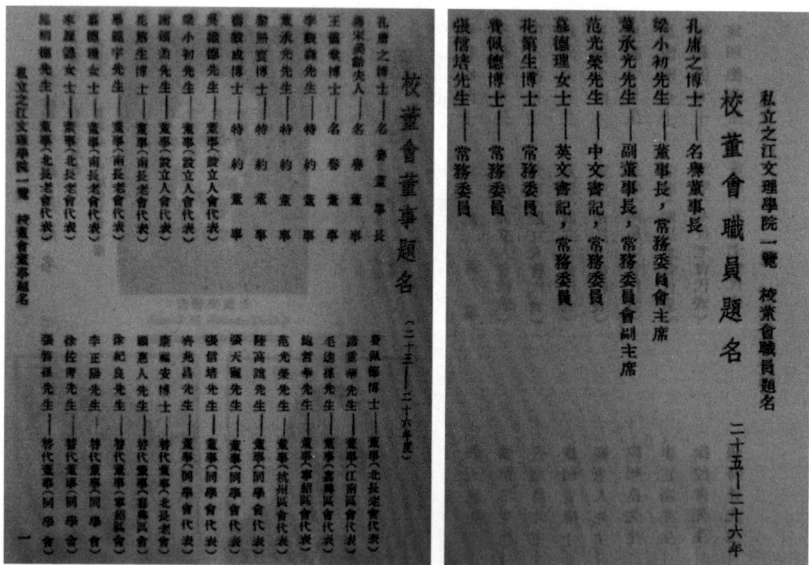

之江文理学院董事会题名(1937年)

据记载,在立案申请未获准前,由于校方仍奉行原来的宗教制度和规定,强迫所有学生星期日必须集体做礼拜。这引起了不信教学生的不满,曾多次向学校当局提出交涉,要求信仰自由,但校方不仅不同意,反以不做礼拜就开除学籍相威吓,以至1930年间,引发了一次不信教学生集体抗教事件。据载,事件当日,礼拜开始前,一群不信教学生为表示对强迫做礼拜的抗议,把事先放在座位上的"圣经"和"赞美诗"撕碎,掷撒于地,然后一起退出教堂。这件事使校方十分尴尬,因为按照政府的条例规定,学校不仅不能把宗教课列为必修课,而且要保障学生的信仰自由。这样他们也不敢处分学生。因此,事件平息后,校方不得不作出让步,表示不再强迫不信教学生做礼拜。①

1930年12月,前校长裘德生博士在美国逝世。次年春,全校师生及毕业生

---

① 吕树本:《私立之江大学》,《浙江教育史志资料》1989年第3期。

校友在之江为裘德生校长举行追悼会,缅怀其长期以来在之江大学建设和发展中所作出的杰出贡献。

1931 年,美国南北长老会托事部眼看大势所趋,不得不按照国民政府教育部颁布的《私立学校规程》条例,将学校移交给中华基督教总会执行委员会。移交前,美国南北长老会差会与中华基督教总会订立了移交合同,合同中规定:每年由差会津贴 1 万美元,但每年须将曾经审查的经济报告及预算送交原设立人(指美差会)。从而改变了教会大学的办学权。

### (五)学校体育运动蓬勃发展

之江大学十分重视体育运动,就当时国内高校中体育设施的规模而言,之江大学已处于领先地位。广大师生也十分喜爱体育运动,在刘雪松总教练的指导下,组建了各类运动队,并在各种比赛中取得优秀成绩,足球队、篮球队、田径队、排球队、游泳队、羽毛球队甚至乒乓球队都各自获得过某种比赛的冠军。而且不光是男队夺冠,女队在篮球、排球和短跑比赛中也成为冠军。在 1931 年 4 月举行的浙江省运动会上,之江大学运动队获得总分第一名。

1930 年秋季,第三届全国运动会在杭州举行。因当时杭州没有一个可供比赛的游泳场所,所以,将游泳比赛设在之江大学游泳池举行。比赛吸引了数百名观众前来观战,运动会组委会副会长何应钦偕夫人作为贵宾应邀到场观看了比赛。据说,蒋介石偕夫人宋美龄也莅临观看比赛并视察了之江大学。[①] 另据说,蒋介石夫妇于 1931 年春曾到之江大学视察。因自诩为基督教徒,视察时,蒋介石还特地到了都克堂,询问了有关情况。

## 五　申请立案获得批准

### (一)以"私立之江文理学院"获准立案

1931 年 7 月,之江大学以文理学院立案的申请获国民政府教育部批准,教育部指令中说:"该校以少量经费及人员能办成规模初具的大学,实属难能可贵,应予批准,以文理学院立案。"高中部也于 9 月先后经浙江省教育厅核准立案和教育部核准备案。

对于之江大学立案审批过程,王燕来选编的《民国文献资料丛编》第 22 卷

① 杨菁:《南京国民政府时期的之江大学》,《浙江档案》2001 年第 3 期。

之《民国教育统计资料汇编》中有较详细的记载,现转录如下①:

"查该校于清道光二十五年创立于宁波,名崇信义塾。于同治六年迁至杭州城内,增设高等,改名育英书院。宣统二年迁至闸口二龙头,因江为名,定名之江学校。民国九年在美政府立案,改称之江大学。民国十六年,国民革命军底定浙江,该院因系外人设立之学校,未合大学院所颁及省府所订办法,因之停顿一年。民国十九年夏重谋恢复。由邝富灼等六人,遵照前浙大时代所颁浙江接收外人所办学校呈请立案手续,代表中华基督教教会总会执行委员会我国委员,与之江大学设立美国南北长老会交涉,收回自办,呈请核准备案;并由该校董事会会长吴文蔚呈述;已推举本国人为校长,依照部定标准,暂先开办文、理两科,改称之江文理学院。遵照规定,造具校董会及学院立案表格,呈请鉴核,转呈教部等情前来;当经分别查核尚无不合,准予邝富灼等接收,并令派督学前往该校详细视察具报察核。旋据报称,该学院最近设置情形,尚能遵守现行教育法令,力求进取,当经本厅转请教部察核。旋奉部令'该校董会准予设立并准立案,至学院立案须俟本部派员视察后再予核办'。经部派本厅陈厅长(由秘书陆殿扬代表)会同国立浙江大学教授孟宪承、张熙谋前往视察,经视察结果,认为该校现状,核与私立学校规程勉能符合,可准立案。当经呈奉部令饬转知该学院'应即切实计划,从速改进,再行呈候核办'等语;复经转饬遵办。该校奉令后,复胪述情形,呈报再请鉴核转呈,当以所陈均属原拟计划,现尚未全实现,仰就所拟计划妥速设施,俟全体计划实现,再行呈由本厅转呈教部核办等语批令遵照,未予转呈。至二十年夏,教部令促各学院须载十九年度以内将立案手续办理完了。该院因限期关系,复将最改进设施,呈请鉴核,转呈教部批准立案,并附呈各项表件前来;经本厅察核尚无不合,派委浙大工学院院长张熙谋、浙大文理学院教授郑宗海、本厅第一科科长熊文敏前往该校视察,经视察结果,认为该校现状核与私立学校规程第二十二条、第二十三条大致尚无不合,似可准其立案。呈请教部鉴核。奉教部第一一八○号训令:'案据该厅呈报派员视察私立之江文理学院现办情形,核与私立学校规程第二十三条尚无不合,应即准予立案。惟以该院理科仪器,殊属缺乏,经济状况亦欠充裕;仍须责成该院校董会于最近一年内充实设备,并筹足大学规程第十条规定之经费数目,以固基础。'当即转饬遵办具报。至二十一年夏,该院科学图书两馆建筑次第完成,呈请备案在案。"

另据《私立之江纹理学院 1933—1934》记载:"二十年(1931年)夏,本校遵照教育部颁定之私立学校规程呈准立案,设文理两科,改称私立之江文理学院;

---

① 王燕来:《民国文献资料丛编》,国家图书馆 2010 年版。

同时,附属高级中学亦经浙江省教育厅核准立案,教育部核准备案。是年,校长朱经农先生以供职教育部无暇兼顾,遂向校董会请辞,校董会不予挽留,李培恩先生为校长。

近年来,院务日见迈进,学生增至 600 人,教员增至 70 余人。新建科学馆,与同学会捐赠之图书馆,于 1932 年夏次第落成。

立案后,学校的设立人由原设立人美国南北长老会差会托事部正式移交予现设立人中华基督教会总会执行委员会接管。且重新产生了新的董事会,负责管理学校。新的董事会董事有:吴文蔚、夏晋麟、曹之竞、邱金陵、张信培、诸星华、邝光林、明思德及梅立德等人,孔祥熙被聘任为董事会名誉董事长,吴文蔚为董事长。校董会制定了新的学校组织大纲,设文理两院,分设国文、英文、政治、经济、教育、哲学、化学、数理、生物、土木工程等 10 个学系,废除并停止预科招生,正式更校名为"之江文理学院"。

之江大学曲折的立案经历,在所有教会大学中有着典型意义。因为:(1)之江大学是 13 所基督教大学中最早提出研究向政府立案的学校;(2)在立案过程中,主管之江大学的差会与之大师生之间在是否需要立案与如何立案方面,存在着严重的认识偏差和冲突,这种观念冲突在当时的教会大学中相当普遍;(3)之江大学是当时在华基督教大学中对立案有较大抵触的两所大学之一(另一所是圣约翰大学)。①

学校立案后学制随即进行了改组,设文、理两个学院,下分国文、英文、政治、经济、教育、哲学、化学、生物、数理、土木工程等 10 个学系。取消大学预科,恢复学制为四年。1931 年开始,新生注册人数猛增,春季报考人数有 518 人(其中大学录取 215 人,中学录取 245 人),秋季申请人数又增加 300 人。

据记载,李培恩执校政后,学校各方面都得到较大的发展,如文科方面扩充了很多以适应美国通才教育为目的的课程。而古典文学家夏承焘的引进则大大加强了国文系的力量。理工科方面,之江大学早已有着坚实的基础。据由威尔逊负责的之江大学建筑部的一份五年工作报告显示,建筑部设计了 75 座建筑,承建了其中的 63 座,产值 120 万元,利润为 4.3 万元。之江大学的科学馆、体育馆、图书馆和一处教员宿舍均由建筑部设计。1929 年毕业于底特律大学工程学院并在国家部门有 7 年工作经验的徐箴担任之大土木工程系主任后,为适应当时急于改变积贫积弱的国家现状和国民经济发展的需求,土木系还开设了许多关于建筑工程、机械工程方面的应用性课程,以便培养一大批不仅能够设计一般建筑而且能适应公路、铁路以及桥梁的勘测、设计建设方面的专门工程

① 周东华:《民国浙江基督教教育研究》,中国社会科学出版社 2011 年版。

人才。为培养化学工业人才,郭礼赅教授等开设了工业化学课程。这些都在国内大学中处于领先地位,学校一时声名鹊起,为学校最盛时期。

### (二)学生积极参加爱国运动

1931年"九一八"事变发生后,之江师生(除美籍教员外)与全国人民一样,坚决反对蒋介石的不抵抗政策,采取各种形式积极参加学生爱国运动,或走向街头,举行集会和示威游行,抗议当局的政策,唤醒民众,宣传抗日主张;或利用报刊、广播等宣传工具表达他们的抗日心声。11月22日,之江大学师生代表与浙大等在杭大中学校学生一起,组成声势浩大的代表团到南京向国民党政府请愿,强烈要求组织民众抗日,并要求发给学生枪支弹药组成义勇军到前线参战,但遭到政府当局的拒绝,并责令返回学校。回杭后,学生纷纷举行罢课,历时三个月,以抗议政府不抗日政策。由于学生纷纷举行罢课和其他抗日活动,12月,学校不得不停课。

同年5月,董事会批准了费佩德博士辞职。李培恩校长也提出辞职申请,但未获董事会通过,而被要求留任。

1932年1月,李培恩校长因赴美国考察和进修,由黄式金代替其主持行政工作。胡继瑗任教务主任。春季开学,有学生461人,教职员60人。秋季开学,学生增至579人,大学部为333人,教职员增至70人,开设课程达89门。

学生开始兴起组织社团组织。其中,文艺团体果药社,参加者30余人,并组织撰写文章在杭州民国日报副刊上登载,共出40余期约20万字;挣扎社发行刊物《挣扎》8期;还有素心社、国乐社、之江剧社、摄影社、红黑体育会及各地方性同学会等组织,广泛开展了各类活动。

### (三)图书馆等一批建筑相继建成

1932年7、8月间,耗资8万余元的图书馆、科学馆及头龙头一批员工宿舍先后建成使用。图书馆内设置了新购的教学和科研设施,以及陆续购置和捐赠的大批丰富的中外文图书资料,为师生提供了更为理想的学习、研究和生活条件。据载,图书馆本于1931年2月开工,当时,北长老会董事会一位干事正在之江大学访问,李培恩校长盛情邀请他参加奠基典礼并培第一锹土,但这位司格特博士以"建造图书馆计划既未经纽约创立人董事会的批准,也未得到美国托事会的批准"为由拒绝参加典礼。因此,当天的奠基典礼也不得不临时取消,使校方十分尴尬。图书馆建造计划不久得到上级批准。学校于4月4日重新举行了奠基仪式,校董事会主席吴文蔚博士主持了奠基仪式。图书馆才得以正式动工。

### （四）教师队伍进一步得到充实,学校试行导师制

在李培恩主持校政后,学校各方面都有较大发展,师资队伍进一步充实,在校学生人数也有所增加。1932 年秋季学期开始试行导师制,谋求训教合一的教育模式。聘南长老会明思德博士任校务主任兼事务主任,陆高谊任代理教务主任兼附中主任,曾杰华任训育主任。教师新增了中文系:李笠、郁达夫、夏承焘、胡才甫;化学系:王箴;土木系:顾世楫、王寿宝、严寿松;经济系:唐庆永、孙宗钰;教育系:熊文敏、张文昌等。惠理生任女生指导。

1933 年 6 月,举行了复校后的第一届毕业典礼,有毕业生 33 人。

1934 年,校董会决定扩充土木工程系教学设备,改数理系为主系(次年仍改为辅系),哲学、生物改为辅系,另增设历史辅系。经济系分设会计、统计、工商管理、经济理论等 4 个专业。教育系为加强对乡村教育的研究和实习,在学校附近的徐村开办农村夜校一所。秋季开学,有学生 572 人(其中女生 73 人),教职员 72 人。范定九博士出任学校教务长和经济学教授。

1934 年,在之江工作达 40 年之久的前校长王令赓牧师退休返美。全校师生举行会议盛赞他 40 年来为之江大学的建设和发展所作出的杰出贡献,并为其举行送行仪式。

1934 年秋,土木工程系材料试验所动工兴建,1935 年秋建成使用。教育部拨款 8000 元购置材料试验所仪器设备,进一步改善了办学条件。

### （五）学校快速发展,举行迁新址 25 周年活动

1936 年春,学校在各项建设取得突出成就的情况下,举行了之江大学迁入新校址 25 周年庆祝活动。各地校友纷纷回母校与师生共同庆祝,李培恩校长在庆祝大会上发表了讲话,回顾总结了学校 25 年来的发展历程。认为有三项成就值得庆祝:一是学生人数增加了 3 倍,教职员人数增加了 1 倍;二是成功实行男女同校;三是成功地向政府立案。6 月,学校举行了毕业生学位授予仪式。在秋季召开的校董事会上,李校长作了学校现状的报告,指出:虽然学校的支出费用有所增加,但是在财政收支上已经消灭了赤字。这年学校总收入为国币137705 元(其中,45000 元来自合作差会,92000 元来自学费),扣除总支出,还有1675 元结余。

1936 年,由已故校董史量才先生家属捐助 4 万元兴建的经济学馆(即钟楼,又名邓祖询纪念馆,以纪念与史量才一起遇害的、史量才儿子史咏赓的同学邓祖询)也建成并投入使用。

是年秋季开学,学生注册人数增加到 714 人,其中,大学部 534 人(其中女

生 99 人），教职员 76 人。当年，学校还添建了一所女生膳厅，以及乒乓球室等设施。据称，原计划还要建造一座水力实验室和一所疗养院。这一年有毕业生81 人，创之江大学历史纪录。

这一时期，学校董事会人员也有所变动，除名誉董事长仍为孔祥熙外，董事长为董小初，副董事长为诸承光，宋美龄、王正廷被聘为名誉董事，黎照寰、李观森、寿毅成被聘为特约董事，董事有诸重华、陆高谊、鲍哲华、谢颂羔、张信培、张天宠、毛迻生等。

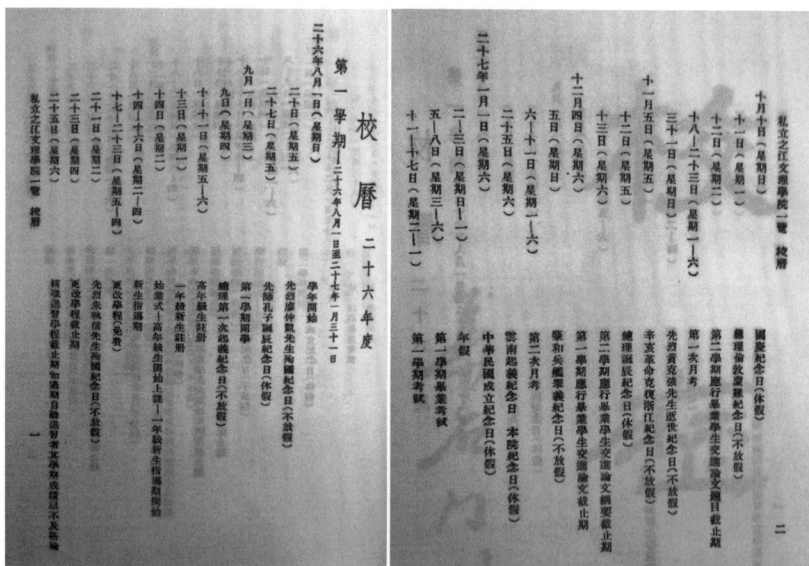

私立之江文理学院 1937－1938 学年校历（部分）

这一时期，学校学术气氛浓厚，各项文化体育和社团活动开展得十分活跃。这时的学生文艺团体有：之江诗社、金石书法研究社、之江西剧社、提琴研究社、口琴社、蓓蕾摄影社，以及各种宗教团契组织。通过社团活动，学生既丰富了业余文化生活，又得到了实践锻炼，展示了自己的才能。如，由一批具有表演天赋的学生，利用业余时间排演的话剧《一片爱国心》广受公众好评。

这一时期，学校规模进一步扩大，各种设施进一步完善，学生人数也骤增。至 1937 年日本侵华战争爆发前，学校已拥有各类西式建筑 41 座，其中，教职员住宅楼有 19 座。教学仪器设备、图书资料、体育设施和器具都很齐备。学校已经具备了一所完全大学的条件，这也是之江大学发展的最鼎盛时期。

这一时期的毕业生中，有一批英才后来成为著名人物，如金仲华、朱生豪等。

# 第 8 章　抗战烽火中的之江大学

1937 年 7 月"卢沟桥事变"后,日本侵华战争全面爆发。由于国民党政府奉行不抵抗政策,日军长驱直入,把中国人民拖入了战争灾难之中。为坚持办学,之江大学与中国高校一样,开始了一段抗日战争期间的颠沛流离的艰苦办学岁月。

## 一　离杭转移,落沪办学

1937 年 7 月 7 日,卢沟桥事变爆发后,日寇大举入侵。紧接着"八一三"淞沪战役爆发,随即上海沦陷,局势急转。初期尚未波及杭州,9 月 15 日学校勉力开学,照常上课,有学生 330 余人注册,有教职员 60 余人。

### (一)奉命转移,先迁屯溪

11 月中旬,日军进逼杭州,日本侵略军经常派飞机轰炸钱塘江大桥和闸口铁路机厂。学校不得不时常拉响防空袭警报。据说,有一次敌机来袭,学生都分散到山上躲避,而有几个人冒险把一面美国星条旗铺在慎思堂前的大草坪中央,以避免日机轰炸。此举果然奏效。后来,学校就在主要建筑物屋顶上都画上美国的星条旗。

为坚持继续办学,学校被迫奉命迁移。面对日军进逼杭州和日机的轰炸,学校已无安全可言。在此危难之时,11 月 14 日,学校召开教职员紧急会议,决定学校立即撤离杭州,迁往一处较安全的地方。"由于浙江大学已经迁往建德,会议最终考虑将学校迁往屯溪"。会议第二日,李培恩校长率领明思德等 3 人(还有殷太素、陈秋农)前往安徽屯溪考察并落实房子,"发现那里有不少茶商的大仓库,很适合用作教室,遂与当地乡绅商议租用这些仓库办学"。[①] 由于当时

---

① 周东华:《民国浙江基督教教育研究》,中国社会科学出版社 2011 年版。

到处传言杭州恐怖的局势,他们租房(共 5 间)手续办好后,于 17 日立即返回学校准备率领全校师生转往屯溪。

但李校长一行回校后,发现大部分师生已撤离学校。据明思德后来回忆:"我们到学校后,发现只有 12 名教员和一些苦力还留在校园里。杭州军训教导主任已经告诉每一个人必须在五小时之内撤走,否则就会被日军抓获。教务长范定九召集了教职员会议,所有人都决定撤离。没有时间来组织。每个人都为自己和家人寻求逃命的办法。"他们还得知,由于船只紧张,一部分师生和家属妇孺乘船往钱塘江上游进发,一部分人(主要为男生)步行向富阳开拔。学校在富阳为步行者租到了一些船只,队伍在富阳集合再乘船溯江而上。队伍到达建德后作短暂停留,再往安徽屯溪行进。李校长他们得知这一情况后,立即找了两条船,"装了 300 张床及黑板、课桌和其他设备。李校长和何维聪坐学校的小汽车离开,赶上了在建德的队伍。王熙教授、范定九教务长、廖教授和孙教授等再回到学校以带走更多的仪器"①。而明思德和翟培庆博士两人留在学校。

这次迁移,有 200 余名学生和大部分教职员到达屯溪,原本计划在这里复学,并租借了屯溪民屋茶栈作为临时办学校舍。不久,东吴大学也迁移于此,两校还协商成立联合流亡大学。但由于战事吃紧,屯溪已成为兵站集散地(国民党第三战区总兵站),大批兵员和物资在这里集散中转,大量伤兵和溃败的国民党士兵蜂拥而至,人满为患,混乱不堪。据说还发生过士兵骚扰学生事件,使师生无法安顿下来,许多学生也悄悄地离开了。在这种情况下,校方不得不于 12 月 6 日宣布取消在屯溪办学的计划,并预想到上海租界寻找办学地。于是,部分教员带着设备返回学校,一些人直接辗转至上海,许多学生则自行遣散,后也陆续达到上海。

## (二)之江校舍被日军占领,学校迁入上海公共租界办学

12 月 23 日,杭州沦陷。不久,由于之江大学地处钱塘江边,地理条件特殊,其校舍便成为日军宪兵司令部的驻地。头龙头、二龙头一带,成了日军的马厩。据说,在六和塔上都听得见军马嘶叫。虽然有明思德和一些中国教员留在杭州以尽可能保护校园和建筑少遭破坏,但他们不仅难以起到保护作用,而且自己的人身安全也遭到威胁。后来,校园被日军大肆破坏,天文台、北斋、材料试验所等一些重要建筑均被日军疯狂地炸毁或破坏,一些先进设备、图书资料也被破坏或洗劫一空,学校遭受了一次空前的大浩劫。

日军占领上海后,沪上战事基本结束,而租界是一个相对安全的地方,可以

---

① 队克勋著,刘家峰译:《之江大学》,珠海出版社 1999 年版。

免受日军的侵扰。于是,1938 年 1 月 14 日,校董会召开特别会议,决定学校在租界觅地继续办学。

其实,李培恩校长早于 1937 年 12 月 23 日就抵达上海,开始筹备在租界内租借房子等复校事宜。

1938 年 2 月,师生们陆续到达上海。李培恩等已经在租界觅得上海博物馆路 128 号广学会大楼作为办学地点。2 月 19 日,之江大学在这里正式复校开学,报到的新老学生有 185 人,教职员 28 人,开设课程 66 门。

学校仍设文、商、工 3 个学院。文学院设中文、英文、政治、教育等 4 个系,商学院设工商管理、国际贸易、银行、会计等 4 个系,工学院设土木工程、建筑工程、化学工程、机械工程等 4 个系。8 月,学校又为闻声来沪的老生 150 余人开设补习班,为期 8 周,以补足上学期所缺课程。这一时期,陆续加入学校教师队伍的有马叙伦、林汉达、周正、王华彬、钟相青、冯咸复、沈星庆、吴文蔚、顾惠人、蒋礼鸿等著名学者,他们的加盟,进一步壮大了之大教师阵容。

### (三)与在沪教会大学合作办学

虽然上海租界相对稳定,但由于全国战事吃紧,各教会大学的办学条件都受到极大的影响,注册学生人数普遍减少。特别是之江大学在上海没有学生宿舍和教师宿舍,而由他们自谋住处,一些学生只能住在拥挤的临时住所,使不少学生难以到校。教学设备和师资也相当缺乏。其他在上海的教会大学也遇到同样的难题。针对这种情况,美国长老会派出的伯顿调查团曾试图把华东 5 所教会大学(包括东吴大学、沪江大学、圣约翰大学、金陵女子大学和之江大学)合并为一所,并取名为"上海基督教联合大学"(Associated Christian Colleges in Shanghai)。据说,为此还专门召开了一次基督教高等教育委员会会议,还通过了一个联合办学决议。决议认为,基督教教育必须作为一个整体,而不是个别学校来应付目前的紧急状态。因为基督教教育面临着更重的任务,但是有很少的资源可供利用,"这就不仅要求各校牺牲个体利益,尽量少强调一些那种使我们各自为政的个别利益和附属关系。此外,更要求各基督教教育机关作出结构性调整,以联合、合作和分工的方式加强合作"。

在"联大"的框架内,之江大学的校务得到稳定发展。"从 1938 年春季的联合校章中可以看到,之江大学共有 17 名教师开设了 53 门课程,其中,生物学 2 门、化学 5 门、国文 4 门、经济学 10 门、教育学 4 门、工程学 14 门、英语 3 门、历史 2 门、数学 2 门、哲学宗教 3 门、物理 2 门、政治学 2 门。"从学校经费看,在"联大"框架下,"非但确保之江大学有充足的经费支付教职员薪金,而且略有盈余。如 1938 年偿还了 3750 美元旧债务,到 1939 年初,之江大学除归还所有欠账

16329 元外,实现盈余 20287 元。鉴于此,学校行政会议作出除非目前战争形势彻底扭转,秋季将不迁回杭州复校的决议"①。

为进一步协调"联大"事务,1938 年 7 月,之江大学与在沪 4 所基督教大学沪江大学、东吴大学、圣约翰大学和金陵女子大学等成立了"基督教大学上海协会",该协会以"充分谅解每所大学将继续保持它的身份、法人和独立性"为基础,由 4 校校长组成执行委员会,下设事务、联合图书馆、联合实验室、体育 4 个委员会,协调处理 4 校联合中发生的事务。由于有了协会的合作,学校的教学有了基本保障,各项活动也开展得有声有色。

学校转移到上海复课后,杭州校舍以美国长老会名义委托明思德、罗天利等负责护校。不久,明思德、罗天利等也离杭赴沪任教。于是又委托殷太素、华保仁牧师及个别员工在杭看管校舍(殷太素,1935 年毕业于之江大学化学系并留校任教,曾任之江大学事务主任。留守杭州期间,激于爱国主义义愤,他积极组织和参加地下抗日斗争活动,设有秘密电台为抗日前线传递情报。1941 年 12 月,因发送情报时被汉奸窃听并转报日军而被捕,后被日军杀害于上海)。

1938 年秋季开学后,李培恩校长因获得瑞纳德奖学金(Roynolds Scholarship)赴美完成其博士学业,监事会委托明思德代行其职务。

在沪复校后,由于学生人数不断增加,原借用的博物馆路校舍已不敷使用,又为便于与在沪其他教会学校合作办学起见,遂于 1938 年 8 月迁入南京路慈淑大楼六楼办学。9 月 7 日开学,有学生 474 人,教职员 53 人,开设课程 79 门。

1939 年春季在沪开学,有学生 470 人(其中女生 100 人),教职员 61 人,开设课程增至 97 门;并将生物系改为主系,另增设建筑系。此时,内地老生陆续来沪复学。同年秋季开学时,学生增至 642 人,教职员 78 人,开设课程达 100 余门。国民政府教育部补助的设备费正常拨付,学校的清寒学生免费及奖学金继续实行。

1939 年秋季,李培恩完成学业回国抵沪后,院长一职仍由明思德代理。

### (四)开设民众夜校

日本侵略军占领上海后,上海的学校纷纷关停内迁,教会学校则涌入租界,故租界被称为"孤岛"。当时,之江大学部分热心教育的学生面对社会上比比皆是的失学、失业青少年,商定开设民众夜校,用自己所学的知识帮助这些失学青少年。他们的义举得到学校的大力支持。夜校开办时,招收初中学生 300 人。

一年后,民众夜校由大学部教育系接管并继续开办,一直到太平洋战争爆

---

① 周东华:《民国浙江基督教教育研究》,中国社会科学出版社 2011 年版。

发后才被迫终止。

# 二 恢复之江大学名义

1940年,战争虽在继续,学校虽流亡上海,但租界基本稳定,办学有一定的保障。特别通过与其他教会大学合作办学,学校学科得到一定的发展,遂决定调整院系结构,恢复之江大学名义。

## (一)设立3个学院

根据计划,将学校原来的文、理2个学院调整为文、商、工3个学院。这样就达到了立案注册时规定"必须拥有3个学院"的标准。为获得承认,决定由李培恩赴重庆向教育部申请。但因处于战时,教育部同意先行备案。于是,学校将"私立之江文理学院"更名为"私立之江大学",正式设立文学院、商学院、工学院3个学院。其中:文学院设有中国文学、英国文学、教育、政治4个系;商学院设有工商管理、国际贸易、银行、会计4个系;工学院设有土木工程、建筑工程、化学工程、机械工程4个系。开设课程达125门。这时的著名教授,文学院有:谭天凯、林汉达、夏瞿禅(夏承焘)、韦悫、马叙伦、王蘧常、徐昂等;商学院有李培恩、胡继瑗、钟相青、王瑞麟、唐庆增、殷名禄、冯咸复、孔士谔等;工学院有廖慰慈、顾世楫、徐篆、陈端柄、周正、王箴、杨子成、邵家麟、陈裕华、陈植、王华彬、潘承圻等,以及外籍教授罗天利、董惠林、马尔济、陈新国、队克勋等。

## (二)师资力量进一步增强

这一时期,上海人才比较集中,之江大学陆续增聘了多位知名教授、学者来校任教,我国著名现代建筑学家王华彬、陈植、谭垣等人曾受聘之大任教,师资力量得到进一步加强。当时,之江大学教员的学历都较高,据统计,1940年第一学期的74名教师中,有博士学位的16人、硕士学位的30人、学士学位的22人,其他6人,有本科以上学历者达到全部教师的92%左右。而第二学期的69名教师中,有博士学位15人、硕士学位28人、学士学位21人,其他5人,本科以上学历的教师占全部教师的93%。[①] 知名教授和高学历教师的加入,大大提高了之江大学的教育教学质量和社会声望。

当年秋季开学有学生474人,教师60余人。由于名师多、教学严格、学风

---

① 杭州文史研究会编:《近代化进程中的杭州——民国杭州研究论文集》,杭州出版社2011年版。

严谨,颇受社会各界好评。同时,学校考虑到战时生活艰苦,决定增加免费学额。教学上,除注重专业基础知识外,还加强职业技能的训练,以适应就业需要。教育系学生则利用课余时间到中小学兼课。

1941 年夏季毕业生有 71 人,大部分到内地就业。由于当时教会的学生不受日军控制,许多上海和外地的学生纷纷报考租界教会大学,之江大学一时学生人数骤增,秋季开学时,学生增至 919 人。

### (三)与东吴大学合作办学

由于种种原因,之江大学在利用"联大"资源方面,明显处于不利地位。为此,之大倾向于和同是非上海的东吴大学合作办学。尽管基督教高等教育委员会已在进行"联大"实体化运作谋划,但 1940 年 11 月 10 日,两校达成协议:"高年级部分将在上海继续合作,低年级部分则在条件允许的情况下,各自迁回原址办理。双方约定:第一,在联合办学计划范围内,高年级部分的课程由两校相应院系负责;合并两校重叠之课程,如文学院的中文、英语和政治科学,商学院和工学院的化学工程,其他院系仍保持各自的特点,独立办学。第二,学生组织方面,除选择联合课程的特殊班级外,其他班级组织和学生生活,均照低年级模式来操作。在课程目录方面,联合教学课程将在两校各自的课程总录里单独列出,供两校学生自由选择。第三,在师资方面,参加联合教学计划的教职员将组织成一个单独的系,从两校的杰出教师中选举一名系主任,经两校校长联合任命后方能上任。其他教职员的任命,得遵守两校校长均表同意方能任命的原则。第四,关于联校经费,由两校平摊;每位学生的费用将被添加到教师的工资,故两校得根据学生数量承担相应费用。"[①]

根据这一协议,1941 年春,两校文学院首先开始联合办学,但经过一段时间的实施后,他们发现联合办学的巨额经费远远超出了双方最初的设想,很难长久坚持。不过,随着太平洋战争的爆发,上海沦陷,两校被迫迁离,合作办学也随即终止。

# 三 辗转内迁,客驻福建邵武

1941 年 12 月 8 日,日军偷袭珍珠港,美国正式对日宣战,太平洋战争全面爆发。

---

① 周东华:《民国浙江基督教教育研究》,中国社会科学出版社 2011 年版。

### (一)租界沦陷,学校内迁

大战爆发后,上海的公共租界随之遭到日军入侵而沦陷,整个上海处于战乱之中。中国师生纷纷逃离学校,各学校的外籍教师统统被关进集中营等待遣返,学校已难以正常教学。在这种情况下,校方不得不再次宣布暂时停办。1942 年 1 月 28 日,之大召开第四十次院务会议,校董会决定:因时局转变暂停开学,并计划离开上海转移到内地办学。为此,学校又决定:除为照顾离毕业仅一学期的学生和因经济困难不能内迁的学生,由校方授权留沪的一批教授负责开办补习班(开始在四川路女青年会,后迁至威海卫路民立中学上课,前后共办了 6 期)补足课程外,其余学生,一部分转入圣约翰大学或沪江大学,大部将内迁复学。由此,学校将开始第二次流亡办学。但后来由于日寇进犯,交通受阻,原定内迁的教师多未成行,大部分学生也各自离散。留沪的部分教师,有的转任圣约翰大学或沪江大学教职,有的则改行从事其他职业。至此,结束了历时 4 年多的租界办学历史。

在此期间,学校坚持办学,吸引了大批青年入学,为国家培育了抗日爱国人才;同时,延聘了一批学识渊博、善于教书育人又具有民族正义感的教授、学者,极大地教育和影响了学生,也为之江大学的发展发挥了重要作用。这一时期也是之江大学快速发展期。

### (二)驻跸邵武,借福建协和大学校舍办学

1942 年 4 月,李培恩校长率领顾琢人(训导主任)、张乃彪(会计)等人前往西南方向寻找复校地址。他们穿过已经沦陷的杭州,经绍兴转到金华,原计划在金华(当时作为浙江省的战时省会)落脚办学,但当时正逢"浙东事变",日军进攻金华、衢州,日机在金华进行"篦撕式"轰炸,到处险象环生。李校长一行冒着危险四处躲逃,显然不可能在这里落脚,于是连夜逃出金华,辗转来到福建南平,并在教会办的剑津中学暂时住下,十分狼狈。据廖增瑞(廖慰慈教授之女)回忆:"当时我在该校任女生部主任,负责接待他们,其状之惨令人心酸。"在此作短暂停留后,李培恩一行决定继续往南寻找,一路找到福建的邵武。邵武是福建西北山区一个比较闭塞的小城,是一个相对比较安定的地方。李校长决定将学校迁往此地,并借助于早在 1938 年就迁至此地的福建协和大学的校舍作为办学地。1942 年 6、7 月间,李校长带领部分师生由水路前往邵武。

对于之江大学的到来,福建协和大学给予了鼎力帮助,他们非但无偿提供图书资料和教学仪器设备,还挤出宿舍供之大大学生应急居住,文学院亦请协和

大学代为开设。在十分困难的情况下,学校开设了政治、经济、英语和土木工程等系,多数教师也未到位。1942年秋季只招收了69名新生,并与协和大学互选课程。据《1942年之江大学院务报告》载,"1942年,之大学生在福建协和大学选课者达686名,福建协和在之江选课者亦达394名"①。

李校长在总结邵武办学一学年情况时写道:"我们决定留在邵武,开设了工学院和商学院,设有政治、经济、英语和土木工程4个专业。我们要求福建协和暂时替我们开设文学院。因为我们只招新生,我们要求二年级和高年级学生去他校借读。在150名申请者中我们只招收了69名,但后来即使这部分人仍有一些进了国立大学,我们的男女学生都住在福建协和大学的宿舍里,我们与他们交换课程设备。"②

### (三)自建校舍,艰难办学

1943年春季开学,注册学生(一年级)增加到104人,参考图书和教学仪器设备仍依赖协和大学,付给他们一些费用。即使在这时,学生中仍有百分之四十是基督教教徒,还成立了3个基督教团契,每个团契约有20名成员。"师生祈祷聚会定期举行,在周日我们与福建协和联合举行教会活动。"可见,其教会性质仍然十分突出。

但到了1943年秋季,情况发生了变化。主要是因为福建协和决定增加招生人数,不能继续为之江大学提供学生宿舍和教学场地,而且"上午不能再借任何教室,也不能再允许之大学生晚上借用图书馆的阅览室,它还不得不限制之大在化学系上课的人数"。再则,邵武的公共建筑已被军队全部占用,无处借用。在万般无奈的情况下,李校长决定在邵武建造自己的教学和生活用房。经与当地政府协商,以非常适中的价格在城外购买了48英亩山地建造校舍(其中8英亩是以官方价格从私人手里购得)。这时,李校长的儿子不幸染疟疾夭折,给家庭及他本人带来巨大悲痛。但他强忍悲痛,克服重重困难坚持工作。

在李校长亲自监督下,花费40万国币建造的三幢最简易的校舍建筑终于落成。其中,一幢作教职工和男生宿舍,一幢作女生宿舍,一幢作行政办公楼,兼用作教堂。虽然解决了师生的住所,但上课教室仍然缺乏,学生上课继续借用协和大学的场所。后虽经李校长向在美国的之大托事会申请,获得34000美元维持费,但由于物价飞涨,除了维持正常开支,建造教学楼的计划直到邵武办学终止也未实现。

---

① 周东华:《民国浙江基督教教育研究》,中国社会科学出版社2011年版。

② 队克勋著,刘家峰译:《之江大学》,珠海出版社1999年版。

据载,1943 年春末夏初,邵武县城曾发生过一次大规模的鼠疫,全城每日都有近百人死亡,所幸学校已迁入城外北部山区新校舍,未受波及。在学校最困难的时刻,曾于 1942 年夏被日军遣返回美国的马尔济先生,远涉重洋,历经周折,越过了大半个地球,终于在 1944 年复活节这天回到迁移在福建邵武的之江大学。

### (四)终止邵武办学

鉴于形势紧张,邵武的公共建筑均被军队占用,虽然自建了一些校舍,但仍未根本解决校舍紧张问题,没有教室上课,没有电灯,加上协和大学不是一所工科院校,无法给之大提供培养工科学生的必要设备等现实困难,学校不得不终止邵武办学。

1944 年夏,日寇继续南下,临时董事会遂决定终止邵武办学。经与福建长汀的厦门大学、晋阳的暨南大学以及浙江云和的英士大学等校商定,文学院、商学院的学生全部自行转到这些学校去借读,工学院则全部迁往贵阳。1943 年冬,曾经与李培恩一起,历经千辛万苦最先来到邵武的几位教职员,几乎都离开了邵武。顾琢人因患严重肺病而辞职去了重庆(不久即传闻在重庆逝世),薛攀星也因病于 1942 年辞职回福建老家休养,孙扐也离开了邵武,李培恩独自去了贵阳。所幸的是,不久前来到邵武的马尔济先生也由邵武来到贵阳,他既是学校教师,也是作为基督教长老会的驻校代表。

至此,自 1942 年起,之江大学在邵武坚持办学整两年。

## 四　迁入贵阳花溪,借用大夏大学校舍办学

李培恩早在 1943 年 6 月就到达贵阳,筹备工学院办学事宜。他邀请之大校友李恩良(曾获得康乃尔大学博士学位)和宋子玉负责筹建之江大学工学院贵阳分校。在校友王裕凯(时任大夏大学秘书长)的协助下,租借早已迁至贵阳花溪的上海大夏大学新建 4 幢校舍作为办学地,并设立之江大学工学院贵阳分校。分校设有土木工程、建筑工程、机械工程和化学工程 4 个系,李恩良任分校主任(1944 年秋李调离后由斯帝芬·陶(Stephen Tsao)接任)兼土木工程系系主任,宋子玉任分校副主任兼化学工程系教授,曹敏永任教务主任兼土木系和建筑系教授,童雋任建筑工程系系主任,应尚才博士任机械系系主任。自邵武迁来后,学校规模有所扩大。当时,王裕凯任训导长兼政治系教授,夏元瑮(大夏大学理学院院长)兼任物理系教授,钟泰(钟山,大夏大学文学院院长)兼任中文系教授,楼特全(航空学院外文系主任)兼任英语教授,何学诗任总务主任兼

体育教授。当年招生百余人。由于教师变动较大,还聘用了一批贵州大学、大夏大学、航空学院等学校的教师兼任相关课程的教授,师资力量空前增强。当时,重庆国民政府教育部曾派督学许心武前往视察,美国教会也派贵阳青年会干事前往调查,都认为学校具备正规大学的条件和要求,准予备案。

## 五 转移重庆,联合办学

1944 年冬,日军侵入贵州独山,贵阳告急,在贵阳办学不到一年的之大工学院不得不再次停办,奉命立即疏散转移,并决定迁至重庆办学。

1945 年春,在重庆校友会的资助下,之大工学院得以复学,由于人数较少,经与东吴大学法学院、沪江大学商学院商量,三校组成联合大学,并成立联合校政机构。当时上课学生仅数十人,开课有土木、建筑两系。王裕凯任教务长,何惟聪任秘书长,曹敏永任土木工程系教授,宋子玉任化学教授,张云谷任英语教授。是年秋季招生 150 人。

学校正准备进一步扩充时,8 月 15 日,日本政府宣布无条件投降,战事随即结束。人们欢呼雀跃,准备东归。1946 年春,重庆三校联合大学师生联袂东下复员回迁。

## 六 之大等校留沪教授创办华东大学

值得一提的是,学校西迁期间,徐箴、林汉达等一批之江大学留沪教授,在形势极其严峻、条件极其困难的情况下,仍然坚持办学。他们开始按照学校要求,开办土木建筑补习班,后来,为了进一步扩大办学,他们与东吴大学等一批留沪教授商定在上海合作开办了一所新大学——华东大学(又有人称华东联合大学),同时将原之江大学土木系补习班也转入华东大学。华东大学校委会由陆高谊、黄式金、林汉达、徐箴和另一位东吴大学教授组成并主持工作,设有文学院、理学院、教育学院、商学院和工学院等 5 个学院,之江大学教授徐箴任工学院院长,设有土木、建筑、机械等 3 个系。1944 年夏,徐箴病逝,由廖慰慈接任工学院院长;教育学院由林汉达任院长,分别借民主中学、育英中学、崇德中学等校舍上课。其他学院由东吴大学教授主持。

华东大学共有学生 600 余名。尽管在日寇和汪伪政府统治下,办学条件十分恶劣,但华东大学凭借坚韧不拔、艰苦创业的精神顽强地生存了下来,为中华民族的教育事业作出了一定的贡献。华东大学在十分困难的情况下前后坚持办学达三年,直到抗战胜利,才结束了它的办学使命。

# 第9章 战火重生后的之江大学

抗日战争胜利结束后的前几个月,之大工学院继续在重庆上课直至年底结束。1946年初,学校决定回迁杭州。但杭州校舍因被日军长期占领,建筑设施破坏十分严重,必须全面整修才能使用。为了不中断办学,遂决定暂迁上海公共租界原借用的慈淑大楼复校。一批师生在学期结束后已纷纷自行东归。当年夏天,李培恩校长率在渝工学院师生迁往上海。从此,历时八年颠沛流离的办学历程终告结束。

## 一　满目疮痍的之江校园

抗日战争八年间,之江大学先后辗转于浙、皖、沪、闽、黔、渝等地区,颠沛流离,坚持办学。杭州的校舍被日军长期占领,校园环境、房屋建筑、教学设备等遭受了空前的破坏。昔日风景如画的校园,如今满目疮痍,一派破败不堪的景象。

据队克勋在《之江大学》一书中记载:经过八年战火洗劫,杭州之江大学校园已是满目疮痍,惨不忍睹。地面满是壕沟、狐狸洞和炸弹弹坑等,花园、操场和草坪杂草丛生,茶园、竹林和果园均遭受破坏性砍伐,原先翠绿幽静的山林已荡然无存。然而,遭受破坏最严重的还是校园建筑。"在第一处山崖由中国教员居住的几幢房子几乎完全被毁。两处西方教员住的房子已被烧毁,包括马尔济先生住了很久的一幢房子。"头龙头和二龙头各有两幢教员宿舍被完全烧毁(包括:小桃园两幢和北斋等),材料试验所几乎被摧毁,只剩下东侧一部分残垣断壁。天文台及附近的两幢外籍教授别墅被炸毁,其他住宅也遭受到不同程度的破坏,有的仅剩屋顶外墙,大部分建筑的玻璃窗都已破碎或掉落,室内楼梯遭损,大部分家具和水管等均无踪影。"队克勋夫妇住的房子有墙、有屋顶,但内部全被掏空了,甚至天花板上的板条灰泥也都毁坏了。明思德先生的房子损失小一些,楼梯扶手的支柱和分隔板都丢了。"教学楼的破坏虽然小一些,但大部分教具、设备都已失窃,"包括马尔济先生收藏的价值很高的生物标本"。教堂(都克堂)大门被拆除,管乐器、钟和橡木长椅均被搬之一空。之大图书馆曾是远东地区最好的图书馆之一,尤其是外文图书资料丰富。现图书馆内不仅家具、书架等丢损严重,而且最大损失是一部分珍贵的善本图书资料不知去向,也无法追回。建在最高处的天文台曾是浙江省建造最早、设备最完善、最先进,也是唯一的一座观象台,内部设备由美国进口,也被日军完全炸毁,只剩下一堆瓦砾残墙。这场空前的浩劫,损失难以估量。

# 二 杭、沪两地办学

1946 年,李培恩率驻渝师生回到上海后,立即复校,且主持校务。春季招收新生 200 余人,加上华东(联合)大学和各地借读回校的学生共有 780 人(其中女生 171 人)。学校继续租借上海青年会、慈淑大楼、崇德女中和民立中学等地办学。学校分文、工、商、教育等 4 个学院,聘任林汉达教授为教务长。

1946 年春,各内迁学校先后复员回迁,之江大学与东吴大学法学院、沪江大学商学院在贵州组成的三校联合大学也随之宣布解散。之江大学八年的流亡办学至此基本结束(因为在上海还是借助第一次流亡时的办学地点。此后直至之江大学撤销都是沪、杭两地办学)。

## (一)决定募资修缮杭州校舍

1946 年 3 月 28 日,李培恩在上海召开董事会校务委员会会议,讨论学校未来发展计划,研究杭州校舍的修缮问题。会议在同意对校园和被破坏建筑进行修缮的同时,要求校联董会积极筹措修缮经费。为此,校联董会(中华基督教联合会联络美国教会,后更名为中国教会大学联合董事会,又叫联合托事会)在美国发起了一场以复员和募集修缮资金为主的复兴运动,得到有关人士的大力支持,并获得募捐款 126910 美元。据记载,其中 40000 多美元用于校园和建筑修缮工程,被破坏的校园和主要建筑都进行了一次整修或维修(具体修缮和经费使用情况未查找到相关资料)。这些资金除用于校舍修复外,还用于一些亟须的教学仪器设备和图书资料的添置。这次募捐还收到大量书籍、毛毯、双人床等捐赠实物。据记载,学校还购置了一台价值 8.2 万美元的当时最先进的一套用于土木机械建筑工程的材料测试机械设备和一辆新款福特车。杭州校舍经过一年左右时间的全面整修,除了天文台无法修复外,材料试验所在原基础上重新修复,其他房屋也都进行了内外修整,被破坏的门窗玻璃全部重新安装,整个校园逐渐恢复了原貌,甚至超过了战前水平。这也是之江大学旧址历史上自建成后进行的第一次大规模维修。此后至浙江师范学院时期,旧址基本未进行过大的修缮。

### (二)修葺后的杭州校舍投入使用

1946 年秋,杭州校舍整修基本完成后立即复课。据 1946—1947 年年度报告中记载,1946 年秋季注册学生为 874 人,其中 182 人是女生。一、二年级新生166 人,老生 680 人左右在杭州上课,三、四年级近 200 名学生仍留沪上课(称为之江大学沪校)。考虑到杭州校区尚未完全修复,教具图书仪器一时未能完全恢复,暂时只有一、二年级在杭州校区,其余(包括部分教师)仍留沪上课。

### (三)举行建校 100 周年庆典活动

学校回迁后,各项工作开始步入正轨。原本应于 1945 年举行之江大学百年校庆活动,广大师生和校友早就盼望共襄这一盛事。过去,由于抗战时期,学校颠沛流离,尚在外地,难以举行。现在,这件大事迫切地提到了全校师生的面前(虽然晚了一年)。为此,校董事会决定于 1946 年圣诞节,在杭本部举行之江大学建校 100 周年庆祝会(庆典活动),纪念之江大学自其前身——1845 年在宁波创办的崇信义塾以来所走过的历程和所取得的成就。李培恩校长在庆祝大会上致辞,他在热情欢迎各地校友回校参加校庆活动的同时,回顾了学校百年来的发展和取得的成绩,以及在八年抗战期间,颠沛流离艰难办学的历程。还向广大师生和校友报告了目前学校教学和发展等各方面的情况。纪念活动热烈隆重,务实简朴。各地校友除在当地纷纷举行纪念活动外,还分别派出代表来杭与社会各界来宾和全校师生一起参加庆典活动,盛况空前。这也是之江大学历史上唯一的一次较大规模的校庆活动。

据说,曾担任过之江学堂南长老会代表和燕京大学校长的司徒雷登牧师于当年 10 月 19 日在参加杭州市授予其"荣誉市民"称号之暇,中午访问了之江大学,并在李培恩校长陪同下,在都克堂用杭州话向师生作了简明的演讲。[1]

### (四)学生参加"反饥饿、反内战、反迫害"运动和组织反"绩点制"斗争

1945 年抗日战争胜利后,国家处于十分虚弱的状态,民生凋敝,国家百废待兴,人民渴望和平,医治战争创伤。但是,历时一年的国共谈判最终失败,1946年秋,蒋介石为了维护他的独裁统治,置全国人民反对内战的呼声于不顾,悍然

---

① 沈建中、洪尚之:《之江名人》,浙江人民出版社 2010 年版。

发动了全面内战,把灾难深重的中国再次拖入战争的深渊。蒋介石这种倒行逆施,遭到了全国人民的强烈反对。全国各地反内战的游行示威此伏彼起,不断高涨。之江大学的广大师生也积极投入了这场斗争之中。

1946年夏,之大在上海复校后,重建中共之大党支部,当时有党员20多人。留沪学生在中共之大地下党领导下参加了争取民主、反对独裁、反对内战的运动,产生了广泛的社会影响。在杭学生于1946年6月13日参加了浙江大学等20多所大中学校学生5000余人举行的反对国民党出卖国家主权和挑起内战的集会游行。之江大学教务长兼教育系系主任林汉达教授,爱国民主人士陶行知先生和王绍鏊先生等组成集会游行主席团,组织和领导了这次集会游行。

1946年12月24日,北京发生"沈崇事件",引起北京等地学生的强烈抗议。为声援北京,1947年1月1日下午,浙大、之大等8所学校2000余名学生举行游行示威,游行队伍从浙大出发,一路上群情激愤,高喊"美国佬滚出去"等口号。

1947年4月,学校通过民主选举,成立之江大学学生自治会,学校民主运动开始活跃起来。

1949年5月,沪杭两地学生以各种形式开展"反饥饿、反内战、反迫害"的红五月运动。5月24日,浙大、之大等组织12所在杭大中学校的3000余名学生再次举行"反饥饿、反内战、反迫害"示威游行,沿途高喊口号,张贴标语,散发"抗议书"、"五二〇血案真相"等传单。

同时,由于学生对校方实行的"绩点制"成绩考核制度普遍不满,杭校学生自治会向校方提出取消"绩点制"的要求,得到广大学生的热情支持,但遭到校方的反对和拒绝。于是,5月16日自治会召开全体学生大会,提议罢课三天,并继续要求校方取消"绩点制"。这场斗争遭到学校当局的反对,省军警当局派出大批军警进入校园,强行解散学生自治会,迫令学生离校。校方随即由教务处贴出布告,宣布即日停课,提前放假,并要求学生离校。这一斗争得到了沪校学生的积极响应。为平息这一事件,校方对沪校学生采取了一定的让步措施,承诺可不计"绩点",而对杭校则采取强硬手段,以"煽动学潮、不听教诲"为名开除薛家德等10人学籍,又以"学业成绩不佳"为由,勒令40多名学生退学。为此,之大学生进行了抗议控诉,迫使校方对半数以上被开除学生收回成命。但学校始终拒绝废除"绩点制"。

### (五)积极参加助学救济活动

1946年夏,各西迁学校复员后,由于战争创伤,民生凋敝,许多学生生活极度困难。为救助这些学生,在杭学校成立了"杭州学生救济助学运动委员会",

负责办理学生救济事宜。学济委由浙大、之大等学校负责人,社会人士和男女青年会的总干事等组成。聘浙大竺可桢校长任主席、之大李培恩校长任副主席、杭州艺专校长潘天寿为顾问,积极开展助学救济运动。为筹集救济款项,学济委还组织募捐小分队,到街头、酒楼、茶馆等地进行募捐和义卖,得到社会各界的广泛支持。

同年11月,在浙大师生强烈抗议和声讨国民党当局制造的"于子三惨案"的学生运动中,之大部分进步学生不顾校方的政治高压和阻挠,参加了浙大举行的"于子三追悼会"和声援活动。

这一年,学校还在头龙头和三龙头新建了供学生实习之用的木工、锻工、铸工、钳工等工场1500余平方米。新建教职员住宅多所。

### (六)教育部核准之江大学为综合性大学

1948年8月,国民政府教育部核准之江大学为拥有3个学院(即文学院、工学院、商学院)的综合性大学,李培恩仍为校长。李培恩兼任商学院院长及银行系主任,顾敦柔任教务主任兼代理文学院院长,后来顾赴美由陈世振任教务主任,队克勋代理文学院院长兼外语系系主任,廖慰慈任工学院院长,郭绍虞任中国文学系系主任,慎微之任教育系系主任,应尚才任机械工程系系主任,罗天利任政治系系主任,顾世楫任土木系系主任,王华彬任建筑系系主任,殷明禄任工商管理系系主任,安绍芸任会计系系主任。

### (七)学校得到进一步发展

经过几年的恢复建设,学校规模得到了较大的发展。据记载,此时,学校已有学生889人,教职员104人,当年毕业生有84人。随着学生人数的增加,学生宿舍日趋紧张。为增加床位,学校将东斋、西斋的屋顶加开天窗,阁楼辟为宿舍,可使每幢增加40多个床位。当时,由于时局原因,秋季开学,学校决定将机械系、建筑系二至四年级学生迁往上海上课。

抗战中的之江大学,虽然遭到严重破坏,损失很大,但复员后迅速得到恢复,师资力量明显增强。学校知名教授有:文学院的黄式金、林汉达、吴其玉、王焕镳、王季思、胡士莹、佘坤珊等;工学院的廖慰慈、顾世楫、李恩良、应尚才、周承祐、张闻骏、周正、陈端柄、王华彬、陈植等教授;商学院的胡继瑗、蔡竞平、王公维、卢怀道、朱君毅、倪惠元、胡继聪、徐钟济、严仁赓,以及陈嗣虞、张烨、吴金堤等教授。

### (八)学生选举产生新的"学生自治会"

这一年冬,解放战争已见端倪,国民党大势已去。蒋管区物价飞涨,广大人民处于水深火热之中。"反内战、反饥饿、反迫害"运动风起云涌。之大师生也对国民党反动统治从失望、不满到反抗。之大校方极力阻挠,反对学生参加校外活动,禁止学生外出,禁止学生除宗教团契活动以外的任何集会和结社活动。学生们冲破阻力,一方面纷纷走向街头,参加示威游行;另一方面准备迎接新时代的到来。学生自治会还出版《新之江》刊物,传播解放战争胜利发展的消息。许多学生在校园内组织教唱革命歌曲,排练舞蹈秧歌。而外籍教师则纷纷打道回国,只有队克勋、罗天利等少数外教留在学校观望而未走。

1949 年春季,学生选举产生新的"学生自治会",同时成立了"应变委员会",组织护校队,以迎接杭州解放,维护学校治安和保护学校财产等。春季开学,沪、杭两地在校学生达 1066 人(其中女生 179 人),沪校学生 162 人(其中女生 50 人),教职员 122 人,设有文、工、商等 3 个学院。

### (九)宗教活动坚持不辍

之大基督教青年会是一个历史悠久、会员较多的学校宗教社团组织。之大抗战时期搬到上海办学期间,青年会与上海的沪江大学、圣约翰大学、东吴大学等学校的团契组织参加上海基督教学生联合会的活动。1946 年迁回杭州时,青年会有会员 200 余人,分设三四个小团契,有 Grace 团契、德瑞团契等。当时青年会的会长是周启元和葛悦仙。

1947 年 4 月,之大、浙大和医专三校团契负责人在之江大学举行了一次各院校团契成员进修会,议拟组织成立杭州基督教学生联合会。4 月 27 日,各校团契各派代表 2 人组成筹备会,共商筹备事宜,选出之江青年会葛悦仙任主席,并推定之大负责拟订工作大纲。会议还酝酿了举办三校联合夏令营事项,并分别于当年的 6 月 30 日至 7 月 6 日、1948 年的 8 月 2 日至 9 日,连续在莫干山举办了两期联合夏令营。

1948 年 2 月 8 日至 12 日,在上海沪江大学召开全国基督教学生领袖进修会,"杭州联"派出了 3 位代表参加。"杭州联"还成为"中华基督教学生团体全国联合会"组织的执行委员单位。

# 三  流产的华东联合大学

值得一提的是,就在各校恢复办学之际的 1946—1948 年间,之江大学等一批华东地区教会大学曾有过一段计划合并的插曲。

当时,美国长老会华东差会从教会大学的发展战略考虑,提出了一个将华东地区东吴大学、圣约翰大学、金陵大学、沪江大学和之江大学等 5 所分布在华东地区的教会大学合并成立一所"华东联合大学"的构想。为此,成立了一个由5 所大学各派一名代表组成的联合大学计划委员会,就具体事宜进行研究、磋商。李培恩校长受学校委派作为之江大学的首席代表参加该委员会的工作。1946 年夏季,对这一计划表现积极的东吴、圣约翰、沪江和之江 4 所大学的代表,花费大量时间进行具体研究、规划,并提出了一个初步设想方案是:相同系科实行合并,文、理科集中于圣约翰,工科集中于之大,圣约翰和东吴的高中设在东吴校园,之大在杭州重新开办高中。虽然这一设想经各方协商后,到 1947年春已被 3 所学校基本接受,但最终还是因在校址选定这一重大问题上意见不能统一而搁浅。东吴和之大觉得圣约翰校园太小,发展空间不够,而且流经圣约翰校区的苏州河是一条散发着臭味的污水河,长期在这种环境下学习生活,于师生健康不利,建议另觅新校区。李培恩校长赞同这一意见,但认为,新校区面积至少不能小于 1000 亩。而圣约翰觉得,他们学校在当地已发展得不错,舍不得搬迁,并认为建新校区花费必然巨大,超过各校的经济能力,难以承担。至此,整个联合大学计划陷入僵局。最终,首先凉了心的圣约翰大学开始单独招生;接着,之江大学和东吴大学也先后单独招生。筹备了两年多时间的"华东联合大学"的计划最终因意见难以统一而于 1948 年春宣告流产。

# 第 10 章　新中国成立后的之江大学

　　1949 年 10 月 1 日，中华人民共和国宣告成立。随着国民党政权在大陆的覆灭，灾难深重的旧中国获得彻底解放，帝国主义、殖民主义在中国横行了 100 多年的历史行将终结。从此，人民当家作主，历史翻开了新的一页，而具有 100 多年历史的之江大学也将面临新的历史命运。

## 一　之大解放，李培恩辞职

### （一）之大解放，军民联欢

　　随着国民党军队的节节败退，南京、上海先后解放。1949 年 5 月 3 日，杭州获得解放。当天，解放军先头部队从五云山、云栖方向追击国民党军队，并迅速控制了钱塘江大桥，在消灭了企图炸毁钱塘江大桥的国民党残敌后，进驻之江大学，受到广大师生的热情欢迎。据说，当时有学生在钟楼升起一面自制红旗，以表庆祝之大解放之意。学校安排东斋供部队入住，是晚，在西斋前边的网球场举行了军民联欢晚会，驻军部队首长发表了讲话，军民同台表演了精彩节目。

### （二）李培恩校长辞职

　　部队进驻后，局面很快稳定下来。5 月 5 日，学校照常上课。但在广大师生欢庆新生的时刻，李培恩校长却以年事已高为由匆匆提出辞职，并离校赴沪，从而也结束了其担任近 20 年之久的之江大学校长之职和在之江大学 20 多年的从教生涯，而且，从此再也没有踏进过之江大学。到上海后不久的 6 月 18 日，李培恩与董事会见面，并正式提交了辞呈。但可能考虑到他在之江大学主政近 20 年，对之大的建设和发展曾作出过重大贡献，也可能是董事会有意挽留他，故董事会并未直接接受其辞呈，而是决定让执行委员会决定此事，同时给了他 6

个月的全薪假。

### (三)成立校务委员会,稳定学校局面

杭州解放后,之江大学在地下党的领导下,在进步青年学生的带领下,积极参加革命和建设工作。5 月 13 日,之大有 20 多名同学被杭州市军管会抽调去参加军管工作。接着,又有 200 多名毕业生响应党的的号召,踊跃报名参加浙江省干部学校学习培训,3 个月后参加革命工作。7 月初,又有 30 多名同学报名参加杭州市青年干部学校学习培训,经过培训,这些学生即被派往省内各地参加政府的接管工作。

为维护学校的稳定和正常运行,6 月,校基金会在沪召开会议,决定委派何惟聪、胡继瑗、廖慰慈组成校务委员会主持学校行政工作。8 月,何惟聪辞去主任委员职务,随即成立了由周正、吴其玉、何翘森、廖慰慈、胡继瑗等 5 人组成的校务委员会,主持学校行政工作,校董会推荐周正副主任委员代行主任委员职权。据说,当时广大师生纷纷要求改革校政,并电请林汉达教授回之大出任校长。林汉达复电勉励师生“希望努力学习毛泽东思想,为人民服务”。

同年夏,为便于沪校教师就近指导,建筑系三、四年级的 39 名学生迁沪上课。在沪师生还在课余举办之江义务夜校,为当地职工教习文化,开展扫盲工作,获得社会好评。

当年秋季开学,注册学生有 872 人(其中女生 136 人),包括:文学院 107人,商学院 246 人,工学院 519 人,当年有毕业生 31 人,教职员工 89 人。

杭州解放后,国民党军队尚未肃清,他们经常派飞机到内地轰炸、骚扰。蒋介石多次派飞机轰炸钱塘江大桥,之江大学时常受到影响,许多建筑的玻璃门窗也被震破。这种情况直到 1950 年初,国民党残余全部败退到台湾后才停止。队克勋在《之江大学》一书中记述:“1950 年 2 月 20 日,国民党的飞机炸毁了离校园一英里半的闸口电厂,使学校断电两周。由于我们离电厂很近,炸弹引起校园居民的恐慌;妇女和孩子惊吓得四处跑着寻找安全地点。……为表达我们对受害者的关心和同情,由教职员、学生 105 人组成的慰问组走访了闸口电厂工人,他们得到了极大安慰,并被基督的友爱精神深深打动。”[①]

### (四)共产党组织在之大公开活动

解放初期,之江大学的党组织力量还很薄弱,只有 5 名党员,曾钜生任党支部书记。这时,党组织还未公开。1949 年 8 月,之大发展了 9 名共青团员,由曾

---

① 队克勋著,刘家峰译:《之江大学》,珠海出版社 1999 年版。

钜生兼任团支部书记。1951年上半年,团员发展到近100人,随之建立了团总支,曾钜生担任团总支书记。1951年3月,上级组织调林新民来之大任政治课教员,并任之大党支部书记,同时,党支部正式公开活动。[①]

# 二 新政府接管,改为公立

## (一)维持私立性质,外籍教师开始回国

新中国成立初期,为稳定学校教育秩序,对私立大学采取"积极维持、逐步改造、重点补助"的新政策。要求取消"党义"、"三民主义"等课程,增加政治思想教育课程,加强学生的爱国主义教育,新开设了"社会发展史"、"辩证唯物主义"和"时事政策"等课程。实行教会与教育分离,保障师生的宗教信仰自由,宗教课列为选修课。同时,根据政府对教会学校的政策,改组校董事会,学校行政和董事会均由中国人接管。

当年底,大部分外籍教师离开学校回国。

1950年春季开学时,有学生771人,教职员124人。原事务部主任戚光裕辞职,由张磐荪接任,王驾吾任中国文学系系主任。

1950年6月26日,学校举行毕业生典礼,总共有131名学生毕业,有124名完成了学业获得毕业文凭,毕业生人数分布为:文学院25人,商学院42人,工学院64人。

## (二)黎照寰出任之大校长

,1950年7月1日,原上海交通大学校长黎照寰博士被任命为之江大学校长,周正为副校长,钱钟祥代理教务长,何翘森任副教务长,代理总务长为张磐荪。学校逐渐稳定下来。

1950年,朝鲜战争爆发,是年冬,我国出兵援朝。学校成立抗美援朝委员会,动员和组织师生参加抗美援朝及有关活动。学校开展反帝爱国教育和思想改造等政治运动。

## (三)调整学校院系结构

1950年8月,经华东军政委员会教育部批准,校系机构进行了调整,将原文、商、工3个学院调整为文理、财经、工学院3个学院,共设12个学系。其中,

---

① 吕树本:《私立之江大学》,《浙江教育史志资料》1989年第3期。

文理学院(周正副校长兼任院长)设有中国文学系(王焕镳任系主任)、外国文学系(黎照寰兼任系主任)、政治学系(吴其玉任系主任)、教育学系(张文昌任系主任)、数理学系(周正兼任系主任)等 5 个系;财经学院(胡继瑗任院长)设有会计统计学系(卢怀道任系主任)、工商企业管理学系(蔡竞平任系主任)、财经金融学系(宗植心任系主任)、贸易学和经济学系(胡寄窗任系主任)等 4 个系;工学院(廖慰慈教授任院长)设有土木工程学系(李恩良任系主任)、机械工程学系(陈近朱任系主任)、建筑工程学系(陈植任系主任)等 3 个系;另设有体育部,张强邻任主任。

但不久,由于美国发动朝鲜战争,特别是辅仁大学(天主教大学)原校长、时任教务长芮歌尼(Harold W. Rigney)强烈抵制在教会大学开设马列主义政治课,并停止向该校拨款的事件发生后,迫使国家收回辅仁大学教育主权,这也成为"撬动新中国基督教教育政策改变"的杠杆,使政府不得不重新考虑私立教会大学的政策问题。

秋季开学时,有学生 904 人(其中女生 136 人),毕业生 31 人,教职员工 132 人。

1950 年 11 月 6 日,为进一步改善学校教学条件、提高教育质量而兴建的工程馆举行了奠基仪式。时任中华基督教会执行干事、校董事会主席崔宪祥博士主持了仪式。该楼于 1951 年秋季建成后投入使用。

### (四)之大师生积极参加抗美援朝斗争

1950 年 10 月,美国悍然发动朝鲜战争,激起了全国人民的反美浪潮。特别是 11 月 28 日,美国驻安理会代表奥斯汀在安理会讨论中国政府提出的"控诉美国侵略台湾案"时,发表的以"美国基督教教会在中国所办的 13 所大学"和"美国在华所资助的小学和中学"为例,说明百余年来,美国对中国人民的"恩赐"与"友谊"的长篇演讲,更加刺激了中国人民的感情,使全国兴起的反美浪潮更加高涨。教会大学也被推到了风口浪尖上。

1950 年 12 月 9 日,杭州市教会学校师生举行了声势浩大的"一二·九"爱国大游行。据载,之江大学有 92%的学生参加了这次游行。学生们还积极参加到街头宣传活动中,有 450 余位同学组成 6 支宣传队,在江干区一带进行街头宣传活动。广大青年学生还积极响应政务院和中央军委发出的"知识青年参加军事干部学校"的号召,有 170 多位学生报名,最后被批准入伍的有 26 人。①

在抗美援朝运动期间,省市领导十分关注之江大学的动态,为帮助之大广

① 吕树本:《私立之江大学》,《浙江教育史志资料》1989 年第 3 期。

大师生认清美帝国主义的侵略本质,市委宣传部部长俞铭璜、市青委书记乔石和省级机关负责干部陈冰、顾德欢、俞仲武等先后亲临之江大学向广大师生作动员报告,阐述抗美援朝的伟大意义,揭露美国的侵略阴谋,激发师生的爱国精神。面对中国人民和教会学校师生的觉醒,美国政府冻结了中国人民和教会学校在美国的财产,企图以此来威胁教会学校师生的生活。美国的这一行径,激起了之江大学师生的愤慨,纷纷发表宣言和谈话进行谴责。

为进一步清除美国教会对教会大学的影响,1951 年 3 月下旬,之大举行了"肃清美帝文化侵略影响周"。通过举办揭露美帝文化侵略展览会,召开控诉美帝罪行大会等活动,集中批判了在一些师生中存在的亲美、崇美、恐美思想,有效地提高了广大师生的政治思想觉悟。全部师生参加了 4 月 1 日杭州市宗教界举行的反对美国武装日本的爱国大游行。

关于之大开展的这次爱国主义教育运动,在浙江省档案馆馆藏的一份 1951 年 11 月写的题为《之江大学与帝国主义割断联系后的整顿与改造工作总结报告》中也作了一些记述:"爱国主义教育是结合抗美援朝、镇压反革命两大运动进行的,希望彻底肃清崇美、亲美、恐美的思想。……一年来,通过客观现实教育,基本上改变了迷恋美帝国主义的堕落文化的思想,但殖民地意识仍自觉不自觉地在一部分人的脑子里及生活方式上存在。今年暑假中,有些基督徒参加集中学习,有了初步认识,8 月开学后,就在这个基础上展开团契学习及对反动教徒的控诉。……"①

### (五)新政府接管,改为公立

1951 年 1 月 16 日,教育部根据政务院发布的《关于处理接受美国津贴的教会学校及其他教育机关的指示》,召开了处理外国津贴高等学校会议。校董事会董事长顾惠人、校长黎照寰及学生代表曾钜生等 3 人代表之江大学参加了这次会议。会议确定了处理原则、办法及接收工作中的具体政策和措施,并决定收回教育主权。指出:在处理过程中,一般地维持学校现状,不迁校,不合并,不调整院系;政府接办的学校,经费照旧,私立学校因外国津贴停止而发生困难的,政府予以适当补助,各校神学院暂维持现状;学校中原有美籍董事应一律解职,美籍人员不得担任行政职务,美籍教师除反动有据者应予辞退外,其余均可留任,如坚决不愿留任的,可允其离开;中国员工一般原职留用。②

会上,教育部副部长钱俊瑞、曾昭伦还专门与之大代表单独座谈半天,反复强调了收回教育主权的重大意义。阐明党的政策,对之大今后的工作作了指

①②　周东华:《民国浙江基督教教育研究》,中国社会科学出版社 2011 年版。

示。并要求之大全体师生在爱国主义的旗帜下团结起来，共同办好人民的之大。代表们回校传达后，得到广大师生的坚决拥护。①

1951 年春季开学，学生有 750 人。

1951 年夏，浙江省政府根据《教育部关于处理接收美国津贴的教会学校及其他教育机关的指示》精神和随后拟定的处理方案，之江大学由政府接收并改为公立。浙江省教育厅由刘丹厅长来校进行接收。这不仅标志着教育主权的收回，也表明之江大学从此割断了与美国的一切联系，特别是教会的津贴。黎照寰校长移交手续办结后离开之江大学回到上海。

根据中央政府政策规定，之江大学不再接受也得不到任何外国经费，经费来源主要靠新政府拨款或本土社会捐助，以及收取学费。

朝鲜战争的爆发既波及教会学校的存亡，也波及美籍教师的去留，一批美籍教师纷纷离校回国。1951 年 3 月 5 日，之江大学最后 3 名美籍传教士罗天利夫妇和队克勋离校回国。

收回教育主权的决定虽然得到广大师生的拥护，但也有一些人存在矛盾心理。据浙江省档案馆馆藏的一份 1951 年 11 月写的题为《之江大学与帝国主义割断联系后的整顿与改造工作总结报告》中记述："对高等学校院系调整的看法，这是一个新问题，而这个问题在之江大学又特别显得突出，主要的思想情况有下列几种。一般来说，个人利益与国家人民利益的矛盾不能得到适当的选择。有些人顾虑'之江大学'的校名问题，认为院系调整之后，'之江'的名字不存在了，这有三个看法：一个是保守的看法，认为之江有百余年的历史（虽然只是帝国主义文化侵略的历史），不能一下子去掉；一个是温情的看法，多少有些感情上的联系；一个是'之江'这个名字对有些人还存在着'堡垒'作用，他们用各种不同的方法想保存这个堡垒，这种人是很少很少的少数。……"②

### （六）师资力量进一步充实

至 1951 年时，学校的建置已比较完整，师资力量较强，除一批担任学院院长和系主任的知名教授外，其他教授还有：朱君毅、吴辛安、王华彬、汪定曾、朱福炘、许梦琴、罗邦杰、谭垣、张充仁、郭家麟、白郁筠、倪惠元、朱乾嘉、王仁东（兼任）、徐纪楠、胡士莹、朱正元、慎微之、徐经济、程英琦、沈文辅、周子亚、陈从周、谢文钿、袁文伯、吴嶨、钱家欢、洪逮吉、俞铭璜、顾敦柔、焦绩华、王子香、仇俭、许文雨、任铭善、孙萧、张烈、杨得云、张树森、陈崇礼、吴景祥、鲍冠儒、佘坤

①　吕树本：《私立之江大学》，《浙江教育史志资料》1989 年第 3 期。
②　周东华：《民国浙江基督教教育研究》，中国社会科学出版社 2011 年版。

山等 40 余人,他们均为国内学界知名人士。讲师有徐次达、张勇昇、吴兆汉、任传丰、童兢昱、许保和、何鸣岐、李华英、章申、周其恭、王魏轼、吴一清、张嘉邻、蒋礼鸿、廖增瑞、鲍毓璋、黄一民等人,他们后来也均成为国内 60 年代后的学科带头人和教学骨干。

### (七)教会的宗教活动照常进行

解放初期,由于贯彻宗教信仰自由的政策,之大的宗教活动未受到大的影响,各项活动照常进行。据队克勋记载,"何翘森是负责这项工作的主席,宗教活动集中于 6 个学生基督教团契、1 个教员团契和 1 个工人小组。估计有 15% 的学生和 40% 的教职员是基督徒。举行了一些有益的灵魂复活聚会等活动。大约有 150 名学生和乡村基督徒加入了教会,有 4 人受洗。闸口公益社每天的圣经课有 70 名成人和孩子。"1951 年 3 月,队克勋离开学校回国途中曾回顾说:"到我们离开时,校园里的宗教生活没有受到限制,教会活动和祈祷聚会,师生团契、唱诗班和一系列计划好的复兴会议都照常进行。""1950 年,在学校和杭州都举行了圣诞节的庆祝活动,气氛比往年更热烈。彼得·蔡牧师和妻子艾利娜虽然住在杭州朱家桥差会驻地,但还是定期去之大领导大学教会和唱诗班,并很快赢得会众的信任。"①

1951 年下半年,之江大学开展了基督教"三自"(自传、自养、自治)革新运动。基督教各类活动开始在学校受到一定的约束,基督徒也开始接受新思想的教育。

# 三 全国高校院系调整,之江大学撤销

20 世纪 50 年代初,为了使我国高等教育的发展适应当时国家经济建设的需要,尤其是受苏联高等教育模式的影响,全国高校开始进行院系调整。它经历了以下几个阶段。

1951 年教育部制定了《全国工学院调整方案》,并召开全国工学院院长会议。会议决定以华北、华东、中南地区的工学院为重点作适当调整。其中:将浙江大学改为专科性工业高等学校,校名不变;将之江大学工学院的土木、机械(除航空工程系并入中央航空学院外)两系并入浙江大学,浙江大学的文学院合并入之江大学;将南京大学的工学院划分出来,和金陵大学的电机工程系、化学工程系及之江大学的建筑系(一部分)合并成立独立的工学院(南京工学院,即

---

① 队克勋著,刘家峰译:《之江大学》,珠海出版社 1999 年版。

现在的东南大学）。

　　1952 年 2 月，中华人民共和国政务院颁布《关于改革学制的决定》，高等学校院系调整随即在全国范围内全面展开，这也意味着教会大学在中国的命运行将终结。5 月，教育部制定并公布了 1952 年全国高等学校院系调整计划方案（草案），并在全国范围内有计划、有步骤地进行院系调整。根据教育部调整方案，其中：之江大学的商学院（后改为财经学院）改为浙江财经学院，一年后再并入上海财经学院；工学院建筑工程系在沪校上课的二、三、四年级学生暑假后并入上海同济大学，在杭州的建筑系一年级学生入浙江大学借读一学期，暑假后再并入同济大学继续学习；文理学院部分学系并入复旦大学；文理学院部分学系及部分数理、化学系与浙江大学文学院、理学院一部分，以及新中国成立后创办的浙江师范专科学校（后又将俄文专科学校并入）合并成立浙江师范学院（当时刘丹兼任院长），学院院址就在之江大学原址。之江大学教职员，除职工基本不动，教学人员原则上随所系、专业调动，图书及仪器设备也根据属性原则上随所系、专业调动。之江大学全部校舍 21356 平方米、图书 42736 册，以及档案材料等全部校产由新成立的浙江师范学院接收。

　　至此，之江大学结束了其在中国 107 年的办学历史。

　　此后，之江大学旧址移交给新成立的浙江师范学院作校舍，直至 1958 年浙江师范学院并入新成立的杭州大学后迁出。

　　1958 年后，之江大学旧址校舍改作中共浙江省委党校驻地。1961 年正式划归浙江大学至今。

# 第 11 章　之江大学的管理体制

美国在华开办的基督教教会大学,顾名思义是由美国教会主办。它不属于国家教育行政部门管辖,是私立性质的学校。它的管理模式一般都实行直线型管理,即长老会(通过在华差会)、董事会、校长逐级分层管理。基督教长老会是学校的拥有者和设立人(其权力机构为美国南北长老会差会托事部),也是大学事务的最终决定者。学校的办学经费主要来源于长老会的拨款。差会本部(总差会)在美国,另有在华差会。董事会分为海外托事会和董事会,分别由差会组织建立,是学校的最高权力机构。校长由学校董事会推选和任命,并受董事会领导,向董事会负责。另外,学校一般还设有副校长、教务长和校务委员会,分别受校长监督,对校长负责。

之江大学的前身是由美国北长老会在中国开办的一所教会学校。1840 年鸦片战争后,西方传教士纷纷涌入中国的所谓"五口通商口岸",美国北长老会主要以宁波、杭州、上海和苏州等地为据点,设立长老会华东差会(East China Mission),而南长老会则组成了中国中部差会(Mid-China Mission)。1908 年之前的崇信义塾及后来的育英学堂一直由美国北长老会出资兴办。

早期的崇信义塾还谈不上什么管理体制,因为学校规模小,学生人数少,一般也就二三十人。办学层次低,只有小学、中学程度。教职员也很少。一般由一人负责学校事务,几位教师(牧师)负责教学。直到 19 世纪末,学校初步发展成为一所具有现代高等教育程度的学校后,规模才有所扩大,特别是学校迁址到二龙头后,以及由南北长老会合办后,才逐步形成了一套自己的管理体制。

南长老会一直有与北长老会合办育英学堂的愿望。为此,早在 1902 年,美国在华长老会就在上海召开了一次关于在华长老会联合的委员会会议,并最终达成了联合。在这种背景下,南长老会华东差会于 1905 年前后提出了与北长老会华中差会合办育英书院的动议,并商定由两个差会共同指定一个协调教育工作的委员会进行具体协商和操作,经过几年的努力,于 1908 年作出了北南长老会合办育英书院的决议。决议确定两个差会各指定四名代表组成一个联合委员会,负责联合计划的制订等事项,并商定自 1910 年春季学期正式开始联合。

之江大学由南、北长老会合办后,其办学经费由两个差会共同承担,并共同决定学校的大政方针,两个差会也就成了校产的共同所有者。

之江大学董事会全面掌握和监督学校办学方针政策的执行。董事会负责任命学校的校长及行政管理人员,教授及教学人员,确定教师的工资和学生的学费;控制学校的土地买卖,楼房的建造和其他校产的保管和扩充;负责学校的财务审计,财产确认,并定期向差会托管部汇报学校情况。在每年学校工作临近结束时,由董事会主席主持召开一次董事会年会,听取学校工作情况的汇报和下一年工作的计划等事项,并研究决定有关事项。

之江大学董事会最早由华中差会(即北长老会)于 1906 年建立,当时由杭州、苏州、上海、宁波布道站各出一人,大学教员出一人,组成董事会,并于同年 11 月召开了第一次会议。

1908 年南北长老会联合后,又成立了一个代表两个差会的新董事会,并于 1909 年 11 月 6 日召开了第一次会议,通过了几项重要决议:聘任裴德生校长,司徒华林(Warren H. Stuart)牧师(司徒雷登之弟)为教授。1909 年,董事会又通过了大学章程,并很快得到了当地差会及在美国的资助母会的批准。

因为是教会在中国开办的私立学校,受不平等条约的保护,不受中国政府管理,所以,早期之江大学的董事会成员都是清一色的美国教会人士。如 1911 年的 6 名学校董事会成员中,分别是来自南长老会的布林恩(J. Mercer Blain)、司徒雷登(J. Leighton. Stuart)、哈得逊(W. H. Hudson)和来自北长老会的艾斯北(J. M. Espey)、巴包(F. W. Bible)、叔美客(J. E. Shoemaker)。

1926 年 10 月,中国国民政府大学院颁布了《私立学校校董会设立规则》,规定:"外国人不得为校董;但有特别情形者,得酌量充任,惟本国人董事名额占多数;外国人不得为董事长,或董事会主席。"由此,各教会大学校董会的中外人员结构遂发生大变。

之江大学到 1926 年董事会成员已增加至 15 名,其来源分别是:杭州、苏州、宁绍和嘉兴长老会的代表及校友会代表各 1 名,长老会华中差会代表 3 名,华东差会代表 4 名,长老会和校友会选出的代表三年一任,另外还有 3 名前任委员:校长、教务长和费佩德先生(Robert EFiteh)。这 15 名董事会成员中有 6 名为中国人,占三分之一多。董事会成员的改变一定程度上反映了之江大学逐步融入中国教育体系,但并未完全接受中国政府的管控。学校一切重大事项的决定权仍掌握在差会手中,以至于 1928 年发生差会托事会抵制之江大学向国民政府教育部注册登记,并由此发生之江大学当年停办一年事件(按照教育部的要求,在华私立学校必须向国民政府教育部注册登记)。直至在全校师生和广大校友的强烈要求下,才于 1929 年秋季复学,1930 年以"之江文理学院"的名义向教育部申请注册,1931 年获得批准。1930 年向政府注册登记后,设立人移交给中华基督教会总会执行委员会。从此,之江大学的一切事务才真正交由中国人掌握和决定。但其管理模式基本没有改变。

校董事会下设行政委员会,由 5 名成员组成,并由董事会任命主席和中英文秘书。行政委员会负责处理一切校内事务。行政委员会每年 11 月初举行一次常规会议,研究学校事务,并且准备向学校董事会和差会作年度报告事宜。校长和教务长作为行政委员会的前任委员,必须参加行政委员会的所有会议和讨论,但不具投票权。校长负责学校一切行政事务的实施,监察学校行政人员工作。同时,校长是大学与外部社会之间联系的桥梁,代表大学处理与国内外校友会、其他大学以及政府等之间的关系。校长每年必须向董事会报告学校教学、研究、建设以及财务等情况,他还负责主持校务委员会议,他有权向行政委员会、教职工会议和董事会提名学校的行政人员,但他的决定必须征得全校教职员工、行政委员会的同意。①

总之,无论哪种管理体制,校长都是不可或缺的,而且是关键人物。之江大学早期的校长都是外国传教士,而且人选更替比较频繁,不像其他教会大学长期只有一两位校长执校。早期的之江大学(包括其前身)先后有 10 多位牧师担任过校长或负责人。

---

① 杨聪玲:《之江大学办学形态研究——以抗战时期为中心》,复旦大学硕士学位论文,2009 年。

# 第 12 章　之江大学的办学理念与办学特色

综观之江大学及其前身在华 107 年的办学历史可以发现,它的存在和发展固然与当时的国际政治社会背景息息相关,与其他教会大学有着许多共同的特点。譬如,都是以传教为目的,但相比之下,之江大学的宗教传播特色更为鲜明。即使后来随着科学发展和时代进步,尤其是成为一所本科院校后,其教育理念、办学特色及教育教学方法等,除遵循一般教育规律外,仍然把传教作为办学的一个重要功能。除此之外,它在近现代科学文化教育方面,也有一些独特的办学理念和办学特色。

## 一　办学理念

### (一)鲜明的传教性质,兼授科技文化知识

#### 1. 以培养基督教徒为目标

早期,西方传教机构在中国传播宗教是他们实行文化入侵的重要内容。他们认为,由他们自己出钱出人在中国长期开办教会学校,培养中国本土的教牧人员来从事教会工作,比差会派遣传教士来传教要便宜得多、有效得多。所以作为教会学校,当初创办崇信义塾的目的是非常明确的,就是"因为学校首先被设想成福音机构","努力使教员和学生的内心保持浓厚的基督信仰"。

1904 年颁布的《杭州育英书院章程》,其第一款就明确规定:"本书院以造就人才为宗旨,首重立品,当考求敬天爱人之道为学问之根本。"可见,之江大学的办学目标就是培养信奉基督教的本土的神职人员。这也是西方教会大学在中国办学的根本目的。

教会学校的这一传教性质决定他们在培养对象上,首先招收男童。因为他们知道,要培养一名忠实的基督教徒,必须从小抓起,通过圣经教义的灌输,教

化他们幼小的心灵。崇信义塾就是为着这一目的而开办的一所男童寄宿教会学校。

但西方传教士到中国的初期,基督教作为西方异教并不被中国人所接受,可以说阻力重重,普遍受到中国人的排斥。尽管学校可以免学费,还提供吃、住、衣、医,条件优厚,但家境好的家庭一般是不愿意把自己的孩子送到这里来的,只有一些家境困难的家长不得已才把自己的孩子送到这里寄读。能招收到的学生始终不多,所以,崇信义塾在校学生最多时也不超过 30 人。

### 2. 以基督圣经为主要教材

为此目的,他们在课程设计上,则用大量的时间安排学生学习基督圣经和教义问答,以及做礼拜。虽然也安排一些文化课,但目的是为了使学生能更好地理解教义和信仰基督教。因为"在学校住了几年的学生比不识字也没有学过圣经的信徒,在基督信仰方面有更清晰的理解"①。另一方面,也为了增加学生的知识,将来更好地适应教会或其他有关工作需要。当时差会明确规定:"所有差会布道站都要雇佣在教会学校受过培训的本土助手。"这与它的培养目标是一致的。据记载,这所学校早期毕业的学生,绝大部分都成为各类教会机构的教牧人员。

据载,崇信义塾安排的主要科目,除了圣经和教义问答外,还有经学、作文、算术、书法、地理、天文和英语等。因为当时尚很少有可用的中文教材,学习英语就非常必要。

### 3. 以宗教活动教化学生

学校非常重视开展宗教活动,学校英语秘书 Kepler van Evera 曾在 1926 年董事会年会上说:"如果没有宗教活动的开展,那么对学生的宗教教育将毫无价值。"对学生参加宗教活动也有着很严格要求,规定学生每天必须集体做礼拜,参加各类宗教活动。之江大学学生的宗教活动包括常规的每日晨祷和礼拜日祷告,每位学生必须到堂参加,不得擅自外出,即使不信教的学生也必须参加。另外,学堂内设有基督教青年会,"每礼拜日晚聚集讲求道德,以培养青年而增进其人格,凡学生均望会集,互相激励而获实益。会中设有查经班、布道团,学生中有志宣扬救道者得以随时练习"。

据载,早年之江大学的宗教活动开展得非常活跃,除教堂内的祷告活动外,经常组织"祈祷会"、"灵礼会"、布道讲经,每天举行晨更晚祷。学校还"成立了学生自愿布道队,每个寝室都设有一个布道队,每周所有布道队在教室举行一次联合的祈祷"。"后来,被取消代之以主日学校,在司徒华林夫人的带领下,学

---

① 队克勋著,刘家峰译:《之江大学》,珠海出版社 1999 年版。

校组织了两个主日学校：一个在闸口，另一个在南星桥，共有小学生 41 名。学生每天傍晚可以到邻近村进行布道，以便让学生能够有亲身实践的机会。在司徒华林掌校期间，学生的宗教生活呈现出了欣欣向荣的景象。"①

"自由"、"团契"、"服务"是基督教开展活动的三个基本原则，是由"人是上帝的儿女"的信仰中推演出来的。团契是指教会和其他形式的基督教聚会，其旨在增进"基督教与慕道友共同追求信仰的信心和相互分享、帮助的集体情谊"。团契生活是基督教最基本的和非常重要的教会生活。

之江大学师生的基督教团契活动也非常活跃，而且组织颇为严密。据统计，"1930 年，学校有基督教团契 16 组；1939 年有团契 14 组 160 人，1940 年有团契 16 组 200 人"。学生团契规定："团契中非基督教徒不得超过五分之二。凡不合团契宗旨之校外活动一概不准参加。"而且各团契组织主席团主席必须由宗教活动委员会的主席担任。② 把学校团契组织牢牢地控制在基督教势力之下，并为其传教事业服务。另外，之江大学还组织唱诗班。据说，唱诗班是教会非常主要的团契，其成员一般都是女性信徒，年龄相对较轻，以三四十岁的信徒为主体，故也被称为"青年团契"。唱诗班是教会活动中不可缺少的角色，他们以唱赞美诗为主，所以，教会的各种活动都离不开他们的参与。

4. 基督教徒占比较高

之江大学基督教徒的培养和发展，与其他教会大学一样，随着中国社会的进步，以及教会大学教育理念的逐步转变，在数量上也不断变化，基督教徒与非基督教徒的比例呈逐年下降的趋势。但作为教会学校的传教性质并没有根本改变。实际上随着历年本土基督教徒的培养，直到 20 世纪 30 年代，学校信教人员仍然有增无减。据队克勋记述：1930 年秋季的一项调查表明："大学部有25％的学生、中学部有 75％的学生承认自己是基督教徒。""1933 年，学生对宗教课的兴趣较前增加，有 140 人自愿选修圣经课。明思德博士担任牧师，大学教堂有了生气，在主日和平日去参加例行活动的人数增加了，一共有 126 名会众，……"其次，各类宗教活动也在校园比较普遍地开展起来。

另据中国基督教协会所编《基督教教会学校统计报告》的统计，之江大学1924 年入教学生比例高达 86.3％；而 1930 年仅为 12％，这可能主要是 1925 年发生"五卅"惨案后，受到国内"非基督教"运动，以及之江大学 1930 年发生的抗

① 杨聪玲：《之江大学办学形态研究——以抗战时期为中心》，复旦大学硕士学位论文，2009 年。

② 杭州文史研究会：《近代化进程中的杭州——民国杭州研究论文集》，杭州出版社2011 年版。

教事件的影响而致。但到 1936 年又上升到 27％。[1]

同时，毕业学生的就业去向也以教会机构为主。从 1905 年至 1914 年共 50 名毕业生中，有 20 名毕业生从事的是跟宗教有关的工作，16 名进教会学校当教师，14 名毕业生从事商业。据《浙江教育发展史》记载："在当时的教会大学中，与圣约翰、燕京等著名学校相比，之江大学对'神圣'的办学目标更为重视。1925 年 148 名在校学生中，116 名是基督教徒，占总数的 78％；截至 1926 年，218 名毕业生中，有 48 名是牧师，81 名在教会学校任教，为教会事业服务者占毕业生总数的 57％。校方和美国差会曾为此深感自豪。"[2]

可见，以传教为目的的办学宗旨的直接结果是基督徒比例在之江学生中一直维持在一个较高的水平。

徐以骅在《教会大学与神学教育》一书中也认为，之江大学的基督徒"其比例高于其他所有的教会大学"[3]。

即使到 1940 年，其比例仍然达到 30％左右（见下表）。

**1940 年之江大学第二学期基督教学生数统计**

| 学院 | | 一年级 | 二年级 | 三年级 | 四年级 | 借读 | 合计 |
|---|---|---|---|---|---|---|---|
| 文学院 | 学生数 | 59 | 41 | 34 | 15 | 1 | 150 |
| | 基督教学生 | 20 | 14 | 17 | 7 | 1 | 59 |
| | 占比 | 34％ | 34％ | 50％ | 47％ | 100％ | 39％ |
| 商学院 | 学生数 | 80 | 55 | 35 | 19 | 2 | 191 |
| | 基督教学生 | 19 | 23 | 6 | 6 | — | 54 |
| | 占比 | 24％ | 40％ | 17％ | 31％ | — | 28％ |
| 工学院 | 学生数 | 119 | 81 | 97 | 37 | 2 | 336 |
| | 基督教学生 | 23 | 18 | 40 | 9 | 2 | 97 |
| | 占比 | 23％ | 22％ | 41％ | 25％ | 100％ | 29％ |
| 合计 | 学生数 | 258 | 177 | 166 | 71 | 5 | 677 |
| | 基督教学生 | 67 | 55 | 63 | 22 | 3 | 210 |
| | 占比 | 26％ | 31％ | 40％ | 30％ | 60％ | 31％ |

资料来源：杭州文史研究会编：《近代化进程中的杭州——民国杭州研究论文集》，杭州出版社 2011 年版。

### （二）转变单一办学目的，促进学校向近现代教育发展

随着社会的发展和时代的进步，加上国内教育的兴起，必然形成对教会学

---

① 顾卫民：《基督教与近代中国社会》，上海人民出版社 2010 年版。

② 张彬等：《浙江教育发展史》，杭州出版社 2008 年版。

③ 徐以骅：《教会大学与神学教育》，福建教育出版社 1999 年版。

校的冲击。如果它继续固守其单一传教性质不变,对其办学必定带来更大的困难。同时,学校还有一批不信教学生,强迫他们参加各类宗教活动,必然产生抵触情绪,甚至造成对立。据载,1930 年曾发生在之江大学的一起不信教学生集体抗教事件,就是因为学校强迫他们集体做礼拜而引发的。后来由于政府的干预,才迫使学校不得不让步,并取消了这一规定。

形势迫使学校必须作出相应的变化,改变过去单一的以传教为目的的办学性质。其变化的最突出表现就是增加近现代科学知识教育内容。

1867 年,崇信义塾迁到杭州,并更名为育英义塾,这时学校也已发展为中学程度。文化课也增加了科学知识课程的比重,如开设哲学和自然科学等课程。可见,学校已开始从以传教为唯一目的,逐渐向传教和传播科学文化知识相兼顾的方向转变。特别是 1880 年裴德生牧师到学校任教并担任校长后,学校得到了更快的发展,开始开设西方现代科学技术课程,增加了算术、代数、几何、历史、化学、辩论和音乐等课程,英语成为一门单独课程。据说,这是当时一所高中学校所要求的完整课程。1897 年,育英义塾称为育英书院,已成为一所完备的初级学院。

因为裴德生毕业于理工科大学,有着良好的理工基础。除了加强科学基础知识外,他还十分注重学生动手能力和技能的训练培养,设立工艺科和手工训练课,开始建立实验室,开设实验课,指导学生制作实验仪器。20 世纪初开始,又开设了生理学、动物学等课程。这时,虽然宗教课仍是必修课,但其比重显然已大大降低。毕业生的去向也不仅仅是教会机构,而开始逐步增加了其他行业的比重。

1911 年 2 月,育英书院迁入秦望山新校址,学校更名为之江学堂。

1912 年,学校又进行了一次课程改革,除增加了政治经济学等一些课程外,英语增加了 3 个课时,其中历史、地理、逻辑和政治经济学采用英语教学(除初学者外)。其他课程,除了圣经必修课外,还有生物、化学、地质学、生理学、物理学、心理学和三角学等课程。可见,科学知识教育课程进一步得到强化。当然,这也是争取把学校办成一所完全大学的需要。

1914 年,之江学堂正式更名为之江大学,学校始成为一所真正意义上的本科大学。但作为教会大学,其传教理念仍然贯穿在学校的教育过程中,宗教课仍为必修课、学生必须参加集体做礼拜的规定仍未取消。随着时代发展,以及中国政府对外国传教事业的限制,之江大学的传教理念受到进一步的冲击。特别是 1927 年后,民国政府教育部规定:所有外国教会大学必须向中国政府申请立案注册登记,否则不予承认,同时出台了一系列限制性措施,如:校长必须由中国人担任、取消宗教课为必修课的规定等。起初,在美国基督教长老会抵制下,之江大学于1928年停办一年。但随着各方的呼声和压力,迫使校方不得不向政府提出注册申请,加上不信教学生集体抗教事件的发生,不得不取消强迫不信教学生做礼拜的规定,宗教课也只能作为选修课,并最终以"私立之江文理学院"的名义在政府获得登记注册。其以传教为目的的办学理念也逐步有所弱化。也正是其传教性质的逐步转变,才适应了中国教育的发展和需求,才促进了学校自身的发展和进步,进而使之江大学逐步发展成为一所有着文理、工、商多门类学科的综合性大学。

虽然随着社会的发展,教会大学的传教性质受到了削弱,但之江大学始终没有放弃它的传教功能,仍然保持一定的基督教气氛。宗教课的开设、基督信徒做礼拜的规定并未取消,直至新中国建立。由此可见,体现传教性质,兼授科学文化知识教育始终是它的一个鲜明的办学理念。

# 二 办学特色

## (一)实行学位制,毕业生授予学位证书

从之江大学的历史看,特别是自迁入杭州后,学校始终在为追求办学规模的扩大、办学层次的提升而不懈奋斗,并走过了一条从创办之初的小学、中学、初级(大专)学院到完全大学(本科)和综合性大学的办学轨迹。

教会大学普遍都非常看重获取学位授予权,可以说,这是教会大学办学的阶段性目标之一。因为获得了学位授予权之后,教会大学也因此可以提升到与国外大学同等的地位,而使自己在高等教育领域的竞争中占据优势地位。这是教会大学热衷于获取学位授予权的真正动力所在。事实上,这也成为教会大学用以自我夸耀的资本。当然,从中直接受益的还有教会大学的毕业生,正如学生们自己所感觉的那样,在国外执照下授予的学位将是一笔难得的财富,特别是能如愿以偿地到国外去深造,而且,"该生毕业之后,如赴美国求学,任入何省(州)大学校,均可得其承认,与美国大学生一律待遇"[1]。

之江大学也不例外,高度重视获取美国学位授予资格。学校不仅注意加强师资队伍的建设,而且注意按照美国大学的要求,不断加强课程改革和建设,提升学校的办学层次,增强办学实力,同时十分重视学位授予权的申报工作。1920年3月,全校教员会议通过了一个决议:要求董事会考虑之大继续发展成

---

① 周谷平:《近代中国教会大学的学位制度》,《浙江大学学报》(人文社科版)2004年第1期。

一个本科学校的所有可能性。依据这个决议,学校董事会研究决定向美国哥伦比亚特区提出大学立案申请,以求确立学校的办学地位,并得到社会的认可。为尽快促成此事,董事会责成时任校长司徒华林亲赴美国展开宣传游说工作,除募集办学资金、招聘人才外,其主要任务就是尽可能争取之大在美国立案。1920 年初,司徒华林校长肩负着学校董事会的重托,专程赴美国操办这件事。经过几个月的努力和四处活动,1920 年 11 月,美国差全会董事会批准了之江大学根据哥伦比亚法律进行立案。1921 年 2 月 5 日,之大托事部在华盛顿召开第一次会议,会议通过了有关立案和组织章程等一系列文件,关于立案的第三个文件列举了应开设课程,包括:天文学、生物学、化学、中国语言与文学、数学、现代欧洲语言、哲学、物理学、宗教学、社会学等课程。关于组织章程的第十个文件声明:"完成了预定学习课程的学生可获得文凭,完成全部大学课程的毕业生可获得适当的学位。"

1921 年 2 月,司徒华林校长满怀喜悦地带着美国差全会通过并颁发的"之江大学立案许可状"及关于立案的三个相关文件回到了学校。从而,之江大学获得了学位授权资格。这件事在之江大学办学史上具有里程碑意义,之江大学也成为我国高等学校实行学位制比较早的学校之一。

1922 年 6 月 17 日,学校举行了隆重的毕业生典礼大会,会上首次为获得学位的毕业生颁发了学士学位证书。

之江大学实施学位制度,因为是在国外注册立案,获得学位的毕业学生如果要到美国留学,可不经考试直接升入挂钩合作的大学深造,并可取得各挂钩大学认可的学位文凭,这既提高了学校自身的办学地位,又为毕业生顺利进入西方大学学习深造提供了便利条件。学位制度的实施,还有效地提高了学生学习的积极性,促进了教育质量的提高,也对中国留学教育的发展起到了一定的推进作用。

### (二)文理分科

学校获得大学立案后,进行了学制改革,开始实行文、理分科,这也成为我国高等教育史上比较早实行这一制度的大学。文科设有:中文、英文、教育学、地理学、历史、现代欧语、哲学、宗教学、社会学等课程;理科设有:数学、物理学、生理学、心理学、天文学、生物学、化学等课程。1922 年 2 月,校董事会通过决议,争取将之江大学办成为一所本科大学,并按照五年制大学的标准设置课程,包括:9 门中文课程、7 门生物学课程、4 门化学课程、5 门教育学课程、13 门英文课程、2 门地理课程、8 门数学课程、7 门物理学课程、5 门西语课程(2 门法语、2 门德语和 1 门希腊语)和 2 门西方哲学课程。

由于之大以文、理见长，工科专业只有土木建筑，还不能独立成为工科学院。所以，1931年，之江大学向政府申请立案时，也只能以"私立之江文理学院"的名义获准在政府立案注册（根据政府颁布的立案条例规定：一所学校至少要拥有3个独立学院才有资格以大学名义立案）。之大设文、理两学院，下设国文、英文、政治、经济、教育、哲学、数理、化学、生物、土木工程等10个学系，成为一所综合性文理科高等学校。

### （三）文理工商综合

教会大学的一个显著办学特点是，目标大都定位在综合性大学，之江大学也是如此。学校获准政府立案注册后，开始进入一个稳定发展时期。随着教师队伍的扩大和一批工科教师的引进，学科门类得到了逐步发展，一批工科专业也适时开设，并于1935年前后独立成立了工学院，使学校的办学实力得到了进一步的增强，具备了设立大学的要件。在抗战期间，学校虽然被迫辗转西迁，数次迁移。但它与国内学校不同，迁入上海租界后，可以得到租界保护。所以在租界办学期间，由于有一个比较稳定的环境，尽管条件艰苦，学校还是得到了较快发展。为此，学校决定恢复"之江大学"办学资格，以一所完全的本科院校向政府申请立案，并于1940年，经国民政府教育部批准，正式定名为"私立之江大学"。此时，学校已拥有文、工、商3个学院和12个学系。其中，文学院下设：中文、英文、政治、教育等4个学系；工学院下设：土木工程、建筑工程、化学工程和机械工程等4个学系；商学院下设：工商管理、国际贸易、银行、会计等4个学系。同时，学校还注重拓宽学生知识面，广泛开设各类选修课，据记载，最多时开设了160多门选修课程。学校还与在沪其他教会大学合作办学，互选课程，使学校的办学条件得以改善。

1942年，太平洋战争爆发后，日军入侵租界，学校被迫离开上海，西迁流亡。这期间，学校虽然始终坚持了办学，但分散在数处，办学规模、教师力量、学科发展都受到了极大的限制。譬如，在福建邵武，由于只有少数教师前往，加上借用他人校舍，条件十分有限，所以只开设了文、商部分专业；在贵州、重庆则只办了工学院一些专业。直至抗战胜利复员后，学校进入了一个新的发展期，至1948年，经国民政府教育部核准为拥有文学院、工学院、商学院等3个学院的综合性大学。1950年，文学院又扩充为文理学院，商学院改为财经学院。至1952年学校撤销前，已发展成为一所文、理、工、商多学科综合性大学。

### （四）严格管理，严格学业，实行"绩点制"考核办法

1931年，以"私立之江文理学院"的名义在政府立案后，学校加快了发展，招

生人数激增,当年招收学生人数就超过 500 人。这样一来,学生管理问题必然突出起来。

之江大学与其他教会大学一样,引用美国大学的教育教学管理的通行办法,比较早地在学校实行学分制。之江大学早在 1920 年前后就实行了学分制制度,而且为鼓励学生积极参加课外活动,1923 年开始,又把参加课外活动列入学分制。

但与其他学校不同的是,李培恩校长主持校政后,借鉴美国一些大学的经验,创设了一种名为"绩点制"的考核学生学业成绩办法,其初衷是为鼓励学生勤奋学习,提高学习成绩和教学质量,修德敬业,培养品学兼优的合格人才。这也是之江大学的一个办学特色。

"绩点制"的具体办法是:

(1)成绩计等级。每科考试成绩分为 5 个等级:100—90 分为 1 等;89—81分为 2 等;80—71 分为 3 等;70—60 分为 4 等;59 分以下为 5 等。

(2)等级计绩点。绩点由每科成绩所获等级为基础来确定:1 等为 3 个绩点;2 等为 2 个绩点;3 等为 1 个绩点;4 等以下绩点为 0。

(3)平均绩点计算。一学期所修课程的每科学分数乘以绩点数的总和,除以该学期所修课程总学分数,即得该学期的平均绩点。

(4)平均绩点标准。根据规定,各年级学生应达到的平均绩点标准为:一年级为 0.5 点;二年级为 0.65 点;三年级为 0.85 点;四年级为 1 点。

(5)绩点制运用。各年级学生所修所有课程成绩都必须达到及格,即 4 等以上;四年学业总平均绩点必须达到 1 才能毕业;各学年的平均绩点必须达到对应的标准才能继续学业,否则将由校长办公室公布并予以退学;四学年平均绩点达到 2.5 以上(含 2.5),学校将奖给金牌一枚。

从上述说明可以看出,这一办法虽然很有创意,但一般学生要达到"绩点制"所规定的分值是很有难度的,而要达到获得金牌的分值则更是难上加难。据说,自学校实行这一制度以来,获得金牌的毕业生只有 2 位女生,即 1932 年毕业生戚芬亚和 1937 年毕业生谢仁愈,自后再未有获得金牌者。可见,要得到高绩点是相当困难的,这也说明之大对学生的学业要求相当严格。

### (五)重视文化体育建设,举办各类文化体育比赛活动

之江大学十分注重学校的文化体育建设,这在全国高校都是比较有名的。学校不仅开设体育课,还投资建造了一批体育设施,供学生开展业余文化体育活动。早在迁入之江新址不久,就先后修建了 2 座体育运动场,1 座健身房(甘卜体育馆)、1 座游泳池,7 个网球场(1 个在惠德堂前,其余在头龙头和三龙头)、

1个回力球场(在西宿舍旁)、3个棍球场、4个排球场(1个在健身房,1个在慎思堂前,另2个在惠德堂旁)和4个篮球场(1个在健身房内,3个在甘卜堂和惠德堂附近),以及羽毛球场等运动场所。另外,还备有各种运动器具,如木马、铁杠、哑铃、吊环、划艇等,以及各色武术(国术)器械,如刀、剑、弓、箭等。

为推动体育运动的开展,学校组织多支学生体育运动队,有:足球队、篮球队、羽毛球队、游泳队和田径队等。据说,当时学校还从上海一划艇俱乐部购买了3艘废弃的赛艇,组织了一支赛艇队,这可能是当时大学中唯一的一支赛艇队。但因为国内还没有这项运动,缺乏竞赛对手,最后这项运动也未在之江大学开展起来。

除了硬件建设外,为鼓励学生积极参加课外活动,学校还实行课外活动学分制。

为促进学校体育活动的开展,学校除了举行一年一次的全校运动会外,还经常举办篮球、足球、网球、棒球,以及田径运动和游泳等各类单项比赛,其运动水平在杭州也是很出色的,拥有一批非常出色的大学生篮球、足球、网球及田径、游泳等运动员。据说,解放初期,之江大学足球队及男女篮球队中有多名同学入选华东代表队,代表华东参加全国比赛。这说明之江大学既注重群众性体育活动,也重视竞技性体育的开展。

为更好地推动体育运动的开展,学校还成立了体育协会,积极组织和安排各类体育比赛活动,激发师生参加体育活动的兴趣。体育协会积极组织校际、校内各类体育比赛活动,有效地带动了学校体育活动蓬勃开展。正是由于各项体育运动的广泛开展,大大提高了师生的体育竞技水平。尤其是各支业余体育运动队运动水平超群,他们在组队参加的省内外有关比赛中屡屡夺标,不仅曾在浙江省田径运动会等比赛中夺冠,在全国运动会上也成绩斐然。之大足球队和篮球队经常出征与华东的一些大学进行比赛,并取得佳绩。可以说,之大的体育活动开展得十分活跃,既培养和造就了一批体育运动人才,提高了体育运动水平,也极大地带动和促进了之江学生体育活动的开展,这在浙江乃至全国大学都是比较突出的,这也是之大办学的一个鲜明特色。

### (六)活跃的学生社团活动

作为学生的第二课堂,之大的学生社团和文化活动也非常活跃。除必要的宗教活动外,学生还自主成立文学社等各类社团组织,组织开展英文、中文演讲比赛。早在1919年,由王令赓先生指导,3月27日在杭州举办了一次有华东各教会大学参加的校际辩论赛。戏剧社创作和排练的戏剧也深受大家的欢迎。1922年前后,学生还成立了辩论会,当年举办了两场校际辩论赛,分别在杭州和上海举行,有多所教会大学参加。在"选举权应该不应该扩大到妇女"的辩论赛中,之江大学队战胜圣约翰大学队;而在"战争不再是正义的了吗?"的辩论赛中,之江大学队输给了沪江大学队。后来还相继成立了中国文学会、素心社、之江诗社、之江戏剧社、国乐社、红黑体育会、提琴社、口琴社、摄影社,以及各地方性同学会等社团组织。宗教团契活动也很盛行。菉葹社在浙江民国日报副刊发表专栏文章,共 40 余期;挣扎社创办的社刊《挣扎》,发行了 8 期。可见,当时之江大学的社团组织和活动是比较活跃的。

广泛开展学生社团活动,有效地丰富了学生业余文化生活,也为满足学生们广泛的兴趣爱好,增长才干提供了自由广阔的舞台。据说,著名翻译家朱生豪和台湾现代著名作家琦君等都是之大社团活动的积极参加者。抗战爆发后,由于战乱和学校辗转迁移,学生社团活动受到极大的限制。抗战胜利后,国内形势仍然十分严峻,广大学生主要参加各类学生运动,社团活动虽有所开展,但远不如前。

### (七)注重社会实践教育活动,倡导勤工俭学

之江大学十分重视社会实践教学活动和学生动手能力的培养。之江大学有着悠久的自助传统。早在崇信义塾时期,学校就根据学生的实际情况因材施教,对一些学习书本知识较困难的学生进行实用技术教育。这是麦卡第首先提倡的一种教育举措:当一些学生对课本学习表现不出多少才华时,学校就试着教他们学裁缝、做鞋和印刷等实用知识。这种教育理念,即使今天仍然适用。当时,学校购买了一些有关设备和器具,供学生学习和实习之用,并聘用操作教员进行教习。

1910 年 1 月,董事会通过决议,学校专门成立了一个旨在为困难学生提供勤工俭学机会的自助部,这也可能是高等学校最早的勤工俭学机构。设立自助部的主要目的:一是为培养学生的社会实践能力和自助能力提供机会;二是为贫寒学生提供勤工助学的机会,以帮助他们通过自己的劳动所得来弥补学费和生活费不足的困难,以此减轻家庭经济负担。自助部由裴德生负责,成立第一学期,有 27 名学生注册,到了第二学期就有 29 名。1911 年,搬到新校园以后,自助部的规模更加扩大,管理也更加规范。

1912 年学校对自助部进行了改革,规定:每位学生每天必须工作 2 小时,星期日除外;第一年试读的学生交学费 30 元。次年起每年减收学膳费 20 元,如在中学级订立读至中学毕业契约者,全年学膳费 15 元。高等学级订立读至高等毕业契约者,全年学膳费 10 元。如入校之次年为中学四年级仍收全年学膳费 20 元。倘愿订立读至高等毕业契约则当年收取学膳费 15 元,升入高等学

级每年收取学膳费 10 元。1912 年有 50 名学生被允许加入自助部,事实上申请的学生远远多于这个数目。自助部从成立之初就不是完全的、自立的,它的经费主要来自于私人的捐助,但是往往由于私人捐助不足,学校不得不控制自助部的学生名额。

自助部还规定只向基督徒学生或基督徒子弟开放,对自助部学生的品行有更加严格的要求。学生首先必须向学校提出申请,说明自己的家庭经济状况、学习目的和成绩情况、身体状况等,学生必须承诺禁食烟酒,不讲脏话,承担任何能够胜任的工作。自助部的工作分为两种:特殊的和一般性的。前一种包括看门、办公室助理、照看灯火、阅览室、襄助实验室等工作;后一种指一般的体力活,如修路、整地、在菜园或果园劳作,或者各种各样的杂活。

这些工作都非常有趣且有意义,学生通过这些自助活动不仅可以养活自己,培养独立意识,而且可以获得知识。

学校还十分注重学生的社会实践锻炼,使学生更多地接触社会、了解社会、服务社会。这在当时可能是比较先进的教育理念。早在崇信义塾时期,社会实践活动主要组织学生到农村开展布道和传播福音活动。后来,为了鼓励学生积极参加社会实践活动,学校采用学分制的办法,对参加社会实践活动的学生记一定的学分,这可能也是早期学分制的雏形。

同时,学校还采取措施鼓励学生积极参加社会公益活动,作为教会学校,早期主要组织学生到农村开展布道,传播宗教教义和福音,把社会实践、公益活动与宗教事业相结合,可以说这也是教会大学早期办学的一个基本特点。1924年,学校创立了闸口公益社,这是一个组织和推进师生参加社会公益服务活动的社团组织,它通过组织开展各类服务活动,密切与社会各界的联系和交流。譬如,开展各类政治宣传、文化教育及组织义务劳动等,教育系发挥自己的专长,到农村开展乡村教育和扫盲工作。据载,他们曾在附近的徐村开办夜校,宣传科学文化知识等,深受群众的欢迎和好评。

### (八)实行驻校作家制度

之江大学十分重视文学创作工作。为鼓励学生开展文学创作活动,促进学校文学创作工作的发展,早在 20 世纪 20 年代,之江大学就开始实行驻校作家制度,即学校每年邀请一位知名作家住在学校里,或邀请他为学生开办一些讲座或举办报告会等,这在当时的中国可以说是一种非常超前的制度。据说,这是美国的耶鲁大学、哈佛大学等著名大学实行的一种制度。这一制度的引入和实施,有效地营造了校园文学创作氛围,激发了师生的创作兴趣和热情。这一时期,之江大学文学社团的蓬勃兴起,可能与实行这一制度不无关系。学生利用社团这个平台,锻炼写作能力,提高写作水平,创作和发表了大量的文学作品。20 世纪 30、40 年代就有名的、翻译了大量莎士比亚剧作的之江大学学生朱生豪,以及台湾著名作家琦君等一批文学才俊的产生,可能都得益于学校浓厚的文学创作氛围和学校实行驻校作家制度。据记载,之江大学邀请的第一位作家是 W. K. Tsun 先生。

1930 年前后,学校开始试行导师制,以谋求训教合一的教育模式。

### (九)注重学校教育国际化

中国的教会大学基本上是按照欧美大学的模式建立的,其办学特色具有明显的西方大学特征。

教会大学的教育国际化,它的渊源来自于西方殖民主义对外扩张的意识形态。它的根本目的就是要把基督教文化传播到世界各地。教会大学最初的教育国际化,重点是开展宗教教育。

之江大学从它的前身创办开始,因为其目的在于培养本土基督徒和传教士,故其教学课程以神学为主,也就是说,所有的学生都必须修学宗教课程,不论是否是基督徒都必须接受基督教教义和礼仪的强烈熏陶。

就师资队伍而言,之江大学(包括其前身)作为一所外国人办的学校,他们不仅重视引进本国教员,还十分注重起用中国本土教员。除学校创办初期全部是由美国长老会派来的传教士担任教师外,后来,随着学校的发展,陆续招聘了一些中国本土的牧师。据查,最早进入宁波崇信义塾从教的中国人是徐金三、陆家清、吕文振。学校迁到杭州后,神学博士萧芝禧于 1892—1900 年担任学校教务长,1900 年,周懋功接任教务长职务。他们也都是基督教牧师。徐抚九,1895 年任中国古典文学教员。

1880 年,裴德生来校任教并担任校长后,开始重视理工科教育,引入西式现代化教育课程,如哲学、代数、几何、化学,以及工艺科等,这些课程的教员最初都是靠教会从美国派来。后来,特别到了 19 世纪末 20 世纪初,开始招聘中国教员,到 20 世纪 20 年代以后,随着教师队伍的扩大,中国教员逐年增加,到 40 年代,中国教员已占据了绝大多数。为提高学校办学水平,学校既注重从国外引进高层次人才,也注重在中国招聘那些有名望的人才来学校任教,使师资队伍中西结合,优势互补。

就教育课程而言,也是按照美国的要求来设置。之江大学自创办起,就始终注意与美国同层次、同程度学校的课程相一致。如前述,裴德生到之江大学任教后,学校还只有中学程度,他就开始按照美国一所高中所要求的完整课程来设置。裴德生一方面从美国引进这些现代科技课程的教材、教学设备仪器;

另一方面,他凭着从美国学来的科学知识,自己编写相关教材供教学用。

就学校的发展模式而言,之江大学也是按照美国的通常模式来运作,从创办时的小学发展到中学,再到初级学院,再到大学,再到具有文理工商二级学院的综合性大学。学制也按照美国的要求设置,发展到初级学院后,又分正科、预科,发展到大学后则实行文、理、工、商分科等。它之所以能在美国获准立案并具有学位授予权,也就是因为它完全按照美国的标准和要求来办学之缘故。

就中西交流而言,学校也是十分重视的。在之江大学整个办学历史上,与国外(主要是美国)大学的交流与合作是贯穿始终的。学校经常派人(主要是校长或美国教师)到美国大学访问,开展学术交流,与美国大学签订人才交流与合作办学的协议等,这对促进学校的发展起到了积极作用。

### (十)高效精干的学校机关

"小机关,大服务",这也是之江大学办学和管理方面的一个特色。学校建立初期,一般只有一名负责人,全面负责学校的日常管理,而且还要兼任某一门或多门课程的教学工作,因为当时学校规模很小,学生人数一般只有 20~30 人。即使 1867 年迁到杭州,学生数也不过几十人。在这种情况下,管理人员少,这是很自然的。然而随着学校规模的扩大,机关并没有随之膨胀。

以之江文理学院时期的 1936 年为例,当时是学校发展的鼎盛时期,注册学生已达 700 余人,教职员也已增加到 70 余人,可以说已经具有了一定的规模,但真正脱产管理的机关人员也不多。据载,当时学校的管理机构除了设有设立人会(上级教会设立,并不是学校机构)、校董事会(其成员都是各方代表)外,设有学院院长 1 人、校务主任(兼事务主任)1 人。机关仅设有两个处室:一个是事务处,内设有会计股、庶务股、工程股、训育股和图书股,只有秘书 1~2 人、会计 1~2 人、医务人员 1 人、图书管理员 1 人等;另一个是教务处,教务只设有 1 个注册股,人员也就 1~2 人。可见,机关总的人员编制数不会超过 10 人。而有的人员,包括校长、校务主任、事务主任、教务主任等都可能身兼数职,也就是"双肩挑"干部,譬如,李培恩校长就兼任经济系教学工作。所以,这些管理干部严格意义上说,不能完全算是机关专职人员。

### (十一)没有围墙的大学

之江大学开放办学缘起于教会学校的传教理念,因为传教是没有界限的,传播范围越广越好。西方基督教之所以热衷于出钱、出人、出力在中国开办教会学校,最初的动机就是试图用西方宗教实现对中国的文化渗透。

之江大学前身——崇信义塾,创办时首先设想的是一个福音机构,是为传教目的服务的,这就决定了它的开放性。后来,学校虽然发展成为一所近代大学,教学内容大大拓宽,加大了科学知识教学比重,宗教课程也不再是必修课程,但其开放性办学理念也传承了下来。其外在表现就是不设围墙,成为没有围墙的大学。

# 第 13 章　之江大学在教会大学中的地位

　　之江大学虽然在外国人在华举办的 13 所基督教教会大学中,是创办最早的 5 所大学之一,但因其总体规模一直较小,故它的总体地位在所有教会大学中相对靠后。据载,1928 年,美国教育界曾对外国人在华所办大学进行评鉴分类,由加州大学具体运作,分为 ABC 三类:A 类 1 所:金陵大学;B 类 1 所:燕京大学;其他大学属 C 类大学,之江大学在 C 类大学中处于比较靠后的位置。之所以进行分类,主要与不同类别学校的毕业生在美国所享受的待遇有关,其中,持 C 类大学学位的毕业生只能进美国大学本科(一年级),有些只能进二年级。持 B、C 类大学学位的毕业生,如果要进入美国的研究生院,则要补修 30 个本科学分。[①]

　　另据载,1915—1925 年,有关机构曾根据发展速度的不同,将所有教会大学分为三个梯段,其中,之江大学被列为发展速度较慢的第二梯段[②]。据分析,之江大学之所以发展不快,主要是受地域限制所致。一方面,因为发展速度较快的一些教会大学都地处大城市,如北京、上海、广州、南京等地。1840 年后,西方传教士在一系列不平等条约的保护下,纷至沓来,涌入中国。他们首选的目的地自然是大城市,所以,这些大城市便成为西方传教士最早踏入并开展传教和办学的地域。另一方面,这些学校一般都由各个不同的教会机构最初创办的义塾、书院等合并而成。因为这些大城市一般都聚集有多个基督教教派的传教机构或人士。而他们的一个共同特点都是以办学作为传教手段,所以,这些地方早期创办的教会学校可能有多所。随着教育的发展,各教派之间的合作办学成为可能。显然,多个学校合并后,经费可以集中资助办一所,使之更快地发展壮大起来。

　　之江大学地处浙江,也属于华东地区,虽然是创办最早的几所教会学校之

---

①　陈明远:《那时的大学》,山西人民出版社 2011 年版。

②　见卢茨著,曾钜生绎:《中国教会大学史》,浙江教育出版社 1987 年版。

一,但它自始至终只是浙江省唯一的一所教会大学。虽然后来由南北长老会联合资办,但它的办学经费来源自始至终也仅有美国长老会的出资。同时,由于浙江自身教会学校少,其生源自然受到一定限制。而且还由于它以培养本土传教士为目的,长期以免费或低廉的学费吸引学生,而不像大城市可以收取高额的学费来支撑学校的发展,所以,这也是之江大学发展速度相对较慢的重要原因①。

据载,"对 1925 年至 1926 年教会大学教师人数所作的通盘研究的结果是,按照学校的规模大小可把学校分为三类。燕京大学是唯一的有 84 名教师的学校。齐鲁、华西、岭南和实力较强的东部学校(圣约翰、上海浸会、东吴和金陵大学)各有教师 27~36 名,华中各校和之江、福建协和的教师人数在 14~21 名。"②。

由于学校规模较小,之江大学每年从差会获得的办学经费也相对较少,年度经费只有不足 10 万美元。"燕京、圣约翰、上海浸会、岭南每所学校约有 20万~30 万美元的经费,其他大多数学校的年度经费不到 10 万美元。"1931 年,之江大学立案后,虽然每年除了可得到原设立人(美国基督教南北长老会差会)的适量津贴外,还可得到政府一定数额的拨款,但这些经费远不能满足学校维持运转的费用。因此,学生学杂费就成为学校经费的主要来源之一。据民国 20年(1931)《之江文理学院概况表》载,学生每学期应缴学膳宿杂费洋 95 元(当时省立医药专科学校学杂费 12 元),制服、书籍、实验费等另加。至 1946 年,学生所缴费用已占学校总收入的半数。③

就之江大学历年学生人数来说相对也是比较少的。1911 年迁入新校址时只有 117 人,其中大学部只有 31 人;到学校立案前的 1929 年,大学部也才 249人,这一数据远低于同时期的其他大学。据载,至 1926 年,金陵大学在校学生达 500 人④。之江大学在校学生还不及它的一半。

### 之江大学部分年份教职员及大学生人数一览表

| 年　份 | 学生数 | 教职员数 |
|---|---|---|
| 1911 | 117 人(大学部 31 人) | 12 |
| 1929 | 355 人(大学部 249 人) | 39 |
| 1931 | 300 余人 | 46 |
| 1934 | 470 人 | 63 |
| 1936 | 714 人(大学部 534 人) | 76 |
| 1947 | 889 人 | 72 |
| 1949 | 1066 人 | 113 |

① 张吉:《之江大学旧址建筑史初探》,浙江大学出版社 2009 年版。

② 见卢茨著,曾钜生绎《中国教会大学史》,浙江教育出版社 1987 年版。

③ 王蛟:《杭州教育志(1028——1949)》,浙江教育出版社 1994 年版。

④ 董宝良:《中国近现代高等教育史》,华中科技大学出版社 2007 年版。

私立之江大学部分年份学生人数统计表

| | | 1911年 | | 1929年 | | 1930年 | | 1931年 | | 1932年 | | 1933年 | | 1934年 | |
|---|---|---|---|---|---|---|---|---|---|---|---|---|---|---|---|
| | | 上 | 下 | 上 | 下 | 上 | 下 | 上 | 下 | 上 | 下 | 上 | 下 | 上 | 下 |
| 学生数 | 男 | | | 125 | 85 | 111 | 99 | 184 | 174 | 299 | 252 | 360 | 320 | 360 | 320 |
| | 女 | | | 60 | 60 | 24 | 19 | 26 | 26 | 57 | 56 | 56 | 50 | 77 | 64 |
| | 合 | 117 | | 185 | 145 | 135 | 118 | 210 | 203 | 356 | 308 | 416 | 376 | 437 | 384 |
| 时间 | | 1935年 | | 1936年 | | 1937年 | | 1938年 | | 1939年 | | 1940年 | | 1948年 | |
| | | 上 | 下 | 上 | 下 | 上 | 下 | 上 | 下 | 上 | 下 | 上 | 下 | 上 | 下 |
| 学生数 | 男 | 355 | 321 | 348 | | | 142 | 376 | 368 | 512 | 448 | 618 | 539 | 850 | 837 |
| | 女 | 85 | 84 | 90 | | | 43 | 98 | 101 | 130 | 128 | 162 | 140 | 150 | 229 |
| | 合 | 440 | 405 | 438 | | | 185 | 474 | 469 | 642 | 576 | 780 | 679 | 1000 | 1066 |

来源:杭州文史研究会:《近代化进程中的杭州——民国杭州研究论文集》,杭州出版社2011年版,第319页。

立案前后在华基督教大学学生人数对照表

| 大学名称 | 1930年 | 1931年 | 1932年 | 1933年 | 1934年 | 立案时间 |
|---|---|---|---|---|---|---|
| 齐鲁大学 | 220 | 365 | 420 | 471 | 482 | 1931年 |
| 华中大学 | 41 | 63 | 101 | 126 | 138 | 1931年 |
| 岭南大学 | 263 | 244 | 361 | 379 | 462 | 1930年 |
| 金陵大学 | 422 | 539 | 582 | 586 | 761 | 1928年 |
| 圣约翰大学 | 289 | 371 | 403 | 461 | 535 | |
| 沪江大学 | 531 | 566 | 509 | 564 | 566 | 1929年 |
| 东吴大学 | 1044 | 713 | 633 | 666 | 618 | 1929年 |
| 华西协和大学 | 201 | 164 | 355 | 347 | 375 | 1934年 |
| 燕京大学 | 798 | 803 | 783 | 779 | 779 | 1929年 |
| 福建协和大学 | 126 | 174 | 185 | 175 | 155 | 1931年 |
| 之江大学 | 139 | 215 | 356 | 397 | 438 | 1931年 |
| 金陵女子大学 | 164 | 192 | 174 | 212 | 213 | 1930年 |
| 华南女子大学 | 97 | 84 | 72 | 72 | 88 | 1933年 |

来源:李楚材主编:《帝国主义侵华教育史资料——教会教育》,教育科学出版社1987年版,第17页。

从该对照表可以看出,立案后,之江大学招生人数逐年增加,而且上升较快。到解放时,已有学生1000多人。但在整个教会大学中仍处于较后的地位。这除了它的规模不大之外,还可能与它所处的地域位置,长老会的重视程度,以及校长的知名度和缺乏知名传教士等因素有关。

# 结　语

综观之江大学107年的办学历史,曾经历过跌宕起伏的沧桑岁月,也曾有过兴旺发达、办学层次逐步提高的辉煌时期。新中国成立后全国高校院系调整,之江大学结束其办学历史。

### (一)办学历程

就之江大学发展历史而言,大体可分为三个阶段:一是宁波办学——崇信义塾时期。这个阶段从创办到迁往杭州共 20 多年,主要以传教、培养中国的基督教徒为目的,称为"洋学堂",是小学时期;二是从宁波迁到杭州,至辛亥革命时期(迁入秦望山时)共 40 多年时间。这个阶段可以说是之江大学逐步由小学发展到中学和高等学堂时期,也是由传教功能逐步增加科学文化教育功能的时期,学校也几易其名:育英义塾、育英书院、育英学堂。第三阶段是民国以后的30 多年至终结。这个阶段基本为之江大学的上升期。学校迁入新校址后,规模扩大了,办学条件改善了,水平提高了,虽然经历了抗战转移办学、新中国成立后解散,但总体上可以说是之江大学发展的兴旺时期。

就之江大学办学目的的变化而言,之江大学从创办初期到 20 世纪初叶,由于学校受到长老会的严格掌控,办学目的始终坚持以传教为主;至 20 世纪 20年代后期,逐步实行以教育与传教并重;再至抗战以后,基本实行以教育为主要目的。

就之江大学本土化的进程而言,20 世纪 20 年代初期,由于中国民族主义的逐渐觉醒,特别是非基督教运动的兴起和收回教育权呼声的不断高涨,之江大学也由初期的非本土化到 30 年代初期立案时被迫接受本土化,再到抗战时期以后,逐渐融入中国社会,开始自觉接受本土化。

就其办学权的得失而言,之江大学从早期的依靠不平等条约的保护,在中国获得传教和办学权,到清末和民国初期依据政府的法律获得教育传教权,再到立案后丧失传教权,最后到 50 年代初期完全丧失在中国的教育传教权。

### (二)办学规模

作为以传教为目的的教会大学,它的规模与今日的中国大学相比不可同日而语。从它的整个办学历史来看,其在校学生人数始终不多,早年仅有 30 人左右,最少时只有 10 多人。即使中兴期也不过几百人,最多时也才达千人左右。原因当然是多方面的,但基督教教会性质是决定其规模难以扩大的主要原因。

一是由于东西方人宗教信仰的差异,西方宗教的基督教,作为洋教在中国难有市场,更何况其固守传教目的。在这种情况下,即使早期中国教育还比较落后,除了一些家庭贫穷的学生,进入教会学校可以免费入学,才别无选择地进入教会学校就读,条件稍微好一些的人是不会选择教会学校的。

二是进入 20 世纪的民国时期后,由于教会大学不时受到政府的各种控制和约束,包括教会大学必须向政府申请立案登记、校长必须由中国人担任、不能强迫学生信教,以及其他一些权限的规定,也对其规模扩大产生直接影响。像之江大学,还由于基督教差会曾一度拒绝向政府立案登记,并停发办学经费,使学校无可奈何地停办一年。

三是随着中国高等教育的发展,特别是到 19 世纪末,一大批爱国仁人志士,崇尚教育救国、科技救国,纷纷兴教办学,使中国近代大学教育逐渐崛起。这无疑对教会大学形成竞争态势,学生选择余地大了,生源必然分流。虽然进入 20 世纪初,教会大学的传教功能逐步转向以科学教育为主,但其教会大学性质不可能改变,这也应是其规模受限的一个因素。

四是校舍不足。就之江大学而言,到 1952 年撤销前,学生宿舍能容纳的人数也只有几百人,加上沪校借用场地办学,人数也就是三四百人的规模。这些都直接影响其招生规模的扩大。

五是资金来源受限。尽管美国教会可能有钱,但它要供给 10 多所学校的开支,如果各学校都任其扩大规模,可能也是难以为继的。事实上,华东长老会差会曾多次试图将华东地区的教会大学合并,包括上海的沪江大学、圣约翰大学,南京的金陵大学,苏州的东吴大学,杭州的之江大学等,组成联合大学,其目的之一就是为了减少经费开支。

## (三)办学贡献

教会大学作为在中国近代特定时期社会历史背景下的产物,从本质而言,它的产生是西方传教士传播基督教义下的"副产品",毋庸置疑,其在上百年的办学历史中,对中国人进行的精神奴化教育产生过不良影响。但是,从它的发展轨迹而言,证明其不仅是西方教会在华传教事业的一部分,也自觉不自觉地成为中国近代新式教育的一部分。它不仅培养了一批为西方教会事业服务的异质教徒和洋奴买办人员,也培养了中国近代史上第一批饱富西学的知识分子。它不仅为近代新式教育的产生和发展提供了某种程度的智力支持和人才支持,还为中国近代新式学堂的兴办提供了现实模本和有益借鉴。可以说,中国近代教育制度的建立与教会学校有着千丝万缕的联系。同时,教会学校不仅在中国的近代高等教育史上有其独特的地位,而且在传播西方近现代科学文化知识方面,在促进中西方文化交流和中国高等教育近代化乃至在推进中国社会现代化进程方面也起到过一定的作用。尤其在后期,由于其教育功能的逐步转变和教育内容的适时调整,使得教会大学在科技、教育人才的培养方面作出了重要贡献。

1949 年,新中国收回办学主权后,之江大学的办学规模得到较大发展。同时,由于办学历史悠久,师资力量雄厚,之江大学的教育质量、水平及其在当时国内的影响上都达到了相当高的水准,尤其是学校的建筑系建系早,实力强,人才多,在国内有着较高的地位。较为突出的例子是在当时国内重大建设项目设计方案公开招标上,屡屡夺标。譬如,在山西经纬纺织机械制造厂工人住宅区和上海人民英雄纪念塔两项目竞标上,均由之江大学建筑系夺得首奖。在新中国蓬勃开展的社会主义建设高潮中,之江大学毕业生也才华屡见,成为各大学、设计院及国家机关的栋梁之材。如华东建筑设计院的首任院长金嗣炘、上海市副市长金仲华等,都是之江大学培养出来的优秀人才。

综观之江大学在其 107 年的办学历程,它与其他在华教会大学一样,也培养了一批卓有成就的人才,如:林汉达(历史学家、文字学家、教育家,曾任新中国教育部副部长,民进中央副主席)、金仲华(社会活动家、国际问题专家,新中国成立后曾任上海市副市长)、朱生豪(翻译家)、郁达夫(爱国主义文学家、诗人)、陈从周(建筑学家),以及台湾著名作家琦君等一批著名人物就是其中比较突出的代表。

# 附录1:之江大学大事记

**1845 年**

1844 年 7 月,美国强迫清政府签订《望厦条约》。当年 6 月,美国基督教北长老会传教士、医学博士麦卡第牧师只身来到浙江宁波,随即建立了第一个长老会永久布道站,很快又开办了一家医院。1845 年 10 月,他与礼查威牧师决定创办一所男童寄宿学校,取名为崇信义塾。这是西方教会在浙江创办最早的一所教会学校,当时有学生 20～30 人,小学程度。办这所学校的目的是培养本土基督教徒。

**1867 年**

11 月,崇信义塾从宁波迁至杭州皮市巷,两年后迁至大塔儿巷,更名育英义塾。开始分正、预科,各 4 年。

**1880 年**

美国北长老会传教士裘德生牧师来校任教,并出任校长一职。开始重视现代科学知识教育,开设科学实验课。

**1890 年**

增设英语科,学生已有近百人,毕业生就业由教会扩展到医药、教育、商业、税务、洋行等行业。

**1892 年**

萧芝禧任学校教务长,这是国人首次担任这一职务。

**1893 年**

王令赓夫妇来校任教。

**1897 年**

得到美国长老会同意可办大学,并将育英义塾更名为育英书院。学制为 6 年。

**1898 年**

学校开始收学费,正科为 24 墨西哥元,预科为 12 墨西哥元。

**1902 年**

学制改革,正科由 6 年改为 5 年,预科由 5 年改为 4 年,并改为附属中学。

**1906 年**

11 月,校董事会决定扩大学校规模,并提升为教会大学,在城外另觅新校址。是年冬,选定秦望山二龙头为新校址。

此后三四年中,花费 8800 银元陆续购买土地 660 余亩,并进行土地平整、校园规划设计。

**1908 年**

费佩德来校任教,并与周梅阁一起,参加新校区的规划设计和现场指导工作。

**1909 年**

校舍建筑开始动工。

**1910 年**

南、北长老会华中差会召开董事会联席会议,决定成立联合董事会,合办之江学堂。是年冬,第一批主体建筑基本竣工,包括:总讲堂(慎思堂)、东斋、西斋及上红房、下红房等 5 座教师住宅。

**1911 年**

2 月 17 日,育英书院 117 名学生迁入新校址。学校更名为之江学堂,王令赓出任校长。是年,之江同学会成立。

**1912 年**

12 月 10 日,孙中山先生到之江学堂视察,并在慎思堂前与全体师生合影留念。学校设立学生自助部,为清寒学生提供勤工俭学机会。

**1913 年**

天文台建成。校董事会同意由同学会推选 3 名代表参加校董事会会议。

**1914 年**

之江学堂更名为之江大学。开设国民军事训练课,军事操规定为必修课。

**1915 年**

校董事会核准学校临时组织大纲,设课程、经济、建筑 3 个常设委员会。

**1916 年**

2 月,之江同学会总会成立,外地成立分会。时任校长裘德生辞职,由司徒华林代理校长之职。丁恺丰为教务长。增设学生奖学金、贷学金。康有为来校参观。

**1917 年**

校刊《之江潮声》创刊。这一年,宿舍开始用上电灯。新建两幢教职员宿舍、都克堂、一个蓄水池和一个运动场。1917－1918 学年起,学制改为 5 年(正科 3 年,预科 2 年)。

5 月召开校董事会,学生代表首次提出向政府申请立案登记意见,但由于意见不一,未通过。

**1918 年**

5 月,华东教会大学田径运动会在杭州之江大学举行,获得成功。

**1919 年**

5 月,之大师生(外籍教师除外)积极参加反帝爱国运动。5 月 9 日,全校师生在慎思堂前举行国耻纪念大会,高唱国耻歌。

是年,之大与美国西方大学、台维生大学等校签订协议,每年派教员来之大任教,开展文化交流。

**1920 年**

11 月,之江大学在美国哥伦比亚特区获准立案,并获得授予毕业生学位权限。实行新学制,分文理两科。中学部逐步独立。

学生自助部扩充为职业介绍部,注重对学生加强职业技术教育。

获美国人士赞助,设立金爱伦纪念金、诺夫特纪念金、林奇奖学金、伯特利奖学金等,以奖掖品学兼优及清寒学生。

**1922 年**

2 月,校董事会通过争取之大成为一所完全大学的决议。

6 月 17 日,举行毕业典礼,首次授予毕业生学士学位证书。

同年,司徒华林辞去校长职务,校董事会推举费佩德接任,费赴美期间由王令赓代理。

**1923 年**

实行课外活动学分制,引导学生参加课外活动。

11 月 19 日,周建人来学校演讲"性教育之重要性",开高校性教育之先河。

**1924 年**

首期《之江年刊》出版。成立闸口公益社,参与社会公益事业。

**1925 年**

师生不顾校方阻挠,参加杭州大中学校师生抗议"五卅惨案"示威游行,并组织宣传队到街头乡村开展宣传演说。

同年,蔡元培来之大访问并发表演讲,应邀为之大 1926 年年刊题写"思潮发展"。

**1926 年**

之大师生积极支援北伐军,并组织红会队,腾出都克堂作为临时救护所,救护伤病员。美籍教员奉命撤往上海。

**1927 年**

国民政府在南京定都后,教育部颁布了严格的学校登记条例,规定学校负责人必须由中国人担任,校董事会中,中国人应占多数等。在 8 月召开的校董事会上,费佩德提出辞呈,会议决定聘朱经农为校长,费佩德改任副校长,并聘之大毕业生李培恩参与学校管理。

**1928 年**

校董事会向美国长老会托事部提出之大向政府申请立案一事。6 月,该部来电表示拒绝。加之美国差会停发经费,朱经农未到校视事。7 月 5 日,校董事会召开会议,决定之大暂时停办。

**1929 年**

同学会发起复校倡议,得到校董事会同意,决定秋季复校。仍举朱经农为校长,在朱未到职前由李培恩代理校长职务。从此,校政由国人主持,但大事仍由美国长老会决定。12 月,校董事会就向政府申请立案登记一事再次召开会议,并通过立案申请决议。

**1930 年**

停止预科招生。3 月,第三届全国运动会在杭州举行,之大游泳池被选为游泳比赛场地;4 月举行浙江省体育运动会,之大运动队获总分第一名。

**1931 年**

是年春,蒋介石偕夫人来学校视察。

朱经农因任教育部次长,辞去校长职务,校董事会决定推举李培恩任校长,学校由原设立人美国南北长老会差会托事部移交给现设立人中华基督教总会执行委员会。组织新的校董事会,聘孔祥熙为名誉董事长。7 月,经教育部核准,同意以“私立之江文理学院”立案。9 月,中学部也获浙江省教育厅核准立案。

9 月,“九一八”事变发生后,之大派学生代表参加在杭高校赴南京请愿团,遭拒后返校举行罢课斗争,历时 3 个月。

**1932 年**

7、8 月间,由同学会捐建的图书馆和科学馆先后落成。秋季开学,学生注册人数达 597 人,教职员增至 70 人,开设各门类课程 89 种。学校试行导师制,谋求训教合一。

是年,之大大中学生参加全市军训操练,被评为第一名。

**1933 年**

6 月,学校举行复校后的第一届毕业典礼,有毕业生 33 人。经校董事会研究决定,自下年度起,增设数理系为主系,历史系为副系,改哲学、生物系为副系。

**1934 年**

6 月,由校董史量才先生捐资建造的体育办公室小楼一幢落成并使用。另在头龙头添建教职员住宅 5 幢。

是年秋，校董史量才先生在由杭返沪途中遭特务暗杀。

当年，教育部拨款 8000 元用于添置材料试验仪器设备。

**1935 年**

是年秋，由教职员和毕业生捐建的材料试验所建成使用。遵遗嘱，史量才家属捐资建造经济学馆（又名邓祖询纪念馆）。

**1936 年**

是年春，经济学馆建成使用。学生人数有所增加，共 714 人，其中大学部 534 人，有女生 99 人，教职员 76 人。校董事会人选也有所变动，除孔祥熙仍为名誉董事长外，董事长为梁小初，副董事长为董承先，名誉董事有宋美龄等，特邀董事有黎照寰等 3 人，董事有诸重华、陆高谊等 7 人。

这一时期被称为之江大学鼎盛时期。

**1937 年**

7 月，卢沟桥事变爆发。11 月，日寇进逼杭州。11 月 15 日，之大师生被迫迁移至安徽屯溪。不久，屯溪成为兵站集散地，无法安顿，不得不于 12 月 18 日宣布解散。12 月 23 日，李培恩抵沪，筹备在租界复校事宜。

**1938 年**

年初，师生陆续抵沪。2 月 19 日，学校在博物院路广学会大楼复校开学，招新生 185 人，并与沪江大学、东吴大学、圣约翰大学、金陵大学和金陵女子大学等教会大学合作，互选课程。

6 月，学校举行毕业典礼，应李培恩之邀，国民党政府教育部部长陈立夫为之江文理学院毕业生发来训词。

8 月，学校迁入南京路慈淑大楼六楼办学。9 月 7 日开学，有学生 474 人，教职员 53 人，开设课程 125 种。

当年还举行了庆祝之江大学迁入新校址 25 周年纪念大会。

**1939 年**

春季开学，有学生 470 人，开设课程 138 门；秋季开学学生增至 642 人，开设课程增至 150 门。

李培恩由美返沪，主持经济学系教务，院长仍由明思德代理。鉴于学校学科、设备等日趋完善，校董事会决定调整院系结构，恢复之江大学名义，由李培恩赴渝向教育部申请。

**1940 年**

学校进行院系调整，设文、商、工 3 个学院，教育部批准更名为"私立之江大学"。这一时期，之大名师荟萃，声誉日高。

**1941 年**

夏季毕业生 71 人。秋季开学,学生达近千人。

12 月 8 日,太平洋战争爆发,日寇入侵租界。外籍教师遣散,本国教师也纷纷离沪。校董事会决定宣布之大停办,计划内迁。

**1942 年**

5 月,李培恩率队西迁觅地复学。几经周折到达福建邵武,并决定借助福建协和大学校舍复学。是年秋季开学,招新生 100 余人,设政治、经济、英语和土木工程等系,并与协和大学互选课程。

**1943 年**

春季开学,有工、商两院新生 104 人,高年级学生转入其他学校借读。为逐步转入正常,学校在此自购土地 48 亩,兴建校舍 3 幢。

由于时局不稳,6 月,李培恩赴贵州,邀请之大校友李良恩等协助筹建之大工学院贵阳分校,并借得早在贵阳花溪的大夏大学校舍 4 幢,作为分校校址。

是年夏,邵武城内发生鼠疫,之大因在城外未受影响。

是年秋,之大留沪教授与东吴大学留沪教授合作创办华东大学,直至抗战胜利后结束。

**1944 年**

当年夏,日寇继续南下,李培恩决定再次内迁贵阳花溪办学。邵武就此停办。不愿随往的学生到厦门大学等借读。

8 月,学校开始在贵阳花溪招生,9 月开学,设有土木、建筑、化学、机械等 4 个系。邵武学生全部迁来后,贵阳分校改为之江大学工学院。有学生 110 人,

是年冬,日寇侵入独山,学校再次奉命疏散,转移至重庆。

**1945 年**

春季,与东吴大学法学院、沪江大学商学院组成联合大学。当时上课学生仅有数十人,设土木、建筑两系。秋季招生 150 人,正准备扩充时,8 月 15 日,日本宣布无条件投降。

**1946 年**

春季,之江、东吴、沪江三校联合大学解散,员工联袂东归。李培恩赴重庆率工学院迁上海复课,主持校务。华东大学也随即解散。2 月,在沪招新生 200 人,有新、老生 600 余人。

3 月,李培恩在上海召开校务委员会会议,决定修复杭州校区。

7 月 20 日,在上海的二年级 480 人迁回杭州上课,其余三、四年级学生仍留在上海。秋季开学,在杭学生共有 680 余人。两地共有学生 874 人。

是年冬,举行之江大学建校 100 周年庆祝活动。

**1947 年**

之江大学师生积极参加"反饥饿、反内战"爱国民主运动和"反绩点制"斗争。7 月,校方开除 10 名组织参加"反绩点制"和爱国民主运动的进步学生,并借口勒令 40 名学生退学。

**1948 年**

5 月 30 日,之江同学会举行纪念李培恩担任之江大学校长 20 周年暨花甲之年庆祝活动。

7 月,教育部核准之江大学为拥有文理、商、工等 3 个学院的综合性大学。

**1949 年**

春季开学,在校学生达 1066 人,教师 122 人。

5 月 3 日,杭州解放,解放军部队进驻之江,与师生举行联欢晚会。李培恩辞职,离杭赴沪。学校组成校政委员会,周正为副主任,代行主任职务。

**1950 年**

7 月,校董事会推举原上海交通大学校长黎照寰为之江大学校长,周正为副校长。学校成立抗美援朝委员会。全校开展抗美援朝和反"亲美、崇美、恐美"教育。

学校院系机构进行了调整。是年,工程馆开始动工兴建。

**1951 年**

1 月,校董事会董事长顾惠人、校长黎照寰和学生代表曾钜生参加教育部召开的处理外资津贴的高等教育会议,决定国家收回之大办学主权,不再接受外国经费。夏天,时任浙江省教育厅厅长刘丹来校接收。黎照寰办妥移交手续后回沪,最后两位留校教师队克勋、罗天利也悄然离校回国。

同年秋,工程馆落成并投入使用。

**1952 年**

2 月,根据国家公布的《关于改革学制的决定》,全国高等学校全面进行院系调整。是年夏,按照调整方案,之江大学各院系分别并入杭州、上海、南京等大学的相关院系或专业,其文理学院的一部分与浙江大学文学院、理学院、师范学院的一部分以及浙江师范学校、浙江俄语专科学校合并成立浙江师范学院,之江大学的校址、校产等划归新成立的浙江师范学院,之江大学随之撤销,从而结束了这所教会学校在中国 107 年的办学历史。

# 附录 2：之江大学历任校长简介

之江大学的管理机构以设立人、校董会、院长（校长）、院务主任为领导，下设院（校）务会议常务委员会，以及其他各种委员会。院（校）务会议常务委员会之下又设事务主任（分管会计、庶务、工程、图书等）、教务主任（分管学生注册、各科学系等）。但学校的一切事务都由校长负责。之江大学前身——宁波崇信义塾、育英义塾时期，因规模较小，并没有完整的管理机构，一般只有一位校长或负责人。最初由创始人麦卡第牧师（D. B. MaCartee）亲自主持校务，后由礼查威牧师（Rev. Richard Way）负责，先后曾有萨墨·马丁牧师（Rev. S. N. D. Mairtin）、约翰·耐维牧师（Rev. John L. Nevius）、格林牧师（D. D. Green）、独特牧师（Rev. Sammet Dodd）、李曼牧师（C. Leaman）等主持过这所学校的校务或担任过校长、负责人。

1880 年后，之江大学（含育英义塾、育英书院、之江学堂）的历任校长介绍如下。

### 裘德生（J. H. Judson）

美国北长老会传教士、牧师，担任之江大学校长职务时间为 1880—1893年。1876 年，裘德生毕业于美国汉密尔顿学院，1880 年，他受美国北长老会派遣，来育英书院任教，并接替李曼牧师担任学校校长。1893 年，王令赓到学校后，他从校长职位上退下来；1906 年再次出任该校校长一年；1912 年又一次出任育英书院搬迁至秦望山新校址后的之江学堂首任校长。裘德生校长在任期间，是学校从中等教育水平提升到高等教育水平的一个重要发展时期，也是学校发展最快的时期之一。他任校长之后，注重把现代科学技术课程引入学校教学内容，书院也从初始塾、学混编，逐步变成开设了十几门课并以英语教学兼有附中的初级学院。裘德生牧师任校长期间，决定扩大书院的规模，搬离大塔儿巷这条小巷。为此，他在美国期间就着手准备，1905 年，他利用回美国休假机会，从长老会争取经费，购买了上百箱先进的实验仪器和设备，包括 X 光机、无线电报机、发电机、显微镜等带回学校。他创建了当时比较先进的西学现代课程，还自编教材，大大提高了学校的教学水准。他在之江大学从事教学与管理工作长达 35 年（1880—1915），为之江大学的发展作出了十分突出的贡献。王令赓多年以后曾写道:"这些年学校的飞速发展主要归功于裘德生的勤奋工作。他是第一位把自己的命运长久地与学校紧密相连的传教士,他把所有时间都献给了学校的教育工作。以前的那些负责人,如格林、道地、李曼和李昂,他们首先也主要是福音布道家,而没有一个是受过训练的教育家。裘德生对数学和物理特别感兴趣。他从美国购得了多种多样的现代科学技术仪器,用于讲授这两门课,而大部分物理仪器则是在学校工厂自己动手制作的。在之江大学将近 40 年的教学生涯里,他是学校的'向导之灵'(the guiding spirit),目睹了学校在许多阶段所取得的进步。"①为纪念他在之江大学所作出的突出贡献,1932 年建造的科学馆被命名为"裘德生科学馆"。

### 王令赓(E. L. Mattox)

美国北长老会传教士,毕业于美国衣阿华州的帕森斯学院,获文学硕士学位。自 1893 年从美国派来杭州后,先后在布道站和大学工作,其中,在之江大学从事执教和管理工作长达 41 年之久。王令赓任之江大学校长时间为 1914—1916 年。他虽是文学硕士,但在数学、化学、英语和教育学方面也有较扎实的基础,是之江大学理科教育发展的主要开创人之一。他的夫人也长期在之江大学任教。可以说,他把自己的一生毫无保留地献给了之江大学,是之江大学发展史上的一位重要人物。期间,他曾多次担任校长一职。其中,1893 年接任裘德生担任代理育英书院校长一职,1911—1916 年,再次接替裘德生担任了 3 年的之江大学校长。1906 年后,学校决定迁出市区,另觅新校址,他被指定为参加新校址的勘定、规划设计和建设的负责人之一,参加了新校区建设的全过程。1897 年,求是中西书院(即浙江大学前身——求是书院)创办,王令赓被该校总办林启聘请担任正教司(又叫总教习)一职,负责西式课程的教材编写,并开设必修课和选修课。他兼任此职达 10 年之久,为求是中西书院创建现代西学课程和教学发挥了重要作用。1934 年,王令赓正式退休。返回美国前,学校为他举行了隆重的欢送会,感谢他为之江大学所作出的突出贡献。

### 司徒华林(Warren H. Stuart)

司徒华林出生于杭州,是美国南长老会传教士司徒尔(John L. Stuart)的次子,曾任燕京大学校长和美国驻华大使的司徒雷登是其同胞哥哥。因其父早年就到杭州传教,在基督教杭州布道站任牧师,所以,他的兄弟姐妹都出生在杭州。

---

① 队克勋著,刘家峰译:《之江大学》,珠海出版社 1999 年版。

他任之江大学校长时间为 1916—1922 年。他早年在美国接受大学教育。1909 年，美国南、北长老会决定联办之江大学后，根据协议，双方不仅共同分担办学经费，还要派人参加学校工作，因而司徒华林牧师被派到之江大学任教，并选为育英书院教授，他也成为美国南长老会派到之江大学任教的第一人。1916 年秋，时任校长王令赓赴美国进修，校董会决定由司徒华林担任代理校长之职，后正式担任校长至 1922 年。在任期间，司徒华林致力于学校的建设发展和学校经费的筹措。架设在头龙头与二龙头之间的"情人桥"就是他主政时决定建造的。

1920 年，他受校董事会的委派赴美国，一方面为学校募集发展资金、招聘人才，另一方面为之江大学在美国相关机构立案开展工作。经过四个半月的卓有成效的努力，圆满完成了各项任务，既募集了一笔办学资金，又招聘了一批人才，尤其是使之江大学在美国哥伦比亚特区获准立案，成为国内可以授予毕业生学位证书的少数学校之一。1922 年，他为首次获得学士学位的毕业生颁发了学位证书。

### 费佩德（Robert F. Fitch）

美国北长老会传教士。任之江大学校长时间为 1922—1927 年。费佩德出生于上海，其父母是美国北长老会传教士，早年在中国传教。幼年时期，他随父母在苏州、宁波、杭州和上海等地长大。长大后，在父母的安排下回美国接受中学、大学教育。1908 年大学毕业后，他应邀从美国来育英书院任教，主要担任物理、英语和音乐等课程的教学工作。新校址选定后，校董会授权他主持之江新校区的筹建工作，并立即与周梅阁、王令赓等一起投入到新校区规划和建设中。同时，他还亲自担任校舍建筑施工的监理工作。为了加快新校区建设，他积极进行建设资金的募集，为新校区建设做了大量卓有成效的工作。1913 年，他被董事会聘任为之江学堂副校长。1915 年，他辞去学校职务到杭州联合布道会就职。1922 年，司徒华林辞职后，校董会决定聘费佩德出任之江大学校长之职。1927 年，国民政府为收回教育主权，要求在华外国办学校必须由中国人担任校长，费佩德主动辞去校长之职，改任副校长。他的职务虽然是副校长，但却掌握着学校的实权，在学校的建设和发展中起到了举足轻重的作用。

费佩德校长不仅是一位出色的教育家，而且博学多才，兴趣广泛。他的业余爱好是摄影，曾经在杭州拍摄了大量的照片，为杭州、之江大学留下了一批珍贵的历史资料。据说，他在解放初从中国大陆回美国时，带走了数千张各类照片。可贵的是，至今还有一千多张照片及其底片仍完好无损地保存在他外孙罗伊·休厄尔的手中，其中包括一批反映之江大学风土人情、自然风光、人物风貌的照片,具有重要的历史文物价值。

### 朱经农

朱经农(1887—1951),字行,后改名经。1887年出生于浙江浦江。任之江大学校长时间为1927—1931年。

1904年,他赴日本留学,1905年在日本加入同盟会,参加革命活动,1912年转入国民党。1916年赴美留学,先入华盛顿大学,后转入哥伦比亚大学师范学院攻读教育学,获硕士学位。1921年回国后,任北京大学教育系教授。1923年在上海商务印书馆主编中小学教科书,期间先后担任光华大学教务长、上海市教育局局长。1928年起,先后任国民政府大学院普教处处长、教育部普教司司长、教育部代理常务次长、专任常务次长等职。

20世纪20年代后期,国民政府为了收回教育主权,规定外国在华开办的学校必须在教育部立案注册登记,并规定校长一职必须由中国人担任。为此,于1927年,之江大学聘任在国民政府教育部任职的朱经农担任该校校长,他也是之江大学首位被聘任为校长的中国人。聘任为校长近四年间,由于其在教育部任职,实际并未到校履行校长之职。1930年5月他向校董会提出辞去之江大学校长职务。1931年,他出任教育部次长。

后来,他辞去教育部次长之职,转而从事教育工作。先后任齐鲁大学校长、湖南省教育厅厅长、中央大学教育长、光华大学校长,还兼任过商务印书馆总经理。1948年11月,受政府委派曾任中国出席联合国文教会议首席代表,后留居美国。1951年初,他在美国哈特福德神学基金会讲授中国教育史,3月9日,因中风客死异国他乡,终年64岁。

### 李培恩(Baen E. Lee)

李培恩(1889—1958),出生于杭州的一个传教士家庭。宣统二年(1910)毕业于育英书院(之江大学前身),1928—1931年代理之江大学校长。1931—1949年任之江文理学院院长、之江大学校长。

育英书院毕业后,他曾在上海商务印书馆就业,后赴美国留学,获美国芝加哥大学商科硕士学位和纽门大学商业管理科硕士学位。回国后,任商务印书馆编辑。1928年,受聘之江大学参与管理工作,并被聘任为副校长。由于朱经农受聘校长并未到任履职,校董会决定由李培恩代理校长之职,直至1931年朱经农辞去该校校长职务后,由李培恩正式接任校长之职。他实际上是之江大学自创办以来的第一任华人校长,也是之江大学任职年限最长的校长之一。

任职初期,他曾设想要把之江大学办成像美国的哈佛、英国的牛津一样的学府。为此,他广揽人才,聘请一批著名学者和专家名流担任教授和各系系主任,使之江大学的师资力量明显增强。同时,他积极募集资金,添置教学设备,使学校的办学条件得到了很大的改善。这一时期,学校发展很快,声誉也得到提升,成为之江大学办学史上发展最快的时期之一。1937 年,抗战爆发,学校遭受空前的劫难,他率领之大师生颠沛流离、辗转迁移,先后在上海租界、福建邵武、贵州花溪、陪都重庆坚持办学,经历了八年的艰辛岁月。抗战胜利后,学校回归复员,他带领师生励精图治,医治战争创伤,学校得到迅速恢复和发展。1949 年 5 月 3 日杭州解放后,李培恩离职回沪,终止了他长达 18 年的校长生涯。李培恩因病于 1958 年去世。

作为教育家,李培恩校长不仅亲主校务,为之江大学的建设和发展作出了突出贡献,而且还亲自担任经济学等课程的教学工作。在教学过程中,他坚持采用全英语教学,对学生的作业和考卷也用英文批改,并要求学生的作业和考卷也全部使用英文,有效地提高了学生的英语能力。他教风严谨,对学生要求严格,不但仔细改正作业和考卷中的错误,还对学生英文中的语法、词句错误、错字等都一丝不苟地予以一一纠正,他严谨的治学态度,对学生产生了深刻影响。

李培恩在出任之江大学校长的近 20 年间,正是之江大学发展最快的时期,也是经历抗战办学最艰难的时期。期间,为了坚持办学,他殚精竭虑,克服重重困难,付出了极大的心血。为之江大学的发展发挥了不可替代的作用,也作出了不可磨灭的贡献。

### 黎照寰

黎照寰(1888—1968),字曜生,广东佛山市南海区人。任之江大学校长时间为 1950—1952 年。

他早年留学美国,获哥伦比亚大学经济科、宾夕法尼亚大学政治科硕士学位。回国后,1910 年加入同盟会。曾任香港工商银行、华商银行经理,后又任广九铁路管理局局长、广州政府中央银行副行长、孙中山秘书、中山文化教育馆总干事、国民政府财政部参事、铁道部常务次长等职。1929 年起,在上海从事高等教育工作,历任沪江大学、上海圣约翰大学、立信会计专科学校教授,上海交通大学校长等职。1945 年,曾担任中华民国立法院立法委员。

新中国成立后,他于 1950 年 7 月,被新政府任命为之江大学校长。任职期间,他拥护并贯彻执行中央收回教育主权的决定和各项政策措施,积极配合政府做好学校的稳定工作,在之江大学由教会私立大学稳定地过渡到公立,直至最后学校解散的过程中,发挥了积极作用,也受到师生的尊敬。1952 年全国高校院系调整,之江大学解散后,他本人离职回沪。后来历任上海市第一至四届政协副主席,第三、四届全国政协委员。

黎先生于 1968 年 9 月逝世,享年 80 岁。

# 附录3:之江大学校名沿革

## 之江大学校名沿革一览

| 校名 | 起止年份 | 校址 | 教育程度 | 备注 |
|---|---|---|---|---|
| 崇信义塾(又名宁波男生寄宿学校) | 1845—1867 | 宁波 | 小学 | 由麦卡第创办 |
| 育英义塾(杭州长老会男塾) | 1867—1888 | 杭州,先迁皮市巷,两年后迁入大塔儿巷 | 小学、中学 | 1880年开始办中学 |
| 华中长老会差会中学 | 1888—1897 | 大塔儿巷 | 中学 | |
| 育英书院(杭州长老会学院) | 1897—1911 | 大塔儿巷 | 中学、大学 | 1897年始办大学 |
| 之江学堂 | 1911—1914 | 杭州秦望山二龙头 | 大学、附中 | 设正、预科,其中正科为大学 |
| 之江大学(杭州基督教学院) | 1914—1931 | 二龙头 | 大学、附中 | 1920年11月在美国哥伦比亚特区立案,毕业生可授予文、理学士学位,1922年6月首次授予应届毕业生学士学位证书 |
| 私立之江文理学院 | 1931—1940 | 二龙头、上海 | 大学、附中 | 1931年7月教育部核准以"私立之江文理学院"立案 |
| 上海基督教协作大学 | 1938—1940 | 上海 | 大学 | 与在上海的教会大学沪江、东吴、圣约翰、金陵和金陵女大联合办学,但各校行政和教学仍独立 |
| 私立之江大学 | 1940—1952 | 上海、邵武、贵阳、重庆、杭州 | 大学、附中 | 1940年教育部批准更名为"私立之江大学" |
| 之大沪校土木工程补习班 | 1942—1943 | 上海 | 大学 | 由部分留沪教师为土木系毕业班学生开办,后并入华东大学 |
| 之江大学邵武分校 | 1942—1944 | 福建邵武 | 大学 | 由李培恩和部分教师开办 |
| 华东大学 | 1943—1945 | 上海 | 大学 | 由之大与东吴大学部分留沪教授合办,抗战结束后解散 |
| 之江大学工学院分校 | 1944—1945 | 贵阳 | 大学 | 邵武停办后内迁至贵阳 |
| | 1945—1946春 | 重庆 | 大学 | 由贵阳内迁至重庆,1946年春东归上海 |
| 之江大学沪校 | 1946—1952 | 上海 | | 抗战期间及本部修复前、修复后仍沿用,直至1952年 |
| 华东联合大学 | 1947年6月 | 上海 | 大学 | 原计划由之大、东吴大学、圣约翰大学联合办学,但未成功 |

注:本表根据之江大学校友会编《之江大学简史》及相关资料整理。

# 附录 4：之江大学名人简介

## （一）曾在之江大学就学过的著名人士

### 林汉达

林汉达(1900—1972)，曾用名林涛、林迭肯，浙江镇海人。曾当选全国人大代表、中国民主促进会中央副主席等职。1924年之江大学毕业后，先后从事中学教师、编辑出版等工作。1937年赴美留学，并获硕士学位。1939年回国后任之江大学教授。1941年，日寇占领租界，之江大学被迫转移内迁。林汉达留沪，与徐箓等留沪教授和东吴大学一批留沪教授共同创办了华东大学，林汉达出任教育学院院长。抗战胜利后，任之江大学教育系系主任、教务长。他积极投身爱国民主运动，成为著名的进步教授。1945年底，参与发起成立中国民主促进会，并当选为常务理事。1946年5月，被推选为上海人民团体联合会常务理事。同年秋，任辽北省教育厅厅长。1949年，作为民进代表出席中国人民政治协商会议第一届全体会议。新中国成立后，历任燕京大学教授、教务长，教育部社会教育司司长，中央扫盲工作委员会副主任，中国文字改革委员会委员，教育部副部长，第一至三届全国人大代表。1956年8月当选为民进第四届中央副主席，为新中国的文字改革和教育事业作出了重要贡献。

作为学者，林汉达曾著有《中国拼音文字的整理》、《上下五千年》、《东周列国故事新编》、《前后汉故事新编》等一批著作，在文学界享有一定的地位。1972年逝世，享年72岁。

### 朱生豪

朱生豪(1912—1944)，原名文森，又名文生，学名森豪，笔名朱生、朱朱等，浙江嘉兴人。1929年，朱生豪被保送到之江大学文学系深造，并选修英文辅系。在校期间，广泛涉猎历代作家、中外诗人的名篇佳作和莎士比亚剧作，并从事诗词创作，屡有作品在校刊上发表，被著名词学家夏承焘教授赞为"之江办学数十年，恐无此未易才也"。1933年之大毕业，获文学士学位。是年夏，去上海世界书局英文部任编辑。1935年开始潜心研读、翻译莎士比亚剧作，先后译成《暴风雨》、《仲夏夜之梦》、《威尼斯商人》、《第十二夜》等9部喜剧，后译稿毁于战火。

一年后,重返世界书局。在工作之余,继续研读莎剧,亦创作诗歌、散文或翻译外国文学(小说)。1939 年应邀入《中美日报》社,为国内新闻版撰写《小言》,鞭笞日伪,宣传抗战。1941 年,太平洋战争爆发,《中美日报》被日军查封。补译的莎剧稿件资料及历年来创作的作品再次遭毁失。1942 年 5 月 1 日,莎士比亚喜剧译稿全部补译完毕。1943 年 1 月,由于战乱,朱生豪夫妇回嘉兴定居后,全身心投入译写工作。从《罗密欧与朱丽叶》《哈姆莱特》开始,先后译出莎士比亚全部悲剧、杂剧,还译出英国史剧 4 部,连同喜剧,共有 31 部之多。1944 年 6 月后,终因结核病日渐沉重,不得不放下已经开始译写的《亨利五世》译稿。是年 12 月 26 日去世,年仅 32 岁。

值得一提的是,朱生豪的妻子宋清如也是之江大学才华横溢的才女。1932 年进入之大,她比朱生豪低三届。因酷爱诗文,进校后不久就申请加入朱生豪等组织的《之江诗社》,并被诗社吸收为新社员。他们因诗而结缘,共同的诗人气质和爱好,使他们很快情投意合,并最终结为夫妻。

### 陈望道

陈望道(1891—1977),原名参一,笔名陈佛突、陈雪帆、南山、张华、一介、焦风、晓风、龙贡公等,浙江义乌人。我国著名教育家、修辞学家、语言学家。1914 年曾在之江大学进修一年英语和数学,1915 年赴日本留学,获中央大学法学士学位。1919 年,翻译了《共产党宣言》的第一个中文全译本,还翻译和介绍了《空想的和科学的社会主义》等书,为传播马克思主义作出了重大贡献。他是中国共产党早期创始人,曾任中共上海市地方委员会第一任书记,后在 1922 年退党。1923 年后,先后在上海大学、复旦大学等校任教和任职。

新中国成立后,他历任华东军政委员会委员、文化教育委员会副主任兼文化部长,上海市人民政府委员,第一至四届全国人大代表和第四届全国人大常委、第一至四届全国政协委员和第三、四届全国政协常委,民盟中央副主席,中国科学院哲学社会科学学部委员,上海市哲学社会科学联合会主席,上海市语文学会会长,《辞海》主编等职。1952 年秋,毛泽东主席亲自任命陈望道为复旦大学校长,在任达 25 年之久。1977 年 10 月 29 日逝世,享年 86 岁。

### 陆蠡

陆蠡(1908—1942),字圣泉,学名陆圣泉,原名陆考原,浙江天台人。我国现代散文家、革命家、翻译家。1919 年进浙江基督教蕙兰中学,1921 年转入之江大学附中,1922 年跨越初中,考入之江大学附属高中部,初露文学创作的才华。1924 年升入之江大学机械系,1927 年转国立劳动大学工学院机械工程系。

1930 年后,先后在杭州、福建泉州任中学教员,课余从事创作和翻译。1932 年,在上海文化生活出版社任编辑,写有大量散文作品,出版过三本散文集。1934 年,到上海南翔立达学园农村教育科任数理教员。1937 年 8 月,陆蠡负责上海文化生活出版社工作。1938 年,到临海琳山农校任教,翌年仍回出版社。曾翻译俄屠格涅夫的《罗亭》、英笛福的《鲁滨孙漂流记》、法拉芳登的《寓言诗》和拉马丁的《希腊神话》等多部著作。

他不仅是我国现代著名的散文家,而且是宁死不屈的抗日烈士。太平洋战争爆发后,日军进驻上海租界。1942 年 4 月,由于发往西南的抗日书籍在金华被扣,日本宪兵队追踪到上海,查封了书店,没收了全部《文学丛刊》。陆蠡不顾胞妹的劝阻,4 月 13 日亲自去巡捕房交涉,遂遭关押。后被解到汪伪政府所在的南京审讯,敌宪问:"你赞成南京政府吗?"陆蠡说:"不赞成!"敌人又问:"日本人能否征服中国?"回答是:"绝不可能!"不久由巡捕房转到虹口日本宪兵拘留所,刑审数月,是年 7 月 21 日惨遭杀害,年仅 34 岁。

### 陈从周

陈从周(1918—2000),别名梓室,原名郁文,自称梓翁,浙江杭州人。我国园林艺术家、著名古建筑专家,同济大学教授、博士生导师。1938—1942 年就读于之江大学文学系,获文学学士学位。早年学习文史,后专门从事古建筑、园林艺术的教学和研究,成绩卓著;对国画和诗文亦有研究。尤其对造园艺术具独到见解。1942—1949 年,先后在杭州、上海等地高级中学、师范学校任国文、历史、教育史、生物学教员。1950 年,在苏州美术专科学校、圣约翰大学任教。1951 年,任教于之江大学建筑系,兼任苏南工业专门学校副教授。1952 年,全国院校调整,随之江大学建筑系并入同济大学,历任同济大学建筑历史教研组组长、副教授、教授。1985 年,受聘为美国贝聿铭建筑设计事务所顾问。1989 年,应聘为台湾《造园》季刊顾问。把苏州网师园以"明轩"的形式移建到了美国纽约大都会博物馆,成为将中国园林艺术推向世界之现代第一人,并获日本园林学会海外名誉会员称号。陈从周先生还是一位知名的散文作家和画家,是张大千先生的入室弟子。2000 年在上海逝世,享年 82 岁。

### 琦君

琦君(1917—2006)("琦君"笔名的由来,是因夏承焘老师取"希世之珍琦"的"琦"字来称呼她,再加上"君"字的敬称),原名潘希真,小名春英,浙江永嘉人。台湾现代作家。1936 年,考入之江大学中文系就读,受业于词学大师夏承焘门下,饱读中西文艺作品。1941 年,之大毕业后在上海、永嘉任中学教师。

1945 年任教于母校之江大学，兼任浙江高院图书管理员，后转入苏州法院担任机要秘书，在司法界与教育界并行工作。1949 年，随家人去台湾后潜心文学创作。1954 年，出版第一本散文小说合集《琴心》。在台几十年间，除了从事司法工作，也在中兴大学等学校兼课教授国文。1999 年，以《烟愁》入选"台湾文学经典三十"。琦君名列台湾十大女作家之首，被誉为"台湾文坛上闪亮的恒星"。2006 年 6 月 7 日在台北逝世，享年 89 岁。

### 金仲华

金仲华(1907—1968)，幼名翰如，笔名孟如、仰山等，浙江桐乡梧桐镇人。1923 年考入杭州之江大学，1927 年毕业，授予文学士学位。先后任上海商务印书馆《妇女杂志》助理编辑、主编，《东方杂志》编辑，苏联塔斯社上海分社电讯翻译，开明书店《中学生》杂志编辑，生活书店编辑部主任，《世界知识》主编等。此间，开始潜心研究国际问题。1935 年始，积极参加抗日文化救亡运动。1937 年抗战爆发，为国内外报刊撰文呼吁海外华侨和国际组织支持中国抗战事业。1938 年 8 月，抵香港任宋庆龄在香港创办的保卫中国同盟执行委员和《星岛日报》总编辑，宣传抗日救国；参与筹建中国青年新闻记者学会香港分会和国际新闻社香港分社。1939 年春，兼任中共青年新闻记者学会香港分会创办的中国新闻学院副院长，主持院务。1942 年初，离港。1943 年，加入中国民主同盟，并在中共地下党安排下进入重庆美国新闻处工作。1944 年夏，任美新处译报部主任。1945 年，离渝返沪，复刊《世界知识》杂志。1948 年，接受中共委托，主编新华社香港分社对外英文期刊《东方通讯》。1949 年 5 月，上海解放，参加军管会工作，奉命接管《新闻报》，改组为《新闻日报》，并任社长兼总编辑。同年，参加新中国第一届全国政治协商会议，并当选为政协委员。历任第一至三届全国人大代表，第一至五届上海市人大代表，第一至四届上海市政协委员、副主席，华东军政委员会文化部副部长，上海市副市长兼上海市人委文教办公室主任，《文汇报》社社长，中国新闻社社长，《中国建设》英文版杂志社社长，中华全国新闻工作者协会副会长，上海社会科学院国际问题研究所所长等职。

"文革"中遭残酷迫害，1968 年含冤去世，终年 61 岁。1978 年，平反昭雪。

### 施蛰存

施蛰存(1905—2003)，原名施青萍，笔名青萍、安华、薛蕙、李万鹤、陈蔚、舍之、北山等，浙江杭州人。中国现代著名作家、文学翻译家、学者，华东师范大学中文系教授。1922 年考入杭州之江大学，1923 年入上海大学。1926 年转入震旦大学法文特别班，1927 年在松江任中学教员。

1929 年,开始创作心理分析小说,成为中国现代小说的奠基人之一。20 世纪 30 年代,他主编的《现代》杂志,引进现代主义思潮,推崇现代意识的文学创作,在当时产生广泛影响。抗日战争爆发后,他曾先后执教于云南大学、厦门大学、暨南大学和光华大学。1952 年后,任教于上海华东师范大学中文系。因早年与鲁迅有过论战,50 年代受到迫害而告别文学创作和翻译工作,转而从事古典文学和碑版文物的研究工作。80 年代,现代主义思潮重新涌入中国,他的文学创作才重新开始受到重视。

鉴于在文学创作和学术研究上的贡献,施蛰存曾被授予"上海市文学艺术杰出贡献奖"(1993 年)和"亚洲华文作家文艺基金会敬慰奖"等。2003 年逝世,享年 98 岁。

### 吴晗

吴晗(1909—1969),原名吴春晗,字伯辰,笔名语轩、酉生等,浙江义乌市人。中国现代著名历史学家、社会活动家,现代明史研究的开拓者和奠基者之一。1927 年,考入之江大学预科。1931 年,被清华大学史学系破格录取(数学 0 分)。1934 年清华大学毕业后留校任教。1937 年后,先后在云南大学、西南联大执教。1943 年 7 月,加入中国民主同盟,参加共产党组织的"西南文化研究会"等活动。

1949 年北平解放,吴晗参加接管北大、清华的工作,任清华大学校务委员会副主任、文学院院长、历史系主任等职。历任第一、二、三届全国人大代表,第一届全国政协委员,第二、三届政协常务委员、副主席,以及全国青联副主席、秘书长,民盟北京市主任委员,民盟中央副主席等职。1949 年 11 月起,任北京市副市长。1957 年,吴晗加入中国共产党。1965 年 11 月,因其新编历史剧《海瑞罢官》而遭批判和政治迫害。1968 年 3 月,被捕入狱。1969 年 10 月 11 日,被迫害致死。

1979 年 7 月,北京市委为"三家村反党集团"冤案平反,为吴晗恢复党籍,恢复名誉。

### 郁达夫

郁达夫(1896—1945),原名文,字达夫,浙江富阳人。中国现代文学史上著名的浪漫主义文学家、散文家和诗人,爱国主义者,"创造社"的主要发起人之一。

1912 年考入之江大学预科,在校仅 5 个月就因参加学潮被校方开除。1913 年 9 月赴日本留学,开始尝试小说创作。1922 年 3 月,东京帝国大学毕业后归国。1923—1926 年,先后在北京大学、武昌师大、广东大学任教。1926 年底,返沪后主持创造社出版部工作。1928 年,加入太阳社。1930 年 3 月,参与发起成立中国左翼作家联盟。1936 年,任福建省府参议。1938 年,赴武汉参加军委会政治部第三厅的抗日宣传工作,并当选为中华全国文艺界抗敌协会常务理事。1938 年 12 月,至新加坡,主编《星洲日报》等报刊副刊,写了大量政论、短评和诗词。1942 年,日军进逼新加坡,化名赵廉,任日军翻译,其间利用职务之便暗暗救助、保护了大量文化界流亡难友、爱国侨领和当地居民。1945 年日本投降后被日军宪兵杀害。1952 年,经中央人民政府批准,追认郁达夫为"为民族解放殉难的烈士",并在他的家乡建亭纪念。

### 陆学善

陆学善(1905—1981),浙江吴兴人。我国著名晶体物理学家、我国 X 射线晶体学研究的主要创始人之一。1923 年,考入之江大学。1924 年,考入东南大学(1928 年改名中央大学)理学院物理系。1930 年,入清华大学理科研究院学习,1933 年毕业获硕士学位。1934 年夏,赴英国曼彻斯特大学 X 射线晶体学研究中心深造。1936 年,获博士学位后回国,任北平研究院在上海的镭学研究所研究员。1947 年起,兼任上海暨南大学教授、物理系系主任。1948 年,主持上海晶体学研究室。1950 年 8 月起,任中国科学院应用物理研究所(后改为物理研究所)研究员,历任副所长、代所长、所学术顾问等职,先后当选为第三届全国人大代表、第三届全国政协委员、中国物理学会常务理事兼秘书长。1955 年,当选为中国科学院学部委员。陆学善于 1981 年 5 月 20 日在北京逝世,享年76 岁。

### 陆维钊

陆维钊(1899—1980),原名子平,字微昭,晚年喜署劭翁,齐石庄徽室,亦称圆赏楼,浙江平湖人。我国现代教育家,著名的书画、篆刻家,同时也是著名的学者和诗人。1918 年 8 月,考入杭州之江大学。1925 年,毕业于南京高等师范文史地部,曾任清华大学国学研究院导师王国维助教。其后,在杭州女中、秀州中学、松江女中、上海圣约翰大学、浙江大学、浙江师范学院、杭州大学任教。1960 年,自杭州大学中文系调浙江美术学院国画系,开设诗词题跋课。1963 年,任国画系书法篆刻科主任。曾任政协浙江省第三、四届委员,中国美术家协会浙江分会理事。其书法真、行、草、隶、篆,各体皆精。晚年独创非篆非隶、亦篆亦隶的新体——现代"螺扁",人称陆维钊体。陆维钊的山水画格高意远,以书法入画,配以诗词题款,以诗、书、画并著于世。他独创的"陆维钊体",在书法界独树一帜,蜚声海内外。陆先生于 1980 年在杭州逝世,享年 81 岁。

### 蒋礼鸿

蒋礼鸿(1916—1995),字云从,浙江嘉兴人。我国著名语言学家、敦煌学家、辞书学家。

蒋礼鸿少年就读于嘉兴秀州中学,毕业后保送之江大学,受业于夏承焘、钟泰、徐益修诸先生。1939 年毕业后,先后在之江大学国文系、湖南蓝田国立师范学院国文系、重庆国立中央大学师范学院国文系和文学院中文系、浙江师范学院中文系、杭州大学中文系任教。曾任杭州大学中文系教授、杭州大学古籍研究所兼职教授、杭州大学汉语史专业博士生导师,中国敦煌吐鲁番学会语言文学研究会副会长,浙江省语言学会副会长、会长、名誉会长,浙江省敦煌学会副会长,《汉语大词典》副主编、《辞海》编委兼分科主编,杭州大学敦煌研究中心顾问等职。

蒋礼鸿精通文字、训诂、音韵、目录、校勘之学,擅长俗语词研究、古书校释和辞书编纂,尤其在敦煌语言学和近代汉语词汇的研究中占有突出的地位,享誉海内外。蒋礼鸿先生于 1995 年 5 月 9 日逝世,享年 79 岁。

### 阿老

阿老(1920—),又名老宪洪,广东顺德人。现代著名画家。现为中央工艺美术学院基础课教授,中国美术家协会会员,中国老年画画研究会副会长,中国美术家协会会员,中国书画函授大学联合办学理事长。

1939 年考入之江大学沪校教育系,三年肄业。1942 年,参加新四军,入华中苏皖边区抗日根据地江淮大学学习。1944 年起,任新四军政治部宣教部宣传科科员。1946 年,调任山东新华书店编辑部美术组长,从事书籍出版及群众喜闻乐见的美术创作。1951 年起,任人民美术出版社创作室副主任。1953 年起,任北京师范艺术学院装帧系副教授兼系主任,1978 年任副院长。他创作的《全中国儿童热爱您》《跟随毛主席长征》《延边鼓舞》等优秀作品被中南海、人民大会堂、国家博物馆及国际友人收藏。

### 王菊珍

王菊珍,上海灯泡厂的女高级工程师,国家技术发明奖一等奖获得者,有"世界钨电极女皇"美誉。

1948 年,考入之江大学企业管理专业,1952 年全国高校院系调整,并入上海财经学院(现上海财经大学)且毕业,分配到上海灯泡厂工作。1953 年开始,参与并试制成功我国第一根钨丝。后又同试制组的同事一起,把耐震钨丝、钍钨丝、耐高温钨丝等一系列新产品的试样,转化为批量产品。她研制成功供金属陶瓷封接用的超细钼粉,1964 年被评为国家科委科研成果。

1968 年,为解决钍放射的危害问题,王菊珍不顾自身受过钍的放射性危害,坚持试验。1972 年 12 月,她终于试制成功氧化铈含量为 2%～3% 的钨铈新材料,突破国外文献记载的非放射性电极材料含量大于 1% 时难以成材的先例,其效用提高几倍甚至上百倍。

1981 年 6 月,王菊珍进一步试制成功工艺难度更高、氧化铈含量为 4% 的钨铈电极,开创了国际上钨铈电极含量最高水平。1987 年,钨铈电极获得美国专利批准,成为上海被批准的第一项外国专利,并获国家技术发明奖一等奖,是这一年唯一的一等奖,也是新中国成立以来的唯一由妇女领取的一等奖。她试制成功的"超声波换能器背载材料",获国家发明三等奖和美国专利局的批准号。1988 年,王菊珍的钨铈电极在北京国际发明展览会上获得金奖。同年,还获得联合国知识产权组织颁发的著名妇女发明者金牌和证书。

自 1982 年起,王菊珍连续 3 次被评为上海市劳动模范,1989 年被评为全国劳动模范,1987 年被评为高级工程师,1989 年被评为教授级高级工程师,1985年和 1988 年分别获得上海市和全国三八红旗手称号。

### 裘法祖

裘法祖(1914—2008),著名外科专家、教授、博士生导师。1993 年当选为中国科学院院士。

1932 年,裘法祖由之江大学附属高中毕业后考入同济大学医学院预科班学习德语。1936 年结业后,赴德国求学,1939 年获德国医学博士学位并从医。1946 年 10 月回国后,在上海同济大学医学院附属中美医院(现同济医院)任外科学教授、矫形外科主任长达 40 年。

1978 年后,担任武汉医学院副院长兼器官移植研究所所长,1981 年任武汉医学院院长。1984 年起任同济医科大学名誉校长。是我国器官移植事业的开拓者和奠基人之一,我国晚期血吸虫病外科治疗的开创者。

自 1957 年起就任国际外科学会会员,历任全国外科学会副主任委员、中华医学会湖北外科学会主任委员、《中华外科杂志》副总编、《中华器官移植杂志》总编,《大众医学》的创刊者之一。1985 年,联邦德国政府授予他大十字勋章的殊荣。同年日本金泽医科大学授予名誉顾问。1978 年裘法祖被评为全国科技先进工作者,参加了全国首届科技大会。他是第三届全国政协委员,第四至七届全国人大代表。

2004 年,裘法祖院士从医 65 周年暨 90 寿辰之际,湖北省政府授予其"人民医学家"荣誉称号。

### 全永昕

全永昕(1925—),浙江鄞县人。我国当代机械学家,浙江大学教授,机械学博士生导师。国家教委机械基础课程教学指导委员会副主委,机械设计课程指导组组长。1950 年,毕业于之江大学沪校机械系后留校任教。1952 年,全国高校院系调整后,并入浙江大学机械系任教,历任浙江大学机械系系主任、教务处处长、出版社总编辑,机械设计研究所所长等职。在多孔轴承和混合润滑理论研究方面做了开创性工作,获国家发明奖等多种嘉奖。著有《机械设计》、《摩擦磨损原理》、《流体润滑理论》、《工程摩擦学》等书 10 余种,发表论文百余篇。享受国务院政府特殊津贴。

### 干志坚

干志坚(1927—2010),上海市人。高级工程师。1948 年,毕业于之江大学机械系。1950 年,加入中国共产党。1951 年,入莫斯科石油学院研究生院学习,1955 年获技术科学副博士学位,同年回国。历任石油部地质勘探司工程师,石油科学研究院研究室副主任,石油部地质勘探司副总工程师,燃料化学工业部机械制造局副局长,国家计委委员、副主任建设部副部长等职。曾参加过大庆、江汉等油田的勘探开发工程。

### 徐次达

徐次达(1916—2006),江苏吴江人。1939 年,由沪江大学转入之江大学学习土木工程学。1941 年 6 月,毕业获工学学士学位。1946 年,被聘为之江大学工学院讲师。1951 年底,分配到浙江大学土木系任教,并编辑出版了《超静定结构力学》一书。1954 年,调上海同济大学从教,并筹建材料力学实验室。1957 年,任材料力学教研室主任。1958 年,出任数理力学系应用力学教研室主任,主编《材料力学教程》一书,为全国多所院校采用。1980 年,晋升为教授。1981 年,任同济大学力学系系主任。曾多次获国家、省、部级科技进步奖项。《有限元混合法计算水电站月牙形岔管》获 1979 年全国科学大会奖;《固体力学加权残值法》获 1979 年上海市高教局科技进步奖;《有限元混合法计算薄壳程序》获 1987 年上海市科技进步三等奖;1991 年,获国家教委科技进步二等奖,国家教委颁发"从事科学研究 40 年卓有成绩"荣誉奖状,上海市土木工程学会颁发"从事上海土木工程 40 年有不可磨灭贡献"荣誉证书。

### 何俊英

何俊英（1915—），上海人。我国炼油工业的开拓者之一。1937 年，毕业于之江大学化学系。1938 年，进入资源委员会工作，开始从事炼油工业相关工作。1941 年，调任甘肃油矿局炼厂副工程师，在艰苦的环境下为玉门油矿的建设作出了突出贡献。新中国成立后，何俊英长期在石油战线工作，历任燃料工业部石油总局设计处副总工程师、石油部基本建设司副总工程师、中国石油化工总公司安庆石化总厂总工程师。

### 袁鹰

袁鹰（1924—），原名田钟洛，江苏淮安人。我国当代著名作家、诗人、儿童文学家、散文家。1943 年，考入之江大学教育系，在校期间即参加《莘莘》、《新生代》、《联声》报刊的编辑。1945 年，加入中国共产党。之江大学毕业后，曾在上海集英中学等校任教。长期在报社当记者、编辑。1954 年，加入中国作家协会。新中国成立以来，历任《解放日报》文教组组长，《人民日报》文艺部副主任、主任，《散文世界》主编，中国作协书记处书记和第三、四届理事。写了大量散文、诗歌、报告文学和儿童文学等作品。其中《刘文学》在全国第二次少年儿童文艺创作评奖中获一等奖；《寄到汤姆斯河去的诗》在第一次全国儿童文艺创作评奖中获二等奖。其许多作品进入小学课本。现任中国作家协会主席团委员、中华文学基金会评审委员会主任、中国作家协会理事和书记处书记，《人民文学》编委会委员和《儿童文学》编委会员。曾获得巴基斯坦总统颁发的"领袖之星"勋章。

### 沈克非

沈克非（1898—1972），原名贤亚，浙江嵊县甘霖人。我国现代医外科奠基人之一。1910 年，入之江大学中学部半工半读至 1915 年毕业。1916 年，考入北京清华学校。1918 年，赴美国留学。1924 年，获美国医学博士学位，留校任教育医院外科实习医师及助理住院医师，同时任美国中学部学生分会会长、美国基督教中国学生会会长。1926 年回国，在北京协和医院工作。1929 年，任芜湖弋矶山医院外科主任。后历任南京中央医院外科主任、副院长、院长，国民政府卫生署副署长兼陆海空军总司令部医监、陆军军医学校教授兼教育长等职，授少将军衔。1937 年，随南京中央医院内迁贵阳。1941 年 12 月，随中国远征军赴缅甸、印度，从事战地医疗工作。1943 年 6 月，被选为中华医学会第六届理事长。1946 年，任国立上海医学院教授、外科主任，兼附属中山医院院长。

1951 年，参加抗美援朝志愿医疗队，任医疗队技术顾问团主任顾问。1952—1958 年，任中国人民解放军医学科学院教授、副院长。后任上海第一医学院教授、外科副主任、副院长,中山医院院长,中华医学会副会长等职,为国家培养了一批医学人才。当选为第一、二、三届全国人大代表。"文化大革命"中惨遭迫害。1979年平反昭雪。

曾是国际外科学会中国分会负责人、英国皇家外科学会会员。著作有《外科学》(中国人的第一部外科学)、《外科手术学》、《腹部外科手术学》、《神经外科手术学》、《腹部外科手术图解》等,均具有很高的学术水平和实用价值。

### 束星北

束星北(1905—1983),江苏邗江人。理论物理学家。1924年考入之江大学,翌年插班进齐鲁大学。1926年4月,自费留学美国,1931年回国。1932年9月,应聘到浙江大学任教,从此与浙江大学结下了不解之缘,在浙江大学前后工作生活了19年。培育了李政道、程开甲、吴健雄等多位杰出人才。抗战爆发后,在国共合作期间,束星北应国民政府邀请研制雷达,于1945年冬研究成功我国第一部雷达,为抗击日本侵略作出了应有的贡献。

1946年,随浙江大学复员回杭州,此后曾兼任齐鲁大学和之江大学教授。1952年,因全国高校院系调整,到山东青岛大学物理系任教授,并转向大气动力学研究。1960年,转到青岛医学院任教员。1978年5月,被国家海洋局第一海洋研究所聘为研究员,开展海洋物理研究。1981年起,先后当选为山东省和青岛市物理学会名誉理事长,中国海洋物理学会副理事长、名誉理事长。1983年1月任中国人民政治协商会议山东省第五届委员会委员。

在孕育了6位诺贝尔物理学奖获得者的日本东京大学物理系,束星北被视作亚洲第一位能领世界物理学研究风骚的物理学家,被称为"亚洲的爱因斯坦"。

### 章文才

章文才(1904—1998),浙江杭州人。我国柑橘学科奠基人之一。1922年考入之江大学生物系,1923年转入金陵大学农学院园艺系,毕业后留校任助教。1931年,担任集美农林专科学校果树教员兼校长。1933年,回浙江大学农学院任园艺系讲师兼湘湖实验农场场长。1935年4月,赴英留学,进入伦敦大学研究院攻读博士学位,并被推荐为英国皇家学会会员。1937年,到美国工作。1938年回国,任金陵大学农学院果树学教授兼农业科学研究部主任。1945年秋,任西北农学院院长兼教授。1947年,重回到南京任金陵大学园艺系教授。中华人民共和国成立后,赴武汉大学任园艺系主任、教授。1952年,任华中农学院教授、园艺系系主任。1965年,在宜昌窑湾乡筹建华中农学院宜昌分院。

1978 年调回总院,1979 年出任华中农学院副院长。到 1990 年,他共培养了 8 名博士生和 23 名硕士生。章文才执教 60 余年,桃李满天下。

### 曹大铁

曹大铁(1916—2009),江苏常熟人。被誉为我国"当代旧体诗词十大作家"之一的奇人,"常熟末代藏书家"。

曹大铁青少年时期受业三师:学诗于杨云史,学书于于右任,学画于张大千。1940 年毕业于之江大学沪校土木工程系,与陈从周同窗。在上海一度经商贸易,收藏书画古籍,收购名人废园,结友会文,不惜一掷千金,有"曹大派头"之雅号。

新中国成立后,曹大铁任高级土木结构工程师,由华东海军部转安徽合肥市建设部门工作,主持过不少重要工程。退休后回到常熟,他曾任第五、六届常熟市政协常委,积极参政议政。他平时作诗绘画,偶操收藏旧业。他的几个弟子,现已成为常熟书画界的中坚。

### 梅绍武

梅绍武(1928—2005),原名梅葆珍,北京人,梅兰芳之子。著名英美文学翻译家、评论家、戏剧家、作家。

清华中学高中毕业后,于 1946 年考入之江大学机械工程系,1952 年毕业于燕京大学,分配到北京图书馆工作。阅读了多种外国重要刊物上的书评专栏,逐渐走向研究和翻译外国文学的职业道路。20 世纪 70 年代中期,梅绍武曾赴英国访问,在牛津大学博德利图书馆参观学习。他一生著述丰厚,多部著作在文化界引起巨大反响,曾获得中国首届比较文学图书(译作类)一等奖、中国第一个外国文学翻译奖——首届花城译文奖。2004 年,中国翻译协会授予其"资深翻译家"荣誉称号。他是北京图书馆国际交换组干部,中国社会科学院美国研究所研究员,历任中国梅兰芳纪念馆名誉馆长、中国梅兰芳文化艺术研究会会长。第六至九届全国政协委员。

### 顾永泉

顾永泉(1927—),江苏海门人。1950 年毕业于之江大学机械工程系。长期从事混合摩擦机械密封和混相润滑机械密封研究和推广。早在 1960 年首先在国内研究和在炼油厂推广机械密封,是我国第一位密封专业的研究生导师。20 世纪 80 年代开始从事圆弧槽气体端面密封、液体端面密封、各种表面改形的流体动静压机械面密封和各种表面改形的流体动静压机械密封技术的研究。历任石油大学教授,炼油化工机械及流体动密封研究室主任,中国机械工程学会高级会员。1997 年任中国机械工程学会流体工程分会常务理事,1989—2000年任国际流体密封会议(ICFS)技术顾问委员会第十二至十六届委员,1986 年以来任美国摩擦学家与润滑工程师学会会员。

### 黄心川

黄心川(1928—),曾用名黄顺康,江苏常熟人。著名学者、印度学专家。

1946—1948 年就读于之江大学,1958 年北京大学哲学系外国哲学史专业研究生毕业。曾任北京大学讲师、哲学编译室主任,中国社会科学院宗教研究所副所长、研究员,南亚研究所副所长,亚洲太平洋研究所所长,南亚文化研究中心主任,韩国研究中心副理事长等。现任中国社会科学院亚太所研究员、博士生导师,东方文化研究中心名誉主任,北京社会科学院南亚研究中心顾问,陕西省社会科学院长安佛教研究中心名誉主任,玄奘研究中心主任,印度龙树大学荣誉教授,山东大学、杭州大学兼职教授等。兼任国际印度哲学研究协会执行会员、国际梵文研究协会顾问,印度罗摩克里希那—辨喜国际研究运动顾问委员会副主席、中国太平洋协会中国委员会委员、全国社会科学规划哲学组成员、中国南亚学会副理事长、中国宗教学会顾问、中华外国哲学研究会常务理事、中国日本哲学会顾问等。

几十年来,致力于东方哲学、宗教,特别是印度哲学、宗教的研究,在这一领域做出了许多开创性工作,取得了令国内外学术界瞩目的成就。他主编的《世界十大宗教》获 1988 年全国优秀图书奖和中国社会科学院优秀成果奖,《隋唐时期中国与朝鲜佛教的交流——新罗来华僧侣考》一文获第四届国际佛教学术奖和中国社会科学院优秀科研成果奖。不少著述被译成英、日、韩、孟加拉文。

### 干人俊

干人俊(1901—1982),字庭芝,号梅园,浙江宁海人。1916 年县立高等小学毕业后即赴之江大学附中读书,1918 年转学杭州宗文中学,五四运动时期,任该校学生会理事长、杭州市学生联合会副理事长及杭州市外交后援会委员等职。1923 年,返宁海任教,曾任宁海县教育会会长、县党部青年部长等职。1927 年,随北伐军余文宪部赴杭州,任二团指导员。不久返宁海,后考入上海远东大学国文系、上海复旦大学国文系读书,毕业后获文学士学位。1936 年,任杭州《之江日报》主编。1941 年,任宁海县政府政工指导室主任。翌年任县"抗日动员会"书记长,组织抗日宣传。此后长期在杭州、天台、黄岩、三门、宁海等地任中学教师或校长,课余仍勤奋钻研学问,曾兼任宁海县修志馆编纂、浙江省通志馆采访等职。1944 年,经全国学术委员会批准,授大学国文副教授职称。干人俊从教 30 余年,直至解放后,仍在宁波四中任教。后由于历史原因,退职回家。

干人俊在各地任教期间,课余致力于地方志资料的搜集和编写工作。退职归家后,则全力倾心于修志工作。几十年来,共纂修省内外志书 3 辑 62 种1176 卷。

## 张白山

张白山(1912—1999),福建福安人。现代作家,外国文学翻译家、古典文学研究家。1932 年高中毕业后,考入复旦大学,随后转入之江大学国文系专攻文学。1937 年,大学毕业后在上海参加救亡运动。次年离开上海赴武汉参加郭沫若领导的抗战工作,到鄂北、鄂西宣传抗日。1939 年,任邹韬奋、柳湜主编的《全民抗战》周刊特约记者。1940 年,西行入川,在重庆加入中华全国文艺界抗敌协会。1941 年,转到广西桂林师范学院任教授,参加桂林文协,编辑《自由中国》。1943 年,桂林沦陷,重返重庆,先后在四川省立教育学院、南开中学执教。后历任商务日报、新民报编辑主任。解放战争后,参加上海军管会,任上海文联秘书长。1955 年,调入中国科学院文学研究所工作,曾任《文学评论》编辑部主任,《文学遗产》副主编,《文学研究》编辑,古代文学研究室副主任。

## 陆高谊

陆高谊(1898—1984),浙江绍兴人。1924 年,毕业于之江大学中文系,曾任河南第一女子师范校长、河南大学教务长等职。1930 年,应聘之江大学附中校长,后又任之江大学教务长等职。1933 年入世界书局,先任总管理处秘书,后任总经理,1934 年后实际总揽全书局。期间,他打破垄断,另辟蹊径,开拓业务,使书局走出困境,扩大影响,成为当时上海三大著名书局之一。

1941 年,上海沦陷,陆先生被迫出走香港,并与友人合办同德商行,筹办棉布等物资,运往我敌后抗日根据地。抗战胜利后,他仍回上海继续主持世界书局业务,并兼任之江大学沪校商学院院长。作为一位爱国民主人士,陆先生积极参加爱国民主活动,加入民主促进会,利用自己的职业和地位,掩护中共地下党及民主人士的革命活动。

新中国成立后,世界书局停业,他参加新政府工作,出任华东纺织总局办公厅主任,后调入北京财经出版社任社长等职。

陆先生一生俭朴,清廉自守,工作能力强,学术造诣深厚,在教育和出版事业方面卓有建树,并作出了重要贡献。陆先生于 1984 年病逝,享年 86 岁。

## （二）曾在之江大学任职过的著名人士

### 王季思

王季思（1906—1996），原名王起，字季思，笔名小米、之操、梦甘、在陈、齐人等，浙江温州人。我国古典文学家，当代中国最有影响的戏曲专家之一。

1925年，他考入东南大学中文系，曾参加词曲大师吴梅的潜社，开始词与散曲的创作。1929年，大学毕业后，初在浙江省立十中，后在江苏松江女中执教；抗战爆发后，在永嘉投身抗日救亡工作，深入农村、山区宣传，后去处州中学任教，写下大量抗战诗文。40年代初，任教于浙江大学龙泉分校。1946年，在杭州之江文理学院任教。

新中国成立后，一直在中山大学任教，从事古典文学教学和古代戏曲研究，历任中文系系主任、古典文学教研室主任、校务委员会副主任、国务院学位委员会文学学科评议组成员、大百科全书戏曲卷分编委副主任等，被选为民盟广州市主委、广东省副主委等。

### 李笠

李笠（1894—1962），原名作孚、乐臣，字雁晴，浙江瑞安人。我国文献学家、语言文字学家。1914年，毕业于瑞安私立中学堂（今瑞安中学）。因无力升学，靠自学成才。历任国立广东大学（今中山大学）、中州大学（今河南大学）、厦门大学、私立之江文理学院（即之江大学）、中山大学、武汉大学、浙江大学龙泉分校、国立英士大学（当时在温州）、上海暨南大学、中央大学（今南京大学）、私立江南大学（在无锡）、南开大学、复旦大学等校中文系教授，并曾兼任中州、厦门、中山、江南等大学中文系系主任及厦门大学文学院院长，中山大学研究院语言文学部主任等职。后一直任复旦大学教授。

李笠先生曾跻身于"瑞安十大才子"和"永嘉七子"之列。

### 胡士莹

胡士莹（1901—1979），字宛春，室名霜红簃，浙江平湖人。我国著名小说戏曲专家。1920年，考取南京高等师范（后改名东南大学）文史地部特别生，毕业后回原籍任中学国文教员。后又相继在南京、嘉善、扬州、嘉兴等地中学任教。1938年，至上海后，开始研究小说、戏曲和通俗文学，并在暨南大学、复旦大学、圣约翰大学、上海临时大学等校任教。1946年，移居杭州，在之江大学任教。1952年，之江大学撤销后，转入浙江师范学院，后并入杭州大学任教授，并从1961年起兼任中国科学院浙江分院语言文学研究室（后改为杭州大学语言文学研究室)研究员、研究生导师。长期从事中国古代文学教学,并进行小说、戏曲和通俗文学的整理、研究,尤在话本小说的搜集、整理及研究上成绩卓著。

### 王箴

王箴(1899—1994),曾名铭彝,江苏江阴人。我国著名化学家、化学教育家。从事化学教育和科研工作长达 60 余年。他发起组织化学化工学会并长期担任领导工作,对新中国化学事业的发展作出了贡献。他通晓五国文字,长期写作不辍,为我国培育了几代科技人才。

1918 年,毕业于上海大同学院普通科。1920 年,在北京清华学堂毕业,被派往美国留学。1923 年,获美国麻省罗宛尔纺织工学院染化学士学位。1924 年,获密执安大学化学硕士学位。1926 年,获康奈尔大学哲学博士学位。回国后参与南京中央工业试验所筹建工作,并担任研究指导。1932 年起,从事教学工作,历任厦门大学教授兼化学系系主任,浙江大学化工系教授,之江大学教授兼化学系、化工系系主任,交通大学化学系教授,沪江大学化学系教授。1952 年起,先后在上海市纺织系统、化工系统担任技术领导工作。1953—1957 年,任中华化学工业会副理事长、理事长。1957 年 3 月,任中国化工学会上海分会副理事长兼编辑委员会主任委员。还担任过两届中国化工学会理事。他一直担任上海市化学化工学会副理事长兼秘书长,1984 年被推选为第三届上海市化工学会理事会名誉理事长。他是第三届全国人大代表、第三届全国政协第三次会议特邀人士。

### 陈植

陈植(1902—2001),字直生,浙江杭州人。我国著名建筑学家和社会活动家。1915 年,陈植考入北京清华学校,1923 年毕业。同年,官费赴美入宾夕法尼亚大学建筑系学习。1927 年 2 月,获建筑学士学位,转入该校建筑研究院深造。1928 年 2 月,获建筑硕士学位。1929 年 9 月回国,在东北大学建筑系任教。1938 年开始,在之江大学建筑系任教达 6 年之久。之江大学任教期间,培养了一批优秀人才。

新中国成立后,陈植就任上海市规划建筑管理局副局长兼总建筑师,参与领导上海的城市建设。1957 年,任上海市民用建筑设计院院长兼总建筑师、上海市基本建设委员会委员等职。

1982 年后,先后任上海市建设委员会顾问、建委科学技术委员会技术顾问、上海市城乡建设规划委员会顾问、上海市文物保管委员会副主任、上海市地方志编纂委员会顾问等职。历任中国建筑学会第一至四届常务理事、第五届副理事长、第六届顾问,上海市第一至五届人大代表,第三至六届全国人大代表,九三学社上海分社副主任委员、中央委员会常务委员、中央参议委员会常务委员等职。

### 朱福炘

朱福炘,江苏武进人。我国现代物理学家、物理教育家。曾参与浙江大学创建工作,后在之江大学、浙江师范学院和杭州大学的物理系任教。对物理实验教学和实验室建设有突出贡献,以严谨的教学态度培养了大批物理学人才。

1920 年夏,他考取南京高等师范学校工科(大专),后转入东南大学物理系,1925 年获理学学士学位。毕业后曾在安徽省阜阳省立第六中学任教,后聘任厦门大学助教。

1928 年后,到浙江大学、天津南开大学任教。1936 年初,重返浙江大学任教。1946 年夏,被学校推荐去美国进修。1948 年秋回国,仍回浙江大学任教。次年 8 月,私立之江大学向浙江大学商借朱福炘去数理系任教直至 1952 年全国高校院系调整,并兼任系主任半年。在此期间,他仍兼授浙江大学近代物理学课程。

1952 年院系调整时,在之江大学原址筹建浙江师范学院。朱福炘被任命为筹备委员,负责创建浙江师范学院的物理系。历任该学院物理系系主任、教务长和副院长。1958 年,随浙江师范学院合并到杭州大学后,历任物理系系主任、副校长等职。

他曾任第一、二届浙江省政协委员,浙江省第三届人大代表,浙江省第五、六届人大代表、常务委员,中国民主同盟第三、四届中央委员。还连任浙江省物理学会理事长、名誉理事长等职。

### 朱正元

朱正元(1900—1985),字善培,江苏南京人。我国物理教育家。1919 年 8 月考入南京高等师范学校,获东南大学理学学士学位,毕业后曾任教于江苏省立第一女子师范学校。1929 年,到国立中央大学物理系任教。1935 年 2 月,公费赴美国留学,获哲学博士学位。1939 年回国,应聘任教于贵州湄潭的浙江大学物理系,兼任浙江大学师范学院理化系主任。1944 年起,又兼任浙江大学附属中学校长。1948—1952 年,任私立江南大学教授、数理系系主任、校务委员会副主任,兼任私立之江大学教授。1952 后,任江苏师范学院教授、物理系系主任,苏州大学教授、物理系名誉主任、校学术委员会副主任等。

### 夏承焘

夏承焘(1900—1986),字瞿禅,晚字瞿髯,别号梦栩生,室名月轮楼、天风阁、玉邻堂、朝阳楼,浙江温州人。我国著名词学家。1918 年毕业于温州师范学校。1930 年,转入之江大学任教。期间,开始潜心撰写《唐宋词人年谱》《唐宋词论丛》和《姜白石词编年笺校》等词学专著。后专研词学,为我国词学的发展奠定了基础,为词学走上科学化、系统化与理论化的轨道作出了突出贡献。后曾任浙江大学、杭州大学教授。

新中国成立后曾任中国科学院文学研究所兼任研究员,中国科学院浙江分院语言文学研究室主任兼研究员;《文学研究》杂志编委、《词学》杂志主编、中国唐代文学学会顾问。他曾任浙江省政协常委、中国作家协会理事。夏承焘先生作为杰出的词学家,既是传统词学的总结者,亦是现代词学的奠基人,被誉为"词学宗师"。

### 谭垣

谭垣(1903—1996),广东中山人。我国著名建筑学家。1929 年,获美国宾夕法尼亚大学建筑学士学位后回国,任职于上海范文照建筑师事务所。1931 年起,兼任南京中央大学建筑系教授,1934 年 2 月起,任专职教授。曾在重庆大学建筑系兼职。1947 年,到之江大学沪校任教。1952 年全国院系调整,随之江大学建筑系并入上海同济大学,任同济大学建筑系教授。晚年致力于研究纪念性建筑。50 年代主持设计的"上海人民英雄纪念碑"和"扬州烈士纪念园"获设计竞赛一等奖;1983 年设计的"聂耳纪念园"方案获设计竞赛一等奖。专著有《纪念性建筑》等。

### 王华彬

王华彬(1907—1988),福建福州人。我国著名建筑学家。1927 年毕业于清华学校庚子赔款留学生预备班,后留学美国欧柏林大学和宾夕法尼亚大学建筑学院,获硕士学位。1933 年回国,先后任上海市中心建设委员会建筑师、上海沪江大学教授。1939—1949 年,任之江大学建筑学系系主任、教授,培养了一大批国内建筑业的学者、专家。1949 年后,历任上海市房管局总工程师、建筑工程部华东工业建筑设计院总建筑师、北京工业建筑设计院总工程师等。曾当选为第一届上海市人大代表,第三届全国人大代表,历任中国建筑学会第二至七届理事、常务理事、副理事长。先后当选为北京市土木建筑学会副理事长、理事长。王华彬在建筑教育、建筑设计、科学研究与学术理论等方面作出了重要贡献。

### 杨得云

杨得云(1902—1978),曾用名杨龙,浙江义乌人。1925年毕业于北京师范大学。1927年赴法国留学,1931年获南锡大学理学博士学位。同年回国后,任杭州之江大学教授。1932年至1935年任安徽大学物理系教授。1935年至1936年任浙江大学物理系教授。1938年入国立编译馆任编审,1943年为特约编审。1947年任教于英士大学。1949年至1951年任浙江大学教授。后任北京工业学院物理系教授。40年代对"帕塞尔常数"的研究,当时具有国际水平。主要论著有《共有电子的抗磁磁化率》《在甲酸与水的混合液中,水从共价结合到电价结合的转化》等。

### 朱君毅

朱君毅(1892—1963),原名斌魁,浙江江山人。1910年,考取清华学堂留美预备生。1916年秋,赴美国留学,获霍布金斯大学教育系学士学位后,进哥伦比亚大学研究所工作,专攻教育心理学与教育统计学。1922年,获哥伦比亚大学哲学博士学位,回国后,历任东南大学、南京女子师范学校、清华大学、北京大学、北京师范大学、厦门大学教授等职。1931年,兼任历届文官高等考试襄试委员。1934年,任南京国民政府主计处主计官兼统计局副局长。1947年,升任总统府统计局副局长。1949年2月,辞去国民政府官职,任教重庆正阳学院。1950年,任杭州之江大学统计学教授。1952年,全国院系调整,随之江大学财经学院并入上海财经学院,历任教授。一生从事统计行政与教学工作,对统计理论研究造诣较深,著书立说,卓有成就。

### 马叙伦

马叙伦(1885—1970),字彝初,更字夷初,号石翁、寒香,晚号石屋老人。浙江余杭人。我国现代学者、书法家、社会活动家。1938年,杭州之江大学迁到上海英租界复课后,聘任为之江大学哲学教授。

少年时入杭州养正书塾,一次学潮后被校方除名。曾任商务印书馆《东方杂志》编辑、《新世界学报》主编、《政光通报》主笔,后又执教于广州方言学堂、北京大学等。1922年夏,出任浙江省立第一师范学校校长,浙江省教育厅厅长。此后,曾任北洋政府、国民党政府教育部部长,1929年冬辞职,次年回北大任教。1936年1月发起组织北平文化界救国会,被推为主席。1945年后,积极投入爱国民主运动,发起组织中国民主促进会。曾遭国民党特务殴伤。1947年底,在香港筹建民进港九分会,继续从事反蒋民主运动。新中国成立后,历任政务院文化教育委员会副主任,中央人民政府教育部部长、高等教育部部长等职。

### 舒鸿

舒鸿(1894—1964),字厚信,浙江宁波慈溪人。我国著名体育教育家。舒鸿中学毕业后就读于上海圣约翰大学。1919 年,赴美国勤工俭学,在美国春田学院攻读体育专业。1923—1925 年,他又在克拉克大学攻读卫生学硕士学位。回国后,他参与创建了中国第一个裁判员组织——"中华运动裁判会",1927—1928 年任会长。先后任之江大学、东南大学、持志大学及浙江大学等校教授。1936 年曾在第十一届奥运会篮球比赛中任裁判员,被誉为"中国篮球之父"。1952 年任浙江师范学院体育专修科主任。1962 年任浙江体育学院院长,兼任浙江省体委副主任等职。为国际篮球裁判。

### 孙智敏

孙智敏(1881—1961),字廑才,浙江杭州人。1903 年考取二甲四十二名进士,任翰林院编修。1909 年任浙江图书馆会办。1911 年后任建德、龙游两县知县。1910—1912 年任浙江高等学校监督、浙江两级师范学堂监督、之江大学教授、青岛市政府秘书。20 世纪 30 年代后,从事教育工作或以卖字、卖文为生。长骈文、善作诗。著有《知足居文存》《知足居诗存》《知足居联语录存》等。擅书法,所书均清代通行之馆阁体,方整清秀,字如其人。

### 慎微之

慎微之(1896—1976),浙江吴兴(今湖州)人。我国考古学家。14 岁起就孤身赴省城杭州求学,惠兰中学(今杭州二中)毕业后升入上海沪江大学深造,并特选修了一门社会进化科,对探索远古社会奥秘充满欲望。沪江大学毕业后,曾留学美国本雪文尼亚大学,获哲学博士学位。1934 年曾发现湖州钱山漾遗址。1936 年 5 月撰写的《湖州钱山漾石器之发现与中国文化之起源》一文,为长江下游新石器时代文化正名奠定了坚实的基础,也为中外考古学界所瞩目。1940 年归国后,曾先后任沪江大学商学院教务长、之江大学教务长、教育系主任、教授等职。1949 年以后,有着虔诚基督教信仰及留学美国这个特殊背景的慎微之先生下放到湖州一个小镇的初级中学去教书,1958 年到吴兴博物馆从事考古工作。留下了《考古拾零》、《考古要领》、《考古随记》、《考古备忘》、《考古庶令》、《石器时期考古要领》等一批倾注其毕生心血的考古笔记。

### 邵家麟

邵家麟(1899—1983),字稼苏,浙江吴兴(今属湖州)人。我国著名化学家。早年赴美国留学,获威斯康星大学化学学士学位后,又入康奈尔大学继续深造,获化学博士学位。回国后,历任上海复旦大学、劳动大学化学教授,大夏大学理学院院长,暨南大学化学系教授等职。1939 年,执教于之江大学。后一直被聘为华东化工学院教授,从事精细化工专业方面的教学和研究工作。

### 徐抚九

徐抚九(1859—1924),字履谦,自号"二亩园主人""夕可轩主人"。宁海城关小北门人。清光绪秀才,我国早期古典文学家和诗画家。

1895 年曾任职于杭州育英书院(即之江大学前身)。退居故里后,任"正学小学"校长,是杨象宪、潘天寿等著名画家的启蒙老师。又兼宁海习艺所所长,于商会、义学等公益事业多有建树。

### 钟钟山

钟钟山(1888—1979),名泰,字切斋,号钟山,以字行,别号待庵。江苏江宁(今南京)人。我国古典哲学家。毕生研治中国哲学,尤深于老庄之学。其著作有《中国哲学史》《庄子发微》等。

钟钟山早年留学日本,毕业于东京日本大学。1906 年学成归国,应两江师范学堂监督李瑞清之聘,任日文教习 6 年。1914 年任南京法政专门学校日文教员,并开老庄讲座,历时十载。1924 年赴杭州任之江大学国文系教授兼系主任,前后 14 年。1937 年抗战爆发,应竺可桢聘请,任浙江大学教授,又去江西、广西讲学。曾出任蓝田的国立师范学校教授。1939 年夏,在四川筹设复性书院,任院长兼主讲。1944 年,转任贵阳的大厦大学文学院长。1945 年抗战胜利返沪,任光华大学教授。新中国成立后任华东师范大学教授、上海文史馆馆员。1953年任浙江文史馆馆长。1964 年,任中央文史馆副馆长。第二、三届全国政协委员会特邀代表。

### 袁贤能

袁贤能(1898—1983),获纽约大学博士。对外经济贸易大学教授,著名的经济学家,曾有"南马(马寅初)北袁"之称。抗战期间,因抗日言行和拒绝出任伪职而三次入狱。后创办私立天津达仁经济学院兼任院长,收留沦陷区拒绝与日军合作的学生。新中国成立之初,他主持南开大学经济学院的工作,不久渡江南下,先后任杭州之江大学和上海财经学院教授,后长期在对外经济贸易大学任教。著有多本著作,并发表多篇重要论文;还译有多本外国著述,并有《中古时期经济思想》手稿,至今尚未出版。

## 陈近朱

陈近朱(1903—1990)，江苏海安人。原名陈熹，民盟成员，浙江大学机械系教授。1949 年全国解放后，聘为之江大学教授，担任工学院院长兼机械系主任。

1924 年毕业于上海南洋大学(现交通大学)，先后在北京交通部、淮南铁路局等从事工程技术工作，后转为从教，1937 年在美国密执安大学研究院获工程技术硕士学位。回国后一直在高校任教达 50 年。先后在广西大学、重庆交通大学、上海交通大学任教授或机械系主任等职。1947 年任浙江大学教授兼机械系主任。1952 年全国高校院系调整后，陈近朱重回浙江大学任教，任教研室主任。1956 年后，长期担任中国机械工程学会浙江分会理事职务，教育部高校工科基础教材编审委员会委员职务。

他在工程机械设计学科领域从事教学和研究数十年，有很深的造诣。他翻译、编写和主审了"机械原件设计"、"机械零件"、"机械工程设计"等十多种教材和教学参考书，为这一学科的建设和发展作出了重要贡献，受到全国同行专家的尊敬。

## 应尚才

应尚才(1896—1982)，浙江奉化人。我国机械工程专家和教育家。首次自行设计并监造了适合我国需要的大型蒸汽机车。长期致力于实现中国铁路机务技术标准化，主持并制订了一系列铁路机车车辆的技术标准规范，是中国铁路技术标准的开拓者之一。后期转入教学领域，培养机械工程和铁路机务技术人才，为中国铁路牵引动力的发展、科技人才的培训、技术标准的制定作出了重要的贡献。

1911 年，应尚才以优异的成绩考入北京清华学堂，1913 年又公费赴美留学，1924 年回国，先后在天津南开大学、铁道部路政司、南京中央大学任教或任职。1942—1944 年，兼任之江大学贵阳分校教授。在之江大学筹建了机械工程系和教学实习工厂。1944—1946 年，兼任之江大学重庆分校、丁家坳国立交通大学唐山工程学院(今西南交通大学)教授。1947—1950 年，任杭州之江大学教授、机械工程系主任。1950—1952 年，任北方交通大学北京管理学院教授，清华大学、北京大学工学院兼职教授。1958—1982 年，任北京铁道学院铁道机械系主任、系学术委员会主任委员、系务委员会主任委员，北京铁道学院学术委员会委员、院务委员会委员。

## 吴其玉

吴其玉，1930 年赴美国普林斯顿大学研究院学习，并获得博士学位。回国后历任燕京大学、南京中央大学、南京金陵大学、杭州之江大学、四川大学、西南政法学院教授。曾任燕京大学法学院院长,之江大学教务长兼校务委员。1979年以后,曾任北京大学法律系国际法教研室兼职教授。

### 汪定曾

汪定曾,湖南长沙人。1935年毕业于上海交通大学土木工程系。1938年获美国伊利诺伊大学建筑硕士学位。1939年回国。曾任重庆大学、之江大学教授、中央银行工程科建筑师。新中国成立后,历任上海都市计划委员会副主任,上海市城市规划管理局总建筑师、副局长,上海市民用建筑设计院副院长兼总建筑师,上海市规划建筑管理局副局长兼总建筑师、高级建筑师,中国建筑学会第五届常务理事。主持、指导了上海体育馆和上海宾馆等工程的设计。

### 戴礼智

戴礼智,我国磁学家、冶金学家。1934年考取教育部留英公费生,进入英国伦敦大学物理系学习。1937年,获得了博士学位。1939年回国,到重庆兵工署材料试验处工作。1948—1949年到美国卡内基学院从事磁性材料研究,利用X射线分析方法研究软磁合金磁场热处理后的结构变化。1949年再次从国外归来。1950年受聘为之江大学教授。1950—1953年,先后在杭州的之江大学与浙江大学讲授《金相学》,培养了一批科技人才。首次发现含铋、铜的汞合金具有顺磁性。他研制开发的钨钢永磁材料,填补了中国空白。他所从事的工业纯铁、镍铁、硅铁结构研究等项课题,具有国内先进水平。

### 张充仁

张充仁(1907—1998),上海七宝人。我国现代画家,擅长雕塑、绘画。1947—1949年任之江大学建筑系水彩画教授。1914年,入土山湾美术工场照相制版间随爱尔兰籍导师习素描及法文。1931年留学比利时,在布鲁塞尔皇家美术学院学习雕塑,1935年毕业。1936年在上海举办归国展览,开办"充仁画室"。后任上海美专教授。1979年,任上海画院油画雕塑创作室主任、全国城市雕塑艺术委员会委员。1988年,被聘为法兰西艺术院院士。历任中国美术家协会上海分会副秘书长。作品《无产阶级革命创造中华人民共和国》获上海纪念性雕塑一等奖。

### 陈干

陈干(1919—1994),原名陈以淮,又名陈汉章。浙江天台人。我国城市规划专家。1948 年到杭州之江大学任教，在此期间主要从事建筑设计和教学工作。在南京设计并建成花园住宅和职工宿舍、学生宿舍等。

从小受到良好的教育，有较高的文学修养，中学时代，就有少量旧体诗、散文诗和散文在报刊上发表。1940—1945 年，就读于浙江大学龙泉分校，后又在重庆中央大学工学院建筑工程系学习。1945 年，大学毕业以后，曾担任过职业学校教员，抗日战争胜利后，参加了南京中央大学的复校工程建设。1949 年，他怀着参加新中国建设的迫切心情，来到北京，投身首都的建设规划事业。从此，与城市规划结下了不解之缘，成为他的终生事业。历任北京市规划局、规划设计院副总工程师、总建筑师等职。

### 杨纪琬

杨纪琬（1917—1999），上海松江人。1935 年考入国立上海商学院会计系。1939 年大学毕业后留校任教。1948 年前，先后担任国立上海商学院、东吴大学、大夏大学、光华大学会计学助教、讲师、教授。1948 年调任之江大学商学院会计学教授。

1949 年 11 月调入财政部工作，历任会计制度司（后改名为会计事务管理司）副处长、处长、副司长、司长、顾问等职，前后工作 40 年。1983 年起，任第六届全国政协委员、第七届全国政协常委兼法制委员会委员。1979 年，任第一任中国注册会计师协会会长。1980 年起，主持起草新中国第一部《会计法》。1982 年，由财政部授予高级会计师专业技术职称。1983 年，国务院学位委员会通过为博士研究生导师。1989 年，被编入《中国名人大词典（现任党政军领导人物卷）》；1991 年，被中外名人研究中心编入《中国当代名人录》，1990 年编入《当代中国社会科学学者辞典》和《中国当代经济学科学者辞典》。1991 年 10 月，荣获国务院为发展我国科学研究事业作出突出贡献而颁发的政府特殊津贴证书。1993 年任财政部会计准则中方专家咨询组组长。被业界人士称为"新中国会计界公认的一代名师"。

### 郭绍虞

郭绍虞（1893—1984），原名希汾，字绍虞，江苏苏州人。中国语言学家、文学家、文学批评史家。郭绍虞主要致力于中国古典文学、中国文学批评史、中国语言学、音韵学、训诂学、书法等。

1942 年后，曾在上海大夏大学、之江大学、光华大学、同济大学任中文系教授兼主任，后任同济大学法学院院长。1949 年后，任复旦大学中文系主任，上海文联副主席，上海作协副主席，上海语文学会副会长，《辞海》副主编，复旦大学首批博士生导师之一。1979年3月,当选为中国古代文学理论学会会长。郭绍虞为中国文学批评史学科的创建和发展作出了贡献,同时旁及古今语法修辞。书法也有精深造诣,为海内外学者所尊崇。

### 蒋瑞藻

蒋瑞藻(1891—1929),字孟洁,号花朝生,又号羼提居士。浙江诸暨人。1928年被聘为之江大学中文系教授,后因病居家,不久病逝。

蒋瑞藻幼年随父学古文、诗词,后入诸暨民成学堂。1910年前后任上海澄衷学堂和杭州女子中学国文教员。蒋瑞藻虽一生短暂,然得其岳父何乃普之助,专心笔耕,著述颇丰,可惜大部分流失或不存,仅有《花朝生笔记》等散见于《小说考证》,尚可窥豹一斑。

# 第四编

## 之江大学往事追忆

沧海茫茫，岁月悠悠。追忆往事，多少世事变迁，多少烟云消弭。之江大学——这所有着悠久办学历史的教会大学，也早已退出了历史舞台。而曾在这里历经过的那些鲜活的日子，那些栩栩灵动的人物，以及留下的那些趣闻逸事，随着岁月的流逝，今天，也已渐渐淡出人们的记忆。

　　是的，一百多年过去了，之江大学那些曾经满怀虔诚、不远万里、远涉重洋来到中国传教和兴学办校的美国"长老"和传教士们，今天已不知道随着历史的烟云消逝在世界的哪个角落了；而那些散落在世界各地、曾经从这所学校走出去的风华正茂的学子们，也随着岁月的流逝，有的已经作古，即使健在者也都已经到了垂暮之年。而掩隐在这座山坡密林中的校园里，也不知道遗落了多少鲜为人知的记忆……对于曾经在这里发生过的人和事，今天，我们如果不加以抢救，也许只能埋没在那些发黄的档案里，或散落在郁达夫、夏承焘等文人的诗文杂章里，或镌刻在之江校友们的记忆中，抑或淹没在茫茫的历史烟海里。

　　幸甚，曾经在这所学校就读过的几位热心的老学长、老前辈，尤其是现为浙江大学材料学退休教师的肖宜雍教授等，他们虽然都已步入耄耋之年，但他们怀着对母校的一片眷恋之情，启开尘封已久的记忆，不仅留下了一些弥足珍贵的追忆文字，同时，还为本书稿提供了一批不可多得的文字资料，使我们能够从中挑选一部分进行加工整理。这些文章既作为本书的一部分刊行于后，也为之江大学曾经的岁月留下一点记载文字。对于这些老先生的热心帮助，我们在此表示衷心的感谢！

# 之江大学解放之日见闻

肖宜雍

1949 年 5 月 3 日,是杭州解放的日子,也是之江大学解放的日子。60 多年过去了,虽然我已是一位 80 多岁的老人了,但当年杭州解放的那一天,中国人民解放军进驻之江大学那激动人心的时刻,今天依然历历在目,铭记在心,难以忘怀。

"钟山风雨起苍黄,百万雄师过大江。"1949 年 4 月 23 日,人民解放军跨过长江,推翻了国民党政府。南京解放后,国民党军队兵败如山倒,解放军一路长驱直入,势如破竹,锐不可当,革命形势迅猛发展,一日千里。4 月 30 日,解放军的先头部队已经占领杭州,杭州解放指日可待。当时,我还是之江大学机械系一名二年级学生,我们同学们都热切地盼望着杭州解放的早日到来。不久,之江大学师生为了迎接杭州解放,成立了校应变委员会。我们之江的同学一边坚持上课,一边在应变委员会的领导下做好护校工作和迎接准备工作。

5 月是杭城进入初夏的季节。记得 5 月 3 日那天,天气晴朗。大约中午时分,我路过慎思堂电话机房,恰好听到之大学生自治会副主席蒋伯申正在与浙大学生自治会的人通电话。放下电话,蒋兴奋地告诉我们说,浙大已经解放了,解放军也已进驻了。我们听了非常激动,大家奔走相告,消息很快就传遍全校。虽然当时之大天文台(1937 年天文台被日军炸毁,后来修筑的掩体)那里还驻扎有少量的国民党军队,但我们想,之大解放的时刻也快了。

当天下午,学校照常上课,我们班在经济学馆(钟楼)东一楼一间教室上机械原理课。上课不久,突然从远处传来零星的枪炮声,而且声音越来越近,越来越激烈,紧接着听到外面传来一阵阵急促的跑步声,我们都赶忙向窗外张望,只见一队国民党兵正从慎思堂前草坪穿过,沿 S 路往校外钱塘江边仓皇奔逃。这突然发生的情况,使我们既紧张又兴奋,我们想,这肯定是解放军打过来了,我们盼望已久的日子终于到来了。就在这时,我接到学校应变委员会的指令,要我马上去广播室广播通知同学们赶紧回宿舍躲避。因为我和同班一位姓冯的同学负责广播室工作。广播室就设在慎思堂三楼西南面的一个小房间里。于是，我们赶快跑到广播室，开动机器，把大喇叭架在窗台上就广播起来："同学们，在此应变紧急时刻，请大家立即回到自己的宿舍，免受伤害。"连播数遍后，我们也即刻关掉机器，急匆匆地往自己的宿舍跑。刚跑到一楼楼梯，就看见一队戴着红臂章的解放军部队从西往东快速穿过一楼走廊去追击逃窜的国民党军队。我们到一楼时，看到还有一些同学因来不及回宿舍，就躲在楼梯间一个角落里。我们俩也就与他们一起留下来没有回宿舍。

大家静静地蹲下来，只听见外面枪炮声连续不断，响声震耳，我们估计战斗一定很激烈。约莫一个多小时后，外面突然沉寂下来。这时，我们中有一位身穿美军茄克衫的同学从楼梯间跑出来想看个究竟，突然，一位持枪的解放军战士大喝一声"不许动"，把我们吓了一跳。可能是见这位同学穿着美军服装的缘故，引起了这位解放军战士的警觉，并上前要带走他的样子。我们几个同学感觉不对，赶紧跑出来向这位解放军战士进行解释，才化解了一场误会。解放军战士看了看我们说：现在我军正在追击国民党残余部队，请你们就待在这里，不要随意乱跑，以免发生危险。于是，我们只得乖乖地回到楼梯间这个角落静静地等待。

过了没多久，突然听到外面有人在喊："解放了，之大解放了！"焦急的心情终于放下来，我们立刻跑出慎思堂。这时，留在宿舍里的同学、老师也纷纷跑到外面，一时间，整个校园沸腾了，大家一起热烈欢呼之江大学获得解放。

在热闹的校园里，我们看到在慎思堂到东斋的路上，一队队解放军整齐地坐在路边，其中，有两位军官模样的解放军正在拿着望远镜向钱塘江对岸观察。同学们似乎没有一点害怕的感觉，都好奇地围上去一边看一边议论这两位是什么官？有位胆子大的同学就直接问其中一位，"请问这位首长是什么长呀？"这位首长笑笑，并很和气地反问这位同学：你们看他是什么长呀？这时，人群中有人说是营长，有人说是团长、旅长，这位首长摇摇头说：都不对，他是我们的师长。大家听后很是惊讶，原来是师长直接带兵来解放之大呀！后来我们了解到，这是一支由华东野战军副政委谭震林率领的受命来解放杭州的部队。由于解放军官兵很和气地回答我们的问题，我们之间很快拉近了距离，消除了开始时那种胆怯感。大家有说有笑，问这问那，我们相互间亲切交谈，军民关系也开始融洽起来。

当天晚上，在西斋前广场，校学生会组织在校同学与解放军举行联欢晚会，庆祝胜利，庆祝之大解放。解放军首长作了热情洋溢的讲话。晚会上，同学们一改往日的书卷气，跟着解放军一起唱起了"解放区的天是明朗的天，……"等革命歌曲,跳起了欢快的秧歌舞,场面非常热烈。直至深夜,大家才依依不舍地散去。晚会上,许多同学还纷纷拿出慰问品慰劳解放军。其中,有一位女同学提来一篮鸡蛋要代表广大同学送给解放军同志,但解放军坚决不收。尤其是他的一番解释令人感佩,至今我还记忆犹新。他说:解放军不是不吃鸡蛋,而是我们有三大纪律八项注意,不能拿群众的东西。所以,你们的心意我们领了,但鸡蛋不能收。大家听了非常感动,并热烈鼓掌,钦佩解放军纪律严明,真不愧为人民子弟兵。后来,《百万雄师下江南》电影纪录片拍摄组将这个感人场面拍入了片中。

（作者1951年毕业于之江大学并留校任教,1952年院系调整后转入浙江大学任教,后为材料系教授,现已退休）

# 接管之江大学始末

曾钜生

全国解放后，收回外国人在中国开办学校的主权是势在必行的事。初时，中央人民政府对私立学校采取"积极维持、逐步改造、重点补助"的方针，要求教会学校执行《共同纲领》所规定的文教政策：爱国反帝教育，克服仰承帝国主义的买办思想；教会与教育完全分离，保障师生的宗教信仰自由；宗教课列为选修课，开设的政治课应该防止刺激宗教感情，以便师生团结合作保卫祖国，为建设新中国服务。

但是，之江大学表面上是中国人主政，实际上财权和人事权等实权仍然掌控在教会手里。教会与教育不分，宗教活动有增无已，往往与进步学生的政治活动唱对台戏，教徒与非教徒之间的对立情绪仍然很深。由于国家经济困难，当时谣言四起，部分学生对党的政策不理解，而进步力量十分弱小，往往受到讽刺和打击，工作十分困难，一些群众说："全国解放了，之大仍未解放。"鉴于这种情况，上级党组织指示之大党团组织要高举反帝爱国旗帜，深入做艰苦细致的群众工作。当时杭州市青委领导乔石和费瑛同志对我们说："你们的工作环境与浙大以及其他公立大学不同，你们是挖帝国主义的墙脚的，要一砖一砖地挖，时机一到，最终整座大楼就会倒塌下来。"

1950年10月，全国掀起了抗美援朝运动，当时之大师生思想混乱，"美国之音"的谣言在校园公开散播。省委宣传部副部长兼杭州市学校党委书记俞铭璜和乔石同志亲临之大指导，提出通过运动彻底改变之大面貌的要求。采取报告会、座谈会、学习讨论会、参观展览等多种形式进行宣传教育，阐述抗美援朝的伟大意义，揭露美帝的侵略罪行，破除师生中亲美、崇美、恐美的思想倾向，激发师生的爱国主义热情。通过教育活动，提高了广大师生的思想觉悟，增强了师生团结，形势很快得到改变。"一二·九"全市学生爱国大游行，之大有92%的学生参加，还有450余位学生参加了宣传活动。170多位学生报名参加中央人民政府组织的军事干校学习。

此时,中央人民政府政务院又适时颁布了《关于处理接受美国津贴的文化教育救济机关及宗教团体的方针的决定》。教育部随即于1951年1月在北京召开了处理接受外国津贴的高等学校会议,之大董事长顾惠人、校长黎照寰及学生代表曾钜生参加了这次会议。会议学习了相关文件,一致认为,教会大学应该割断与帝国主义的联系,拥护收回教育主权,由中国人自办。会议期间,教育部副部长钱俊瑞、曾昭抡等还与之大代表单独进行了半天的座谈,布置了之大今后的工作,要求在爱国主义的旗帜下把全体师生团结起来,共同办好人民的新之大。回校后,我们立即把会议精神向全校师生作了传达,得到广大师生的热诚拥护。随后,浙江省人民政府代表来校办理接收手续,480多位同学主动协助进行校产登记。之大从此脱离了与美国教会的关系,回到人民的怀抱,之大才真正得到解放。寒假组织冬防工作时,100多位同学自愿留校护校,保卫学校财产。

1951年2月开学后,乔石同志亲自来校,指导学校开展"肃清美帝文化侵略运动周",着重从课程上揭露美帝对同学们的毒害。通过这一运动,进一步提高了广大师生的爱国思想,增强了团结,进一步巩固了抗美援朝运动和收回教育主权工作的成果。一些过去只知道美国,不知道祖国的学生初步觉悟了,原来教徒与非教徒的对立情绪也逐步得到消除。学生会的各项工作也开展起来了。

从抗美援朝运动开始到收回教育主权、政府接管之大,前后半年多时间,之大发生了翻天覆地的变化,广大师生的精神面貌焕然一新,当年暑期有100多位毕业生全部愉快地服从国家统一分配。这一系列的教育运动,也为1952年全国高校院系调整的顺利进行打下了良好的思想基础。

(作者1951年毕业于之江大学。原文刊登于《杭大校友通讯》1986年第1期,本文系该文的节选稿)

# 追忆徐箓老师

蒋式谷

　　徐箓老师是 20 世纪 40 年代之江大学著名的土木建筑专业教授。他主持之江大学土木工程系教学工作，培养了一批优秀人才。可惜，他因病而英年早逝，使之大失去了一位杰出的结构大师和教育家。

　　徐箓老师早年毕业于苏州工学院土木科专业，后留学美国，在里海大学深造，并获硕士学位，对结构力学有极深造诣。毕业后，曾在美国一家桥梁公司搞设计工作数年。回国后先在之江大学任教，后去了后方云南铁路机关工作。1940 年，毅然辞职再回之江大学任教。

　　我于 1938 年考入之江大学。之前，我就读于苏州工学院土木科，当时土木科主任沈老师向我推荐了徐箓老师。因而我慕名首选报考之大，以期得到徐师的亲自教诲。到之大后才得知他已去了云南铁路机关工作，引为憾事。幸运的是，大三时徐师回到了学校。当年，他首开了天文学、最小二乘方和大地测量学等 3 门课程，我当即全部选修，终于实现了我的心愿。

　　虽然至今已过去数十年，但徐师生动的教学风格和严谨治学、诲人不倦的态度和情景，我仍记忆犹新。

　　徐师眼睛高度近视。他平时很严肃，不苟言笑，似乎与他上课时那种侃侃而谈的神态判若两人。他还有一个与众不同的地方，就是上课从不带书本，也不带讲稿，仅手执几支粉笔便迈上讲台。开始上课后，他总是先简明扼要地提出所讲的重点，然后侃侃而讲，整堂课章节分明，条理清楚，思路非常清晰，而且深入浅出、循循善诱地进行分析讲解。他讲课声音洪亮，还夹杂着几句带姑苏口音的英语。可能是因为他高度近视，板书时粉笔字特别大，即使坐在最后一排的同学也能看得清清楚楚，听得明明白白。他讲课速度适中，使我们能跟上他的节奏，做好笔记，以便复习。一节课不知不觉就过去了，这样生动的讲课我从未听过，大受教益。

第二学期，他又开设了高等结构学课程，我当然要选修。这门课理论高深，要学好很不容易。但在徐师的讲授下还是能基本掌握，当然也需要自己刻苦学习，并按徐师的要求，完成作业任务。徐师给我们布置的作业数量并不多，主要是帮助我们开阔思路，加深理解，巩固所学知识。他对作业的要求很严格。首先要求书写用正楷，不得马虎潦草。之所以对作业严格要求，徐师说，这是按实际要求的平时训练。因为工程设计的计算文件都是用正楷书写，既正确又整洁，就不会致误。由此可见徐师对治学的严谨态度。评分分两部分：R（Rightness）80 分；C（Clearness）20 分，由辅导老师批改。由于老师扎实的教授和严格要求，使我打下了扎实的结构学基础。

我的毕业论文选题自然选择结构学领域。我选了《杆系桥架的辅应力分析》，导师也是徐师。当时之大已内迁，徐师未随迁，而是根据学校安排，留下来为学生办补习班。这样平时与徐师的接触就比较少，很难及时得到他的指导。于是，我只好到他家里去请教。虽然徐师平时较严肃，去找他多少有些顾虑，但又非去不可。事实与我想象的截然相反，徐师非常热情，不仅指导我要拟好提纲，选定方法，精心计算，而且嘱咐我要不怕难、不怕繁。可以说是有问必答，悉心指导。期间，我还造访了几次，得到了深入指导。当时，虽然条件艰苦，但在徐师的指导下，我经过几个月的潜心计算分析，顺利完成了毕业论文初稿，并及时交到了徐师的手里，请他审阅。后来，他认为，我的论文虽然在理论上还不够创新，但这个计算分析实践，在当时还是属于开拓性的。

在指导我的毕业论文过程中，我们接触多了，有时也聊一些家常。我得知，徐师与我父亲都是苏工专土木科毕业的，只是同系不同专业，而且他们相互之间还很熟悉，甚至还记得当时的一些往事，使我顿感亲切，他不仅是我的老师，而且还是一位尊敬的老世伯。早先在我的印象中，只知道徐师是非常严肃的，实际上他不仅是一位平易近人的师长，而且是一位重感情、尽孝道的孝子。谈话中，他给我谈起他为什么决定从云南回上海到之大工作的原因，主要是他母亲住在苏州，乏人照顾，他说："老母在，不远行。"为此，他也没有随之大师生一道内迁，而是留在上海为建筑系高年级学生办补习班。后来他又与其他两所教会大学的留沪教师创办了华东大学。

徐师的学术和教学水平在同行中也有较高的评价。毕业后，我在一所工专当教员，有一位其他大学土木系教师来此兼职的同事，他比我长几岁，也是侧重于结构学的，他说对上海几所大学的结构学教授多有了解，谈到徐师时说，"他的结构学是彻底的"，也就是达到了融会贯通的水平，是一位杰出的高水平教授。可见，徐师的学术造诣在同行中也是有影响的。

我还记得，在指导论文结束时，徐师曾语重心长地嘱咐我：以后遇到其他问题可以随时去找他,还说,他以后如果开新课,会通知我去听课。但其后不多年,得知他突发胃出血,医治无效而逝世,令人扼腕!这不仅使我国失去了一位杰出的结构大师和教育家,而且也使我失去了再次向徐师请教的机会。

(本文根据蒋式谷《忆景仰的徐箓老师》、并摘录江荫煮《追念徐箓老师》部分内容整理而成。原文载于之江大学北京校友会 2003 年 5 月编印的《之江校友》信息简报第 19 期)

# 民主斗士　一代师表　文改先锋

## ——缅怀之江大学著名校友林汉达先生

郑芳龙

　　林汉达先生,1924 年毕业于之江大学,后一直从事教育工作。先后任之江大学教授、燕京大学教务长等。全国解放前,他积极参加抗日斗争和反内战等民主革命活动,是民进的发起人之一,历任民进中央常委、组织部第一任部长、副主席等职。他还是诲人不倦的一代师表,不仅桃李芬芳,而且在教育理论、教育思想、教育方法等方面都有独特的见解。解放后曾任新中国教育部副部长等职,是我国新语文的倡导者和实践者,为新中国的教育、文化事业作出了重要贡献。

### (一)反帝反封建的民主斗士

　　林汉达先生早在宁波四明中学任教时,就因为积极支持学生的爱国正义行动,设法营救被捕学生,而遭到当时由教会牧师主持校政的学校当局解聘。解聘后,他来到上海,由于出色的英语成绩(曾在世界书局发起的各地大学生英语竞赛中获得第一名)被世界书局聘为英语编辑。在此工作期间,他继续同情革命,支持革命斗争,曾冒险掩护中共党员,并在经济上支援地下党活动。地下党员刘仁(解放后曾任中共北京市委副书记)就曾经长期住在他家从事革命活动。1937 年至 1939 年,他赴美国留学期间,积极从事反帝活动,通过到各大学进行演讲等形式,疾呼爱国学生行动起来反对日本帝国主义侵略中国的罪行。他还经常参加美国共产党的支部学习会等活动。

　　1945 年,日本投降后,之江大学复员回迁。林汉达先生担任教务长之职。他引导师生密切关注时事政治,积极投身到如火如荼的民主运动的热潮中去。他多次在群众集会上慷慨直言,反对内战,和平建国。他说:只有民主的政治,教育事业才能得到真正的发展；只有停止内战，让人民安居乐业，教育才有光明的前途。他告诫大学生不能只埋头读书，要积极参加争取民主、反对内战的斗争。1945 年底，蒋介石不顾全国人民的反对，准备挑起内战。美国总统特使马歇尔奉命来中国"调停内战"。当天，上海大中学生举行了一次和平请愿和示威活动，林汉达在积极参加的同时，还帮助审阅修改了学生代表用英文书写的准备提交马歇尔的请愿书。

同时，林先生还与马叙伦等文教界爱国民主人士，联名发表了《给美国人民的公开信》，向美国人民呼吁："让我们停止内战，实现民主政治。"

作为中共的忠实朋友，林先生与马叙伦、王绍鏊、周建人、许广平、赵朴初、雷洁琼等同志，在中国面临两种命运、两种前途的重要历史关头，为推进爱国民主运动的发展，在中共的影响和帮助下，于 1945 年 12 月 30 日发起成立了中国民主促进会。林先生当选为理事，不久又选为常务理事。

之后，他积极参加民进组织的各种民主斗争活动，1946 年 1 月 13 日，上海各界举行被国民党特务暗杀的于再烈士公祭大会，林先生发表演说，"同学们应相信自己的力量，民主中国必定成功。"这次活动激发了广大青年的爱国之心。1946 年 4 月，中共地下党领导的进步组织上海六业联市联谊会举行一次群众集会，林汉达等民进领导应邀参加并先后发表演讲，林先生说："我是哲学博士，想送大家三句话：一是'溪水不逆流'；二是'一束筷子折不断'；三是'棉纱线拉倒石牌楼'。现在有人要打内战，搞独裁，这是逆流而行，大家应该起来反对；一个人的力量有限，好比一双筷子容易折断，如果把几百人几千人变成一束筷子，就不容易被折断了；……，总之，大家团结起来力量大，坚决反对内战，反对独裁。"

为实现各爱国民主力量的联合，结成广泛的统一战线，以更大规模地唤起和动员民众，在中共的领导和支持下，1946 年 5 月 5 日，成立了由几十个社会团体（最初有 52 个团体参加，后发展到 91 个社会团体）组成的上海人民团体联合会，林先生当选为理事，随后又当选为常务理事，实际负责群众发动工作。

民进的工作始终得到了中共的关心、支持和指导。为反对内战，1946 年 6 月 23 日，上海人民团体联合会组织 300 个社会团体、单位的 10 万名群众热烈欢送以马叙伦为团长的人民团体代表团赴南京请愿，林先生作为大会执行主席之一，在会上发表了演说，号召民众要坚持民主斗争。这次反内战大示威，使上海爱国民主运动达到了高潮。但蒋介石政府倒行逆施，疯狂地镇压群众运动，随后，在南京发生了震惊中外的"下关惨案"，上海也处在一片白色恐怖之中。林汉达等一批爱国民主人士遭到国民党反动当局的密令通缉。在中共地下党的安排下，他秘密潜逃，幸免于难，最后到达已解放的大连。他没有被吓倒，继续在大连向群众宣传革命道理，揭露国民党反动派的法西斯统治，又险遭国民党特务的暗杀。中共东北局考虑到他的安全，又派人将他护送到哈尔滨。1947年秋，任命他为辽北省教育厅副厅长兼辽北学院副院长。期间，他深入农村调查研究，跑遍了 10 多个县，同时，亲自进行扫盲教育，还编印了一本《两用词典》，在解放区做了大量卓有成效的工作。当时任辽北省委书记的陶铸对林先生给予了高度评价："汉达同志具有勤奋学习、诲人不倦、刻苦钻研、精益求精、热情负责、忘我工作的精神。同时，汉达同志还具有敢想敢干、不怕困难、雷厉风行、一丝不苟，言行一致、实事求是的优良作风。"

### (二)献身教育事业的一代师表

林汉达先生不仅是一位敢于向黑暗势力作斗争的民主斗士，还是一位敢于向传统教育挑战、矢志不渝地为普及教育而献身的革命教育家。

之江大学毕业后，林先生先在中学任教，后到上海世界书局任英语编辑、编辑部主任和出版部部长等职。期间，他先后编著了《标准初中英语课本》和《标准高中英语课本》(各三册)，为许多学校所采用，以致引起林语堂的嫉妒和攻击，林语堂的行为激起了学术界的公愤，为此，两人打了半年官司，最后证明林先生的著作具有独创性而胜诉。世界书局还把胜诉判决书刊登在再版书的扉页上，也引起出版界的轰动。

1937 年，林先生考入美国科罗拉多大学研究院，专攻民众教育，1939 年毕业获博士学位，并谢绝美国方面的高薪聘请留美工作，毅然回到母校之江大学任教授，期间先后任教育系系主任、教务长等职。太平洋战争爆发后，之江大学内迁，林先生留沪，后与其他教授一起创办了华东大学，他任教育学院院长。他对民众教育有着独到的见解。1941 年，由他著述的《向传统教育挑战》一书，是反映他的教育思想、教育理论的代表作。书中指出："中国教育要振兴，除了社会和科学条件，一定要改革在封建社会中形成的一套教育陈规；一种是照本宣科，教师只是把自己当学生时所获得的知识照样传授给学生；一种是模式僵化，教育者与受教育者都丧失了自己的活力。"他不仅批判了当时旧中国的教育方法，而且分析批判了产生这种教育方法的根源。该书在当时的教育界产生了广泛的影响。极其可贵的是，早期他就提出了成人教育、终身教育的概念，今天仍有着现实意义。

新中国成立后，他曾任燕京大学教授、教务长，1950 年任教育部社会教育司司长，1952 年任中央扫盲委员会副主任，1954 年任教育部副部长。

### (三)新中国语文改革的开拓者和实践者

新中国成立后，林汉达先生长期在教育部任职，主管扫盲工作和业余教育工作,也是新语文和文字改革的开拓者和建设者。

林先生从小就立志要为劳动大众争取受教育的权利。早在世界书局工作时,他就对拉丁化新文字产生了浓厚兴趣,把它看成是普及中国教育、扫除文盲的有力工具,并从此开始潜心研究。他通过美国留学,对中、英、美等国语文进行了比较研究,努力探求一条中国语文发展的新路子。他于 1942 年和 1944 年先后发表了《中国拼音文字的出路》和《中国拼音文字的整理》两部著作。他认为,"语音的标准化、词汇的规范化和语法的精密化"是中国语文发展的必由之路,也是发展中国拼音文字的先决条件。

他在教育部任职期间,致力于扫盲运动,亲自举办扫盲师资班,编写扫盲教材并讲课,总结扫盲经验,推动扫盲工作。同时,十分重视语文改革研究,撰写通俗历史读物,大力普及中国历史知识。

他花了 7 年心血 6 易其稿的《国语拼音词汇》,在中国语文改革上占有重要地位,被认为是"中国语文运动的新贡献","使拼音文字的前途透露出无限的光明",学界称其为"林氏新方案""将照耀中国的语文改革运动,成为一颗不灭的明星"。

几十年来,他致力于编写通俗历史故事读物,著述等身,有:《东周列国故事新编》、《春秋故事》、《战国故事》、《春秋五霸》、《西汉故事》、《东汉故事》等,这些读物通俗易懂,深受广大读者好评。据说,陈毅、胡乔木同志也十分赞赏。其中,《东周列国故事新编》的原稿是用拉丁化新文字写就的,后来才译成汉字,可见其功夫之深。另外,《后汉故事新编》、《三国故事新编》他生前编就但未及出版,后由他的夫人整理出版。还有一部《上下五千年》因生前未及完稿,1978 年由上海教育出版社总编曹余章同志续完出版,该书还在香港更名为《龙的故事》出版。林先生原计划把读物一直写到清代,可惜由于种种原因未能实现。林先生在通俗历史读物编写方面所作的努力,是他一生事业中的重要组成部分。林汉达先生的过早离世,是我国教育事业的一大损失。

（原文刊登于《之江校友》,本文在原文基础上略有修改和增删）

# 捐资兴学　情独之江大学
## ——史量才与之江大学的情缘

博　文

　　1936 年 6 月，一座横亘在二龙头南端、体量不大却具标志性意义的建筑在之江大学拔地而起，这就是钟楼。人们叫它钟楼，是因为其楼顶建有钟塔，安装有机械钟之故。其实，只要见过这座楼的人都知道，楼的外墙题有"经济学馆"字样，这才是它的真名。当然，它还名为"同怀堂"、"邓祖询纪念馆"等。

　　说起这座楼，我们不能不说到这座建筑的捐建者，中国出版商、金融家、上海《申报》主编、曾任之江大学校董的史量才先生，包括他的事业、他与之江大学的情缘、他的遇害等情况。

　　史先生既是一位正直的人，又是一位善良的人；既是一位实业家，又是一位慈善家；既精于报业，又崇尚教育。事业发达后，他把兴学助教，推进国家的教育事业，培养国家的建设人才作为自己的一种责任，给予了极大的热心。其中，之江大学成为他特别关注的对象。

　　史量才先生作为一位爱国者、实业家，他一直积极支持教育事业。远在上海的史量才先生尤其关心杭州之江大学的发展，可说是情有独钟。1931 年，之江文理学院向政府立案后，他被聘为学校董事会董事。在之江大学复校运动中，曾慷慨资助学校大量经费，为学校顺利复校出了大力。

　　20 世纪 30 年代前后，之江大学在"立案"问题上受阻，这不仅是长老会的阻挠，还因为学校自身的许多条件受限，其中最主要的是教育教学设施不足，包括图书馆、实验室及体育设施等，这些都是向政府立案的硬性条件。本来，这些设施的建设资金都应由教会拨款，但教会既然不同意立案，也就不可能拨款建造。在这种情况下，学校董事会和校长等只得四处筹措，以力免学校停办的结局。后于 1931 年，学校虽然以"之江文理学院"的名义获得政府立案批准，但图书馆等尚未建造，而作为一所大学，这些基本设施即使不是政府硬性要求，也是必不可少的。在校方、校友和师生的多方努力下，筹得一笔建设款项，据说，作为校董的史量才先生也认捐了。图书馆、科学馆等建筑终于在 1932—1933 年相继建成。

后来,他还把自己的独子史咏赓送到之江文理学院深造。按理说,上海有多所教会大学,作为上海滩的名人,史量才的儿子要上大学,哪所大学都是欢迎的。可他偏要舍近求远,送到远离上海的杭州来。据说,他是老来得子,又是独子。由此,他对之江大学的钟情可见一斑。

1933 年,随着学校迅速扩大,学校教职员和学生大幅增加,为了适应学校发展形势,必须兴建一批新的教育设施,包括一座体育办公室。他得知此事后,觉得作为之江的一名董事,有义务为此出一份力。于是,他向学校承诺由他出资建造这所体育办公室。正是因为他的捐助,1934 年,这座体量两层,具有办公、储藏和更衣室等功能的建筑才得以如期建成。

由于他是之江文理学院董事,儿子又在此读书,这样,他到之江的机会也自然多了,对之江的了解也加深了。经过多次的勘察,他觉得在二龙头最南端的位置非常合适建一座校园标志性建筑,并打算再由他出资建造。这一想法与学校的计划也不谋而合。可惜,他还未来得及与学校提出,就遇害了。但是,即使在生命的最后一刻,他也没有忘记这件事,嘱托家人一定要捐资建造这座建筑,实现他的未了夙愿。今天我们看到的这座钟楼,就是他的家人遵其嘱托捐资 4 万国币而建成的。

关于史量才先生的遇害情况和为什么会遭到如此残杀,有多种说法。普遍的说法是与他的《申报》与政府"作对",发表民主自由言论,力主抗战,反对内战,支持抗日救亡运动,揭露和鞭挞国民党不抵抗政策,以及抨击时弊,揭露当局的黑暗统治有关。据说,1932 年 12 月,宋庆龄等在上海成立"中国民权保障同盟",史量才坚决支持赞同宋庆龄的政治主张,发表演讲,强烈谴责政府钳制舆论、绞杀进步言论的错误做法,并在《申报》上全文刊载了宋的宣言,还发表社论,扩大舆论宣传,在社会上产生了强烈的反响。《申报》也由此多次遭到政府的查禁和刁难,但他没有屈服,他说:"人有人格,报有报格,国有国格,三格不存,人将非人,报将非报,国将不国!"正是《申报》的这种进步倾向,引起国民党当局的忌恨和不容,使蒋介石下决心杀掉他。

关于史量才被杀,据最近上海《世纪》杂志刊登的一篇文章说是由于他的言语不慎而招致了杀身之祸。据说,有一次,蒋介石召史谈话,开始交谈甚洽。但临别时史握着蒋氏的手说:"你手握百万大军,我有申、新两报百万读者,你我合作还有什么问题?"蒋听后脸色立变,甚为不悦。这句话的本意是他可以与蒋合作,但在蒋听来:你想拿百万读者来要挟我,还想与我平起平坐,简直是不知天高地厚。因此,蒋介石顿生杀机(这也许只是后人的一种猜测,是否真实难以定论)。

　　该文还披露,本来史量才可以免遭暗杀,但在蒋介石下令暗杀史的过程中,由于阴差阳错,蒋的暗杀令传达到了执行人,而改变主意后的不杀令却未传达到执行人,结果史量才终被暗杀。

　　不管这些说法是真是假,史量才惨遭国民党特务暗杀是千真万确的。

　　时光荏苒,岁月沧桑。史量才先生遇害虽然已经过去 80 多年了,但他捐资建造的钟楼却依然挺立在钱塘江岸,默默地叙说着这段不寻常的历史,也铭记着他的"主人"那崇尚教育的高尚品质。

# 难以忘却的邵武办学

廖增瑞

日本侵华战争给中国带来了一场空前的浩劫，教育界也深受其害。在这场浩劫中，之江大学颠沛流离、辗转内迁的沧桑岁月，令人难以忘怀，尤其内迁至福建邵武时的艰苦岁月，今天回想起来，仍然有一种挥之不去的酸楚。

记得 1941 年 12 月 8 日太平洋战争爆发，上海被日本占领沦陷为孤岛。随即，坚持在公共租界办学的之江大学被勒令停办。1942 年 5 月，学校决定举校内迁。

当时，由李培恩校长带领训导主任顾琢人、会计张乃彪等一行，由上海穿过已经沦陷的杭州地区，经绍兴到金华。抗战时期，金华作为浙江省的临时省会，原计划之大迁入金华办学。但当时正逢"浙东事变"，日军进攻金华和衢州。日机在金华疯狂地展开了"篦擿式"轰炸，整个金华处在战火弥漫之中。显然，这里已不可能成为办学的落脚点。为避日机轰炸，李校长一行到处躲逃，并于当夜逃离了金华，辗转来到了福建的南平，暂住在教会办的剑津中学。当时我在该校任女生部主任，负责接待他们。当时的情景至今我还历历在目，见他们就像是难民一样，其状之惨令人心酸。休整了几天后，了解到邵武是一个相对比较安定的地方，且教会办的福建协和大学已在这里，于是决定前往邵武寻找落脚点。1942 年 6、7 月间，李培恩校长一行改由水路前往。同去的有工学院讲师薛攀星和商学院一位助教孙扐老师。

他们到达邵武，受到协和大学的热情接待，并得到他们的大力支持和帮助。经与该校校方商定，愿意挤出部分校舍借给之大临时使用，办学地点就这样确定下来了。于是，学校一边立即开始招生和上课，一边寻找地点自建校舍。后来在邵武城外征用了一块靠一条溪水北边的空地自建校舍，并立即着手建造，当时由薛攀星老师负责设计和监工。所谓的校舍其实非常简易，共建造了三座楼房，其中，一座楼为教学、办公和礼堂等用；一座为男生宿舍；一座为女生和教职员宿舍。

最初,因条件所限,只招收了部分商学院新生,这些学生大部分是从浙江、福建、江西来报考的,加上从上海内迁来的部分学生,人数较少。学校自建校舍后,条件适当有所改善,学生人数也有所增加。最多时,注册人数达到 200 多人。学校仍然保留工、商、文等 3 个学院。教师有李(培恩)、顾(琢人)、薛(攀星)、孙(扐)和徐次达等数人,并另聘请了 2 位教授。但师资力量仍然不足,部分课程只得请协和大学教师兼任。我当时任学校注册主任,也兼教英文。这样,总算把学校办起来了。

1943 年春末夏初,邵武城区曾发生了一场鼠疫,当时,全城每日有近百人染上鼠疫而死去。所幸的是,这时学校已迁往城外北部山区的新校舍,南面隔着一条河,使学校免受波及。

1944 年末,由于战事吃紧,李培恩校长决定学校停办,学生全部转到厦门大学和协和大学。至于停办的原因,有的校友说是由于发生鼠疫而被迫仓皇转移的,其实这是误传。因为我当时在邵武,知道这个情况。其实,被迫迁移的真正原因,除了当时战事吃紧外,主要是:(1)教会切断了经费来源,学校难以为继;(2)很难聘请到名教授,师资质量难以提高;(3)师资缺乏,三、四年级课程开不全;(4)学生逐渐减少,且招生困难;(5)当时由上海去的教职员生活十分艰苦,工资除给留守上海的家属 100 斤大米外,每月只发 60 元,难以维持生活,教师队伍很不稳定。加上 1943 年冬,顾琢人患严重肺病,辞职去了重庆,不久即传闻在重庆病逝(有人说他是在金华日机轰炸中遇难,这也是误传)。薛攀星也因病于一年前辞职回福建老家休养。后来孙扐也离开了邵武。所有这些因素促使李培恩校长作出了停止邵武办学的决定。

邵武停办后,李培恩校长独自去了贵阳,筹划在该地花溪复校。当时委托了之江大学校友曹敏永负责筹备,并通知徐次达前去协助。徐于 1944 年 7 月从邵武启程到江西赣州,因日寇突然进攻,交通阻断而未能到达贵阳。我于 1944 年秋离开邵武去了安徽工作。张乃彪一直在邵武留守,直到抗战胜利后才回到上海。之江大学在邵武办学共坚持了两年整。

(廖增瑞老师曾在之大教育系任教,曾任之江附小校长。她是之大教授廖慰慈的女儿,也是之大教授徐次达的夫人。当年亲历了之大在邵武办学的岁月。原文是其刊登在《之江校友》上的一篇回忆文章,本文在原文基础上略有修改和增删)

# 解放战争时期的之江大学学生运动

蒋宏成　摘编

抗日战争胜利后,之江大学即从内地先后回迁至上海、杭州两地复课。但人们在胜利喜悦之际并没有看到和平的曙光,全国政治形势仍然非常严峻,蒋介石在美国政府的支持下,不顾民众追求"和平民主"的强烈要求,悍然挑起内战。他们压制民主,镇压学生爱国运动,全国处在一片白色恐怖之中。在这种形势下,学生爱国民主运动在全国各地风起云涌地开展起来,之江大学也是一样,在当时之大地下党的组织和领导下,积极投入到这场学生运动的洪流中去。

## (一)利用各种有利时机,组织发起示威游行和抗议活动

### 1.组织参加"迎马"集会游行运动

1945 年 11 月,美国政府决定派遣马歇尔特使来华开展国共两党军事调停活动,但名为调解国共军事冲突,实为支持和援助国民党政府打内战。为了揭露美国政府假调停的面目,打消人们对蒋介石存在和平幻想的心理,向马歇尔表达中国人民渴望和平的愿望,之大地下党组织根据上海法学院学生金大均和之大同学范建平的提议,拟在马歇尔途经上海时,组织上海大中学生发起向马歇尔递交要求调停内战并撤退驻华美军等六项主张的书信,同时组织大型集会和游行示威运动。之江大学牵头发起和组织了这次运动。

12 月上旬,第一次筹备组会议在之大学生自治会主席、中共党员陶大钧家召开,会议决定以约大(圣约翰大学)、之大、东吴、沪江四所教会大学和上海法学院为共同发起单位,筹组上海大中学生欢迎马歇尔特使筹备会,由之大负责联络工作。这项活动得到了各大中学校的积极响应和支持。12 月 14 日,筹备组在建承中学召开第一次筹备大会,32 所学校的学生团体代表参加了大会,正式成立了上海市大中学生欢迎马歇尔特使大会筹备会,约大选为主席单位,之大为副主席单位,之大教授林汉达被聘为顾问。经过精心筹备,拟定了给马歇

尔的公开信,信用英文写就,请林汉达教授作过修改。最终还商定了一个行动计划。

12 月 20 日,马歇尔抵沪下榻在华懋饭店。下午,上海各学校代表 400 余人在中央路广场集会,其中之大有 100 人左右,一部分人在会场做纠察,维持秩序,一部分准备参加会后游行。根据商定,由沪江的同学去华懋饭店会见马歇尔并递交公开信。当游行队伍出发时,立即涌进一帮特务,对他们进行殴打,并冲进广场殴打大会主席陈震中。陈在群众的保护下,被高高托起进行指挥,他示意队伍保持镇静,继续前进。为防特务破坏,纠察们手拉手在广场四周围成一道人墙,同时,会场上的群众高唱《团结就是力量》等歌曲,等候沪江同学会见马歇尔的回音。当他们回到广场报告会见情况后,队伍随即开始游行。之大曹衍诚等同学走在游行队伍最前列。

在游行队伍中,之大的纠察抓到了 8 个特务,并扭送到黄浦警察分局。之大同学左淑东、王吉华等跟随到分局。他们在分局门口席地而坐,强烈要求分局惩办打手,并与分局局长唇枪舌剑,直至傍晚,分局局长才被迫假意答应同学们的要求。但待同学们散去后,警察局随即就释放了这 8 个暴徒。

通过这次"迎马"运动,使我们看到了自己的力量,也使许多积极分子和中间同学认清了美国假调停的把戏,以及国民党假和平、假民主的真面目。为后来的全市和之大的学生运动在思想上、政治上、组织上打下了广泛的群众基础。

2. 策划组织"一二·一"惨案公祭抗议运动

1945 年 12 月 1 日,昆明发生了震惊全国的于再等四烈士遭暗杀的事件(即"一二·一"惨案),广大青年学生无不感到震惊和愤慨。惨案发生后,之大学生在上海崇德女中大礼堂召开了一次大会,教育系同学薛敏兰在台上宣读了其堂姐薛素珍从昆明的来信,介绍了整个事件和昆明各界对事件的激烈反应情况。与会同学听后极为义愤,强烈谴责国民党反动当局的野蛮暴行。后得知教育系同学田复春的好友顾家熙的嫂子于庚梅就是死难四烈士之一的于再烈士的妹妹,于是,学委拟以公祭追悼会的形式组织一次游行抗议运动,经过几次商量,最终根据于庚梅夫妇的意见,决定借玉佛寺举行这次公祭活动。这一消息传出后,立即得到上海各界民众和大中学生的积极响应。

1946 年 1 月 13 日上午,上海各学校学生和各界群众纷纷赶赴玉佛寺参加祭奠于再烈士集会。之大地下党党支部发动之大 120 多名积极分子和部分中学师生参加大会,之大一部分同学担任纠察。会上,各界知名人士和代表先后发表致辞或演讲,他们中有:林汉达教授、柳亚子先生和马叙伦先生。于庚梅女士介绍了于再烈士的生平和遇难经过。会后,举行了声势浩大的声援昆明抗议"一二·一"惨案大游行,之大同学仍然担任游行队伍的纠察工作。参加这次游行活动的各界民众和学生人数达到 2 万余名。

## (二)以"助学""尊师"为主题,开展广泛的募捐等活动

抗战胜利后,蒋介石不顾全国人民的反对,倾力挑起内战。为维持内战,政府不仅对劳动人民进行残酷的剥削压榨,而且大量削减文化教育等公共事业经费。全国人民生活在水深火热之中,大量学生上不起学而失去受教育机会。在这种情况下,1945 年寒假,上海学委决定建立上海市学生助学运动机构。1946年 1 月下旬,由约大、东吴、沪江、大夏等高校发起,成立了上海市学生助学联合会(简称"助学联"),办公地点设在建承中学。之江大学积极参与,被选为主席团成员单位,负责联络部具体工作。当时派出了 10 位同志深入到各学校开展联络工作,他们的主要任务是:了解各校运动进展情况,动员和帮助说服各校方参加助学活动等。

1. 积极组织开展"义卖助学章"活动

助学联成立后,上海社会局和警方进行了百般的阻挠和刁难,其中包括:不准在建承中学办公,并对该校提出无理警告和威胁。助学联主席团之大代表陶大钧在建承中学召开了有几十个学校代表参加的会议,声援建承中学,最终建承校方答应继续借给助学联办公。同时,之大教授林汉达发表文章指责国民党当局的破坏,对助学联给予热情支持。

为广泛开展助学运动,之大在地下党党支部的领导下,之大学生自治会召开各班级代表大会,讨论通过了关于之大参加助学活动的决议。根据助学联的部署,2 月 5 日、6 日在全市开展"义卖助学章"活动。之大有将近半数学生按院系班级组成若干小组,走街串巷为行人佩戴助学章。经过几天的努力,之大义卖助学章得款 6660800 元(旧币,下同),义卖春联得款 665800 元,合计得款7326600 元,有效地解决了一批贫寒学生的学费问题,也团结了一批中间和后进同学,为进一步开展助学和尊师活动打下了基础。

2. 积极组织开展"义卖敬师章"活动

抗战胜利后,人们不但没有看到和平的曙光,而且国民党政府横征暴敛准备内战。当时的上海物价飞涨,广大教师收入菲薄,生活十分艰难。1946 年 3月,大学教授通过记者向当局提出"抢救教授"的呼吁,4 月,国立大学教授实行罢教,市立中学教职员全面怠教。市教育局局长李熙谋被迫发起"尊师运动",成立了一个尊师运动委员会,自任总干事,并请著名教育家陈鹤琴先生担任副总干事,并发表告各界书,但并未取得预期效果。

当时,上海各学校成立了由学生社团参加的上海市学生团体联合会(简称学团联),在开展助学活动的同时,发起了敬师运动。1946 年 3 月,成立了上海

学团联敬师运动委员会。发起学生募捐和义卖"敬师章"活动,募集一定的资金以解教师燃眉之急。之江大学学生顾光顺参加了学团联工作,原担任助学联联络员的之大同学,继续担任学团联联络员,分头联系各学校组织,宣传和了解义卖敬师章等事宜。4月24日、25日,之大党支部发动全校同学并组成若干小组,上街开展"义卖敬师章"活动,募集了一批款项。

针对敬师运动不断遭到国民党和三青团的破坏,学团联决定将敬师运动与尊师运动联合起来,由教育局、学团联和学生总会共同举办。

之大学生自治会一方面积极做好上层教授的工作,一方面召开班级代表会议,动员其参加尊师运动。5月27日、28日再次上街开展宣传、募捐和义卖敬师章活动,他们深入商店、酒楼、饭店、舞场等场所进行劝募,募得了一笔现款。这次活动,全市共有2万名学生参加,共募得款项达2亿元。

1946年6月间,国民党已将军队调到进攻解放区的前线,大规模内战爆发在即。为揭穿国民党发动内战真相,学团联决定将计划召开的尊师庆功大会与反内战宣传结合起来进行,把经济斗争提高到政治斗争,把庆功大会开成反内战运动的动员大会,并发动一次和平请愿。6月16日,庆功大会在天蟾舞台举行,4000余名学生参加了大会。陈鹤琴、李熙谋和学总、学团联代表都上台发了言。之大20多名纠察秘密护送郭沫若上台讲话。之大教授林汉达也上台演说。他指出:"解决教师生活问题,先决条件是增加教育经费,而教育经费低乃由内战而致,因此,我们不得不制止内战;希望同学们本着尊师运动的团结精神,继承五四光荣传统,要求政府从外人手中收回一切主权"。陈鹤琴先生最后宣读了代表学生的五项要求,"立即停止内战,减低学费,提高教育经费,保障教师生活,救济失学同学,联合起来,维护国家一切主权",并得到大会一致通过。

随着斗争的发展,助学联还发起了一次全国性"爱用国货、抵制美货"的义卖活动,帮助贫困学生解决学费困难。之大学生自治会积极响应,组织学生向市民开展宣传教育,还发动同学自制物品在市场设摊义卖。1946年寒假,之大杭校在秦望山发现特大灵芝一株,党支部决定筹备灵芝助学义展,同时,学生自治会又商得某先生的赞助,将其收藏的古画100多帧参加义展,并进行义卖,所得款项捐为助学金。筹备工作就绪后,还在报纸上发义展启事。义展于1947年2月1日在八仙桥青年会正式开展。当天就有200多人前往参观,并有不少社会名流,如:沈钧儒、章伯钧、史良、董必武、华岗、潘公展、翦伯赞等,并在留言簿留言。沈钧儒、章伯钧两先生还各订书画一帧。当日收入了100多万元。义展吸引了社会各界前往参观,孔祥熙还要求派人将灵芝送往他家一睹,并承诺愿认捐×××万元。这一消息在上海引起了很大的政治影响。为期一个月的义展活动,很多同学都参与了服务工作,且各类义卖收入颇多,基本上解决了全校贫困学生的学费问题。

### （三）发动并带头参加"六·二三""要和平、反内战"运动

1946 年 6 月 19 日，72 所大中学校成立了上海市学生争取和平联合会（简称和平联），正副主席由之大、约大两校担任。之大党员、学生自治会副主席陶大钧担任主席一职。和平联通过五项议案：发表宣言，通电全国，组织和平签名，扩大宣传，欢送马叙伦等赴京请愿。

之大各班在党支部组织领导下，召开动员大会，在全校开展了声势浩大的和平签名运动。

6 月 23 日，以马叙伦等为代表的上海人民和平请愿团将赴京请愿，之大有 300 多名学生参加了欢送大会。之大民主团契发动团员于 22 日通宵达旦赶做标语。之大还有很多同学负责大会和游行的纠察工作，之大教授林汉达为欢送大会主席团 3 成员之一，并在大会上发表演讲。游行开始后，之大部分同学沿途继续做宣传鼓动工作，有的刷标语、发传单，有的宣传演说。当游行队伍到大世界、青年会等处时，遭到预伏特务的破坏，之大纠察人员在青年会楼上抓住了 4 个特务分子，并在复兴公园进行公审。据估计，之大 90% 以上同学参加了这次运动。

和平请愿团在南京下关惨遭特务暴徒殴打，消息传来，上海各界民众纷纷捐款慰问请愿团代表。国民党的倒行逆施，使人们进一步看清了他的假和平、假民主、真内战的真面目。

此后，蒋介石开始对解放区实行全面进攻，并加紧对蒋管区人民的镇压，之大的一批党员先后撤离上海和杭州，有的转学到其他学校，有的休学。林汉达教授转入解放区，之大同学主动承担了慰问和照顾林先生家属的任务。

"六·二三"运动之前，之大党支部还组织同学参加了有关群众性的政治斗争活动。运用散发传单、编演活报剧、集会游行等多种形式揭露国民党的反动本质，宣传教育人民群众。

"六·二三"运动后，之大党支部发动同学参加了两次重大的政治斗争活动。一次是 1947 年元旦，参加了抗议美军强奸北大女学生暴行的全市学生抗议大示威；一次是参加声援抗议国民党特务制造的上海"二·九"惨案。

此外，之大党支部还针对之大校方以"入学资格不符"、"考分低劣不符合绩点制要求"为由开除学生或勒令一批进步学生退学的事件，组织学生与校方进行斗争，以及为声援南京"五·二〇"惨案组织开展的罢课斗争等。

（源自中共上海市教育系统党史文集《青春的步伐》所刊《解放战争时期之江大学的学生运动》一文蒋宏成先生的摘编稿，原文作者为：张和谋、左淑东、王吉华、郑广裳。本文在摘编稿基础上作了整理和修改）

# 之江大学"姐妹团"

田复春

在之江大学学生社团组织历史上,有一个比较特殊的自发性团体——"姐妹团",她们以姐妹相称,亲如手足,而且其情意一直延续到现在。

之江大学"姐妹团"起始于 1945 年初春的上海,是由相互要好同学结成的一个自发性团体。当时,上海仍然被日本侵略者占领,抗日战争处于最艰难的岁月。由于时局恶劣,生活艰辛,之大一群二十出头且家境贫寒的学生,由薛敏兰、吴芸红、田复春等同学倡议结为"姐妹团"。很快得到 10 位同学的响应,后来陆续又有几位同学加入,"姐妹团"共有 20 余位同学,其中还有 2 位男同学。他们以姐妹相称,恍若一个大家庭。起初他们以年龄长幼排序,年龄最大者叫大姐,依次为二姐、三姐,……但后来加入的同学则按加入先后排序。他们经常聚集在一起,谈天说地,排解郁闷,寻求慰藉,同声相应,同气相求,相互帮助,关系融洽,亲如手足,使大家在心中涌起一层温馨的暖意,仿佛在黯然终日的寒风里飘来几缕明媚的春光。"姐妹团"曾在之大产生了一定的影响。

## (一)开展读书活动

"姐妹团"结成后,在课余搞了两次活动,其中一次是分组开展读书活动,四五人或六七人分为一组,组织阅读进步文学作品和社会科学知识读物,记得有鲁迅的作品和茅盾的《子夜》、高尔基的《母亲》、《钢铁是怎样炼成的?》等,还有萧军的《八月的乡村》、萧红的《生死场》、齐同的《新生代》及艾思奇的《大众哲学》等著作。阅读后,一般每隔一两个星期轮流在一位同学家里进行讨论。讨论时,大家无拘无束地谈心得感想,也提出问题进行争论。然后,漫无边际谈论其他问题,有的讲欧洲反法西斯战场的故事,有的谈自己的志趣理想,有的也谈自己生活中的一些烦恼和苦闷。教育系的同学大都当过或正在做中小学教师,过去,上课下课来去匆匆,还要忙着教书和家务事,不可能有多少闲暇聊天,现在参加"姐妹团"有机会与大家交流,所以,每逢聚在一起时,他们都显得自由自在轻松愉快,相互之间的了解和友情也渐渐加深。

### (二)排演戏剧

我们"姐妹团"还进行的一项比较有意义的集体活动就是排演歌剧《流浪交响曲》。当时由吴芸红负责,她请来过去在光华大学的同学、戏剧爱好者吴过孚为我们编排了一部《流浪交响曲》的歌剧,将大多数人都熟悉的电影歌曲串联起来,穿插一些情节,编成一出能上演一小时左右的戏剧。剧中人物有女工、流浪儿、流亡女性、失业的贫困教师、女学生、千金小姐、大老板和魔王等,代表着受苦受难的群众和邪恶势力。

整部歌剧人物由"姐妹团"成员和班上部分同学饰演,我们这些中小学教师多数都能歌会演,又不用背台词,排几次就上台了,纯粹是自娱自乐,增进友情,自然谈不上有多少艺术性。因为当时教育系是借陕西北路崇德女中的地方上课,这里有一座礼堂和一个小舞台,就成了我们的演出场地。第一次是为欢迎新一届同学而演出的。后来又在联欢会上演出了两场,还得到了大家的好评,"姐妹团"也因此出了名。现在看看当年演出的留存照片,不禁百感交集,恍如隔世,其中,好几位同学已经先后离世或不知音讯。

### (三)参加学生爱国运动

1946年,在上海各界广泛开展的民主运动中,由进步青年组成的"姐妹团",在地下党支部的领导下,积极参加了由上海地下党学委统一组织的各种学生运动:参加了"欢迎马歇尔、要求和平"的示威游行,"追悼昆明死难烈士、抗议国民党当局暴行"的公祭和示威游行,"纪念三八节"的妇女界游行活动,"六·二三"欢送和平代表去南京请愿、反对内战的大示威游行,追悼李公朴、闻一多烈士遇难、抗议国民党政府压制民主的群众大会,1947年5月开展的"反内战、反迫害、反饥饿"的学生运动等,几乎都积极参加了。"姐妹团"二姐王吉华还当选为之大学生会主席,公开领导学校的民主运动;大姐左淑东和四姐薛敏兰,都是进步学生组织"民主团契"的领导人。左大姐还协助工学院姚晶、蒋宏成等校友创办了华东模范中学,二姐王吉华和教育系几位同学创办了民本中学(后改为华实中学),悉心培育革命新苗。这两所中学的学生都在爱国民主的学潮中锻炼成长,成为建设新中国的人才。

解放后,"姐妹团"的姐妹各自走上了新的工作岗位,渐渐风流云散。虽然多数人仍在上海,但由于各自工作都很忙,聚会的机会就少了,只能彼此惦念,或偶然相遇时才能彼此倾诉不尽的心曲。

回首 60 年沧桑岁月,历历往事,每个人都有诉不尽、话不完的记忆,有甜蜜也有苦涩,有温暖也有辛酸,有笑声也有泪影。风风雨雨,百味俱全,足足能写一本书。"姐妹团"这个小小的集体,也能折射出一点动荡年代的五光十色。而对于每个人来说,记忆都是一种特殊深厚的财富,回味它、咀嚼它,能让我们在人生最后一段路程进入恬静、充实、憬悟和深沉的境界。

（原文载于之江大学北京校友会编《之江校友》信息简报（22），原文标题《"姐妹团"：手足真情六十年》。本文根据原文摘编）

# 何时归看浙江潮

琦　君

　　母校之江大学位于杭州最幽美的风景区钱塘江边，六和塔畔，秦望山麓。当我第一次爬上松荫夹道的斜坡，在跨过一片翠碧的草坪，仰首见巍巍大堂正中金色的"慎思堂"三字，不由得肃然起敬，想到今后将研读于斯，衷心不胜欣幸。

　　离母校屈指已几十年，而母校灿烂的光辉，轩昂的气宇，却时时在照耀我，指引我，使我更怀念苦心培育我的老师们。我仿佛又回到钱塘江边，受到那万顷波涛的洗礼，顿觉有一股浩气，充沛于胸臆之间。

　　钱塘江，这一条千变万化的江水，我爱之胜过西子湖。每于早操后循着幽径，一口气跑到江边，凝眸远眺，清晨江上雾气未散，水、天、云、树，于迷蒙中隐约不可分。晨曦自红霞中透出，把薄雾染成了粉红色的轻纱，笼着江面，粼粼的江水，柔和得像纱帐里孩子梦中带笑的脸。一天的希望与欢乐开始了，我一直要望到阳光照得我的身子暖烘烘发热，才跑到宿舍去吃早餐。

　　傍晚，我尤喜散步江滨。潮退时，就坐在滩头，看着筑钱塘江大桥的轮渡，忙碌地运载着一船船砂石材料，偌大的工程，眼看它逐日完成，年轻人的心，有着无限兴奋与新奇之感。我伫立桥头，望着滔滔江水，不免有前不见古人，后不见来者的苍茫之感。

　　印象最深的是那一座庄严的都克堂，幽静肃穆，墙上爬满深绿的茑萝，有时发出铿锵有节奏的钟声，振荡着人们的心弦。那时，常常是清晨的钟声催我起床，夜晚从图书馆倦读归来，又是钟声驱散了我一天的疲乏。直到现在，我都没有忘记与钱塘江波涛相和的钟声，不知几时还能再听到呢？

　　秦望山上四季的野花芳草，给我编织了不少美丽的梦。春日的杜鹃，深秋的红叶，于夕阳映照中，其美丽有胜于西子湖堤三月的桃花。我们常常在课余上山采集花草，制成标本，排成图案，订成卷册，偶尔翻开看看，娇姿丽质，虽然已经翠减红消，可是回首往事，犹觉坠欢可拾，兴味无穷。

距学校三里外的九溪十八涧是脍炙人口的名胜区。一条平坦的石板路，直通幽幽的山涧溪流，这是夏瞿禅先生最喜欢去的处所。他时常带我们几个"得意弟子"到九溪茶室闲坐，一壶清茶、一碟花生米和几块豆腐干，就可以消磨大半个下午。我们脱了鞋袜，在潺潺清澈的溪水中戏水濯足，而夏师倚槛行吟，就在此处他写出一首《临江仙》："短策暂辞奔竞场，同来此地乞清凉，若能杯心如名淡，信应村茶比酒香。无一语，答秋光，愁边征雁又成行，中年只有看山感，西北阑干半夕阳。"这首词成为当时我们传诵爱读之作。

故乡、母校、师友，都在遥远的可爱的祖国，追忆欢乐的学生生活，尤其引人无限乡愁。但不知哪一天可以重登秦望山头，听松风鸟语，看江山如画。

（作者早年毕业于之江大学，后移居台湾，任台湾大学文学院中文系系主任，执教30余年。台湾当代著名作家。本文转自《杭大校友通讯》1986年第2期，原文载作者所著《烟愁集》）

# 抗战初期之江大学内迁屯溪纪事

佚　名

"日军在杭州湾登陆,临平已成战区,杭州必须有秩序地撤退。"这是民国廿六年(1937)十一月十五日中午由城内某机关传来的电话。接着学生自治会和学校当局贴出了大布告,通知大家准备于万一。同学的心里充满着愤怒和不安。当时,李培恩校长已赴屯溪联系迁校事宜,群龙无首,校中情形显得有些紧张和混乱。当局会议的结果:规定先撤妇孺。教职员家属和女同学先于下午四时离开学校,无目的地随船向钱塘江上游进发,以早离火线为唯一目标。

妇孺撤走后,运输工具已去了大半,剩下的男子只得四处设法,但是僧多粥少,船夫索价又高,大部分人都雇不到船只,垂头丧气地回来。这一批人后来由原教务主任范老师率领,循杭富公路步行向富阳进发,撤离杭州。

何大开等30余人是男生中雇得起船的幸运儿。

当晚10时光景,何大开找到一条已经装满火油的货船,据说尚能容纳15人。因此,我们决定放弃步行的原议,凑满了人数,把已交与校方的行李领回来,预备装到船上去。事情原以为是极其秘密的,可是,当我们到码头时,船上早已挤满了人,反使"主人"们几无插足之地。

11时3刻,货船拨竿起锚,离开劫运临头的杭垣和母校。全船男女老幼50余人,挤得水泄不通。船上又没有灯火,大家在黑暗中坐了一夜。当船抵达闻家堰时,已是中午时分,大家肚子早已饿了。船靠埠后,我们借了船主的炉灶,由黄先生的尊嫂操办船上50余人的伙食,青菜萝卜,大家吃得津津有味。

船因过载之故,七小时只行了十来里路,走得连牛步都不如。性急的同学不耐烦了,相约上岸另寻出路。果然先后找到两条理想的江船,于是,人员重新分配组合,我们三十几人不得不分成两拨。

换了船,免不了分配床位。开始,有人主张拈号排位,也有的主张猜拳决定,可后来也不知怎的,大家打开铺盖,铺下就算,什么也没有搞。是呀,患难时节，兄弟之间哪能计较这么多呢！这时，船夫扯起大帆，天照应，风愈刮愈有劲，船加速前进，一颗动荡的心，这才慢慢地安静下来。从船主口中我们得知政府需船孔亟，捉船之风颇炽，我们同船 12 人又相对愕然。急中生智，我们从书箱中找到 2 张工程系用的 Standard paper，由丁儿大笔挥上“之江大学封”五字，又盖上一颗土木工程学会的图章，冒充官印，把它贴在外面再说。可是我们始终未曾用到这张“伪”品，因为第二天傍晚到富阳时，我们在胡先生处搞到一张富阳县政府的封条。在后来的行程中能得以平安通过，不能不说是胡先生之赐。

七里泷是富春江中的风景线，这里行舟，可谓惊心动魄。江面水浅流急，河床水滩往往高下相差一二尺，一不小心，船就搁浅了，逆水而上，更非易事，没有经验的船夫很难胜任。到严东关一段，则是进一寸退一尺，真是“逆水行舟，不进则退”。不到一千尺的行程，足走了两个多钟头。

出发时，我们虽然没有一个明确的目标，但一度传说，校方将迁建德（严州），并已派人到那里去筹措房子了。我们想，不管怎样，到了那里总有个短长。

先到建德的已有六七位男女同学，浙大也在建德，而且离我们住的地方不远。那里有无线电、壁报，使我们这些几天没有精神食粮的饿殍，得到丰润的一餐。杭州、临平、嘉兴都依然无恙，哪来的谣言，真害人匪浅！

建德成了我们的暂时驻足地，校长处也去了电报请示，大家也就安顿下来。候了三天，院长来了，大家挤着听他的报告，校长说：“屯溪已有陈、殷二位先生在准备一切，同学们如果愿意到那里上课的话，请自己设法雇船前去。”这样一来，大家又忙着找船，这一次比杭州更难了，不仅船少，人地又生疏。万幸雇到了两条船，14 人分乘。我们又把富阳县政府的封条和浙江军训会的封条都贴上，果然一路平安过去，未遭“捉船郎”的窥踰。

在长长的航程中，弈棋、桥戏、辩论或商讨便成了我们日常的消遣，读书是极偶然的。有一次，某同学从邻船偷来一副纸牌玩了一下午，后被物主发觉了，大兴问罪，险些闹出风波。

过严子陵钓台时，虽是大雨滂沱，大家还是想上岸去一眺名人古迹。没有雨衣的只得向船主借用蓑衣或笠帽。一队渔夫上钓台，更觉名实相符。该台高挂在数十丈峭壁之上，上下足足费去了个把钟头。这么高的台，不知那位严相要用多长的线去钓鱼？不然，除非以前的河水位不像现在这么低，或者以前的山没有现在这么高。

船小规矩倒不少。乘船有许多禁忌。譬如：我每次吃完饭，一双筷子老是搁在饭碗上，这一来就被判犯忌了。他们拿筷比作船，这一搁不就象征船搁浅吗？这是船家十分忌讳的事。听了他们的解释，觉得虽是迷信却也合理。可是迷信的事还多着呢。他们路遇庙宇或水滩，总要烧几张黄纸，借以消灾灭祸，祈求平安。还在船首船尾都摆上神位，一不留意，如果你坐在船首船尾的正中，马上就会遭到船主老太太的严词呵斥，说你侮辱了神位，将来会得到报应的。尽管这是迷信，但你只得屈服于老太太。

我们两条姊妹船一大一小、昼行夜宿地向前行进着，船行虽偶有前后，但吃饭睡觉总是靠在一处。患难朋友几小时不在一起，碰到了颇有一番意味，谈女人更有劲儿，而且无形中总会分成两派，热烈地辩论着。

船愈到上游水愈浅，那只较大的船不能到徽州去了，我们不得不第三次找船了。这里有船的大多是上游的住家。他们用船一般分两个季节，一个季节放船到下游去做生意，另一个季节则回到上游休息。第二个季节找船自然很容易，而第一个季节就难了。我们经一位老头儿指点，总算找到了两条小船，其中一条是曾装载过石灰的货船，显得污脏而破损，大家心里很担忧，怕上去会出什么乱子。这船的主人是两兄弟和一个童养媳，另外雇请了三个纤夫，据说，五个人撑船到徽州很吃力，最好能有六个人。

船慢慢地前行着，每到一个埠头，总得停一停，采办些食物和必需的用品：我们在茶园买了一担甘薯，用作每日的早餐。港口猪肉相当便宜；淳安没有猪油，只好用肥肉权充一下，味道一样不差；威坪没有好东西买，只有糖和蜜饯尚可一试。

到界口的前一天晚上，我们是在红高墩过的夜。因船过此地时，远远地听到锣鼓响，于是，我们决定上岸瞧个仔细，原来是一家祠堂里在演戏，我们的眼福来了！

第二天晨起碇，河流愈来愈急，水却愈来愈浅，大大小小的石块高出水面，船一不小心碰上去马上就会粉碎，这也是到界口的一大险关，过后想想，犹觉后怕。

界口是浙皖的交界处，所以路客经过都要捐税局验关，颇费一番手续。入皖后，到深渡只有一天的路程。那里不见男人干活，田间耕种都是女人的事。人民生活很苦，大多在山上种些玉蜀黍，然后晒干磨成粉，充作食粮。米只有有钱人才能吃到。磨粉的原动力是水车，所以沿途一遇到滩，总会见到几架水车在那里转动不息。

离目的地只有一天路程的朱家村，我们在未到达前早就听说这里有"捉船"的，而且在我们前头已经有两条船给扣留了，"捉船郎"毫不讲理地把船客的行李摔上岸去。这里捉船的是由荷枪实弹的军队出马的。我们深感危机来临，可是，怕也没用，只有到了再说。如果能过最好，过不去只好叫学校去与当局交涉放还。

船终于慢慢地靠近朱家村，果然，一袭武装人员在大声喊着停船，要我们留下船。经我诚恳地一番解释，他们决定不了，就把班长请了来，最后，总算放过了我们一马。大家逃过一劫，惊出了一头冷汗。

当天傍晚赶到了屯溪，我们的先头部队已经找到了校舍，我们一行人也很快安顿下来。这里原是一所茶栈，堆着许多茶叶箱。大家灵机一动，利用地物，拿来权充床铺、书桌、椅子。陈先生一共借到一千只茶箱，每人六只，多几只也可以。

时局日益紧张，战事渐渐扩大起来。日寇步步推进，飞机每日在头上盘旋，屯溪镇上驻满了军队。屯溪终于成为第三战区的总兵站，伤兵及战倦回来休息的兵士、汽车团经过此地都得停留一下。因房屋紧张而我们的女生宿舍只住有四位女生，房间很空，险些被占作营房，幸亏四川佬遇到同乡，才把这些当兵的安排到男生宿舍解了围。

在这种情况下，想安顿下来已不可能了。大家钱也用得差不多了，学校也没有力量再搬迁，结果开会、请示，闹了好几天，终于在12月6日那天决定暂时解散了。

（原文载于1986年《杭大校友通讯》第2期，作者不详。本文转载时有所删节和个别修改）

# "九一八"风暴在之大

包怡寿

1931年"九一八"事变后,杭州学生群情愤怒,敌忾同仇,罢课抗议日本帝国主义的侵略行径,要求政府出兵拒日,收复失地。各校纷纷组织宣传队、演出队宣传抗击日寇暴行,以激发人民的爱国热忱,有钱出钱,有力出力,为抗日救国作出贡献。

当时之江大学及附属高中的同学分别以王守伟和俞凤池为领导,组织同学进行抗日救国的宣传鼓动工作。鉴于外交部部长王正廷对日寇的侵略暴行不提抗议,杭高同学愤怒地把王正廷在九溪的别墅捣毁,事发后,时任省教育厅厅长张道藩竟然到杭高对学生进行训斥。没隔几天,张道藩又到之大来作报告,语气虽然比较和缓,但认为抗日收复失地的条件尚未成熟,希望大家安心读书。同学们洞察其奸,把他轰下讲台。

不久,之大及附中同学由王守伟及俞凤池领导,按军训队伍,排列整齐,乘坐大卡车来到平海路教育厅门前。这时浙大、艺专、医专及警官学校的同学亦先后到齐,要求教育厅长接见。想不到铁门紧闭,屋内无人。当时有同学建议到张道藩家里去。但是,到了西大街,发现张道藩家亦双门紧闭。等了一会,大家就冲进去,砸毁了一些家具等,后听说张本人已逃去南京。

由于教育厅厅长避而不见,我们就列队转到省党部(国民党)请愿。我们先派代表进去接洽,久久不得要领,同学们怒气激越,又冲进去架着两人出来,其中一个说是项定荣,后来让两人回去了。

各校再度商谈,认为省里请愿都是避而不见,毫无结果。于是大家作出决定,到南京向国民政府请愿。之大及附中同学遂于是年11月22日上午在闸口车站上火车抵杭州城站,与浙大、艺专、医专和部分高中同学会合,一起上南京请愿。次日上午到达南京下关。我们之大及附中同学不乘小火车而是步行进城的。我们虽然通宵未睡,亦未进食,但仍精神抖擞,队伍庄严,步伐整齐,为当地行人群众所称道。此时我们的联络员来说,国民大会在中央大学礼堂开会,很快就会结束,中央要人要和大家讲话,希望大家休息一下,已在准备面包给大家充饥。不久分给每人一个面包,大家吃后休息等待。

下午一时许,得到通知:蒋委员长将在中大礼堂接见杭州来请愿的学生。我们全体同学由浙大党义教员朱叔青先生带队有秩序地进入中大礼堂,分别就坐。朱先生站在讲台上招呼大家坐定等候。过了片刻,朱先生向大家宣布"蒋委员长马上就来接见我们,要求大家安静,不要喧哗"。再过片刻,蒋委员长在讲台中间出现,朱先生就喊"敬礼",大家起立行礼,蒋亦弯腰表示回礼。大家坐定后,朱先生喊"请委员长对我们训话"。

蒋氏先讲国家目前的形势及日帝的军事配备与动态,以及我国战备的概况,接着表示要领导全国军民进行抗战,收复失地。最后又高举右手高声说:"我要做岳武穆,痛饮黄龙,收复国土!"我们大家被他那种慷慨激昂的讲话所感动,也认为这次进京请愿的目的已初步达到,就列队回下关乘坐已备好的列车回杭州。

回到之大后,之大和附中当局宣布提前放假,一场轰轰烈烈的爱国运动竟被扼杀在摇篮里!

后来的事实证明,蒋介石的慷慨陈词完全是用来欺骗学生的一种政客手段,并未打算兑现。蒋介石采取一种完全不抵抗政策,致使东三省乃至整个中国的大片土地被日寇占领,中国人民陷入深重的战争灾难之中。

(此文原载于 1986 年 11 月 15 日之江大学浙江校友会编印的《通讯》第 3 期,转载时稍有修改)

# "孤岛"上的"民众夜校"

王永源

1938年,正值日本侵略军大举进攻我上海、杭州等地,我家绍兴亦炮声频传,居民纷纷逃难,避往僻乡。我因求学关系,随亲戚朋友转道至沪上。当年秋季,我考取已落脚在上海租界办学的之江大学经济系专业。我原系基督徒,故于课余之暇稍事宗教工作。不久,我被学生青年会推选为教育股长。

鉴于当时社会上失学、失业青年比比皆是,深感痛惜,乃与热心教育之同学数人(钮志芳校友即其中之一),发起并商讨开设"民众夜校"之事,并得到大家的热烈响应和支持。最后决定,招收初中程度男女学生三百人,分设六个班(初、中、高各两个班,也相当于初一、初二、初三年级)。不收学杂费,只收二角钱报名费。课程除设国、英、算三门外,还安排上时事教育课,对学生进行抗日形势教育,激发学生们的爱国心。上课时间为星期一至星期六的每晚七时至九时,地点就在当时之江大学租借的办学地——南京路上的慈淑大楼大学部。为了解决夜校的教室问题,我们与当时的之江大学代校长明思德和总务主任黄润霖进行了多次磋商,始得圆满解决。

"民众夜校"的老师都是由之江大学热心义务教育的同学担任,自愿参加。我记得当时参加的有:包钰梁、杨有璋、胡维廉、寿湖山、沈曼如、张寿根、毕镐铭(即田辛)、盛颐、林宝泉、葛家良、钮志芳、陈璧圆、陈福琼、张忠静、范树康(即吴康)、李之钹等二十多人。大家尽心尽责,上好每一堂课,不辞辛劳,把课余时间都投入到工作中,往往工作到深夜才回到宿舍。特别当看到这些学生努力学习、关心国事、要求进步时,心里感到非常高兴。这也充分体现了当时在日寇包围下的孤岛上求学的之大同学,愿服膺校训,坚持真理、热爱人民,共一堂、齐努力办好民众义务学校的具体行动。我们深感身处孤岛心不孤,对抗战胜利和国家、社会的前途充满信心。

我们的善举得到学校的大力支持和帮助。为把民众夜校办得更好,一年后,学校决定将民众夜校交由大学部教育系负责接办,并作为该系的教学实习基地。这样,参加民校工作的同学更多,规模和影响也更大了。民校一直坚持到太平洋战争爆发。据说,太平洋战争爆发后,民校还迁至大沽路等地继续办了一段时间。

光阴飞逝,四十多年过去了。当年师生之间和谐相处、谦逊相待、感情相融,团结友爱的精神令人难忘。此情此景,每一思及,仍历历在目。

古人云"老骥伏枥,志在千里",我等仍应黾出余力,各尽所能,为母校争光,为祖国统一与四化建设多作贡献。

（作者为之江大学校友。此文原载于之江大学浙江校友会编印的《通讯》1986 年 第 3 期,转载时略有修改）

# 之江大学校歌

门对江潮，沧海日，六和月，万山环立仰秦望。

学以济时，诚为体，仁为用，服膺校训为民光。

唯之江是我母校，雄秀甲天下，学府辉煌！

齐努力，东西文化阐扬，济济沧沧，英才共一堂。

猗欤休哉祝之江，千秋万岁无疆！

猗欤休哉祝之江，千秋万岁无疆！

这是由我国著名教育家马叙伦先生应之江大学之请所创作的《之江大学校歌》歌词。原歌词用中、英两种文字，作曲者是 20 世纪初美国音乐家 H. H. Godfre，其作品《大学日》曾获美国 1916 年度音乐一等奖；作词者马叙伦先生的英文名为 Marsiale，校歌的英文名是 Fair Hangchow。

1921 年，时任之江大学校长的司徒华林（Warren H. Stuart）在履职期间，学校各方面都取得了很大成绩，特别是之江大学在美国获得立案后，学校成为一所被美国承认且有学位授予权的完全大学。在这种情况下，他认为需要一首能体现之江大学特色、办学精神并展望未来的校歌，以激励师生自豪感、提振信心，继续努力。于是他代表之江大学，请 1921 年刚从北京回到杭州担任浙江省教育厅厅长的著名教育家，且对之大情况比较熟悉的马叙伦撰写歌词，马叙伦欣然允诺。马叙伦（1885—1970），余杭人。曾任北京大学哲学系教授，1921 年，奉浙江省政府之命，出任浙江省教育厅厅长。抗战时期曾任教于之江大学。新中国成立后，曾任第一任教育部部长。

歌词写好后，司徒华林校长即请美国音乐家 H. H. Godfre 为歌词配曲，又按中文歌词大意翻译成英文歌词，还按美国人的习惯，给校歌取了一个很好听的英文名字：Fair Hangchow（美丽的杭州）。

歌词气势磅礴，朗朗上口，词语朴实，意境深邃。开头借用唐宋之问《灵隐寺》中"楼观沧海日,门对浙江潮"一句的意境,配以"六和月"、"仰秦望",指明之大位于面朝江潮汹涌的钱塘江岸,旁依六和塔的秦望山麓,同时也喻指之大学子要有钱塘江潮般的"济世"激情和胸怀。接着,以"学以济时"阐明学习的目的,将五四新文化运动中提出的"读书不忘救国,救国不忘读书"、"文化问题择善而从"的新思想,以及之江大学的校训"诚仁"等内容,有机地浓缩于歌词"学以济时,诚为体,仁为用","东西文化阐扬"之中。

作为一所教会大学的校歌,从歌词内容看,并没有一字涉及宗教。对此,有人觉得很奇怪,为什么非常注重培养基督教徒的之江大学能够接受? 分析起来,可能有以下原因:

首先,因为中国的教会大学虽与西方殖民主义相伴而来,其宗旨又主要为传播基督教、培养基督教徒服务,但到20世纪20年代,在中国民族主义"非基督教"浪潮的猛烈冲击下,学校不得不作一些相应的调整,以应对或迎合"本土化"的呼声。在这种情况下,如果还用校歌的形式高调宣扬和赞颂基督教,难免引起不必要的麻烦。

其次,因为歌词不是由西方传教士而是由中国人,且是教育厅厅长马叙伦先生所撰写。之大校歌固然要反映之大特点,但作词者也不可避免地会把思想感情、观念意识和立场态度等带入歌词中。因为作为一名教育界著名人士,他当然知道教会大学的来历和它的办学目的,更了解之江大学,他也十分清楚当时的"非基督教"运动。面对这种情况,他不可能去突出歌词的基督教色彩。

因此,对这一歌词,校方即使并不十分满意,但凭着马叙伦先生的学问、资历、地位和在教育界的声望,又是学校直接的"顶头上司",既然请他写了,而且歌词很有水平,既充满了对之江大学的褒扬,又朗朗上口,很有气势。显然,如果将歌词弃之不用也是难以交代的。所以,校方即使不满意也不能不接受。当然这只是一种推测,真正的原因,可能已无法考证。

(参考张宏文:《之江大学校歌及其他》)

# 参考文献

[1]队克勋著,刘家峰译:《之江大学》,珠海出版社 1999 年版。

[2]张吉:《之江大学旧址建筑史初探》,浙江大学出版社 2009 年版。

[3]跃鹿:《之江大学史略》,《档案与史学》1998 年第 6 期。

[4]《之江大学》年刊(1936)、《之江大学》1951 年年刊、《之江大学报》1934 年(第 三期)、《之江文会》(月刊,1948 年 6 月第一期)、《之江大学》民 37 届毕业刊 (全永昕收藏并提供)。

[5]之江大学浙江校友联谊会编:《之江大学简史 1845—1952》,2005 年。

[6]之江大学北京校友会编:《之江校友》(信息简报 19),2003 年 5 月 12 日。

[7]之江大学北京校友会编:《之江校友》(信息简报 22),2005 年 10 月 15 日。

[8]之江大学浙江校友联谊会重编:《之江大学简史 1845—1952》,2005 年。

[9]之江大学浙江校友会编印:《之江大学浙江校友会通讯》第 3 期(油印件)。

[10]之江文理学院编:《之江年刊》1933 年。

[11]叶张瑜:《建国初期教会大学的历史考察》,《当代中国史研究》2001 年第 3 期。

[12]之江大学浙江校友联谊会编:《之江大学建校 160 周年纪念(1945— 2005)》。

[13]之江大学浙江校友联谊会编:《之江大学浙江校友会二十年大事记》。

[14]李军:《私立之江大学为何中途停办》,《浙江档案》2003 年第 7 期。

[15]张文昌:《不能忘却的记忆——之江大学校史回望》,浙江大学档案馆网站。

[16]《杭州之江学堂》(1912),浙江图书馆古籍部。

[17]《杭州之江学校》(1913 年),浙江图书馆古籍部。

[18]《私立之江文理学院一览》(1929),浙江图书馆古籍部。

[19]《私立之江文理学院》(1933—1934),浙江图书馆古籍部。

[20]《私立之江文理学院一览》(1936—1937),南京图书馆古籍部。

[21]杨菁:《南京国民政府时期的之江大学》,《浙江档案》2001年第3期。

[22]《风动水光吞远崎　雨添岚气没高林——关于杭州之江大学的个人记忆》,新华网浙江频道(2007-05-25)。

[23]之江大学:《之江潮声》,1919年。

[24]沈建中、洪尚之:《之江名人》,浙江人民出版社2010年版。

[25]杨菁:《南京国民政府时期的之江大学》,《浙江档案》2001年第1期。

[26]杨聪玲:《之江大学办学形态研究——以抗战时期为中心》,复旦大学硕士学位论文2009年。

[27]浙江教育志编纂办公室:《浙江教育史志资料》1990年第1期。

[28]董黎:《建筑符号的社会意义表达方式——以中国教会大学建筑为例》,《南方建筑》1996年第3期。

[29]金普森、陈剩勇:《浙江通史》第十一卷(民国卷),浙江人民出版社2005年版。

[30]金普森、陈剩勇:《浙江通史》第十卷(清代卷),浙江人民出版社2005年版。

[31]张研、孙燕京:《民国史料丛刊》(文教・高等教育),大象出版社2009年版。

[32]浙江省教育志编纂委员会:《浙江省教育志》,浙江大学出版社2004年版。

[33]马时雍:《杭州的山》,杭州出版社2003年版。

[34]江南桓:《杭州秦望山在何处(上、下)》,《浙江学刊》1988年第1期。

[35]王忠欣:《基督教与近现代中国教育》,湖北教育出版社2000年版。

[36]杭州文史研究会:《近代化进程中的杭州——民国杭州研究论文集》,杭州出版社2011年版。

[37]王蛟:《杭州教育志(1928—1949)》,浙江教育出版社1994年版。

[38]王树槐:《基督教与清季中国的教育与社会》,广西师范大学出版社2011年版。

[39]刘虹:《中国教育通史》(清代卷),北京师范大学出版社2013年版。

[40]张永广:《近代中日基督教教育比较研究(1860-1950)》,上海社会科学院出版社2012年版。

[41]顾长声:《传教士与近代中国》,上海人民出版社2013年版。

[42]肖安平:《基督教与中国文化》,宗教文化出版社2011年版。

[43]顾卫民:《基督教与近代中国社会》,上海人民出版社2010年版。

[44]章开沅:《社会转型与教会大学》,湖北人民出版社1998年版。

[45]王燕来:《民国文献资料丛编》,国家图书馆2010年版。

[46]周东华:《民国浙江基督教教育研究》,中国社会科学出版社2011年版。

[47]宋涛:《之江大学的神仙眷侣——蒋礼鸿与盛静霞》,杭州出版社2012

年版。

[48]徐以骅:《教会大学与神学教育》,福建教育出版社1999年版。

[49]吴梓明:《基督宗教与中国大学教育》,中国社会科学出版社2003年版。

[50]龚缨晏:《浙江早期基督教史》,杭州出版社2010年版。

[51]李传斌:《基督教与近代中国的不平等条约》,湖南人民出版社2011年版。

[52]姜传松、龚建华:《中国近代教会大学的历史地位评析》,《石油教育》2005年
     第2期。

[53]肖克难等:《人民医学家裘法祖》,湖北人民出版社2009年版。

[54]楼世洲、张丽珍:《浙江高等师范教育的历史考察》(1949－1979),《浙江师
     范大学学报》2006年第5期。

[55]张彬等:《浙江教育发展史》,杭州出版社2008年版。

[56]周燮藩:《中国的基督教》,中国国际广播出版社2011年版。

[57]刘少雪:《中国大学教育史》,山西教育出版社2007年版。

[58]胡卫清:《普遍主义的挑战——近代中国基督教教育研究(1877—1927)》,
     上海人民出版社2000年版。

[59]唐晓峰:《改革开放以来的中国基督教及研究》,宗教文化出版社2013
     年版。

[60]《全球地域化:中国教会大学史研究的新视野》,《历史研究》2007年第1期。

[61]《浙江文史资料选辑》第29辑,浙江人民出版社1985年版。

[62]邵祖德等:《浙江教育简志》,浙江人民出版社1988年版。

[63]浙江政协文史资料委员会编:《浙江文史集粹:教育科技卷》,浙江人民出版
     社1996年版。

[64]政协宁波委员会文史资料研究会编:《宁波文史资料》(内部发行)第二辑。

[65]董宝良:《中国近现代高等教育史》,华中科技大学出版社2007年版。

[66]张彬:《浙江教育史》,浙江教育出版社2006年版。

[67]《浙江省青年运动志》编纂委员会编:《浙江省青年运动志》,浙江人民出版
     社2011年版。

[68]曲士培:《中国大学教育发展史》,山西教育出版社1993年版。

[69]卢茨著,曾钜生译:《中国教会大学史》,浙江教育出版社1987年版。

[70]吕树本:《私立之江大学》,《浙江教育史志资料》1989年第3期。

[71]何建明:《之江大学与长老会》,载《基督教与中国文化丛刊》(第5辑),湖北
     教育出版社2003年版。

[72]李楚材:《帝国主义侵华教育史资料——教会教育》,教育科学出版社
     1987年。

[73]马敏:《基督教与中西文化的融合》,华中师范大学出版社 2013 年版。

[74]孙秀玲:《近代中国基督教大学服务研究》,山东人民出版社 2013 年版。

[75]李华兴:《民国教育史》,上海教育出版社 1997 年版。

[76]邱文成:《中国近代教会大学产生的动因分析》,武汉交通职业学院学报 2005 年第 4 期。

[77]陈明远:《那时的大学》,山西人民出版社 2011 年版。

[78]金以林:《大学史话》,社会科学文献出版社 2011 年版。

[79]董黎、杨文滢:《从折衷主义到复古主义——近代中国教会大学建筑形态的演变》,《建筑》2005 年第 23 卷。

[80]朱宏达、吴洁敏:《南湖文化名人朱生豪》,浙江人民出版社 2012 年版。

[81]浙江省档案馆馆藏,档案号:60－1－390;32－2－122,L052－1－262,L052－1－8(1),L052－10,L052－1－101,L052－1－80,L052－1－36,L052－1－75,L052－1－187(2),J039－3－83,L060－1－802,23－1－17－1。

# 后 记

经过多年的整理和编著,本书总算基本脱稿。

本书涵盖了之江大学旧址的地理位置、自然环境的历史演进、校园风貌的时代变迁、历史建筑的风格特征等内容,尤其是对旧址的原主人——之江大学的历史作了较为详尽的叙述,是编者在整理之江大学旧址历史文字档案过程中编辑而成的一本关于之江大学及之江大学旧址方面的综合性参考资料。

在本书编著过程中,编者通过广泛搜集和查阅大量关于基督教教会大学,尤其是与之江大学有关的文献资料,试图理清之江大学产生的历史背景、办学历程、兴替缘由、演进脉络,以及它的管理体制、办学特点和它在教会大学中的地位等。同时,还梳理和介绍了大量与之江大学有关的人和事,包括一部分回忆文章等。可以说,这是一本较为系统介绍之江大学及其旧址概况的叙述性书籍。

教会大学作为中国近现代史上一个特殊现象,它的产生、发展和消亡,并不是一个孤立的现象,它与中国近现代历史背景息息相关。因此,本书在对之江大学历史的叙述中,力求将其放到整个中国近现代历史中来考察,把之江大学的每一个发展变化与当时的时代背景联系起来,力求使其历史更具立体感、厚重感。

本书的编写过程既是一个不断学习积累的过程,又是一个对之江大学不断加深了解的过程。本书由李乐鹏负责编写。在编写过程中,参考了大量有关之江大学历史的著述,曾经在之江大学就读过的老学长、老前辈,怀着对母校的一片眷恋之情,启开尘封已久的记忆,为我们留下了一些弥足珍贵的追忆文字。在此,对这些作者表示衷心的感谢,是你们的帮助,使本书更加丰满。

编 者
2017 年 3 月